抗战英烈谱

中国人民抗日战争纪念馆 编著

团结出版社

图书在版编目（CIP）数据

抗战英烈谱 / 中国人民抗日战争纪念馆编著. 一北京：团结出版社，
2016.11（2022.9 重印）

ISBN 978-7-5126-4444-1

Ⅰ.①中… Ⅱ.①中… Ⅲ.①抗日战争—革命烈士—
生平事迹—中国 Ⅳ.① K820.6

中国版本图书馆 CIP 数据核字 (2016) 第 209905 号

出　版：团结出版社

　　　　　（北京市东城区东皇城根南街 84 号　邮编：100006）

电　话：（010）65228880　65244790（出版社）

　　　　　（010）65238766　85113874　65133603（发行部）

　　　　　（010）65133603（邮购）

网　址：http://www.tjpress.com

E-mail：zb65244790@vip.163.com

　　　　　tjcbsfxb@163.com（发行部邮购）

经　销：全国新华书店

印　装：三河腾飞印务有限公司

开　本：170mm×240mm　16 开

印　张：26.5

字　数：450 千字

版　次：2016 年 11 月　第 1 版

印　次：2022 年 9 月　第 3 次印刷

书　号：978-7-5126-4444-1

定　价：68.00 元

　　没有伟大的人物出现的民族，是世界上最可怜的生物之群；有了伟大的人物，而不知拥护、爱戴、崇仰的国家，是没有希望的奴隶之邦。

——郁达夫《悼鲁迅》

　　所幸，中华民族历来不缺少伟大的人物，华夏儿女对他们的拥护、爱戴、崇仰也是从未断绝。抗日战争时期是一个英雄、伟人辈出的时代。抗日战争中，无数中华儿女前仆后继、浴血奋战，整个中华民族团结一致、共御外侮。纵观中国历史，这样的时代不能说是空前绝后的，至少是罕见的。2014 年，中华人民共和国民政部公布了第一批在抗日战争中顽强奋战、为国捐躯的 300 名著名抗日英烈和英雄群体名录，以国家名义纪念这些英烈，更使我们相信中华民族伟大复兴之梦定会早日实现。

　　1895 年，大清帝国在甲午战争中惨败，割地赔款；1945 年，中华民族取得了抗日战争的伟大胜利，举国欢庆。名录中的英烈几乎都是在这整整半个世纪期间出生、成长起来的，他们都是在抵抗日本对中国的一次次侵略中成长起来的，他们目睹了破碎的山河，亲历了民族沉沦的苦难。当日军侵略者的铁蹄踏上中华大地，中华民族到了最危险的时候，面对满目疮痍的家园，他们发出了最后的吼声，冒着敌人的炮火前进，他们以血肉之躯铸成了捍卫中华民族的新的长城。1945 年，经过 14 年浴血奋战，在付出了巨大代价之后，中华民族赢得了抗日战争的伟大胜利，屹立于世界东方。

　　整整 70 年过去了，硝烟早已散尽，而尘埃并未落定：日本右翼还在为军国主义招魂，侵略者至今不肯诚实地低头认罪，历史问题仍横亘在中日两国之间……

　　回首历史，抗战胜利留给我们至少三大财富：维护了中华民族主权与领土完整；初步奠定了中国大国地位；留下了宝贵的精神财富。而这三大财富是无数的英烈们用自己的鲜血和生命换来的。他们洒尽了最后一滴热血，给我们的是两岸四地的生存空间；他们抛却了自己的头颅，给我们的是一个联合国常任理事国、东方大国的公民的尊严；他们牺牲了自己的生命，给我们的是奋发自立、不断进取的昂扬的民族精神。

走在民族复兴征程上，学习抗战英烈事迹，缅怀抗战英烈，弘扬伟大的抗战精神，对于我们中华民族伟大复兴和"两个一百年"伟大目标的实现都具有重要的意义。只要我们以历史为镜子、以英烈为榜样，团结进取，中华民族的伟大复兴就一定能够实现！

此书是中国人民抗日战争纪念馆对300名抗战英烈简要事迹的汇编，或因资料有限，或因水平不足，其中难免会有谬误之处，但我们所希望的是广大读者通过这本书了解抗战英烈的英雄事迹、爱国情怀，以此激发国人的爱国之心、报国之志。

伟大的抗战英烈永垂不朽！

编者

2015 年于北京

目 *contents* 录

（根据中华人民共和国民政部公告第 327 号《公布第一批著名抗日英烈和英雄群体名录》编写）

059	夏国璋	098	陈宇寰
060	秦 霖	099	陈钟书
061	高志航	101	陈锦秀
063	高致嵩	102	陈德馨
064	梁鉴堂	103	周 元
065	萧山令	105	周卓然
067	阎海文	106	周建屏
068	黄梅兴	108	范 荩
069	谢彩轩	109	范筑先
071	蔡炳炎	110	洪麟阁
072	马尔克·尼古拉耶维奇·马尔琴科夫	111	赵渭滨
073	马威龙	113	赵锡章
075	王平陆	114	理 琪
076	王光宇	116	萨师俊
078	王祯祥	117	黄启东
078	王铭章	118	谢升标
080	王锡山	120	韩明柱
081	邓佐虞	121	丁思林
082	冯安邦	122	马耀南
083	叶成焕	124	方叔洪
085	刘连科	125	王禹九
086	刘桂五	126	王根英
087	刘震东	128	邓永耀
089	刘曙华	129	叶辅平
090	朱炎晖	131	江上青
091	朱家麟	132	牟光仪
093	李延平	133	吴 焜
094	李学福	135	杨裕民
096	杨靖远	136	陈安宝
097	沈东平	137	茅丽瑛

299	马定夫	340	丁振军
300	王璞	342	卜荣久
301	邓振询	343	马本斋
303	田守尧	344	马晓云
304	石嘉植	346	王少奇
306	孙明瑾	347	王甲本
307	朱程	348	王克山
309	许国璋	350	王剑岳
310	李忠	351	卢广伟
312	萧永智	352	任常伦
313	陈飞龙	354	吕公良
315	周复	355	吕旃蒙
316	孟昭煜	357	何万祥
317	易良品	358	余子武
319	郑行福	359	吴其芳
320	赵义京	360	张文彬
321	唐克威	362	李汉卿
322	柴意新	363	李家钰
324	郭好礼	364	杨大章
325	高捷成	365	杨小根
327	乾云清	367	杨学诚
328	符竹庭	368	萧孝泽
329	黄骅	369	邹韬奋
330	彭雄	371	陈宝风
332	彭士量	372	陈绍堂
333	曾仁文	373	陈济桓
335	韩增丰	375	威廉·瑞德
336	鲁宝琪	376	高小安
337	解蕴山	377	黄永淮
339	雷烨	379	黄魂

孙铭武

孙铭武，原名孙明武，字述周，1889 年生于辽宁省清原县中寨子村。家中有良田百亩，是当地的大户人家。

孙铭武（1889—1932）

1908 年，孙铭武考入兴京（今辽宁省新宾县）警官教练所，毕业后曾任兴京县四区区官兼地方保甲团团总。1916 年，在千金寨协助张榕组织辽东护国军参与"讨袁"。1915 年任清原罕羊区区官，兴京东昌区区官。1919 年任奉军第 16 师工兵第 3 连连长，后晋升第 3 营营长。1924 年任吉长镇守使第 8 旅运输队中校大队长，不久充任昌黎县警察局局长，直隶临、抚、昌、卢、迁五县警备司令部上校参谋长。

当时，军阀的残害使百姓生活困苦不堪，面对这样的现实，已经是军方要员的孙铭武毅然辞去了军职，在沈阳开办福兴旅馆。

1931 年，日本帝国主义悍然发动了九一八事变，在中华大地上肆意侵略，致使哀鸿遍野、民不聊生。身在沈阳的孙铭武见此惨状，与孙铭久、孙铭宸商量后，决计动员村民、亲友共同抗日，并在起义前夕于自家的中寨子村孙家大院创作了我国最早的一首义勇军军歌——《血盟救国军军歌》。

抗日队伍成立后，孙铭武率部从清原赶到大苏河与李栋材部会合，共 400 余人。在大苏河城隍庙内，张显铭诵读抗日誓文，并把一支手枪置于香案，孙铭武、李栋材、张显铭齐说："倘有二心，弹穿我胸。"孙铭武还指出："与其坐以待毙，不如起而杀贼，民族兴亡在此一举。"并在庭柱上写下"血盟救国军"五个大字。大苏河血盟誓师后，孙铭武、孙铭宸和张显铭等人，先后分别到兴京、柳河、通化和桓仁等地，秘密联络各界人士共同抗日。兴京县公安大队队长也暗中给予支持，这使得辽东血盟救国军队伍迅速壮大，很快威胁到辽东地区的日伪政权，而且由于这支军队纪律严明，坚决不动百姓一草一木，深得当地居民的拥戴。

然而，汉奸卖国贼、东边镇守使、省防第 1 旅司令于芷山用尽一切手段企图瓦解血盟救国军。1932 年 1 月初，于芷山通过假意合作骗得孙铭武等 20

名救国军军官及护兵百人来到三源浦，并于当夜在三源浦西门外把孙铭武等20名救国军军官全部杀害。临刑前，孙铭武写下遗书，嘱咐自己的孩子说："父今为国而死，吾子必继父志，父死九泉瞑目矣。"面对敌人，他毫不畏惧，慷慨赴死，时年43岁。

新中国成立后，为褒扬先烈、慰问忠魂，中央人民政府为孙铭武颁发了烈士证书和光荣纪念证。清原县人民为缅怀先烈和铭记孙氏兄弟的抗日业绩，在烈士的家乡南口前镇南三家子为他们立了忠烈碑。

（资料整理：孟超）

罗伯特·肖特

罗伯特·肖特

(1905—1932)

罗伯特·肖特（McCawley Robert Short），1905年生于美国华盛顿州泰科玛，曾是美国陆军预备役中尉，从军队出来之后一直在航空公司担任试飞员。

1931年底，肖特来到中国，主要工作是向中国政府介绍美国飞机的先进技术，从而推销美国战机。然而，肖特看到了日本帝国主义在中国大地上的野蛮侵略，这让他怒不可遏，决心以志愿军的身份支援中国人民的抗日战争。他不仅帮助中国训练飞行员，而且亲自驾机与日军展开空战。因飞行技术精湛，1931年6月，肖特被国民政府军政部航空学校聘为飞行教官。

1932年1月28日，日本向中国第19路军发起挑衅，继而悍然对中国上海大举进攻，由此爆发了一·二八淞沪抗战。此时的肖特正被一位与中国政府关系密切、进口波音飞机的商人盖勒（L. E. Gale）所雇佣。当时肖特的任务是将一架经过紧急武器加装的波音XP925A从上海开到南京。途中，肖特与编队飞机失去联络。1932年2月19日，肖特在上海北部的南翔镇上空遭遇了日本"凤翔"号航母战斗机队的三架三式舰载战斗机，并亲眼看到日军肆无忌惮地对地面一些普通建筑和无辜百姓进行攻击，愤怒的肖特当场开火与日军展开激战。

肖特凭借娴熟的驾驶技术，发挥自己飞机优异的机动性，在空中与三架日军飞机同时开战。在这场历时不到两分钟的空战中，一号机被击落，驾驶员小谷进大尉死在驾驶座上，射手佐佐木节郎的左腿被子弹打穿，胫骨粉碎。而肖特所驾驶的波音机也被多发子弹击中，油箱部位冒出了白烟。当他准备离开战场时，生田乃木次和武雄一夫分别驾驶的两架三式舰载机从后方偷袭，集中火力全部打在驾驶舱部分，肖特在空中捐躯，年仅 27 岁。波音飞机冒着火焰向右倾斜，最后坠落在河中。

1932 年 2 月 25 日，苏州市民用楠木棺收殓了肖特的尸首，并举行了隆重的出殡仪式。4 月 28 日，一万多群众参加了在苏州公共体育场举行的肖特的追悼大会，并募资在苏州公园民德亭后立了纪念碑，苏州市车坊镇民众还在肖特殉难处建起一座花岗岩纪念柱。中国人民永远不会忘记肖特在中国抗日战争中的英雄壮举。

（资料整理：孟超）

滕久寿

滕久寿，字祺之，1899 年生于贵州省三都水族自治县都江镇（今隶属于黔南布依族苗族自治州）。其父滕子清曾在清朝的都江厅任职。滕久寿是家里第三子，"少雄武，有节概"，"常以精忠报国自励"。虽出身豪门，却经常不满父兄仗势欺人的做派。他时刻以勤俭自持，经常要求家人不要挥霍，能省则省。

1917 年，滕久寿在贵州陆军讲武学校炮兵科学习，课程包括战术学、交通学、地形学、兵器学及典范令。

滕久寿（1899—1932）

1919 年毕业后，到王天培团里任见习排长，随王天培入川南作战。1925 年，滕久寿升任团长，不久又兼任第 2 师师部参谋处长。1926 年，他所在部队改编为国民革命军第 10 军，同年开始北伐。不久，滕久寿被调到黄埔军校（中国国民党陆军军官学校）潮州分校当教官。后来又先后担任潮州警备司令部参谋处长、第 17 军第 2 师参谋长等职。1928 年初，滕久寿任第 10 军第 29 师上校参谋长，协助师长陈克逊在江宁整顿部队。1928 年 3 月第 10 军被编入第 1 集团军第 1 军团，他再次参加北伐。北伐胜利后第 29 师缩编为第 10 师第 29 旅第 57 团，他也随之降任该团中校副团长，仍行使参谋长的职权。滕久寿为人正直，但凡遇到不平的事总会仗义执言，因此深受下属爱戴。在军中担任要职后，滕久寿身边很多同僚以权谋私，而他却不为所动。他曾说道："作为一名军人，其使命就是保家卫国，不义之财千万不能沾。"

1932 年 1 月 28 日，滕久寿在淞沪抗战中暂代要塞司令职务。2 月 4 日凌晨一时左右，他命炮台向敌舰瞄准射击，与日军展开激战。战斗中，他被日军弹片击中左膀，血流如注。随身护兵请他暂时退避。他却高喊："我辈军人，负有保国卫民之责，速还炮杀敌，后退者枪毙！"语音未落，其右腋又被敌弹击中，碎片斩断了他的右手。紧接着，又一枚弹片直接穿透了他的胸腹，滕久寿壮烈牺牲，时年 33 岁。

滕久寿牺牲后，炮台的炮兵将他的遗体用棉絮包裹，就地掩埋。3 月中旬，普善山庄蓝十字会来到埋葬滕久寿的地方，找到他的遗体，将灵柩用轮船运到上海，安葬在霍必蓝路永安公墓，由第 19 路军军长蔡廷锴为主任委员的治丧委员会经办丧事。国民政府追任他为吴淞区要塞司令部少将参谋长。滕久寿殉难后，第 19 路军军长蔡廷锴亲自写下"血洒淞沪"条幅，以表彰他的功勋。上海《新闻报》《申报》《时事新报》都报道了滕久寿的英勇事迹。宋庆龄也发表演说，赞扬第 19 路军和滕久寿奋勇抗敌的爱国精神。大夏大学教授王遽常出于爱国热忱，特意收集资料，为滕久寿撰写了《滕将军传》。

1984 年 6 月 26 日，北京市人民政府批准滕久寿为革命烈士。同年 7 月 6 日，中华人民共和国民政部为滕久寿正式颁发了革命烈士证明书。

（资料整理：孟超）

刘三春

刘三春（1911—1933），又名刘山村、刘小工，1911 年生于山东省章丘市一个农村家庭。小学毕业后，刘三春到山东私立齐鲁中学念书。他自小就聪明好学，在校期间阅读了大量的进步书刊，深受进步思想影响。

1919 年，五四运动爆发，刘三春感受到了强烈的爱国精神，为真理和正义而战的精神以及不畏强暴、敢于与黑暗斗争的精神，这促使他立志参加反帝反封建的革命斗争。此后，刘三春积极参加学生运动，1929 年秘密加入了中国共产党。1931 年，刘三春奔赴奉天（今沈阳市），找满洲省委地下党组织安排工作。到达奉天之后，刘三春每日做很多零工，而暗地里为党组织从事地下秘密联络工作，被人称作"刘小工"。

东北易帜之后，张学良听从蒋介石的命令，在东北到处逮捕共产党人。刘三春在一次工作中被捕，因没有真凭实据被无罪释放。出狱后，他来到哥哥家学习养蜂。与组织取得秘密联系后，他又到柳河从事地下工作。在夹山子开展地下工作的同时，他继续养蜂，被大家称为"蜂子王"。夹山子的村民对于新来的人十分感兴趣，他们积极与"蜂子王"交流，"蜂子王"也暗中观察淳朴的乡里人，在他们之中争取力量来开展抗日斗争。刘三春发现身边有很多人对当时的社会现状不满，于是他就给大家讲岳飞抗金的故事，借以激发他们的爱国热情。

刘三春到三源浦任教期间，又在教师中传播革命的真理。在他的努力下，很多满怀爱国主义热情的人在夹山子成立了"海（龙）柳（河）工农义勇军"。1933 年 1 月 3 日，杨靖宇代表满洲省委到海龙巡视工作，对义勇军的战绩十分认可，正式把义勇军改编为中国工农红军第 37 军海龙游击队，刘三春任政委。而后，该部又与在舒兰、五常一带活动的抗日义勇军苏剑飞的第 1 营合并为东北人民革命军南满第 1 游击大队。队伍改编之后，在吉海铁路沿线活动，与敌人展开激烈的游击战，创造了许多以少胜多、振奋人心的成功战例。

1933 年 11 月初，杨靖宇率东北人民革命军第 1 军独立师，来到老鹰沟与刘三春会师。杨靖宇、刘三春、王仁斋三人决定以调虎离山计攻打三源浦。24日，部队以一部兵力佯攻凉水河子据点，三源浦之敌忙派出机动兵力救援，独立师主力乘机围住三源浦。晚 10 时许，攻打三源浦的战斗打响。刘三春率领部队按计划首先冲击敌阵，攻入南门，后击毁伪警察所，又迅速包围伪警察署和敌兵营两个大院。敌人龟缩院内顽抗，等待援兵。刘三春见院墙高大，为减少伤亡，就命令部队暂停攻击，并展开政治攻势，向伪军喊话劝他们投降。狡猾的敌人口头上答应谈判，就是不见行动，很明显是等待救兵。刘三春看得明白，便绕道到东北角，想找个安全处隐蔽接敌，再次向敌喊话。不料，炮楼上的敌人打出一排枪，他身中数弹，壮烈牺牲，年仅 22 岁。

刘三春文武并重，以出色的思想政治工作能力为党吸收了很多宝贵力量；他也凭武力在东北地区南征北战，在中国人民抗日战争史上留下了光辉的一页。

（资料整理：孟超）

孟杰民

孟杰民（1912—1933），原名孟庆春，1912 年生于吉林省磐石县（今磐石市）细林屯（当时称孟大泉眼）。早年间父亲去世，母亲一手把四个孩子拉扯大，在这种艰苦的条件下，孟杰民形成了刚正不阿的性格。他很崇敬孙中山先生，曾经带着朋友闫友祥、修丰年一起去吉林省城买了几张孙中山先生的画像，回来后贴在了教室、家里甚至是街边的墙上。他们十分拥护"三民主义"，因而分别把名字改成了孟杰民、闫逸民、修哲民。

1930 年，孟杰民考入县立中学师范班，读到了鲁迅、郭沫若、李达、茅盾等人的著作，并且还经常向于徨池、张春园两位先生了解南方大革命的情况。孟杰民从两位先生那里听到不少中国共产党的革命主张。渐渐地，他开始向往和憧憬共产主义了。由于在学校里品学兼优以及组织才能出色，孟杰民被推选为学生自治会主席，成为校内学生运动的领袖。1931 年夏天，日本帝国主义侵略东北的活动愈演愈烈，中日民族矛盾逐渐上升。孟杰民带领校内的进步师生加入了中共磐石县委建立的反帝同盟会。由于他有坚定的政治信念和踏实的工作作风，不久便加入了中国共产党。

九一八事变爆发后，日军肆意践踏东北的土地。在这种情况下，孟杰民通过发传单、贴标语、发表演讲等形式积极开展抗日宣传活动，还在学校组织了反日救国会，积极抵制日货。然而由于日伪的高压政策，孟杰民领导的学生运动失败了，他也被学校勒令退学。但这并没有影响他的革命意志。离开学校后，他在中共磐石县委领导下，积极开展革命运动。1932 年 6 月 4 日，磐石工农反日义勇军正式成立，孟杰民任总队长。他在加强义勇军军政训练的同时，广泛阅读军事书籍，用以提高自身的领导能力。此后，孟杰民率领义勇队与日伪军展开斗争，取得了黑石镇伏击战、偷袭郭家店伪军骑兵队、奇袭江南大场院、强攻伊通李大房子、策反吉海路警备司令部第5旅第13团第1营营长宋国荣等许多战绩，并攻下了磐石县城，在当地声名鹊起。

1932年11月，杨靖宇代表满洲省委到吉海铁路沿线巡视工作，对游击队的情况进行了全面的了解，将磐石反日游击队正式改编成中国工农红军第32军南满游击队，孟杰民再次被任命为总队长。次年1月，孟杰民根据省委的指示，率队来到磐石县第六区境内长胳膊屯，准备解除该屯汉奸地主张志仁的武装。孟杰民本着"攻心为上，攻城次之"的战略战术，立刻派人到张志仁家里，命令他交枪抗日，停止反动活动。而狡猾的张志仁一面暗中派人去县城报告，一面满脸堆笑地应酬。张志仁在成功诱骗孟杰民到他家里之后，趁孟杰民不注意开枪将他杀害，当时孟杰民年仅21岁。

（资料整理：孟超）

邓铁梅

邓铁梅，原名邓古儒，字铁梅，1892年生于辽宁省本溪县（今本溪市）磨石峪邓家村，出身镶红旗满洲佐领。1898年，7岁的邓铁梅进入本村的私塾读书，后又到本溪县小市三门洞高等小学堂就读。由于聪颖好学，记忆力非常，深受老师喜爱。邓铁梅年少时，正赶上日俄战争，他的家乡战火纷飞，而当地土匪又趁势起事，百姓饱受战乱之苦，哀鸿遍野。邓铁梅的祖父组织民团与土匪开战，最后与家人、亲属都死于土匪刀下。年仅15岁的邓铁梅见此情景，立誓屠匪报仇，此后，他勤习武艺，通晓各种枪械。

邓铁梅（1892—1934）

邓铁梅毕业之后，就任本溪小市总甲所文书，1917 年考入本溪湖警察教练所，毕业后分配到本溪县警察大队，先后当巡警、班长。1921 年调到凤城县（今凤城市）警察大队，先后任班长、大队长、县公安局长。面对日本帝国主义者在东北地区嚣张跋扈、百姓生活流离失所的局面，邓铁梅断然制止了日军许多明目张胆的罪恶行为。然而，由于邓铁梅刚正不阿的办事态度，遭到了地方实力派的排挤，1929 年他被撤销公安局长职务，调任省警务处督察员，1931 年被调任牡丹江警察分署署长，不久又被革职，无奈之下他只好到沈阳、锦州等地谋职。

1931 年 10 月初，邓铁梅听从辽宁省警备处长黄显声的建议，乘火车潜回凤城，随后在凤城西山区秘密联络武装。10 月下旬，邓铁梅在顾家大院宣布成立东北民众自卫军，他被推举为司令，并确定"武装抗日，保卫家乡"的宗旨。到 1931 年 12 月中旬，队伍已达 1500 多人。12 月 26 日，自卫军夜袭凤城，毙伤日伪军 50 余人，缴获了大批武器弹药，并捣毁县衙，砸开监狱，释放了九一八事变以来被捕的爱国志士，还砸毁了日本特务机关——平井药房。这一仗打出了自卫军的声威，打击了侵略者的气焰。1932 年，东北民众抗日救国会派苗可秀等人到邓铁梅部队考察，将部队统编为东北民众自卫义勇军第 28 路军，任命邓铁梅为司令。自卫军在邓铁梅领导下，智取卡巴岭，夜袭龙王庙，狙击黄土坎，炮轰福聚兴，狠狠地打击了日本侵略者。日本侵略者对自卫军恨之入骨，想方设法瓦解这支队伍，到处"围剿"、残杀自卫军战士及抗日群众。

1934 年 5 月，长期奔波组织自卫军与日军斗争的邓铁梅身患重病，秘密来到凤城县小蔡沟张家堡亲属家里养病，由于特务出卖，邓铁梅不幸被捕。日军将他解往奉天（今沈阳），监禁在伪警备司令部军法处，并对他不断利诱，一些日本高官也亲自到他面前说一些奉承的话，可这些举动根本无法动摇他坚定抗日的决心。1934 年 9 月 28 日，在奉天伪陆军监狱中，邓铁梅被无计可施的日军杀害，时年 42 岁。

1935 年 8 月 1 日，中共中央发表的《为抗日救国告全国同胞书》（即《八一宣言》）中，列举为中华民族解放事业而捐躯的民族英雄中，就有邓铁梅的名字。1948 年，为了纪念抗日英雄邓铁梅烈士，当时的凤城县政府将贯穿县区的主干路命名为"邓铁梅路"。

（资料整理：孟超）

吉鸿昌

吉鸿昌，原名吉恒立，字世五，1895 年 10 月
18 日生于河南省扶沟县吕潭镇一个贫苦农民家庭。
吉鸿昌自小在父亲开的茶馆里打下手，他勇敢正直，
吃苦耐劳，17 岁背着家里投入冯玉祥的军队里，因
骁勇善战，屡立战功，很快升为营长。

吉鸿昌（1895—1934）

1926 年 9 月，冯玉祥在五原誓师，吉鸿昌率部
参加了西安之战。1927 年 4 月，吉鸿昌所部扩编为
第 19 师，他升任师长，并率部攻克洛阳、巩县（今
巩义市），强渡黄河，打得奉军抱头鼠窜，吉鸿昌
所部被誉为"铁军"。1930 年 4 月，中原大战爆发，吉鸿昌奉命参加讨蒋大
战。9 月，冯玉祥的西北军战败，吉鸿昌为了保存实力，接受蒋介石改编，就
任第 22 路军总指挥兼第 30 师师长。1931 年 9 月 21 日，矢志抗日的吉鸿昌被
蒋介石逼迫下野，到国外"考察实业"。期间，为抗议帝国主义者对中国人的
歧视，维护民族尊严，吉鸿昌找来一块木牌，用英文仔细地在上面写上"I am
a Chinese！"并将其挂在胸前在美国的大街上行走，让每个人都能看到。1932 年，
一·二八淞沪抗战爆发，吉鸿昌回国在天津定居，秘密与中共华北政治保卫局
联系。同年 4 月，吉鸿昌在北平加入了中国共产党，由一个爱国的旧军人转变
为共产主义战士，从此踏上了新的革命征程。

1933 年 5 月 26 日，察哈尔民众抗日同盟军在张家口成立，吉鸿昌任前敌
总指挥兼第 2 军军长。他率领部队在收复康保、宝昌、沽源等城池后，又于 7
月 12 日收复多伦。

1933 年 8 月 26 日，吉鸿昌率领 3000 多人准备到商都同抗日同盟军高树
勋部会合，建立苏区，但遭到国民党军队围追堵截。10 月 10 日，吉鸿昌部队
在进攻至北平附近的昌平时被中央军伙同晋军、西北军包围，军队大部溃散。
1934 年 5 月，吉鸿昌回到天津，组织成立了中国人民反法西斯大同盟，他被
推为主任委员，进行抗日民族统一战线工作，并秘密印刷《民族战旗》报，宣
传抗日。

1934 年 11 月 9 日晚，吉鸿昌在法租界秘密开会时遭到军统特务暗杀受伤，

被法国租界工部局逮捕。宋美龄和孔祥熙拿公款向租界行贿，将吉鸿昌引渡到国民党北平军分会。11月23日，北平军分会举行了一场"军法会审"，以"叛国罪"和"叛党罪"判处吉鸿昌枪决。11月24日，吉鸿昌在北平英勇就义。就义前，吉鸿昌题诗一首："恨不抗日死，留作今日羞。国破尚如此，我何惜此头？"

1971年周恩来总理评价吉鸿昌说："吉鸿昌同志由旧军人出身，后来参加共产党，牺牲时很英勇，从容就义，要把他的事迹出书！"1984年，聂荣臻评价吉鸿昌说："吉鸿昌烈士是民族英雄，将永垂不朽！"2009年9月10日，在中央宣传部、中央组织部等11个部门联合组织的评选活动中，吉鸿昌被评为"100位为新中国成立作出突出贡献的英雄模范人物"。

（资料整理：孟超）

童长荣

童长荣（1907—1934）

童长荣，字斓华，又名张长荣，1907年生，安徽湖东桐城县（今枞阳县）人。童长荣早年丧父，与母亲相依为命。1913年，童长荣被母亲送到一家私塾读书，后转入小学继续念书。1921年他考入了安徽省立第一师范学校，期间积极参加学生运动，并被推举为学生联合会的领导成员，不久又加入了社会主义青年团。从此，童长荣开始了他的革命生涯。

1921年到1923年间，童长荣积极参加学生反对军阀的活动。1924年，他光荣地加入了中国共产党。1925年下半年，童长荣考取了东京第一高等学校，公费留学日本，不久转入东京帝国大学，并与东京的中共党组织取得了联系。1925年冬，一些国民党反动分子公开宣传反苏、反共的反动主张，童长荣同他们进行了针锋相对的斗争。1926年，童长荣当选中共日本特别支部的领导，在东京成立了社会科学研究会，团结广大旅日的中国留学生和华侨，积极开展马列主义的宣传教育工作。1928

年 5 月，面对日军制造的震惊中外的济南惨案，童长荣积极发动和领导广大旅日中国留学生和华侨，在东京街头掀起了声势浩大的反日爱国斗争。随后他被选为"中国留日各界反日出兵大同盟"的理事。日本当局深感不安，以宣传共产主义的罪名把童长荣驱逐出境。1928 年秋，童长荣回到上海，按照党的指示精神，在上海组织了反帝大同盟，先后担任中共上海沪中区委宣传委员、区委书记等职务。1930 年调任中共河南省委书记。

1931 年 3 月，童长荣调到东北担任中共大连市委书记，领导大连地区的人民进行反日斗争。1931 年 11 月，中共满洲省委决定，派童长荣担任东满特委书记。1932 年春，童长荣领导东满地区的人民，捣毁了日军的朝鲜人民会，打击了日寇的侵略势力，鼓舞了人民的斗争勇气，并整编了一些溃散的旧军队和群众性的抗日武装队伍，加强了抗日武装力量。1932 年冬至 1933 年春，童长荣和东满特委的其他负责人领导游击区的广大军民，在白山黑水之间与日军作战 60 多次，歼敌数百人，缴获了大批武器弹药。1933 年冬，东满地区反日游击队发展为五个游击队，建立了 12 个比较固定的游击根据地。东满地区的这支游击队成为东满人民团结抗日的核心力量。1934 年 3 月 21 日，日军大面积搜山，童长荣领导的部队在汪清一带与日本侵略军遭遇。突围中，由于疾病未愈，童长荣被坚决不肯先行离去的朝鲜族姑娘崔今淑背着，在雪夜中艰难前进。最终因力尽途绝，与崔今淑一同壮烈牺牲，时年 27 岁。

新中国成立后，东北人民为了纪念童长荣，将他的照片和英雄事迹，陈列在哈尔滨东北烈士纪念馆里。1998 年 8 月，中共大连市委、市政府在大连英雄纪念公园内为童长荣等 37 位烈士塑像，纪念他们为争取民族解放事业英勇战斗的革命精神。2001 年大连市史志办公室编辑的《大连英模谱》中，收录了童长荣等 37 名英烈的英雄事迹。

（资料整理：孟超）

孙永勤

孙永勤（1893—1935）

孙永勤，原承德县黄花川孙杖子人（现属兴隆县），1893年出生于富裕农民家庭，家中有两个哥哥，孙永勤排行老三。孙永勤自小即好武术，又喜读《水浒传》《岳飞传》，淡泊钱财，崇尚忠义，爱为贫弱排忧解难。清末民初，当地土匪啸聚山林，祸害百姓，热河地区成立民团，抵御土匪。孙永勤积极参与民团，由于作战勇敢，又有指挥才能，加之善于凝聚人心，孙永勤在民团中非常有威信，很快被推举为副团长、团长。

1932年3月，热河沦陷，孙永勤对国民党军队的消极抵抗非常愤怒。日军占领热河后，逼迫民众交出枪支，孙永勤亲眼看到不愿交出武器的家人和乡亲们被伪警察抓走，他认为与其等死，不如反抗。1933年12月12日，中国共产党领导的工农红军在南方艰难地反"围剿"之际，孙永勤勇敢地竖起了"天下第一军，均富又济贫"的大旗，正式宣告成立民众军，在白山黑水之间与日伪展开了殊死斗争。1934年5月，孙永勤接受中共地下党人建议，将民众军改名为民众抗日救国军。1935年5月17日，孙永勤被中共党组织委任为华北抗日救国军第1军军长。整编后的抗日救国军战斗力更强，多次消灭大股日军，拔除了大量据点，成为日军在为满洲国西南地区的最大威胁，这也让日本关东军下定决心"剿灭"民众抗日救国军。民众抗日救国军转战长城内外的兴隆、承德、遵化、迁安、青龙、平泉六个县，与日伪军展开斗争，给日伪军以重创，点燃了长城内外的抗日烽火。

日军在长城以北的山林地区消灭不了孙永勤，便决定用重兵从东、西、北三面，强行逼迫孙永勤的抗日救国军入关，企图在遵化茅山地区予以歼灭。1935年5月24日，日伪军1.5万人，将救国军围困在茅山、十里铺、吴家沟一带。拂晓时，日军用炮火强攻救国军阵地，附近的村庄皆成灰烬。接着敌人用毒气弹、机枪开路发起总攻。孙永勤旧伤未愈，又添新伤，仍镇定指挥全军英勇反击。救国军自下午4时开始反击，一直战至深夜，1400多名将士突出重围。

孙永勤率队多次击退日军夹击，击毙日军田边少尉等多人。但终因寡不敌众，孙永勤等抗日救国军主要领导人及余部数百名战士，全部壮烈殉国。孙永勤时年42岁。他的头颅被日本侵略者割下带往热河地区示众，后下落不明。

1935年8月1日，中华苏维埃共和国中央政府、中国共产党中央委员会发表了《为抗日救国告全体同胞书》（即《八一宣言》），高度赞扬了吉鸿昌、瞿秋白、孙永勤、方志敏等11位为救国捐躯的民族英雄，称他们表现出了中华民族救亡图存的伟大精神，坚信中华民族抗日救国最终必然胜利。

（资料整理：孟超）

李红光

李红光，又名李弘海、李义山，朝鲜族，1910年生于朝鲜京畿道龙岩郡丹洞的一个贫苦农民家中。李红光的祖父颇通汉学，在其祖父熏陶下，他学会了用汉语写文章，受到附近乡邻的一致赞赏。李红光自小过着受压迫、受奴役、颠沛流离的艰苦生活，而这样的经历也铸就了他反抗日本侵略，执着追求翻身解放的信念。

李红光（1910—1935）

1927年，李红光参加伊通"农民同盟"和"青年同盟"，开始有组织地学习和宣传马列主义，接受革命思想。1930年，李红光在伊通县三道沟加入中国共产党，第二年，被选为中共伊双特别支部组织委员。九一八事变后，中共磐石中心县委成立了武装赤卫队，又叫"打狗队"，李红光任队长。1932年初，"打狗队"改编为游击队，李红光继任队长，率领磐石县（今磐石市）蛤蟆河子朝鲜族、汉族等农民发动反日大暴动。1932年，中共满洲省委代表杨靖宇来磐石，将磐石工农义勇军改编为中国工农红军第32军南满游击队，后又将游击队编为三个大队一个教导队，李红光任教导队政委。教导队还成立了抗日军联合参谋部，李红光当选为参谋长。教导队历经几十次战斗，队伍不断壮大，于1933年9月正式成立东北人民革命军第 1 军独立师，杨靖宇任师长兼政委，李红光任参谋长。独立师在杨靖宇、李红光的指挥下，乘胜连续攻克了大荒沟、凉水河子等城镇据点。1934 年 4 月，东北抗日军联合指挥部成立，杨靖宇被选为总指挥，李红光任参谋长。11 月 7 日，东北人民革命军第 1 军成立，李红光任第 1 师师长兼政委。第 1 师下辖第 3、第 5、第 6 三个团和少年连，共 500 余人，是第 1 军的主力部队。由于李红光对南满地理状况了如指掌，善于利用地形，因而，每次对敌作战都战而必胜，在军中威望很高。11 月、12 月间，队伍与日军展开几次战争，都取得了胜利，让朝鲜人民看到了抗日胜利的曙光。

1935 年 2 月，李红光率队袭击日军军需品储存地东兴镇。他率领众人对敌驻地发动突袭，歼敌数十人，缴获大批军需品，大获全胜。5 月，李红光率所部少年连和第 5 团 200 多名战士，越过老岭，到本溪、桓仁一带组建骑兵队。当部队行至兴京县老岭时，与日本守备队相遇，双方展开激战，李红光指挥战士勇敢反击，战斗中不幸胸部中弹。5 月 12 日，年仅 25 岁的朝鲜族抗日英雄李红光因伤势过重，失血太多，为中华民族的解放事业献出了宝贵的生命。

李红光牺牲后，战友们将他的遗体秘密运送至大青沟黑瞎子望的山林里，安葬在一棵核桃树下。为纪念这位抗日英雄，《东北抗联第一路军军歌》特意将他的名字写进歌词。歌词写道："高悬在我们的天空中，普照着胜利军旗的红光，冲锋呀！我们的第一路军！"1946 年，在李红光战斗过的南满地区，还以他的名字组建了李红光支队，这支队伍在解放战争中屡建战功。

（资料整理：孟超）

王德泰

　　王德泰，又名王铭山，汉族，1907年5月23日生于奉天省盖平县第四区詹家屯村后王家庄（今辽宁省大石桥市博洛铺镇詹家屯村）一个贫苦的农民家庭，祖籍山东莱州府。少年时期的王德泰和父亲逃荒到吉林省茶条沟、老头沟、铜佛寺一带谋生。王德泰自幼参加劳动，学会了许多农活，养成了勤劳、朴实、忠厚的品德。13岁时，他的父母下定决心送他进学堂读书。王德泰在学堂里刻苦读书，学习成绩优异，又利用课余时间阅读一些古典侠义小说，打下了行侠仗义、爱国忧民的思想基础。

王德泰（1907—1936）

　　九一八事变之后，王德泰目睹日军烧杀淫掠的种种暴行，无比愤慨，义无反顾地投身到抗日斗争中。不久，他加入中国共产党，走上了抗日救国的革命道路。1932年，王德泰参加了延吉抗日游击队，先后任游击队小队长、中队长、大队参谋长等职务，成为延吉游击队的主要创始人和领导人之一。1933年他参与指挥游击队作战50余次，重创敌军。1933年6月他被选为中共东满特委委员，任军事部长。1934年3月，他参与组建东北人民革命军第2军独立师，任师政委；6月，又被选为中共东满特委临时执行委员会委员。此后，他与特委和独立师的其他领导人一起，开展大规模的游击战争。1935年3月下旬，东北人民革命军第2军独立师进行整编，王德泰改任师长。

　　1936年7月，王德泰担任东北抗日联军第1路军副总司令兼第2军军长，率领部队在抚松、濛江、临江之间与日军作战。11月7日清晨，王德泰和300多名战士在抚松县小汤河村遭到600多名敌人袭击，为避免百姓遭到日寇屠杀，他决定放弃突围的机会，与日军展开激战。王德泰指挥部队抢占该村南山东西两个小山头，采取迂回战术打击敌人。战斗从早上7时一直进行到下午3时，敌人在我军两面夹击之下，伤亡惨重，纷纷弃枪向南溃逃。王德泰率军追击，就在战斗胜利之际，他却不幸中弹，壮烈牺牲，年仅29岁。这次战斗我军以少胜多，打死60多名敌人，打伤10余人，俘虏数十人，并缴获许多战利品，但是，抗联部队却失去了一位卓越的指挥员和领导者。

1982 年 10 月 23 日，白山市人民政府（时为浑江市人民政府）在王德泰的殉国地为他修建了墓碑，烈士墓前纪念碑上镌刻着"抗联第二军军长王德泰将军之墓"。

（资料整理：孟超）

张敬文

张敬文（1902—1936）

张敬文，原名张义堂，曾用名张敬生、张瑞林、张生，1902 年生于山东省阳谷县北田庄。张敬文 9 岁随父亲到大连谋生，17 岁在一家日本人开的小印刷厂当学徒工。

1925 年，张敬文离开大连，来到冯玉祥部队当兵，后于 1928 年 4 月到吉林省德惠县中东路东省特别区第二警察总署当了警士。就在那时，张敬文结识了中共满洲省委地下党员吕清潭，在吕清潭的帮助、教育下，张敬文逐渐懂得了一些抗日救国的道理，开始走上革命道路。1929 年春，他加入了中国共产党。不久，他被提升为陶赖昭派出所巡长。从此，张敬文就以巡长的公开合法身份为掩护，在敌人内部开展党的地下工作。在他的领导下，中共陶赖昭特支做了许多发动群众的工作。

1933 年 10 月，中共大连市委遭到敌人严重破坏。为了尽快恢复党的组织，张敬文于 1934 年 1 月来到大连，以大连《满洲日日新闻》印刷工人的公开职业为掩护，依靠山东阳谷县同乡的关系开展发展党员工作。他在工人中广泛宣传马克思主义，培养并考察积极分子，积极发展党员，扩大党的队伍。到 1935 年 1 月，共发展了 30 名党员。由于党组织的不断发展壮大，1935 年 1 月中共满洲省委决定，成立中共大连市委，张敬文担任市委书记并负责组织工作。

1936 年 3 月，中共哈尔滨特委调张敬文去哈尔滨任市委书记。张敬文到哈尔滨后与吕清潭在道外开设了荣华客栈，以客栈老板的身份开展工人运动和发展党的组织。6 月，由于被杨波、刘明夫、徐凤文等叛徒出卖，张敬文被日本宪兵逮捕。面对残酷刑讯和威胁利诱，张敬文坚贞不屈，毫不动摇。他不顾严重刑伤，继续和其他同志一起对敌人进行各种形式的斗争，不断地向难友进行抗日救国教育，把新来的同志从外面带来的消息，迅速传给全狱难友，以鼓励大家增强斗志。他深知铁窗生活是长期的，所以，在狱中经常教育、鼓励难友们要发扬团结友爱的精神，同甘共苦，互相关照，共同渡过难关。他在狱中表现出的革命斗争精神和高贵品质，受到难友的赞扬。1936年10月13日，张敬文被日军残酷地枪杀于哈尔滨郊外陆军射击场，年仅34岁。

新中国成立后，为了悼念这位革命战士，吉林省人民政府授予张敬文烈士称号。

（资料整理：孟超）

李世超

李世超，原名李云山，又名李恩顺，参加革命后，曾化名李英超、吴德禄。1904年，李世超出生于吉林省伊通县伊丹乡一个小地主家庭。1918年考入长春省立第二师范学校读书，开始接触新文化、新思想。1921年，李世超毕业后回伊通县立第一小学当教员，1926年升任伊通县立第十二小学校长。1929年，李世超怀着"以法治国"的理想考入北平（今北京市）朝阳大学法律系。学习期间，加入进步组织互济会，初步确立革命思想。

李世超（1904—1936）

1931年夏，李世超偕同妻子石正芳回到东北，应聘到吉林省立（长春）第二中学任教。1932年初，李世超到吉林女师任国文教员，他决心以教员身份为掩护，进行抗日救国活动。李世超的言行举止引起中共吉林地下党组织的注意。1932年秋，李世超加入中国共产党。从此，他经常学习党的文件，斗争目标更加明确，抗日救国的意志更加坚定。1932年11月上旬，中共满洲省委代理军委书记杨靖宇来吉林巡视工作，建议省委将吉林支部改为吉林特别支部，直属省委领导。1933年3月，满洲省委巡视员张弓来吉林，主持改组了吉林特支，指定李世超担任特支书记。中共吉林特别支部遭破坏后，李世超同省委巡视员张弓一起脱险，转移到哈尔滨，同省委接上关系。省委派李世超负责哈尔滨"革命互济会"和"反日会"工作，指示他到码头工人中开展工作，发展会员。李世超便在道外街靠近松花江边的小客店投宿，在此秘密向穷苦工人开展抗日宣传活动。他做群众工作有经验，取得很大成绩，受到省委的表扬。省委又派他到道里做伪警察的工作，他吸收了20多名伪警察参加反日会。这些伪警察会员在掩护党的活动方面，发挥了特殊的作用。1933年秋，省委决定让李世超负责交通和文件发行工作。他的爱人石正芳变卖了祖上遗产，带着两个孩子、钱款和一些金银首饰，来到哈尔滨同李世超团聚。他们以家庭为掩护，更便于文件的印刷、发行工作。1934年4月，团省委书记刘明佛被捕叛变，省委考虑到秘书长冯仲云的安全，调他到珠河中心县委工作，决定由李世超代理省委秘书长，负责省委秘书处工作。1935年，李世超被派到安东（丹东）负责党的工作。1936年2月，安东地下党组织遭敌人破坏，由于坏人告密，李世超被捕入狱。在敌人的严刑拷问、利禄引诱面前，李世超始终凛然正气，坚贞不屈，经受住了最后的考验。同年8月被敌人秘密杀害，时年32岁。

李世超的一生，充分体现了共产党人富贵不能淫、贫贱不能移、威武不能屈的高尚情操。新中国成立后，中华人民共和国民政部追认李世超为革命烈士。

（资料整理：孟超）

李学忠

李学忠，又名李宗学，山东人，1910年出生于一个贫寒家庭。李学忠早年到东北谋生，后在磐石、吉林一带从事地下工作，1931年九一八事变后赴苏联学习。期间，李学忠刻苦用功，政治觉悟和文化水平提高很快，并加入了中国共产党。1934年冬李学忠回国，到东满工作。

李学忠（1910—1936）

1935年1月，在特委所在地举办了由各县委同志参加的20余人的党政干部训练班，李学忠亲自讲课。他除了讲授在苏联学到的理论知识外，重点讲到党的方针、政策。1935年5月30日，东北人民革命军第2军正式宣告成立，王德泰任军长，魏拯民任政治委员，李学忠任政治部主任。在李学忠的主持下，第2军政治部发表了《告民众书》和《告各反日部队书》，号召广大群众和人民革命军等抗日武装联合起来，开展各种形式的反日斗争，打倒日本帝国主义，完成抗日救国的伟大任务。为了与东北人民革命军第1军联合，李学忠率部于1935年8月上旬从和龙县车厂子抗日游击根据地出发，进入敦化县（今敦化市）。9月3日，到达江县那尔轰抗日游击根据地。10月初，东北人民革命军第1军军长杨靖宇率部赶到那尔轰同第2军会合。10月4日，在那尔轰老龙岗西坡于家沟一农家场院里，两支兄弟部队正式举行会师式。李学忠率部在南满游击区活动一段时间后，于11月返回东满安图抗日游击区。东北人民革命军第2军在挫败了敌人1935年秋季"讨伐"后，为了打通与吉东地区人民革命军第5军的联系，实现协同作战，于1936年1月中旬，由王德泰、李学忠带领一部分青年义勇军北上到达宁安县（今宁安市）镜泊湖游击根据地，与周保中领导的第5军军部会师。20日，第2军、第5军领导人在一起召开了党委特别会议。1月30日，王德泰和李学忠率队返回安图游击根据地。1936年7月，李学忠参加了在金川县河里地区召开的"河里会议"。1936年8月，李学忠率领部队转战于抚松县东部深山密林中。8月9日，李学忠所在的大碱场密营突然被日本走狗李道善伪自卫队百余人包围，李学忠立即组织密营全体人员奋勇抵抗，给号称"神选队"的伪军以很大打击，但终因敌众我寡，李学忠部力不能支，伤亡很大。激战中李学忠英勇牺牲，年仅 26 岁。

1985 年 7 月 3 日，抚松县人民政府举行了李学忠墓碑揭幕式。墓碑上镌刻着 22 个鲜红的大字：东北抗日联军第二军政治部主任李学忠同志殉国地。

（资料整理：孟超）

赵一曼

赵一曼（1905—1936）

赵一曼，原名李坤泰，又名李一超，1905 年 10 月 27 日出生在四川省宜宾县北部白杨嘴村一个地主家庭。

1924 年，赵一曼的大姐夫、中共首届四川省委委员郑佑之介绍她加入社会主义青年团。1926 年 2 月 28 日赵一曼考入宜宾女子中学（现宜宾第二中学），她也由团员转为共产党员。1926 年 10 月，赵一曼考入武汉黄埔军校，11 月，到武汉中央军事政治学校学习。1928 年冬在苏联莫斯科中山大学学习的赵一曼奉命回国，先后在宜昌、上海、江西等地从事秘密工作。1928 年 4 月，赵一曼与陈达邦结婚。12 月，被派到宜昌工作，在宜昌产下一子，取名"宁儿"。

九一八事变后，赵一曼被调到东北工作，组织领导工人运动。1932 年，担任满洲总工会秘书、组织部部长。1933 年，赵一曼任哈尔滨总工会代理书记。同年 4 月，参加领导了哈尔滨电车工人反日罢工斗争。1934 年春，赵一曼任中共珠河中心县委委员、铁北区区委书记，建立了农民游击队，配合抗日部队作战。后兼任东北人民革命军第 3 军第 2 团政治委员，率部活动于哈尔滨以东地区，给日伪以沉重的打击。1935 年秋，赵一曼兼任东北人民革命军第 3 军第 1 师第 2 团政委。

1935 年 11 月，在与日军的一次作战中，赵一曼为掩护部队腿部负伤，后在昏迷中被俘。日军为了从赵一曼口中获取有价值的情报，找了一名军医对其腿伤进行了简单治疗后，连夜对其进行了审讯。在狱中，日军对赵一曼反复施用钢丝鞭抽、上老虎凳、拔牙齿、搓肋骨等酷刑，但她始终不吐露任何消息，恼羞成怒的日军开始施用拿鞭子蘸满粗盐捅进她伤口等刑罚折磨她。身负重伤的赵一曼表现出一个中国人保卫民族的决心，痛得几次昏了过去，但仍不说出有关抗联的任何情况。因赵一曼腿部伤势严重，生命垂危，日军将她送到哈尔滨市立医院进行监视治疗。在住院期间，看守赵一曼的警察董宪勋与女护士韩勇义在她的感召下决定帮她脱离魔爪。他们几经辗转，将赵一曼送到了阿城县（今阿城区）境内的叔叔家中。1936 年 6 月 30 日，赵一曼在奔往抗日游击区的途中不幸被日军追上，再次落入日军手里。赵一曼被带回哈尔滨后，日本军警又对她进行了上老虎凳、灌辣椒水、电刑等酷刑，但她始终不为所动。日军知道从赵一曼的口中得不到有用的情报，于 1936 年 8 月 2 日，在珠河县（今黑龙江省尚志市）小北门外将她杀害。临刑前，她高唱《红旗歌》，高呼"打倒日本帝国主义！""中国共产党万岁！"视死如归，从容就义。赵一曼牺牲时，年仅 31 岁。

赵一曼被哈尔滨人民尊称为"白山黑水"民族魂，哈尔滨市委党史研究室则称其为"万民永忆女先锋"。

董必武曾为赵一曼赋诗："革命潮声杂鼓鼙，宜宾儿女动深闺。焉能照旧营生活？奋起从军弁易笄。北伐旗开胜未终，叛徒决策反工农。招来日寇山东阻，民族危机迫再逢。北去南来党命御，不因负病卸仔肩。工农解放须参与，抗日矛头应在先。抗倭未胜竟成俘，不屈严刑骂寇仇。自是中华好儿女，珠河血迹史千秋。"

1961 年 8 月 9 日，朱德为宜宾赵一曼纪念馆题词："革命英雄赵一曼烈士永垂不朽。"

2009 年，赵一曼被列入"100 位为新中国成立作出突出贡献的英雄模范人物"。

（资料整理：孟超）

夏云杰

夏云杰（1903—1936）

夏云杰，1903年生于山东省沂水县四十里铺金厂庄的一个贫农家庭。1926年，23岁的夏云杰带家人一起闯关东，在黑龙江省汤原县城落脚，靠打零工维持生计。1927年10月，举家迁往太平川落户，以耕地为业，农闲时到黑金河金矿做些零工。

夏云杰于1932年9月加入了中国共产党。入党后，他积极投身到革命斗争中去，经常深入矿山、农村，宣传党的抗日主张，为建立党领导的抗日武装而努力工作。1933年夏，中共汤原中心县委召开第六次扩大会议，夏云杰在会上当选县委委员，负责军事工作。8月初，建立了"东北民众联合义勇军"，下属三个大队，共550多人。这支队伍于8月中旬袭击了汤原县城，沉重地打击了伪满政权，大灭日本侵略军的威风。1933年11月，夏云杰以探亲为掩护混进黄花岗自卫团营房，将敌人14支长枪和2支短枪全部缴获，并用缴获的武器武装了自己。1934年5月，夏云杰指挥游击队袭击了鹤立农场日本特务组织"民会"，镇压了凶恶的日本特务，袭击了太平川伪警察分驻所。6月，他又率游击队攻打了太平川西大岗的反动地主据点，先后打开了黑金河通往太平川的二道岗。10月，中共满洲省委任命夏云杰为汤原反日游击总队政治委员，他率领部队，在人民群众的支援下，打掉了驻太平川的伪警察署，同时又拔掉了日军的三个据点，使这里的抗日游击区连成一片，从而创建了太平川抗日根据地。1936年1月中旬，汤原反日游击队改编为东北人民革命军第6军，夏云杰任军长。下旬，东北民众反日联合军召开军政扩大联席会议，夏云杰被推选为汤（原）萝（北）绥（滨）部指挥，兼任第6军军长。1936年3月，夏云杰率部队撤离了游击区，进入小兴安岭东部。为了给敌人以更沉重的打击，夏云杰在汤原中心县委的密切配合下，经过周密准备，在5月25日率队袭击鹤立城内的敌人据点，炸毁了吊桥、仓库，捣毁了日伪煤矿事务所，解除了日伪矿警队全部武装，击毙两名日本军官和一名警察队长。在斗争中，东北人民革命军第6军不断发展壮大，人数已达1200余人，全军扩编为八个团。同年9月18日，夏云杰出席在帽儿山召开的中共珠河、汤原中心县委和抗联第3军、第6军党委联席会议，成立了北满（临时）省委，夏云杰当选为省委委员。

1936年10月，日本关东军和伪军开始对汤原等地区进行更大规模的"讨伐"，疯狂地向汤原抗日根据地进攻。夏云杰分析了敌我斗争形势，决定远征佛山（嘉荫）。然而，在为远征筹集给养和装备时，部队于11月21日遭到敌人的伏击，夏云杰身负重伤，因无药及时医治，于1936年11月26日永远长眠在汤原这块他战斗过的土地上，时年33岁。在生命垂危之际，他一再叮嘱身边的战友，要精诚团结，把抗日民族解放斗争进行到底。

（资料整理：孟超）

王仁斋

王仁斋，原名王仁增，字仁斋，绰号"王罗锅"，1906年生，山东文登高家村（今文登市侯家镇）人。1921年入山东青州省立甲种农业专科学校读书，1925年在本村小学任教。1927年在武汉加入中国共产党。1929年以后，他相继在沈阳《平民日报》社、平旦中学和三源浦小学工作，并坚持开展党的地下活动。1930年春，到通化、柳河、海龙等地以教师身份从事党的地下工作。1931年九一八事变后，加入了辽宁民众抗日自卫军，任第9路军上校教官，开展抗日武装斗争。

王仁斋（1906—1937）

1932年春，柳河县三源浦北校校长包景华组织抗日队伍，被辽宁民众自卫军总司令唐聚五收编为第9路军，包景华被任命为第9路军司令，王仁斋任政治教官。同年10月，第9路军在日伪重兵进攻下失败，海龙中心县委在原县委游击队的基础上，组建海龙工农义勇军。1933年，杨靖宇将工农义勇军改编为中国工农红军第37军海龙游击队，王仁斋任队长。他认真执行上级指示，团结各界抗日武装力量，带领部队在海龙、柳河、金川（今吉林省辉南县）、通化四县边界活动，袭击日军部队，击毁敌人运兵车，给日本侵略者以沉重打击，开辟了抗日游击根据地。同年，东北人民革命军第 1 军独立师成立，王仁斋任副师长。11 月，协助杨靖宇指挥部队攻克三源浦镇。不久，又攻克敌人重要据点八道江镇，并在旱葱沟重创伪军。1934 年 12 月，王仁斋在中共南满第一次代表大会上被选为南满临时特委委员，改任东北人民革命军南满第 1 游击大队政委。1935 年春，王仁斋被调回第 1 军军部，负责组织领导地方抗日武装。3 月，他与第 1 师师长李红光一起指挥部队伏击敌人，抓获伪通化县长和日本参事官。1936 年 5 月，东北人民革命军第 1 军第 3 师成立，王仁斋任第 3 师师长。7 月，东北人民革命军第 1 军改编为东北抗日联军第 1 军，王仁斋任第 3 师师长。为了扩大抗日联军的影响，王仁斋率部转战海龙、柳河、清原、抚顺、兴京、桓仁、西丰、铁岭、开原等广大地区。11 月，他将所部改编为骑兵，闯过清原、铁岭和南满铁路，西征至辽河岸边。

1937 年初，王仁斋带领一支小部队活动在沈阳、抚顺、清原一带。期间，收编"金山好"反日山林队 100 余人。随后，又在砬子山重创日伪军。秋季，王仁斋率部回到清原，与第 3 师其他两部胜利会师。年末，王仁斋带领通讯员和一名小战士从筐子沟岭出发去岭南筹集子弹。当他们行至钓鱼台时，遭到伪警特务的突然袭击。王仁斋一边开枪还击，一边带领两名战士向后山转移，不幸被子弹击中右腿。在一名小战士的掩护之下，通讯员急步上前，背起王仁斋向后山撤退。上山后，王仁斋与通讯员立即将文件、印鉴和现款等焚毁。此时伪警特务已经猛扑过来，王仁斋临危不惧，奋不顾身地进行还击。驻地的抗联战士听到枪声火速前往营救，待赶到现场时，伪警特务已经逃走，王仁斋和两位战友却躺在了血泊之中。王仁斋牺牲时年仅 31 岁。

（资料整理：孟超）

邓玉琢

邓玉琢，字温璞，1903 年生于安东县前阳乡石门村（现辽宁省东港市前阳镇石门村）。由丁受老师的爱国思想熏陶，邓玉琢自幼胸怀壮志，崇敬岳飞、文天祥等民族英雄，常组织同学列队习武，相约当兵报国杀敌。中学毕业后，邓玉琢考入东北讲武堂，后又考入东北陆军大学。毕业后，曾留校任教官，后被分配到东北军总部从事参谋工作。

邓玉琢（1903—1937）

1936 年，邓玉琢出任西北抗日联军总部参谋处处长。同年 12 月 12 日，西安事变发生后，他积极协助张学良将军策划实施了一系列军政措施，并亲自到雁门关布防，指挥东北军官兵，防止亲日派何应钦派兵进攻西安，从而为推动全国人民抗日、防止内战，作出了贡献。张学良被蒋介石扣押后，邓玉琢临危受命，出任东北军第 67 军第 107 师少将参谋长。

1937 年 11 月 5 日，侵华日军在杭州湾金山卫登陆，企图切断中国守军的后路。危难时刻，第 67 军受命担负掩护上海主战场中国军队撤退的任务。邓玉琢率领第 107 师官兵冒雨进军，抢占了松江县（今松江区）城。11 月 6 日晚，在松江东南米市渡附近的阵地上与登陆日军浴血奋战，打退日军多次进攻。11 月 8 日夜 12 时许，第 107 师已完成了阻击任务，上海主战场中国军队大部队已安全撤离。但此时，侵华日军已将松江县城三面包围，仅剩的苏州河大桥又被敌机炸毁。11 月 9 日傍晚，邓玉琢在白鹤港组织部队渡河突围，他身先士卒，冲在最前面。正在这时，突遭日本便衣队袭击，邓玉琢及军长吴克仁、军参谋长吴桐岗等人壮烈殉国，邓玉琢所率领的第 107 师将士也大都为国捐躯。然而，这悲壮的"松江三日"，在当时不仅未得到国民党蒋介石政府的表彰，反而被诬陷为投敌叛变，撤销了第 107 师番号，邓玉琢和他领导的第 107 师蒙冤长达 40 年之久。

1988 年 9 月，《人民日报》发表了老一辈革命家吕正操、方毅、宋黎撰写的《血战失地、贡献中华》的抗日战争回忆录，详尽追述了东北军第 67 军将士英勇抗战、血染疆场的事迹和邓玉琢将军对日作战牺牲的经过。1993 年 3

月，辽宁省人民政府批准邓玉琢为革命烈士。同年6月，东港市前阳镇人民政府在烈士的家乡修建了邓玉琢烈士纪念碑，并将烈士陵园开辟为青少年爱国主义教育基地。

（资料整理：孟超）

乐以琴

乐以琴（1914—1937）

乐以琴，原名乐以忠，1914年11月11日生于长江上游的四川省芦山县。1929年，乐以琴在家乡初中毕业后来到成都，就读于华西协和高级中学。1931年考入济南齐鲁大学文理学院学习生物学。九一八事变后，他看到无辜同胞被日军杀害，激发了他从军报国的意识。1932年冬，乐以琴下定决心投笔从戎，报考航校。因为年龄不够，原名乐以忠的他借用了四哥乐以琴的名字和文凭。后来真正的"乐以琴"也去报考空军，又用了六妹乐以纯的名字，以致后来空军中流传着"乐以琴不是乐以琴，乐以纯不是乐以纯"的佳话。

1933年春，乐以琴被航校录取，他入学时的队长是人称"独臂飞将军"的石邦潘。乐以琴经过六个月的新兵训练学习后，顺利地通过考试，1933年9月1日被编入笕桥中央航空学校第二期学习飞行技术。1935年，乐以琴从笕桥中央航空学校毕业。1936年，被编入第4大队第22中队，担任分队长，驾驶美国产的霍克Ⅲ鹰式双翼单座战斗机，座机号2204。

1937年8月13日，日军进攻上海，淞沪抗战爆发。14日下午，日军为了摧毁中国空军，派出了两队共18架轰炸机，分别偷袭笕桥机场和广德机场。乐以琴所在的第22中队和第23中队赶到广德机场时，机场已遭敌机轰炸。次日，日本海军航空队派出了34架飞机直扑笕桥机场，第4大队起飞迎战。乐以琴首次与日本空军交战就显示出他出色的本领。他沉着、机智、敏捷地驾驶着战机犹如蛟龙般在敌机中穿梭，看准时机扣扳机，一串子弹射向敌机，敌机冒烟栽了下去，乐以琴旗开得胜。日军航空队被中国空军第4大队打得四处逃窜。乐以琴紧追逃跑的敌机，从杭州的笕桥一直追到绍兴曹娥江上空，乐以琴把最后的子弹都射向了敌机，又打下了两架日机，一架栽入曹娥江中，一架坠落于山麓中。八一五空战第4大队共击落日机六架，乐以琴一个人就打下四架。此后，敌军飞行员一见到中国2204号战机就主动避开，不敢交锋。中国空军首战大捷，一时震动了整个世界。世界各大报纸和通讯社都报道了此次战况，苏联通讯社报道"乐以琴一口气击落敌机四架"。一次空战中单机击落四架敌机是抗战时中国航空史上的奇迹，人们把此次战役中表现出色的高志航、乐以琴、刘粹刚、梁添成称为中国空军"四大金刚"。

1937年12月3日，在南京沦陷前的最后一次空战中，乐以琴驾驶的2204号战机被多架日机团团围住。乐以琴临危不惧，他用娴熟而高超的飞行技巧在敌机中穿梭飞行，使两架企图左右夹击他的日机相互碰撞，在空中爆炸。激战中，乐以琴的战机中弹，飞机冒着浓烟向下坠落，他被迫弃机跳伞。乐以琴为了缩短在空中降落的时间，减少被日军射杀的机会，决定冒险推迟打开降落伞的时间，不幸的是开伞时间晚了一点，他落地时头部受重伤去世，年仅23岁。

乐以琴在作战中身先士卒，勇猛顽强，屡立战功，被誉为"江南大地之钢盔"，国民政府教育部还将他英勇抗日的事迹编入了小学国文课本，以激励孩子们的爱国情怀。

（资料整理：孟超）

朱 赤

朱 赤（1900—1937）

朱赤，字幼卿，号新民，1900 年生于江西修水县上衫乡下衫村。他十岁开始读书，初上本村私塾，继入朱溪仁义镇小学。毕业后在东港乡私塾任教。1925 年，听闻广东革命政府准备北伐，朱赤只身前往广州，考入黄埔军官学校第三期步兵科学习。在军校学习受训期间，他刻苦训练，努力学习，加之行为端正，办事沉稳老练，颇有儒家风度，很受校方赏识。次年参加北伐，在国民革命军中任见习官，随部进攻湖南平江，转战江西九江、南昌等地，因作战勇敢，战功卓著，升任排长、连长。

1932 年 1 月 28 日，日军对上海发起进攻，朱赤奉命随部赴沪增援，与战友们在江湾、庙行及蕴藻滨一带同日军展开血战。日军伤亡惨重，被迫停止攻击。此后，朱赤等在江湾一带继续抗击日军。直到 3 月初，上海休战协定签订，才奉令撤退。不久，朱赤因功升任营长。1935 年，随部进驻江阴、常熟一带，构筑江阴—无锡一线及苏州—常熟—福山一线防御阵地。1937 年全面抗战爆发后，在第 88 师第 262 旅任团长的朱赤，经常对将士们进行爱国教育，以激发官兵们的爱国热情，并且屡次请战效命。

1937 年 8 月上旬，日军在上海制造事端，蓄意挑起战争。第 88 师是当时中国陆军的精锐主力，奉命开赴上海，准备应战。这时，朱赤升任第 262 旅少将旅长。13 日，朱赤率部在八字桥等地首战日军。15 日，向日海军司令部发起猛攻，在第 264 旅的协同下占领了日海军司令部。第 262 旅在苏州河岸和江湾之间，以闸北为轴心阵地，构筑街市防御体系。日军多次进攻闸北阵地，均遭失败。此时的日军在杭州湾登陆，进攻上海中国守军侧背，形成包围之势。朱赤奉命率部退往南京，参加南京保卫战。南京卫戍司令长官唐生智令第 88 师担任复廓阵地的防御，朱赤旅守卫雨花台。

1937 年 12 月 11 日，日军主力攻至中华门雨花台一线，与朱赤的第 262 旅发生激烈战斗。第 262 旅上下一心顽强抗击，不让日军前进一步，保住了阵地，敌军死伤惨重。在多次阵地危急时，朱赤亲率敢死队，杀入敌群，以血肉之躯与敌相搏。日军的进攻越来越凶猛，最后第262旅只剩下一个特务连的兵力，日军仍如潮水般地扑来。朱赤命令士兵把几十箱手榴弹的盖子全部打开，用绳子把导火索串联起来，摆在阵地前，等到日军进攻至阵地前沿时，几百枚手榴弹全部爆炸，日军血肉横飞，遗尸遍地。12日晨，日军集中了大量轰炸机和数十门重炮猛攻雨花台阵地，再以优势步兵进行集团冲锋。由于朱赤所部弹尽力竭，我军阵地全毁。在日军疯狂进攻之下，朱赤与全体官兵壮烈殉国，时年37岁。

（资料整理：孟超）

佟麟阁

佟麟阁，原名凌阁，字捷三，满族，1892年12月17日出生于直隶省（今河北省）高阳县一个农民家庭。7岁时随舅舅学习经史，擅长书法。16岁时经友人介绍到高阳县衙门当缮写员。

1912年，20岁的佟麟阁，慕冯玉祥爱国之名，投笔从戎，投入冯玉祥的部队，为左哨哨兵，并很快升为哨长。佟麟阁因英勇善战，善于用兵，在冯玉祥部队中屡立战功，先后升任连长、营长、团长、旅长等职。到了1925年，苏联顾问来到国民军，扩大编制，

佟麟阁（1892—1937）

把步兵编为十二个师，佟麟阁升任第4师师长。1931年九一八事变爆发。在民族存亡的紧急关头，佟麟阁喊出了"枪口不对内"的响亮口号。1933年春，佟麟阁参与指挥了长城抗战。1933年5月26日，察哈尔省民众抗日同盟军成立，冯玉祥任命佟麟阁为抗日同盟军第1军军长，代理察哈尔省主席，同时也是同盟军军事委员会委员和常委之一。而同盟军由于军事、政治、环境等因素，短暂的光辉很快就消亡了。佟麟阁深感抗日之志未遂，而山河破碎，国运垂危，于是隐居北平香山寓所，以待报国时机。

此后，在宋哲元、冯治安、张自忠、赵登禹、刘汝明等人极力邀请下，

佟麟阁感到抗日救国之日到来，于是欣然出山，回任第 29 军副军长兼军事训练团团长，同时兼大学生军训班主任，驻南苑第 29 军军部，主持全军事务。1937 年 7 月 7 日夜，驻北平丰台日军在卢沟桥附近借军事演习为名，向我国守军发起挑衅，又借口一名士兵失踪企图搜索宛平城，遭到拒绝后，对宛平城展开了炮轰，七七事变爆发。佟麟阁立即命令第 37 师第 110 旅旅长何基沣自卫还击。27 日，宋哲元令南苑第 29 军军部迁入北平。佟麟阁在生死存亡关头，不愿离开，决心死守南苑。根据隐藏在第 29 军上层的汉奸潘毓桂提供的情报，敌人由廊坊进犯团河，由通县、丰台调集陆、空军于 28 日进攻南苑。日寇集中火力，用炮射击、飞机狂炸，战斗激烈。守军虽炮械较敌为劣，但士气却异常高昂，争夺由拂晓至过午，双方伤亡均惨重。战斗中忽报大红门又发现敌人。佟麟阁恐敌截断北路，乃率兵亲往堵击。因寡不敌众，部队被敌四面包围，只能利用地形继续与敌苦战。佟麟阁在指挥右翼部队向敌突击时，被敌机枪射中腿部，却不肯退后，执意向前，奋勇当先。日军见久攻不下，便派飞机前来助战，在敌机的狂轰滥炸中，带伤指挥作战的佟麟阁头部又受重创，最终壮烈殉国，时年 45 岁。

1937 年 7 月 31 日，国民政府发布褒恤令，追晋佟麟阁为陆军上将，生平事迹，宣付史馆，以彰忠烈。

毛泽东对佟麟阁的献身精神给予了很高的评价，他在 1938 年 3 月 12 日延安纪念孙中山先生逝世 13 周年及追悼抗敌阵亡将士大会上的演说词中，说佟麟阁等人"无不给了全中国人以崇高伟大的模范"。

抗战胜利后，北平市政府把西城区原南河沿大街更名为佟麟阁路。新中国成立后，佟麟阁被追认为革命烈士。在佟麟阁将军故居和墓地所在的北京市海淀区香山北正黄旗 18 号，建有佟麟阁将军纪念馆和包括佟将军在内的抗战名将纪念馆。

2009 年，佟麟阁被列入"100 位为新中国成立作出突出贡献的英雄模范人物"。

（资料整理：孟超）

吴克仁

吴克仁，字静山，满族，1894 年出生于吉林省宁安县（今宁安市）三道湾一个农民家庭。童年入乡塾受启蒙教育，民国成立后入县城高小和中学肄业，此后被分派到皖系边防军服役。

吴克仁（1894—1937）

直皖战争后，吴克仁所部被张作霖收编，从此进入奉军。吴克仁在两次直奉战中屡立战功，先后由排长、连长升至营长。1925 年被选派赴日本入炮兵学校深造，翌年学成回国，任东北讲武堂炮兵研究班主任兼炮兵教导队上校队长。1928年夏，炮兵教导队改为炮兵教导团，吴克仁任团长，后来改任东北炮兵第 18 团团长。1930 年张学良为提高东北炮兵素质，又派吴克仁赴法国考察炮兵，回国后升任东北讲武堂炮兵研究班少将教育长。吴克仁精心治学，将在国外学到的炮兵战术传授给学员，为东北军培训了大批炮兵指挥人才。1933 年春，日军侵略热河，吴克仁被任命为国民革命军第 117 师副师长，编入以王以哲为军长的第 67 军，参加长城抗战。1936 年 4 月，吴克仁升任第 67 军副军长，率军进驻延安，负责对陕北红军输送弹药物资，保护红军来往的安全。东北军虽然是支军阀部队，但通过和红军的频繁接触，广大士兵的思想很快发生了变化，许多爱国军官和广大士兵强烈要求停止内战，打回老家去。吴克仁痛感祖国遭受日本帝国主义的欺凌，视之为军人之耻，于 1936 年春参加了以张学良为首的东北爱国进步军官秘密组织"抗日同志会"。西安事变爆发后，吴克仁被西安抗日联军总部委任为第 67 军军长。卢沟桥事变爆发后，吴克仁当即率全军将士请缨。7 月 13 日，蒋介石在庐山发布动员令，吴克仁接到动员令后，即集结全军经商丘、徐州开赴沧州，接替自平津南撤的第 29 军正面阵地。8月下旬，第 67 军又奉命驰赴大城，接替第 29 军王长海部，堵击从独流出动的日本侵略军。8 月 21 日，吴克仁率第 67 军对沿子牙河南下之日军中岛师团进行了顽强的阻击。第 67 军在敌军猛烈炮击下，死伤惨重，渐不能支。16 日，吴克仁被迫率军南撤，到达新乡休整。

1937 年 8 月 13 日，淞沪会战爆发。10 月 31 日，日军突破我左翼方面军大场防线，威胁中央方面军侧背。此时吴克仁率第 67 军开到战场，经第三战区前敌总司令陈诚拨归右翼方面军张发奎指挥，作为右翼的总预备队，驻军青浦。11 月 5 日，吴克仁奉命率第 67 军协同第 43 军死守松江三日，以掩护上海守军撤退。7 日中午，第 67 军的第 322 旅与第 324 旅分别与日军展开激战。至 8 日下午，战况愈趋激烈。见战况紧急，吴克仁便亲自出城督战。坚持到 8 日半夜，守城任务已经达成，于是准备突围，并令第 67 军向昆山撤退。9 日黄昏，吴克仁在指挥部队渡河时不幸中弹牺牲，年仅 43 岁。

为了褒奖壮烈殉国的吴克仁将军，中华人民共和国民政部于 1987 年 2 月追认吴克仁将军为革命烈士，并向其子女颁发了烈士证书。

（资料整理：孟超）

吴继光

吴继光（1903—1937）

吴继光，原名吴绍琳，字铁夫，1903 年生，安徽盱眙县三界镇（今安徽明光市）人。吴继光的父亲吴克恒是前清秀才，吴继光自幼受父亲影响，心怀效法民族英雄戚继光守土杀敌的崇高志愿，故改名吴绍琳为吴继光。

1917 年，年仅 14 岁的吴继光抛开四书五经，毅然投笔从戎，到南京当了一名备补兵。1924 年，孙中山先生在广州组成革命政府，准备北伐，打倒帝国主义及北洋军阀。吴继光听到消息，立即赶赴广州，考入黄埔军校第二期。从黄埔军校毕业后，吴继光被分配到北伐军见习，逐步擢升为排长、连长、营长、团长等职。1933 年，任陆军第 98 师第 294 旅少将旅长，旋即调任第 292 旅旅长。不久，转投第 58 师师长俞济时，任该师第 174 旅旅长。

1937 年 7 月 7 日，日本帝国主义发动了七七事变。吴继光立即上书军事当局，请缨上阵。不久，吴继光奉令率部开往上海，参加抗战初期著名的淞沪会战。9月中旬，吴继光所部奉命驰援淞沪战场。他身先士卒，勇往直前，指挥部队奋力拼杀，攻入罗店镇，消灭了大量的日军，狠狠地打击了日本侵略者的凶焰。10月下旬，日军依仗猛烈的炮火给我军造成极大的伤亡，乘势占领了大场，从而威胁我军侧背。军事当局为保存战斗力，下令各部队撤出上海。吴继光受命负责掩护大军转移，他立即率领第174旅转移到青浦占领阵地，做好战斗准备。11月，上海、淞江相继沦陷，日军集中兵力两路夹击青浦。吴继光深知战况严峻，仍然坚持完成掩护任务，浴血抵抗了三昼夜，直至友军全部撤退，但第174旅却陷入了日军的重重包围之中。11月7日，日军以钳形合围攻势，向吴继光部阵地猛扑，吴继光被迫率部向白鹤港转移。白鹤港对岸之敌在飞机大炮掩护下，强行架桥渡河，吴继光亲自带队，多次击退敌人进攻，但终因部队伤亡惨重，难以抵抗两路夹击的敌人。11月9日，激战中一颗炮弹落在吴继光身旁，吴继光当即殉职，年仅34岁。吴继光为抗日卫国献出了年轻的生命，实践了他生前"埋骨何须桑梓地"的誓言。

（资料整理：孟超）

宋铁岩

宋铁岩，原名孙肃先，字晓天，曾用名宋占祥等，1910年10月24日出生在吉林省永吉县一个地主家庭。宋铁岩8岁入私塾读书，12岁入大绥河高等小学学习，1925年秋考入吉林省立第一师范学校，1928年春升入长春省立第二师范学校理科班进修。宋铁岩在学校中共地下党组织的影响下，开始积极参加革命活动。1928年10月，参与组织、领导了以长春二师为骨干的2000多名学生的游行示威，在吉林各界引起强烈的反响。

宋铁岩（1910—1937）

1931年春，宋铁岩考入北平中国大学，同年加入中国共产党。1932年春，他受党组织的派遣，返回沦陷的东北，从事抗日武装斗争。他回到家乡永吉县，先后打入驻防在乌拉街的伪铁道警备第 5 旅第 14 团迫击炮连，秘密开展策反工作，领导全连士兵举行了武装起义，完成了党交给的组织伪军哗变的艰巨任务。这支队伍后被编入中国工农红军第 32 军南满游击队迫击炮大队，宋铁岩任大队政委。1933 年 9 月，南满游击队改编为东北人民革命军第 1 军独立师，宋铁岩任独立师政治部主任。1934 年 11 月，东北人民革命军第 1 军正式成立，宋铁岩任第 1 军政治部主任。1936 年 2 月，东北抗日联军第 1 军成立，宋铁岩任第 1 军政治部主任，并当选为中共南满省委委员。1936 年 6 月，宋铁岩随杨靖宇率东北抗日联军第 1 军军部在通化大荒沟消灭了奉天伪骑兵教导团一部 200 多人，6 月下旬，一举将汉奸邵本良部的一个主力团和一个炮兵中队全部歼灭，给日伪军以沉重的打击。同年 7 月，宋铁岩率领第 1 师西征，伏击了日军金田中队，歼灭了 50 多人。当晚又消灭了日军 30 多人，给敌人以歼灭性的打击。宋铁岩在协助杨靖宇进行军事指挥的同时，还为部队的组织建设、政治思想教育等工作倾注大量心血。在他的直接主持下，抗联第 1 军印发了《反日民众报》《人民革命画报》和宣传单等资料，为鼓舞抗日军民的斗志发挥了巨大作用。

宋铁岩与杨靖宇一道率部转战于白山黑水之间，开辟了两千余里的抗日游击战线，他长期从事部队的政治工作，使抗联第 1 军的党组织比较健全，党员的模范作用发挥得也好，大大增强了部队的战斗力。宋铁岩做政治工作处处以身作则，平易近人，打起仗来又总是身先士卒，从不考虑个人安危，战士们都亲切地称他为"铁主任"。他为壮大党领导的抗日武装作出了突出贡献。1936 年 9 月，宋铁岩率队返回老游击区，因长途征战劳累过度导致肺病加剧，他便带一部分队伍进入本溪游击根据地和尚帽子山中密营休养。1937 年 2 月 11 日拂晓，密营被敌人发现并包围，宋铁岩带病指挥队伍奋勇还击，在掩护部队撤离过程中，因体弱行动困难，不幸中弹牺牲，年仅 27 岁。

1985 年 9 月 3 日，辽宁省本溪县人民政府在烈士牺牲的和尚帽子山上建立了宋铁岩烈士纪念碑。

（资料整理：孟超）

张中华

张中华，1912年出生在吉林省永吉县乌拉街，中学毕业后考入哈尔滨铁路扶轮专科学校。

九一八事变后，张中华积极参加抗日救国宣传活动。1932年，他加入中国共产党，1934年底被组织派往吉东地区，任中共宁安县委书记。1936年2月，东北反日联合军第5军改编为东北抗日联军第5军，张中华调任政治部主任。5月以后，日本侵略者对宁安及其周边地区实行空前的白色恐怖统治，对第5军周建华军部所在地连续发动了九次进攻。9月12日，

张中华（1912—1937）

张中华同抗联第2军第2师第4团团长侯国忠、第2军第5师师长陈翰章等率100余人，联合反日山林队一起，先将铁轨扒开虚放在原地路基上，队伍随后埋伏在铁路两边。当运载着150名日军、200名伪军和战马、物资等的军用列车行至被破坏的铁轨处时，机车脱轨停行，与此同时，张中华率伏兵一跃而出，以猛烈的火力压制住敌人的行动。瞬间，日军大乱，大部分伪军在抗联战士高喊的"中国人不打中国人"口号的震慑和感召下，或伏地不动，或四下逃跑，只有小部分伪军跟随日军拼死抵抗。战斗从晚上9点一直激战到12点，共击毙日伪军官兵90多人，击伤30多人，死伤战马60余匹，并缴获了部分枪支弹药和军用物资。

1937年3月，吉东党组织在下江、道北和道南三个特委的基础上成立了吉东省委，张中华任省委委员。为加强第5军的思想政治工作和党的领导，张中华被任命为军党委常委。在此期间，张中华率领道南留守部队开展了积极的游击活动，屡屡与敌人接触，不断打击、干扰敌人。3月30日，在镜泊湖畔率队游击时，张中华部队与伪警备旅的一个连遭遇，战斗进行了两个小时，击毙日本教官、伤连排长以下数人。5月22日，他率部与第2军新编独立旅会师，共同打退了来自海伦方面百余名敌人的追击。

1937年冬，张中华率第5军部分留守部队继续坚持道南的游击斗争，艰苦地转战于牡丹江、宁安等地，给敌人以干扰和破坏。12月，他率领留守部队在桦皮沟一带与敌人作战时，右臂受重伤被俘。在敌人的重刑之下，他始终

坚贞不屈，面对敌人的诱降也不为所动，并利用一切时机向群众宣传抗日救国的道理，最终在狱中被敌人杀害，时年25岁。

（资料整理：孟超）

张甲洲

张甲洲（1907—1937）

张甲洲，原名张进思，字震亚，号平洋，1907年5月21日生于黑龙江省巴彦县张家油坊屯。

张甲洲幼时在本屯私塾和官办小学就读。1923年入齐齐哈尔省立第一中学读书。1924年因反对东北军阀张作霖在学校招兵，上街游行，被校方开除学籍。同年入沈阳文华中学，并当选为学生会长。在校期间，因声援上海工人运动，领导学生示威，再次被校方除名。

1926年，张甲洲在齐齐哈尔工业学校学习期间，因领导学生开展爱国运动，被封建军阀逮捕入狱。出狱后，他离开省城南下求学。1927年在北平弘达补习学院学习，次年入北平大学理学院学习，在校期间仍致力于学生运动。1930年，因营救因纪念五一国际劳动节而被捕的清华大学同学，再次入狱。在狱中，结识了中共党员冯仲云等进步人士，思想上发生了很大变化，对中国共产党有了较全面的认识。

1930年8月，张甲洲加入中国共产党。同年9月考入清华大学政治系，先后兼任中共北平西郊区委书记、北平市委宣传部部长和代理北平市委书记等职务。为揭露国民党假抗日真反共的险恶用心，他与胡乔木等人一起参加了《北方青年》《现代中学生》刊物的创办工作。

1932年5月，张甲洲与于九公、夏尚志等一起，在巴彦七马架（今镇东乡）小学组织了一支200余人的抗日队伍开展武装斗争，张甲洲任总指挥。游击队很快发展到1000余人，转战于明水、安达、呼兰、青冈、兰西等地区，给日本侵略军以沉重打击。不久，在中共满洲省委领导下，巴彦游击队正式改编为中国工农红军第 36 军江北独立师，张甲洲任师长，赵尚志任政委。8 月 30 日，在张甲洲、赵尚志指挥下，独立师联合其他义勇军攻陷巴彦县城。

1933 年初，张甲洲所在部队被反动武装打散后，他被错误地开除党籍，但仍从事地下抗日斗争。1937 年 7 月，他在富锦中学任教，向广大师生讲述革命道理，并多次掩护中共地下工作者，为他们传递情报，运送枪支弹药。1937 年 8 月 28 日，抗日将领祁致中为防止日伪当局对张甲洲的迫害，派参谋长李景荫、少先队政委郭革一等去富锦接应其转移。张甲洲离开离县城行至董老茂村时，突遭伪地方团队武装伏击。在战斗中因腹部中弹流血过多而牺牲，时年 30 岁。

（资料整理：赵迪立）

张诚德

张诚德（1880—1937），又名张聪德，绰号"夜猫张"，1880 年生于河北省张家口地区尚义县小蒜沟乡，20 岁入察北驻军丁都统（丁常发）的巡防骑兵部队当兵，后被提升为巡防骑兵第 3 路第 3 营左哨哨长（相当于连长）。

清朝灭亡后，察北巡防骑兵被解散，张诚德任张北与康保的游击队长，负责保卫当地安全。他趁游击队扩编之际，收纳了巡防马队的旧部以及多达七八十人的小股土匪，因人马多、饷银供给不足，就私自贩卖大烟，滋扰百姓，以补充军饷、中饱私囊。后与令其改过的上级发生矛盾，哗变为匪。1924 年张诚德被收编为察哈尔警备骑兵部队，任第 1 营营长。1926 年，冯玉祥的国民军撤离察北。张诚德乘机投靠了奉军并获得从东北调来的俄国造大连珠炮枪等武器。得到精良武装的张诚德部成了察北一支兵强马壮、武器齐全的部队。北伐胜利后，张诚德部被整编，张诚德任张家口警备司令。中原大战后，张诚德先后被张学良任命为骑兵第 1 师、第 2 师师长。1935 年，蒋介石整编察绥骑兵，张诚德任骑兵第 3 师副师长。

抗战开始后，张诚德对国民党不抵抗的政策十分愤怒和不满，随后脱离部队，收拢土匪、散兵游勇等进行抗日活动。不久，其子张甲清率部加入他的部队。1938年3月，张诚德联合刘壮飞、胡锡侯等游击队伍共3000余人组成抗日义勇军察南游击支队，张诚德任司令。其间，蒋介石任命他为中央直辖第3军军长，阎锡山任命他为长城游击队司令。1938年6月间，察南抗日游击队决定袭击张家口日军飞机场，偷袭失败后张诚德亲自指挥强攻，引燃机场仓库，给敌造成巨大损失，但自身也伤亡惨重。随后，察南抗日游击队在矾山镇同伪军作战，俘毙伪团长。游击队进入八路军防区杨家坪一带休整，求援八路军，得到八路军大量粮食、弹药援助。

平型关大捷之后，其部下王天存等人率300余骑兵（黑马队）加入八路军，张诚德随访杨成武部，对八路军的军纪、战绩、抗日热情和军民关系深为敬佩，对王天存加入八路军也表示赞同。同年冬，张诚德再度求见杨成武，得到资助200块银圆，八路军第一分区任命他为察北游击司令。

1937年8月，张诚德游击队伍遭遇日军机械化部队，在僵持数日后全军覆没，张诚德也以身殉国。

（资料整理：许维国）

李兰池

李兰池（1898—1937）

李兰池，字锦卿，1898年出生，辽宁锦西人，国民革命军第57军第112师少将副师长。李兰池少年时喜爱读书，擅长书法。1926年冬入东北陆军讲武堂第七期步科学习。1928年8月毕业被分到东北军独立第16旅缪徵流部见习，由于为人豪爽正直，治军严格，赏罚分明，受到下级士兵的拥戴，加之作战勇敢，颇有韬略，由排长逐渐擢升为连长、营长、团长。

1933年，日寇从东北向关内进攻。李兰池主动请缨上阵，杀敌立功。后随部参加热河抗战和长城抗战，转赴关内。

1937 年抗日战争全面爆发时，李兰池任第 57 军第 112 师少将副师长。八一三淞沪会战打响，第 57 军奉调赶赴淞沪战场，驻防在江苏南通、海门等地，守备长江左岸，配合海军部队封锁长江航道，阻止日军溯长江而上，保卫国民政府首都南京的侧背安全。11 月，李兰池率部渡江据守江阴要塞，对日军第 13 师团的进攻顽强抵抗，浴血奋战，连连击退敌人。11 月中旬，淞沪地区的中国守军全线后撤。李兰池所在的第 112 师奉命南渡长江，和第 103 师作为江防军共同据守江阴要塞。

江阴要塞位于锡澄国防线（无锡至江阴）的北端，控扼长江，地势险要。日军在占领淞沪后，分兵数路迅速向西进犯。19 日，日军突破苏（州）福（山）国防线。27 日，日军第 13 师团开始进攻江阴要塞。第 112 师和第 103 师固守阵地，阻滞日军溯江西上。日军在多次进攻受挫后，急忙调来海军，对江阴要塞实施水陆夹击。至 12 月 1 日，李兰池所部在连续激战五昼夜之后，工事大部被毁，官兵伤亡甚多，外援业已断绝，于是奉命向镇江突围。

第 112 师在镇江休整了数天后，于 8 日奉命兼程开往南京。李兰池所部编入南京保卫战的战斗序列，担任南京太平门外蒋庙一线的防御任务。10 日清晨，部队到达南京太平门外，立即抢占蒋庙阵地。李兰池深知敌强我弱，必有死战，他亲自巡视阵地，用抗日必胜、誓死卫国的道理鼓励部下奋勇杀敌，立功报国。次日，日军第 16 师团在飞机、坦克及重炮火力的掩护下，发起了进攻。李兰池等率部应战，用劣势的武器装备狠狠地打击了侵犯的日军。在危急时刻，李兰池多次亲自督战，率领部队白刃格斗，打退日军的疯狂进攻。

12 日，日军攻破南京城。经过激战，李部伤亡过重，阵地失守。第 112 师奉命向大胜关转移。李兰池身先士卒，率队冲锋。由于敌众我寡，日军枪炮疯狂射击，李兰池不幸在太平门一带中弹阵亡，时年 39 岁。

（资料整理：赵迪立）

李伯蛟

李伯蛟（1897—1937）

李伯蛟，1897 年出生于湖南省邵阳县小东乡周家村一个书香之家。父亲曾应科举，在蔡锷幕府任过私人秘书。但其父早逝，家境衰落，李伯蛟在青少年时代未受过教育。民国初年，军阀赵恒惕执掌湖南省政权，其部下独立混成旅旅长刘重威奉命驻扎邵阳，李伯蛟投身军旅。由于他苦练军事本领，机智勇敢，逐步被提升为班长、排长、连长等职。后因湘军第 4 师师长唐生智将刘重威旅吞并，李伯蛟改投第 3 师师长叶开鑫部。不久，叶开鑫与湖南省长赵恒惕先后下台，何键入湘主政，领有四个师，即第 19 师、第 34 师、第 62 师、第 63 师。李伯蛟由第 63 师营长、团长擢升为少将旅长。

1935 年，李伯蛟率全旅驻扎邵阳县。对于日本大举侵略中国东北，李伯蛟深为忧虑，对于蒋介石的"不抵抗"政策抱有反感，对家人抱怨说："国家兴亡，匹夫有责嘛，难道这个道理一国之君不懂？成何体统！"

1937 年卢沟桥事变后，8 月 13 日淞沪会战爆发。9 月，第 28 军所辖第 62 师、第 63 师、第 16 师、第 192 师奉命开赴浙沪沿海前线布防。第 62 师驻守金山、平湖沿海各要点，第 63 师驻守海盐、海宁沿海各要点。11 月初，张发奎接任第三战区右翼军总司令，在浦东南桥开设前进指挥所，因中央兵团撤往苏州河南岸，浦东兵力捉襟见肘，张急调第 62 师主力北移川沙、奉贤填充，第 62 师原防地则由第 63 师接防。11 月 4 日晚，第 62 师主力已陆续调防川沙、奉贤，但奉命接防的第 63 师却未能按时抵达。此情况被日军探知，其登陆舰队迅速驶入杭州湾北侧，在金山卫、金丝娘桥和全公亭一线海岸四公里处下锚停泊，5 日凌晨 3 时，打头阵的国崎支队换乘登陆小艇，趁着弥漫的晨雾，在金山卫城西开始登陆。当第 63 师赶到金丝娘桥时，日军已蜂拥上岸，两军发生激战，师长陈光中亲率第 373 团英勇阻敌，战到 5 日深夜，官兵伤亡过半。李伯蛟在战斗极其残酷、官兵伤亡惨重的情况下，在最前线阵地督战，鼓舞抗日官兵的斗志。激战中，李伯蛟不幸被敌人的炮弹击中，壮烈牺牲，时年 40 岁。

（资料整理：赵迪立）

陈荣久

陈荣久，1904年出生在黑龙江宁安县（今宁安市）东京城三家子村一个农民家庭。少年时期因家庭生活贫困没能读书，在家务农，后因生活所迫入东北军当兵。

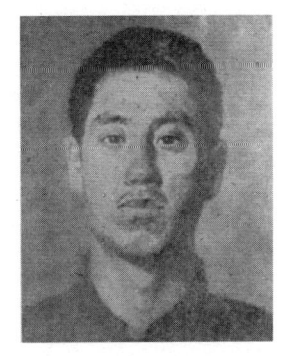

陈荣久（1904—1937）

1931年九一八事变后，陈荣久目睹了日军的残暴罪行，他在军营中指责国民党将东北拱手让人、不要抵抗的卖国政策，同时在士兵中激励大家不要投降，要坚决抗日，其爱国精神得到了士兵们的赞同和支持。不久，救国军整编时，大家公举他为新编第5连连长。在他的领导下，队伍的人员不断增加，士气越来越高，多次与日军交战，打击了敌人的侵略气焰。

1933年2月，他得知李延禄率领的抗日救国游击军是真正的抗日队伍，遂率队到宁安参加了抗日救国游击军。不久，担任了游击军军部副官，并参加和指挥了二道河子、东京城等战斗。

1933年5月，根据中共满洲省委和吉东局的指示，陈荣久随抗日救国游击军转赴密山地区活动，指挥队伍与敌人进行多次战斗。他冲锋陷阵，不怕危险，带领部队给敌人以沉重的打击，被群众称颂为"魁梧将军"。在共产党的教育下，陈荣久的思想觉悟不断提高，进一步坚定了为中国革命和抗击日本帝国主义的侵略战斗到底的信念。

1933年6月，陈荣久加入中国共产党。同时，党组织决定将抗日游击军改编为东北人民革命军第4军。1934年春，东北人民革命军第4军军长李延禄赴上海向上级组织汇报第4军活动情况，以争取全国各界人士支援东北的抗日斗争，陈荣久代理第4军政委职务。他和杨太和加强对部队的政治思想教育和整训工作，使部队上下团结，士气旺盛，纪律严明。与此同时，他还率队伺机打击敌人，在密山平阳镇、向阳等地与日伪军交战多次，缴获了一批武器，装备了第4军部队。期间，他积极开展对反日山林队的争取与收编工作，对第4军的发展壮大，作出了重大贡献。

1934年秋，党组织派陈荣久去苏联莫斯科东方大学学习，回国后被党组织派去虎林、饶河，以东北人民革命军第4军第2师为基础，组建东北抗日联军第7军。经过艰苦细致的工作，1936年11月，东北抗日联军第7军正式成立，陈荣久担任军长兼第1师师长。

1937年春，敌人对游击区和抗联第7军进行春季"讨伐"，妄图消灭这支新成立的抗联军队。为粉碎敌人的企图，3月，陈荣久率队分兵几路截击敌人。他亲率150余人在饶河县西北小南河天津班活动时，与日伪军三四百人遭遇。在腹背受敌、敌众我寡的情况下，陈荣久奋不顾身地指挥作战，他沉着冷静，负伤不下火线，直到击退敌人围攻，指挥队伍突围出来。不幸的是，在掩护大队转移途中，他中弹壮烈牺牲，时年33岁。

1984年，在黑龙江省饶河县大顶子山北屏岭山旁修建了陈荣久烈士牺牲地标志碑，供人们缅怀和悼念抗日英雄。

（资料整理：赵迪立）

官惠民

官惠民（1901—1937）

官惠民，字剑豪，1901年出生于广东省曲江县（今曲江区）马坝圩石宝洞的一个农民家庭。

青年时代的官惠民受孙中山民主革命思想的影响，赴广州考入黄埔军校第四期。毕业后，到第4军第12师（张发奎部队）第34团，任特务连排长。

1926年，官惠民随北伐之主力国民革命军第4军出征。因善于带兵，作战勇敢，逐步被擢升为连长、营长、团附等职。1930年初，赴日本医治脚伤，伤愈后，入日本成城学校学习。1931年秋，日本发动九一八事变侵占中国东北三省，官惠民毅然回国。1932年初，考入陆军大学学习深造。1935年毕业，回到第4军任上校参谋。同年冬，调任第90师第540团任上校团长，先后率团驻于四川和贵州。

1937年7月，七七事变爆发，日本帝国主义攻占北平、天津后，于8月

13 日大举进攻上海，淞沪会战爆发。官惠民听到日军侵华的消息后，立即向上级请求上阵杀敌。不久，第 90 师奉令开赴上海与日军作战，官惠民立即率部星夜兼程赶赴淞沪战场。

9 月初，官惠民率部进入南翔线阵地，随即带领全团官兵投入到罗店争夺战的战斗中。9 月 23 日拂晓，日军向第 4 军第 59 师阵地连续发动强攻，第 59 师官兵伤亡惨重，阵地开始动摇。官惠民奉命率部前往增援，日军在大量飞机、军舰与陆上炮火的配合下，向中国军队阵地发动猛烈攻击，中国军队将士同仇敌忾、誓死保卫国土，用简陋的武器抗击日军，宁死不退半步，双方激战一天，死伤累累。傍晚，在日军的炮火攻击下，中国军队伤亡惨重，遂退至周家宅、尤梅宅之线坚守，同日军进行了多次恶战。9 月 27 日，日军分三路猛攻中国军队阵地，战斗极为残酷，双方多次展开肉搏战。官惠民团官兵大量伤亡，为保住阵地，他亲自率领残部 300 余人向日军发起反冲锋，并同日军展开白刃肉搏，终于击退日军，守住了阵地。10 月初，官惠民团奉命撤至嘉定附近休整补充。

10 月 17 日，日军突破中国军队防线数公里。为反击日军，中国军队调整了部署，官惠民所部奉命调至南翔镇、马陆镇、石岗门间地区，接替第 66 军的防线。10 月 26 日，日军占领大场，向陈家行附近发起攻击，再次突破中国军队防线。中国军队被迫又一次调整部署，官惠民所部调到嘉定县（今嘉定区）清水显一带布防。10 月 28 日，日军在飞机、重炮的掩护下，向官惠民部阵地发动攻击，官惠民亲上前线组织部队反击，双方展开了激烈战斗。官惠民身先士卒，多次率部与日军展开残酷的白刃格斗，击退了日军一次又一次的疯狂进攻。在激战中，官惠民左臂中弹，部下劝他退下，他笑着说："敌我胜负，已取决于俄顷，何能因余受伤，而败全局。"他将伤口包扎好后，继续指挥部队作战。激战中，突然一颗炮弹飞来，击中官惠民的要害，10 月 28 日下午 3 时，官惠民壮烈牺牲，时年 36 岁。

（资料整理：赵迪立）

庞汉桢

庞汉桢（1901—1937）

庞汉桢，字胤宗。1901年生于广西靖西县果乐乡一个望族家庭。曾任国民革命军第7军第170师第510旅少将旅长，牺牲后追晋陆军中将。

庞汉桢自幼聪慧好学，擅长书法，且尊师敬长，仗义疏财，急人所难。13岁时，父母相继去世，他跟随伯父，一边务农一边读书。1915年底，袁世凯图谋复辟帝制，全国各地起兵反对，庞汉桢毅然投笔从戎，加入广西陆军第6梯团，并随部赴湖南与北洋军阀作战。1919年，庞汉桢考入广西陆军讲武堂，1920年毕业后，在桂系军队中因表现出色，逐步擢升连长、营长、团长等职。1926年国民革命军出师北伐，庞汉桢率部加入国民革命军第7军，任第5独立团团长，投入到北伐军的战斗行列。他作战勇敢、足智多谋，1927年在南京附近龙潭之役中，他仅率千余士兵抵抗军阀孙传芳大军的疯狂进攻，战果颇丰。1931年，庞汉桢进入黄埔军校南宁分校高级班学习，毕业后到广西，在桂系军队中先后任旅长、副师长兼桂林区民团副指挥官等职。

1937年7月7日，日本帝国主义发动卢沟桥事变，全面侵华开始。此时，庞汉桢任第7军第170师第510旅少将旅长，面对日本帝国主义的大举入侵，他忧心如焚，多次请缨杀敌。8月13日，日军在上海向中国守军开枪挑衅，中国守军奋起还击，淞沪会战爆发。由于淞沪战局吃紧，急需部队增援，南京大本营电令桂军第21集团军立即开赴淞沪战场，隶属第三战区。第21集团军下辖第7军、第48军、第84军，共九个师，皆是李宗仁、白崇禧桂系能打能拼的王牌部队，在国民党地方军中享有威名。9月，正当淞沪会战中日双方激战正酣之时，庞汉桢率部随第7军从桂林出发，开赴上海战场与日本侵略军作战。

此时，淞沪方面日军已逐步增至六个师团以上，突破了中国军队蕴藻浜一带的防线纵深五公里。第三战区司令长官部于10月18日晚决定分三路反击蕴藻浜一带日军，改变其侧翼受威胁的不利态势。庞汉桢旅编入第一路攻击军，担负由谈家头到陈家行之间向日军桥亭宅、顿悟寺一线反击的任务。10月19日夜，庞汉桢部进入阵地。21日，中国军队开始反击，战斗十分激烈，在日军飞机、大炮的凶猛火力下，中国军队的反击行动未能奏效。22 日，日军在飞机、重炮配合下，疯狂进攻中国守军阵地，中国军队拼死抵抗，无奈众寡悬殊，阵地陷于敌手。庞汉桢得知阵地失守的消息，心急如焚，当晚亲率预备队由战头桥向陈家行反攻，双方战斗惨烈，以至白刃格斗。经过数次冲杀，庞汉桢部终于杀退敌人，将该阵地全部夺回。23 日，大量日军增援淞沪战场，日军全线出击，再次猛扑陈家行阵地，庞汉桢面对数倍于己的日军和强大的火力，毫不退缩，率部坚守阵地，顽强抵抗日军的进攻，部队伤亡惨重。日军重炮对庞汉桢部阵地狂轰滥炸，庞汉桢仍督部抗敌，不幸被日军炮弹击中，当即壮烈殉国，时年 36 岁。

（资料整理：赵迪立）

易安华

易安华，原名福如，号济臣。1900 年出生于江西宜春尧市泽溪。国民革命军第 71 军第 87 师第 259 旅少将旅长。

少时的易安华见国事日非，深知非以革命手段无法救国，便投身戎马。七七事变后，易安华奉命率部参加上海保卫战，曾悲壮地写道："不灭倭寇，誓不生还。国将不保，何以家为？"

易安华（1900—1937）

1937 年 11 月，上海沦陷。中国守军从上海撤退到南京后，易安华奉命驻守光华门、通济门一带。此前，他把妻子和三个年幼的孩子送回江西宜春老家，临别时立下遗嘱："汝（你）等领我的抚恤金，赡养家小。"抱着视死如归之心奔赴战场。南京保卫战打响后，易安华集合全体官兵说道："日寇占领了我国东北、华北、上海，又围攻我国首都南京，国无宁日了！现在正是我们军人报效国家的时候，不当生还，愿效法伏波马革裹尸！"士兵们的回答是一片悲壮的吼声："天下兴亡，匹夫有责！宁碎头颅，还我河山！"

12月10日上午，日军炮轰光华门城门，一小部分日军突入南京城内。易安华率领第259旅，陈颐鼎率领第261旅奋勇抗击。教导总队长桂永清中将调炮兵团立即入城，设阵地于明故宫，援助前方守军。易安华旅长亲率一个加强团向光华门东北方向的敌阵穿插，陈颐鼎旅长则率两个加强营由光华门北侧向南猛攻。日军突入南京城内的先锋部队被夹在城墙和易、陈两支部队之间，易、陈二部又被夹在日军前锋与日军后援之间。一时光华门内外杀声震天，弹雨横飞，演出了南京保卫战中最悲壮激烈、惊心动魄的一幕。经过一昼夜血战，入城日军全部被歼灭，中国守军重又夺回南京城墙上光华门阵地。此时，易安华头部、腰部、臂部等共有五处受伤，都缠上了纱布，部下见他伤势严重，要把他抬下阵地，几次都被他拒绝，他大义凛然地表示："我是堂堂的中国军人，决不忍辱偷生而负国负民。我誓与将士们同生死，与阵地共存亡！"易安华最终中弹牺牲于光华门，尸体滚入了护城河，卒年37岁。

易安华阵亡之后，宜春各界人士举行了隆重的追悼会，蒋介石、张治中等一批国民政府军政要员为他送了挽联。由于没有找到易将军遗体，便在宜春镇北郊秀江河畔修建了一座衣冠冢，以供后人瞻仰。中华人民共和国成立后，易安华被追认为革命烈士。

（资料整理：赵迪立）

罗策群

罗策群（1893—1937）

罗策群，1893年生于广东兴宁宁新大圳四角楼。保定陆军军官学校第六期工科毕业。历任参谋、营长、团长、师参谋长等职。国民革命军第66军第159师少将副师长。1937年12月在南京保卫战中壮烈殉国，后由国民政府追晋陆军中将。

罗策群的父亲罗雅达是前清秀才，早年加入同盟会参加革命，辛亥革命之后，担任兴民学堂校长、兴宁县令，德高望重。罗策群受家庭影响，自小也立志报国。九一八事变时，罗策群对日寇的暴行义愤填膺，立志道："不灭倭奴誓不还！"

1937 年抗日战争全面爆发，罗策群时任第 66 军第 159 师第 475 旅旅长。罗策群率部参加了淞沪会战，当时，他写信给父亲道："中华民族与日帝斗争到了生死关头，日帝要灭亡我中华。军人必须尽忠职守保卫祖国神圣领土，儿准备随时为祖国牺牲，流尽最后一滴血。自古忠孝不能两全，万一牺牲也是无限光荣，望能节哀。"语词慷慨激昂，足见精忠报国之志。在淞沪会战中，罗策群履行了诺言，身先士卒，率队与日军在刘行血战九个昼夜，全团伤亡惨重，但他义无反顾，接着率领残存将士在上海杨木桥继续抗敌。在此一役，击溃日军劲旅久留米师团，立下了赫赫战功，因之被提拔为第 159 师副师长。

接下来的南京保卫战中，第 159 师师长谭邃患病，罗策群再度临危受命，代行师长之职，率领全师在南京汤山阻击北上之敌，血战两昼夜。其后，入南京城接防中华门、水西门、雨花台一线，残部仅剩一旅兵力。12 日，日军几路突入南京城。守军奉命撤退。罗策群部与来自广东的第 66 军、第 83 军集合部队出太平门，沿京杭公路向皖南突围。当夜，罗策群奉命率第 159 师打前锋，在南京紫金山的北麓岔口又与日军遭遇，再次展开血战。日军觉察到了中国守军开始突围，故加紧轰炸。罗策群数次率军冲杀，均遭敌军猛烈攻击，只好败退下来。罗策群见部队尸横遍野，不禁用家乡粤语大声疾呼："弟兄们，跟我来，勿要做衰仔呀！"在最后关头，他亲自率领队伍向敌军冲杀，不幸中弹，壮烈殉国，时年 44 岁。

（资料整理：赵迪立）

郑廷珍

郑廷珍（1893—1937）

郑廷珍，1893年出生，河南商丘市柘城县牛城乡郑楼村人。1917年加入冯玉祥将军的第16混成旅，历任排长、连长、营长、团长、副师长和独立第5旅旅长等职。1937年10月，在山西忻口战役争夺南怀化高地的战斗中殉国，牺牲后被追晋陆军中将。

1937年7月，七七事变爆发，日军全面侵华，郑廷珍将军义愤填膺，多次向南京政府请缨上阵。不久，日军大举进攻山西，郑廷珍的独立第5旅奉令配属于郝梦龄将军的第9军，开往山西与日军作战。郑廷珍率军开往山西前线路过河南老家时，打电报让家人到柳河车站见面。他伏地给年迈的老母亲磕了几个头，表示自古忠孝不能两全，在日军侵占中国的危难时刻，他奉令上战场杀敌报国，不打败日本鬼子誓不生还。

为激励将士们誓死抗日，郑廷珍在独立第5旅官兵大会上说："过去的内战都是自己人打自己人，胜不足武，败不足惜，今天是真正打敌人，打日本鬼子，这是保家卫国，是军人最光荣的事，就是部队拼光拼净也值得，也心甘情愿，我们部队上阵后，一定要杀敌立功，如不打败日本，就一个也别回来。"这些铿锵誓言极大地激励了第5旅官兵杀敌的决心。

10月初，日本侵略军突破雁门关中国军队防线，深入山西腹地，扑向山西省城太原。为阻止日军进攻势头，第二战区长官部决定集中全部主力，在忻口一线与日军决战。郑廷珍的第5旅被派到忻口一线布防，他率部星夜兼程赶到阵地，指挥部队构筑工事，作好迎击日军进攻的准备，督促检查具体战备措施，并与友军指挥员商讨共同作战方案。

10月11日，日军主力在飞机、大炮等优势火力的掩护下，不断向中国军队防线冲击。郑廷珍率部坚守中央阵地，用简陋的武器装备，与敌人拼死血战，寸步不让。忻口前线南怀化是整个中部战线的支撑点，此地的争夺战极为惨烈。战争初期，南怀化的战斗就呈白热化，双方拼死争夺，展开拉锯战。15日，南怀化高地陷入敌手，日军乘机扩大突破口，想一举突破整个防线，战局出现危机。前线总指挥卫立煌将军火速调集兵力，由第9军军长郝梦龄、第54师师长刘家麒和独立第5旅旅长郑廷珍担任指挥官，集中五个旅的部队向南怀化高地发动反攻。16日凌晨，反攻开始，郑廷珍不顾警卫人员一再劝阻，亲自到前沿阵地指挥作战。在他到达前沿后，中国军队一鼓作气攻占了几个山头。这时郑廷珍跃出战壕观察敌情，继续指挥部队前进，不幸被日军机枪击中，当场英勇牺牲，时年44岁。

（资料整理：赵迪立）

姚子青

姚子青，字若振，号中琪，1909年出生，广东平远县人。黄埔军校第六期毕业，牺牲后被追晋陆军少将。

姚子青有兄弟姊妹六人，大哥若海，弟弟若亮。子青排行第五，因生得魁梧英俊，深得其父的宠爱，虽然家境清贫，仍想尽办法供其上学读书，望他长进成才。子青始读于本乡景清小学，毕业后考进平远中学，在平远中学读书期间，成绩突出，操行优良。

姚子青（1909—1937）

1926年，16岁的姚子青考入黄埔军校第六期学习。北伐战争爆发后，参加北伐，任排长，英勇善战，屡建战功。在国民革命军第18军第11师步兵第33旅暂编第1团第1营，先后任连长、副营长。后到中央陆军军官学校高等教育班第一期步兵炮队学习。1934年7月，在陆军军官训练团第一期毕业。1935年6月，任陆军步兵少校。1937年，任国民革命军第98师第293旅第583团第3营中校营长，驻防汉口。

上海八一三抗战爆发后，姚子青奉命开赴宝山，守卫吴淞口炮台。8月31日，抵达宝山后，目睹同胞受苦受难的凄惨景象，他号召全营官兵要与敌血战到底，誓死守住宝山。他亲临前沿阵地指挥作战，还深入各战壕勉励全营官兵"团结战斗，坚守阵地，爱我中华，杀敌立功"。全营士气大振，9月3日血战一昼夜，击毙日军200余人，伤者不计其数。

9月5日，敌军在宝山城东、南、北强行登陆，他与全营誓死坚守，打退了敌人多次进攻。日军源源不断增兵，他在既无退路又无援军、敌众我寡的情况下仍沉着指挥部队反击，又毙敌数百名。

至7日晨，宝山县城东南一角被日军轰毁，日军蜂拥而入，他率本营所剩20余名官兵与敌鏖战，子弹打完了就与敌肉搏，终因寡不敌众，宝山县城陷落，他和全营官兵血洒疆场。宝山战役中，第3营除副营长陈贻谟和两三名士兵因伤重送后方医院治疗外，营长姚子青和全营六百官兵全部阵亡，为国捐躯。

姚子青和全营官兵壮烈殉国后，国民党中央执监委员会于9月10日通电全国："宝山之战，姚子青全营与孤城并命，志气之壮，死事之烈，尤足以动天地而泣鬼神……"南京《中央日报》发表了《吊宝山城中六百义士》一文。为纪念姚子青，宝山县曾一度改名为子青县。他生前居住过的汉口市生成里七号那条街道，改名为姚子青路。

（资料整理：赵迪立）

姚中英

姚中英（1896—1937）

姚中英，字若珠，1896年生，广东平远人，黄埔军校第二期毕业生，国民革命军陆军第83军第156师少将参谋长，参加过淞沪会战和南京保卫战，在南京保卫战中壮烈殉国。

姚中英生于广东平远县一个贫苦农民家庭，从小父母双亡，由叔父抚养成人。中学毕业后，他得知孙中山先生在广州成立革命政府并准备出师北伐，立即长途跋涉，奔向广州，考取黄埔军校第二期。在校期间，随黄埔军校学生东征，讨伐陈炯明。后又入陆军大学第八期学习。毕业后，在陈济棠部任独立第1师第2旅第6团中校团副，在燕塘军校任上校教官。陈济棠下野后，任第4路军教导旅上校参谋长。

1937 年七七事变爆发，姚中英当即上书军事当局，表达自己及部下誓死救国、杀敌立功的决心。为了排除后顾之忧，专心杀敌，他把妻子儿女送回平远乡下居住。送回乡后，只在家居住两日，便急着要返回部队，亲人们都挽留他在家多住些日子，他慷慨陈言，劝说家人："如今国难当头，我作为军人，不能躲在家里，只有赶走了日本侵略者，国家才能和平安定，亲人才能团圆。"

8 月 13 日淞沪会战爆发，姚中英率部凭借简陋的工事和落后的武器，冒着日军陆、海、空猛烈炮火的轰击，顽强地阻击敌人，因作战有功晋升为陆军第 83 军第 156 师少将参谋长。

11 月 5 日，日本侵略军在杭州湾登陆，淞沪局势急转直下，中国守军陆续撤离上海。日军在攻占上海、无锡后，分三路向国民政府首都南京进犯。姚中英所在的第 156 师奉命退守南京，扼守汤山一带，阻止日军北犯。12 月 4 日，句容陷落，6 日，日军进攻汤山。姚中英率部与敌激战，多次击退了敌人的进攻，然而由于力量悬殊，势不能支。8 日，汤山一带失守，姚率部退守紫金山东北一带。9 日起，姚中英等部在紫金山连日与日军鏖战，由于伤亡惨重，只得退守南京城内，据守太平门。翌日，日军进攻太平门，姚中英率部激战多时，部队伤亡过重，阵地动摇，姚中英奋不顾身，亲临前沿督战，终于击退了日军的进攻，保住了阵地。12 日，日军向南京城发起总攻，第 156 师因连续作战，兵员损失很大，弹药严重不足，但姚中英等仍督率残部与日军展开最后的拼杀，当晚奉命突围时，姚中英率部在紫金山东冲锋，杀出一条血路。激战中，姚中英身先士卒，辗转冲杀，连砍数敌，不幸身中数弹，壮烈牺牲在抗战第一线，时年 41 岁。

姚中英将军殉国后，遗骨于 1940 年入祀故乡平远忠烈祠。1957 年 9 月，姚中英被追认为抗战烈士，名字镌刻在平远县人民革命烈士纪念碑上。

（资料整理：吕奇志）

姜玉贞

姜玉贞（1894—1937）

姜玉贞，字连璧，1894年生，山东菏泽人，陆军第34军第196旅旅长，兼任石太铁路修防司令。1937年10月10日在著名的原平保卫战中壮烈殉国。

姜玉贞1913年应征入伍，编入陕西督军陆建章的商震团。1916年秋，跟随商震投奔了山西督军阎锡山。1917年入晋军第1混成旅干部营训练，毕业后历任排长、连长和营长。后又到国民党中央陆军军官学校高等教育班学习，毕业后任上校团长。他随晋军参加了几次大战，每战必亲临前线，身先士卒，曾在一次战斗中因胸部中弹，割去一叶肺。由于他英勇善战，在晋军中获得了"猛将"的称号，1934年晋升为陆军第34军第196旅少将旅长。

1937年卢沟桥事变爆发，日本对中国发动了全面进攻，姜玉贞撇下寡母幼子，毅然奔赴抗日战场。1937年9月，姜玉贞旅接到死守原平七天的命令，掩护主力部队向忻口一线集结。原平是同蒲铁路和大同公路的经过地，也是日军南下太原的必经之地。如果日军拿下原平，进而就会在我军集结完毕之前侵占忻口，此地一失太原也就无险可守了，因此任务十分艰巨。10月1日，日军重兵包围原平，姜玉贞率部在城外英勇抗击。他白天指挥部队与敌厮杀，夜晚巡视阵地，鼓励官兵杀敌报国，并亲率小股部队在夜间偷袭敌人。在敌我兵力和武器装备极其悬殊的情况下，姜玉贞所部伤亡重大，被迫撤入原平城内坚守。与敌血战七日后，又接到再坚守三日的命令。此时兵力已严重不足，但姜玉贞坚决执行命令，决心率部死守。10月8日，日军调集飞机、大炮向原平城内猛烈轰击，守军伤亡惨重。日军攻入城内，姜玉贞率残部与敌展开激烈巷战，肉搏厮杀。10日夜，守城任务完成，姜玉贞部在突围过程中与敌数次激烈战斗，姜玉贞不幸被日军炮弹炸伤左腿，在混战中壮烈牺牲。

原平之战，第196旅歼敌千名，自己也付出巨大代价。正是他们的奋战，迟滞了日军南下的步伐，使忻口我军从容布防，为取得忻口保卫战的胜利奠定了基础。国民政府、中国共产党人及各界人士对姜玉贞将军及所部的英勇壮烈牺牲精神给予了高度的评价。国民政府特授予第196旅"荣誉旅"称号，追晋姜玉贞为陆军中将。毛泽东在延安追悼抗敌阵亡将士大会上，称姜玉贞等"给了全中国人以崇高伟大的模范"。

1979年6月，山东省人民政府追认姜玉贞将军为革命烈士。

（资料整理：吕奇志）

赵崇德

赵崇德（1910—1937）

赵崇德，学名开奎，又名宗德，1910年出生于河南商城一个贫苦农民家庭。

赵崇德1929年参加革命，1930年参加红军，历任班长、排长、连长、营长等职。1932年随红四方面军主力离开鄂豫皖苏区西征，参加创建川陕革命根据地的斗争，1933年加入共产党。1937年抗日战争爆发后，任八路军第129师第385旅第769团第3营营长。

1937年7月，抗日战争全面爆发。9月，日军攻占山西西北部地区，10月初，突破中国军队阵地，南犯太原。10月上旬，日军第5师团等向忻口中国守军发起猛烈进攻，八路军总部为协同友军作战，命令第115师、第120师深入日军侧后方，破坏其交通线和据点。第129师也奉命于9月30日东渡黄河奔赴华北抗日前线，10月16日，第769团进入指定地区，在原平县（今原平市）以北、代县以南开展游击战争。此时，忻口会战正在激烈进行，日军飞机猖狂至极，每天，数十架日军飞机从第769团所在地区的阳明堡机场起飞轰炸忻口、太原，配合地面部队作战，给中国军队造成严重威胁。

为打击敌人空中力量，第769团奉命袭击日军阳明堡机场，这一重任就交给了第3营，营长赵崇德身经百战，机智果敢，他带领的第3营是一支有着光荣历史的英雄部队，善于奔袭夜战，常以智克敌，取得以少胜多的战果，曾荣获"以一胜百"的奖旗。10月19日夜，随着陈锡联团长的一声令下，各营按照作战计划向预定地区隐蔽前进。在第796团第1营、第2营的策应下，赵崇德率部渡过滹沱河，分兵急奔机场，战斗随即展开。经一小时激战，共炸毁敌机24架，歼敌100余人。在撤出战斗时，赵崇德为掩护战友不幸中弹，壮烈牺牲。

此役为八路军创造了夜袭战的光辉典范。刘伯承对这次战斗大加称赞，说赵崇德率部"运动秘密而迅速，动作突然而坚决"。

1938年，赵崇德被追授"好干部"称号。彭德怀元帅曾在回忆录里赞赵崇德"忠肝赤胆，与日月争光"。1940年7月1日，第129师政治部编印的中国共产党诞生十九周年、抗日三周年纪念丛刊《烈士传》，收录了赵崇德的英雄事迹。

（资料整理：吕奇志）

赵登禹

赵登禹（1898—1937）

赵登禹，字舜城（舜臣），1898年生，山东菏泽人，国民革命军第132师师长。1937年7月28日在北平南苑战斗中，遭日军伏击，壮烈牺牲，成为抗日战争中殉国的第一位师长。

赵登禹于1914年加入冯玉祥的部队，后任冯的随身护兵，曾任排长、连长、营长等职。1930年，赵登禹跟随冯玉祥参加了中原大战，战败后冯玉祥的部队被张学良部收编，赵登禹被任命为第29军第37师第109旅旅长。1933年初，日军发动九一八事变后又将战火引到长城一线，企图侵占华北。国民党当局被迫应战，赵登禹奉命率领第109旅把守喜峰口阵地。面对日军的猛烈攻击，赵登禹率领战士多次与日军展开肉搏战，击退了日军的攻击，坚守住了长城阵地。3月11日夜，赵登禹奉命兵分两路，奇袭日军。出发前，他召集团、营长们开会，并激励战士们说："抗日救国，乃军人天职，养兵千日，报国时至，只有不怕牺牲，才能救亡。"随后，负伤的赵登禹率第 109 旅及张自忠师董升堂团约 3000 人，冒着大雪，挥舞大刀偷袭了日军，成功缴获了重要资料和大批武器、弹药。长城抗战后，第 29 军声名大振，赵登禹因战功卓著被擢升为第 132 师师长，并被授予陆军中将军衔。1935 年 8 月，第 29 军被调到北平地区驻防。

1937 年 7 月 7 日，卢沟桥事变爆发，日军进攻宛平城，第 29 军奋起反击。7 月 26 日，赵登禹奉宋哲元之命到南苑，与副军长佟麟阁一起负责北平防务。28 日凌晨，日军调集重兵并动用 30 多架飞机向第 29 军阵地发起猛攻，由于敌我力量相差悬殊，第 29 军伤亡较大，日军从东、西两侧攻入南苑，双方陷入肉搏战。此时，赵登禹临危不惧，亲自率卫士 30 余人，指挥第 29 军卫队旅和军训团学生队与日军进行激烈的厮杀。战至中午，赵登禹奉命率部向大红门一带集结。因内奸告密，日军窥悉了这一计划，当赵登禹乘坐的汽车行至大红门御河桥时，突然遭到日军的伏击，赵登禹身中数弹，为国捐躯，时年39 岁。

赵登禹牺牲后，7 月 31 日，国民政府颁布褒奖令，追授赵登禹为陆军上将。抗战胜利后，何基沣奉冯治安命到北平将赵登禹和第 29 军抗日阵亡将士的忠骸葬于卢沟桥畔，实现了赵登禹"卢沟桥是 29 军的坟墓"的誓言。1946 年，北平各界举行公祭赵登禹、佟麟阁仪式。北平市政府将西城区北河沿大街命名为"赵登禹路"。中华人民共和国成立后，中央人民政府追认赵登禹为烈士，并颁发了由毛泽东主席签署的烈士证书。2009 年，赵登禹被列入"100 位为新中国成立作出突出贡献的英雄模范人物"。

（资料整理：吕奇志）

郝梦龄

郝梦龄（1898—1937）

郝梦龄，字锡九，1898 年 2 月生于河北省藁城县庄合村，国民革命军第 9 军中将军长。1937 年 10 月在忻口会战中以身殉国，是抗战初期牺牲在抗日疆场上的第一位军长。牺牲后被国民政府追授为陆军上将。

郝梦龄家境贫寒，世代务农，只读了三年私塾。1914 年投奔在炮兵第 1 师任职的亲戚当兵。因他勤奋好学，被送往陆军军官小学学习，后考入保定军官学校第六期步兵科。参加过第一次、第二次直奉军阀混战、北伐战争和中原大战，由于他作战英勇，屡建战功，历任第 30 军第 2 师师长，第 9 军第 54 师师长，郑州警备司令，第 9 军副军长、军长等职。

郝梦龄为人正直，处世严谨，喜好读书。他治军严明，爱护官兵，体恤百姓，经历多年的军阀混战，看到国家满目疮痍，民不聊生，从内心厌恶内战，多次请求解甲归田，但未被应允。1937 年卢沟桥事变爆发，正在调往四川陆军大学任职途中的郝梦龄，立即动身返回部队，请缨抗日。他说："我是军人，半生光打内战，对国家毫无利益。日寇侵占东北，人民无不义愤填膺。现在日寇要灭亡中国，我们国家已到生死存亡的最后关头。我们应该去抗战，应该去与敌人拼。"然而一纸调令下来，他又被调至庐山受训，郝梦龄御侮心切，再次上书。此时形势日危，平津陷落，日军突破华北防线，沿平汉路及平绥路长驱直入，为调集军队支援华北战场，郝梦龄的请求被批准，8 月底即率部队日夜兼程赶往武汉待命。10 月 1 日该部抵达石家庄，拨归第二战区，编入前敌总指挥卫立煌第 14 集团军序列，参加忻口会战。郝梦龄被委任为中央地区前敌总指挥，负责指挥该地区各部队。进入阵地后他每日亲自视察，督促指导官兵构筑工事。11 日，忻口战役正式展开，日军第 5 师团师团长板垣征四郎集中其全部精锐，以飞机、大炮、坦克等精良武器装备，组成"立体战争"的密集火力网，向忻口阵地发起猛攻。郝梦龄亲临阵地指挥作战，官兵士气高涨，与敌展开拉锯战、白刃战，终因双方兵力悬殊，南怀化东北 204 高地被日军攻占。南怀化是通往忻口的要道，其东北高地被敌人控制，将陷守军于不利地位，接连几日，郝梦龄组织多次反攻，均未得手。16 日 5 时许，郝梦龄前往南怀化前沿阵地指挥作战，随从人员为了他的安全，数次以参谋长来电话为由，请他避入指挥所，郝执意不肯，在穿越一段距敌 200 米的隘路时，不幸中弹，壮烈牺牲。

1937 年 10 月 24 日，郝梦龄的灵柩由山西运到武汉，武汉各界举行公祭，并以国葬礼将其安葬在武昌洪山卓刀泉山麓。为纪念他的功勋，汉口北小路改名为郝梦龄路。1938 年 3 月 12 日，中国共产党在延安召开追悼抗日阵亡将士大会，高度评价了郝梦龄将军抗日殉国的精神。1983 年，中华人民共和国民政部追认郝梦龄为烈士。

（资料整理：吕奇志）

饶国华

饶国华，字弼臣，1895 年 1 月出生于四川省资阳一个贫寒的农家，国民革命军陆军第 23 集团军第 21 军第 145 师师长，1937 年 11 月 30 日在安徽省广德县抗击日寇战斗中牺牲，后被追晋为陆军上将。

饶国华曾先后就读于乡间私塾和前清举人伍鉴先生门下，1911 年，饶国华在资产阶级民主革命运动的推动和影响下，投笔从戎，投入川军。在军旅中，他勤奋好学，作战勇猛，屡立战功，十余年间由下士逐级擢升为排长、

饶国华（1895—1937）

连长、营长、团长至师长。他为人正派，治军严明，统帅有方，素以"勇武忠贞，良心血性，明义知耻，遵礼守廉"十六字为要目督训官兵。

1937 年 7 月 7 日，日本蓄谋已久的全面侵华战争爆发，中华民族面临生死存亡的危急关头。饶国华以"军人当以卫国为天职"上书请缨杀敌。10 月初，饶国华率部步行两千余里，于 11 月中旬到达抗日前线。11 月 22 日，饶国华率部进驻广德。23 日，日军兵分两路进犯泗安、广德。26 日，进攻广德的日军出动 27 架飞机轮番轰炸，并出动四千步兵和大批坦克、装甲车，在重炮、

机枪的掩护下向我军阵地发动疯狂进攻。饶国华亲率第 437 旅前往泗安占领阵地，于 27 日与日军展开了激战。他深知情势严重，当夜通电全师："国家养兵，是为了保国卫民，人谁无死，死有重于泰山，有轻于鸿毛。今天是我们报国之时，要不惜一切代价，以争取我川军为谋人民的利益而献身！"全师官兵拼命还击，与日军浴血奋战三天三夜，泗安三失三得。但终因寡不敌众，30 日晨，泗安失陷。

日军夺得泗安后，迅速向广德进犯。饶国华身先士卒，在他的带领下，士兵们有的抱着炸药包，有的身捆手榴弹，全体官兵誓与敌人同归于尽。日军又调精锐部队前往增援，派飞机大炮疯狂轰炸，派遣步兵坦克轮番进攻。宣城至广德铁路干线已被敌机炸毁，增援中断，饶师官兵孤军奋战，伤亡惨重。而危急关头，团长刘儒斋违背军令擅自后撤，导致全线崩溃。30 日午，日军占领广德。

饶国华率领仅有的一营官兵被日军重重包围。面对日军的诱降，饶国华威武不屈，向官兵们发出了"宁可死而不可降"的号令。对于死，饶国华早已置之度外，然而，他忘不了军人为国的天职，不忍目睹祖国的大好河山从自己手中丢失。30 日晚，他强忍着多处负伤的剧痛，写下绝命书，号召官兵"奋勇杀敌，驱寇出境，还我国魂，完成我未竟之志……"然后举枪以死报国，时年 42 岁。

饶国华殉国后，国民政府为其隆重举行了公祭仪式。蒋介石亲自撰写了挽联，国民政府追晋饶国华为陆军上将。

1938 年 3 月 12 日，毛泽东在延安各界举行的"纪念孙中山逝世十三周年暨追悼抗敌阵亡将士大会"上的讲话中说："八个月中，陆、空两面，都做了英勇的奋战……其中几十万人就在执行他们的神圣任务中光荣地壮烈牺牲了。这些人中间，许多是国民党人，许多是共产党人……我们真诚地追悼这些死者，表示永远纪念他们……从郝梦麟、佟麟阁、赵登禹、饶国华……诸将军到每一个战士，无不给予全中国人民以崇高伟大的模范。"

（资料整理：吕奇志）

夏国璋

夏国璋，字超然，1896 年出生于广西容县一个读书人家庭。国民革命军陆军第 7 军第 170 师副师长。1937 年 11 月 21 日牺牲于湖州，后追晋陆军中将。

夏国璋（1896—1937）

夏国璋自幼聪颖好学，有"神童"美誉，从湖北法政学堂毕业后，他投笔从戎，考入清河陆军军官预备学校，后升到保定陆军军官学校。1923 年毕业后，在新桂系军队总司令部任上尉参谋。1926 年，夏国璋随军参加了北伐战争，显示出非凡的军事才能。1928 年 6 月，升任第 12 路军指挥部上校参谋，9 月，相继调任第 17 军第 1 师第 1 团和第 9 师第 6 团团长。1930 年，夏国璋出任国民革命军第 3 集团军总司令部上校参谋。1931 年 6 月，任中央军校南宁分校上校分队长。1935 年从南京陆军大学第十期深造毕业后任第 4 集团军总司令部上校科长。1936 年 6 月，任陆军第 45 师第 135 团团长。1937 年 5 月，升任第 174 师第 522 旅少将旅长兼第 135 团团长。

1937 年 7 月，日本发动全面侵华战争，8 月淞沪会战爆发。面对日寇入侵，夏国璋多次请缨杀敌。9 月中旬，已升任第 48 军第 174 师副师长的夏国璋随第 21 集团军从广西出发，10 月中旬抵达上海淞沪前线。

此时，淞沪战场中日双方激战正酣，第 21 集团军到达上海后，马不停蹄，衣不解甲，立即加入蕴藻浜方面作战。19 日黎明开始，日军在大炮、坦克的掩护下，向第 174 师阵地发动强攻。夏国璋临危不惧，组织部队发动顽强反攻，但因日军炮火猛烈，未能突破敌人阵地。在日军接连数日的疯狂进攻下，夏国璋部伤亡很大。后第 174 师奉命转移到苏州江桥镇、双庙一带休整。

11 月 5 日拂晓，日军利用大雾、大潮在杭州湾登陆，中国军队猝不及防，阵地相继失守，战局急转直下。蒋介石被迫于 8 日下令放弃上海，兵分两路向杭州及南京撤退。日军见中国守军撤离上海，开始实施追击。第 21 集团军奉命阻击日军西犯，掩护部队撤离上海。夏国璋这时已由第 48 军第 174 师调任第 7 军第 170 师副师长，接到任务后，立即率领一个旅开赴吴兴，在城郊八里店桥至升山一带阻击敌人。战斗打响后，夏国璋身先士卒，深入前沿阵地指挥作战，率孤军同优势之敌浴血奋战几昼夜。11 月 21 日，夏国璋在阵地上观察敌情，突遭日机空袭，壮烈殉国，时年 41 岁。夏国璋牺牲后，全旅官兵仍奋勇拼杀，无一降敌，全部壮烈捐躯。

国民政府为嘉奖夏国璋抗日救国的功绩，追晋他为陆军中将。中华人民共和国成立后，追认夏国璋为革命烈士。

（资料整理：吕奇志）

秦　霖

秦　霖（1900—1937）

秦霖，原名同观，字松涛，号沛然，1900 年出生在广西桂林的一个书香门第。国民革命军第 7 军第 171 师第 511 旅少将旅长，牺牲于蕴藻浜争夺战，后被追晋陆军中将。

秦霖自幼勤奋好学，青少年时，他深感不强兵则难立国，因而投笔从戎。1919 年，秦霖考入广西陆军讲武堂步兵科，1924 年跟随李宗仁出任军职，先后担任参谋、副官、连长等职。1926 年，广西部队改编为国民革命军第 7 军，秦霖升任营长，不久率部参加北伐。由于他作战勇敢，屡建战功，不久晋升为团长。1936 年冬，入黄埔军校第六分校高级班学习深造。

1937 年 8 月，淞沪会战爆发，由于战局吃紧，时任第 21 集团军第 7 军第 171 师第 511 旅少将旅长的秦霖，奉令开赴上海，于 10 月 20 日午夜到达南翔前线。此时，淞沪战场战斗异常激烈，双方拼命冲杀，死伤惨重，多地相继沦陷，第三战区司令长官部正式决定以桂军为主力进行蕴藻浜两岸大规模反击战。21 日 22 时，秦霖部奉命前进到老人桥第二防线。

22 日晨，日军向中国守军第一线发起猛烈进攻，第一线各团伤亡惨重，秦霖深夜接防，将散兵收容划归本旅谭团指挥。秦霖旅还来不及察明阵地和修筑工事，日军主力师团就于 23 日凌晨发动了疯狂进攻，飞机大炮狂轰滥炸，弹如雨下，未有间歇。秦霖将军镇定自如地指挥全旅官兵奋勇作战，在他的号召与影响下，全旅官兵勇气倍增，顽强地与日军展开激战，打退了日军一次又一次的进攻。战火持续到中午 12 时，秦旅官兵伤亡惨重。

午后 1 时，日军逼近第 115 旅指挥部，空袭炮击异常猛烈，秦霖奋力指挥阻击，先后摧毁敌坦克、战车十余辆。此时，指挥部失去与各团的联络，阵地只能各自为战。此时秦霖旅左右两翼友军阵地已被日军占领，第 115 旅主阵地两翼受敌，形势万分危急。秦霖不顾危险，亲上前线督师血战，率领各部官兵及二排援兵，涉水渡河前进至老人桥前沿火线。众将士见旅长这样奋勇，个个不甘落后，怀着誓与侵略者血战到底的坚强信念，与日军展开殊死决斗。在激战中，秦霖不幸被敌弹击中，后伤体再次被炮弹击中，以身殉国。

为表彰秦霖将军舍生忘死、英勇抗日的功绩，国民政府特追晋秦霖为陆军中将。中华人民共和国成立后，中央人民政府追认秦霖为革命烈士。

（资料整理：吕奇志）

高志航

高志航，原名高铭久，字子恒，1908 年生，吉林通化县人。中国空军驱逐机部队司令兼第 4 航空大队大队长，著名的空军抗日英雄。

高志航 1924 年入东北陆军军官学校学习，1925 年至 1927 年先后在法国莫拉诺高等航空学校和伊斯特陆军航空战斗学校学习。1927 年回国任东北航空处飞鹰支队少校队员。九一八事变后，报国心切的高志航只身到南京，任军政部航空署第 4 航空队少校飞行员，1933 年 2 月，入杭州笕桥中央航校高级

高志航（1908—1937）

班接受短期培训，毕业后任飞行教官，12 月兼任该校暂编驱逐机队队长，后升任空军驱逐机队第 1 队少校队长。1935 年由意大利考察军事回国后，相继任空军教导总队队附，7 月升任空军第 6 大队大队长，后改任第 4 大队长。

抗战
英烈谱

　　1937 年 8 月 13 日，淞沪战争爆发，第 4 大队奉命由河南周口调往南京，担负战场制空任务。8 月 14 日，高志航先行抵达杭州笕桥机场，进行战前的各种准备。而此刻正好收到最新日机进袭情报，敌大型轰炸机若干向笕桥方向而来，高志航立刻前往起飞线前，以喊话、手势等方式命令正在降落的第 21、第 23 中队队员赶快再次起飞，利用最后一点余油拦截日机。当时乌云压顶，能见度不到 500 米，高志航立刻驾机迎战，击落日机一架，开创中国空军击落日机之先河。在短暂的空战中，第 4 大队共击落日机三架，击伤一架，而我军无一伤亡。为纪念八一四空战胜利，国民政府把这一天定为空军节。后高志航与第 3、第 5、第 9 大队协同作战，先后击落日机 43 架。10 月赴南京大校场执行保卫南京的任务，击落敌机多架，屡立战功，高志航升任空军驱逐机上校司令，直辖三个驱逐大队，并兼任第 4 大队队长。为了表彰他的战功，第 4 大队命名为志航大队。

　　11 月 21 日，高志航奉命赴兰州接收苏联援华战机，转场至河南周口机场时，部队遭遇敌机空袭。机场伤亡惨重，高志航率战友迎敌，他腿部受伤仍奋力登机，在滑出跑道即将起飞的瞬间不幸被日机炸弹命中而牺牲，时年 29 岁。

　　高志航殉国后，国民政府追赠他为空军特级英雄、空军少将，并在汉口举行隆重的追悼大会，周恩来代表中共中央送来花圈，缎带上写着"高志航烈士千古！"

　　1946 年 8 月 14 日，中共方面在延安举行了纪念八一四空战大捷座谈会，纪念高志航及其战友的英雄事迹。

（资料整理：吕奇志）

高致嵩

高致嵩，别号子晋，1899年生，广西人，国民革命军陆军第9集团军第88师第264旅旅长，1937年12月12日，在南京保卫战中牺牲于雨花台，被追晋陆军中将。

高致嵩（1899—1937）

高致嵩早年就读于岑溪县（今岑溪市）立中学，毕业后被聘为本乡高等小学教员。1924年考入黄埔军校第三期，后随军北伐，屡建战功，从排长擢升为连长、营长等职。1930年，被调到国民政府南京卫戍司令部任职。1931年底，调任陆军第88师中校参谋。

1932年1月28日，日军进攻上海，高致嵩亲临前线指挥，不幸腿部中弹，伤愈后因功升任湖北省保安团团长。1934年又调任浙江省保安处补充团上校团长，后任第3团团长。

1937年七七事变后，八一三淞沪会战爆发。敌我双方在上海打得难解难分，双方均损失惨重。高致嵩的保安团被编入国民革命军第88师第264旅开赴大场、江湾一线担负守备任务。面对日军的疯狂进攻，高致嵩亲临前线指挥，激励官兵奋勇杀敌，多次击退了日军。8月14日，第264旅在闸北与日军展开激烈的巷战。旅长黄梅兴不幸中炮牺牲，高致嵩继任第264旅旅长。9月中旬，日军再次进攻第264旅阵地，高致嵩率部同日军展开肉搏战，击毙日军甚多。11月下旬，中国军队向南京转移。

日军占领上海后，立即调集全部主力部队分数路扑向南京，高致嵩率部开入南京城，担任中华门一线的守备任务。12月4日，日军主力部队在飞机、重炮及坦克等重型武器的掩护下进抵南京郊外。至此，拉开了南京保卫战的帷幕。第88师奉命驻守在雨花台，这里地形起伏不定，十分险要。高致嵩的第264旅驻守左翼，朱赤的第262旅驻守右翼。11日晨，日军向高致嵩旅阵地发起猛攻。在战斗危急的时刻，他多次奋勇率部与冲入我阵地的日军进行白刃格斗，杀得敌人败退而归。12日，日寇集中百余架轰炸机，数十门重型火炮，数千部队，要突破雨花台，打开通向南京的道路。一时间，雨花台、中华门浓烟四起，火光冲天，数千日军分三路杀来，双方拼死争斗。敌人以两个联队的兵力向高旅发起进攻，高旅官兵顽强阻击。官兵们在旅长的带领下，勇猛地杀向敌阵，和敌人拼刺刀。阵地上杀声震天，鲜血飞溅。在日军多次增援下，高致嵩所率第 264 旅官兵弹尽粮绝，壮烈殉国。

国民政府为表彰高致嵩烈士，特追晋他为陆军中将。1986 年 3 月，浙江省人民政府追认高致嵩将军为革命烈士。

（资料整理：吕奇志）

梁鉴堂

梁鉴堂（1897—1937）

梁鉴堂，字镜斋，1897 年出生于河北省蠡县。曾任国民革命军第 34 军第 203 旅旅长，平型关战役中不幸牺牲，是平型关战役中牺牲的军阶最高的将领。

梁鉴堂 1917 年入北京清河陆军预备学校，1920 年赴日本士官学校第 13 期炮科学习。毕业回国后，到第 15 混成旅孙岳部任职。1924 年任国民革命军第 3 军孙岳部少校参谋，不久升为少校炮兵团长。1926 年率部随第 3 军退驻绥远西部，后第 3 军被阎锡山改编。1927 年 3 月，随军取道榆林南下，渡过黄河，进入山西。6 月，晋军攻打河北、北京一带的奉系部队，梁鉴堂先后参加了进攻石家庄、新乐等地的战斗。不久随军退至固关、娘子关、黑三关一线，拼死抵御奉军的进攻。1929 年被升为晋绥第 2 保安纵队第 6 旅旅长。1930 年率部驻守唐山，后奉命撤至天津。1931 年晋绥军被张学良重新编遣，任第 34 军第 203 旅旅长。

1937 年七七事变后，日本派兵由河北入侵山西。第 203 旅集结开赴前线。开拔前，梁鉴堂动员官兵说："此次抗战，系民族战争，如果失败了，就要当亡国奴。我旅即将开赴前线，人人都要抱必胜的信心，不成功，便成仁，以尽军人之天职。"平型关战役中，第 203 旅负责防守茹越口。茹越口位于应县城南 20 公里的茹越山下，是恒山与雁门山衔接处的一个山口，为内长城雁门十八隘口之一，山峪短浅、平缓，峪口山势陡峭，极具军事价值。攻击茹越口的日军，不是板垣征四郎第5师团，而是原关东军察哈尔派遣兵团改编的"蒙疆兵团"第15独立混成旅团。9月25日，司令官笠原幸雄接到板垣关于第21旅团一部被八路军歼灭要求增援的电报，立即命令第15、第2独立混成旅团主力南下，经应县向茹越口、繁峙进攻。27日，日军第15独立混成旅团向茹越口发动进攻。在敌我力量悬殊的情况下，守军第203旅坚决抵抗，战况激烈，伤亡惨重，但日军未能前进一步。28日，日军步兵3000多人和骑兵一部，在30余门大炮和9架飞机的配合下，发动更猛烈的进攻。下午1时，茹越口阵地被日军突破，梁鉴堂指挥余部退守繁峙以北的铁角岭阵地。29日，日军兵力得到补充后，以大部兵力直冲铁角岭，梁鉴堂督率少数部队与日军鏖战，不幸颈部中弹，但仍不愿退下。随从护兵强行背其后撤，梁鉴堂头部又中弹，伤重殉国。

（资料整理：任京培）

萧山令

萧山令，字铁侬，1892年出生，湖南省益阳县（今益阳市）人。曾任国民政府宪兵副总司令、首都警察厅厅长、战时南京市市长、代理南京警备司令、防空司令、渡江总指挥等数职。

1916年，萧山令以优异成绩毕业于保定陆军军官学校。毕业后被派往湖南陆军服务，投入湘军，先后任排长、连长、营长、代理沅江县（今沅江市）长。

萧山令（1892—1937）

1926年参加北伐，1928年退役，1929年5月重入国民党，任南京宪兵司令部中校参谋。1936年晋升为宪兵司令部少将参谋长。1937年3月，升任副总司令，5月，晋升陆军少将。

1937年8月13日，淞沪战役爆发，三个月后上海失守。日军随后分兵三路，直逼南京。国民政府为求长期抗战，一方面迁都重庆，另一方面调集部署重兵

抗战英烈谱

保卫南京。11月20日南京卫戍长官司令部成立，唐生智出任南京卫戍长官司令，命萧山令代理首都警察厅厅长、南京市市长、警备司令、防空司令，指挥宪兵第2团、第5团、第10团等部。萧山令率领宪兵团修筑工事，维护治安，扫除间谍，均取得了一定的成效。1937年11月22日，日本华中方面军向大本营报告，必须攻克南京，才可以迅速解决事变。日军为攻克南京，准备了众多军队和重炮。12月，南京保卫战打响。8日，日军第9师团攻占江宁淳化，趁刚奉命赶到光华门阵地的宪兵第2团及第87师立足未稳之际，占领了高桥门、七桥瓮和中和桥，于9日拂晓进至光华门外。12日，萧山令下令驻京各宪兵部队，一方面修补被敌机炸毁的工事，另一方面准备巷战。当日下午，日军突破南京城防守备，纷纷涌入城内，南京战局危急。此时尽管大势已去，但萧山令仍积极部署，"明知不可为而为之"，不顾一切准备与日军作最终决战，誓死与南京共存亡。正当此时，接到南京卫戍长官司令唐生智的撤退命令，并任命萧山令为渡江总指挥，各军团到指定地点突围。自古以来，南京若是失守，从长江而走，是唯一生路。10万守军败退到江边，却因为船只缺乏，无法渡江。萧山令于是命令部队分别乘坐木筏渡江，在仓促间官兵落水者甚多。这时，日军骑兵部队和部分海军逼近江边，疯狂射杀中国军民，萧山令率领未渡江的军警部队与敌奋勇冲杀，血战数小时，弹尽援绝，江边官兵多数战死，血流成河。他目睹惨状，痛不欲生，遂举枪自杀殉国。萧山令是南京保卫战中牺牲的级别最高的将领。

萧山令殉国后，国民政府追授他为陆军中将。抗日战争胜利后，他的名字刻在南京雨花台抗日军人忠烈碑上。新中国成立后，中华人民共和国民政部追认他为革命烈士。

（资料整理：任京培）

阎海文

阎海文，1916 年出生于辽宁省北镇县（今北镇市）。曾任国民政府空军第 5 大队飞行员，是一位宁死不屈的空军勇士。

阎海文 1934 年考入杭州笕桥中央航空学校。1936 年 10 月，以优异成绩从航空学校毕业后分配至空军第 5 大队当见习官，1937 年 4 月被任命为少尉飞行员。

1937 年 8 月 13 日，淞沪会战爆发。阎海文所在的空军第 5 大队移驻扬州，担负着战场空中支援和南京空防的任务。8 月 16 日，陆军第 88 师在扫清了日

阎海文（1916—1937）

军前哨阵地后，发动了向虹口日海军陆战队司令部的进攻。但日军凭借着坚固的防御工事和舰炮的支援，进行殊死反抗。日海军陆战队司令部是一座钢筋水泥的堡垒建筑，易守难攻，装备和技术都处于劣势的中国军队进攻难以奏效。在这种情况下，8 月 17 日，指挥部下令：空军第 5 大队立即派机六架，带 500 磅炸弹，去轰炸上海虹口日海军陆战队司令部。这次任务本来没有安排阎海文，他多次主动请战，终于争得出征任务。接受任务后，他和战友们一起驾机到达目标上空。日海军陆战队司令部作了防空部署，钢筋混凝土的楼顶本来就很结实，这时又安了高射炮和高射枪。中国空军飞行员冒着被高射炮火击中的危险，轮番投掷炸弹，六架战斗机携带的 3000 磅炸弹全部命中目标，战斗异常激烈。即将返航时，阎海文的座机不幸被高射炮击中要害部位，机身顿时起火，浓烟滚滚，失去控制，成螺旋形向下坠落……他迅速跳出座舱，打开降落伞，尽力操纵降落伞，试图降落我军阵地。但由于风力、风速的原因，在空中飘荡的降落伞随风把阎海文带到敌人阵地附近的地面上降落了。阎海文毫不畏惧，一手拉脱降落伞的带钮，一手拔出腰间手枪，敌人很快包围上来，冲着阎海文大喊："活捉支那飞行士！"他知道敌人想活捉他，待敌人靠近时，他举枪射击，一连击中几个敌人。当枪膛里只剩最后两颗子弹时，面对叽里咕噜大叫着涌上来的敌人，阎海文大笑一声："中国，无被俘空军。"随即举枪自杀殉国。阎海文的英勇殉国事迹，激励更多的飞行员去英勇杀敌，为他报仇。

阎海文宁死不受辱的节操，使日军丧胆，也受到他们的深深敬重。1937

年 10 月，日本东京新宿区举办了一场"中国空军勇士之友阎海文展览会"，展出了阎海文所使用的飞行服、降落伞和手枪等遗物。此次展览竟吸引了成千上万的日本人前往参观。20 多天的时间里，参观的东京市民络绎不绝。日本当局想以此"教育"和激发日本国民为军国主义分子效命。他们哪里知道，阎海文是为抵御外侮、捍卫祖国而英勇不屈，而日本士兵仅仅是侵略者的工具和炮灰而已。一向崇尚武威的日本人似乎全然忘记了英雄的国籍、身份，许多日本人为他惋惜、落泪。这些遗物，直至抗日战争结束后才回到中国人民手中。阎海文将永远活在中国人民心中！

（资料整理：任京培）

黄梅兴

黄梅兴（1897—1937）

黄梅兴，字敬中，1897 年生，广东平远县东石镇人。曾任国民革命军第 88 师第 264 旅旅长，在淞沪会战中殉国，是淞沪战场第一个阵亡的高级将领。

黄梅兴 1924 年 5 月考入黄埔军校第一期。1925 年 2 月和 10 月参加了黄埔军校学生军两次东征，1926 年参加北伐。1932 年日军发动一·二八事变，黄梅兴时任陆军第 88 师第 264 旅第 528 团团长，他率部与日军作战，勇猛异常，与日军于庙行血战月余，使日军无法越雷池一步，被敌人称为"黄老虎"。战事结束后，黄梅兴被擢升为第 264 旅旅长，驻防鄂西。

1937 年七七事变爆发后，黄梅兴奉令率旅移至淞沪驻防，部署兵力，加固工事，以御日寇侵袭。8 月 13 日上午，日军在淞沪启衅，从虹口用大炮发起进攻，一批批日军陆战队从天通庵、横滨桥跨越淞沪铁路冲到宝山路。黄梅兴旅和日军几年前就有交手，这次再次在虹口战场交火，真是仇人相见，分外眼红。黄梅兴率部设伏多时，待日军蜂拥登陆时，予以迎头痛击，很快将日军击溃。黄梅兴率军乘胜追击，连续攻破敌人十多个碉堡。敌人改用装甲车开路，强行穿过八字桥，企图从侧翼向黄梅兴旅部包抄。黄梅兴即从大场调兵力增援阻击敌人，战斗异常激烈，双方为了一寸土地，反复争夺，伤亡惨重，最终黄梅兴率部夺回了爱国女校和粤东中学。8月14日晨，敌人以密集炮火再次向中国军队阵地轰击，并使用了烧夷弹，致使许多民房起火。面对强敌，黄梅兴沉着应对，镇定自如。战斗一直持续到下午，炮弹屡次击中黄梅兴部阵地，多座房舍被击毁，不少人员伤亡，士兵们请黄梅兴到掩体内避一避，他却坚持要在前线指挥战斗，鼓舞士气。下午6时，黄梅兴观察到敌人的一个薄弱据点，立刻带领部下邓光、王增继等30多人冲锋。这时，日军战机轮番俯冲向中国军队扫射轰炸。当黄梅兴率部冲到八字桥附近时，不幸身中炸弹，壮烈殉国，成为淞沪抗战中为国捐躯的第一个高级将领。同时牺牲的还有该旅参谋主任邓光中校及30余名官兵。

黄梅兴殉国后，上海各界深表哀悼。国民政府在南京中国殡仪馆设灵堂悼念。其遗体由夫人赖伴梅、子黄崇武护送至南京雨花台安葬。国民政府追晋黄梅兴为陆军中将。1938年3月12日，毛泽东在延安各界举行的悼念抗日阵亡将士的大会上发表演说，赞扬黄梅兴、姚子青等抗日烈士是全国人民崇高伟大的模范。1985年，中央军委副主席、黄埔军校同学会会长徐向前元帅发表《谈发扬黄埔精神》讲话时，高度评价黄梅兴等烈士在抗日战争中为中华民族的解放事业建立的不朽功勋。

（资料整理：任京培）

谢彩轩

谢彩轩（1899—1937），字必宾，广东合浦（今广西北海）南康客家人。曾任国民革命军第66军第159师第477旅副旅长，南京保卫战突围时阵亡，被追晋为少将副旅长。

谢彩轩1899年生于广东合浦县南康镇黄哨村，幼年随父谢邦馨读私塾，后毕业于广东省立廉州中学，因胸怀救国救民理想，目睹时艰，投笔从戎，不久充任粤军下士。第一次国内革命战争时期，在叶挺教导团任排长。1926年随国民革命军第 4 军参加北伐，过汀泗桥、陷武昌城，谢彩轩都身先士卒，冲锋在前，在一次战斗中被敌弹击中胸部，恰好为衣袋内银圆所挡，幸免于难，此事在当时军中成为有口皆碑的传奇。在北伐战争中，谢彩轩先后被提拔为上尉连长和少校营长。1929 年奉调回粤，任第 1 集团军教导师第 1 团第 3 营少校营长，后升为中校，驻防广州郊区三元里、塘溪一带，为粤军"模范营"。不久再被提升为第 1 集团军第 3 军第 8 师第 24 团上校团长，驻防龙川一带。1936 年 8 月两广事变后，调回第 4 路军总司令部任上校参议。不久又奉调合浦县三合口军垦区任上校主任，在职期间垦荒造田，造福桑梓。

七七事变后，他毅然辞去军垦区主任的职务，抱病请缨抗日，不惜赴汤蹈火，为国捐躯。1937 年 9 月，以团长军职由粤北出发，奔赴上海前线。后又出任第 66 军第 159 师第 477 旅上校副旅长，指挥所属部队鏖战于上海西郊及沪宁前线，浴血奋战阻击日军。后因日军在杭州湾登陆和江阴失守，谢彩轩所部腹背受敌，不得不撤入防线内。不久，奉命集结南京，参加南京保卫战。12 月 12 日晚 9 时，奉南京守备司令唐生智令，全军突围，当晚他指挥全旅官兵由太平门冲出，打退围城的日军，前进 10 多公里，夜半杀至中山陵以东的麒麟门镇，遭遇日军坦克部队，谢彩轩身先士卒，冲锋陷阵，为后续部队及友军杀出一条血路。在战斗中，谢彩轩与第 159 师副师长罗策群高喊"弟兄们，跟我来，勿要做衰仔呀！"最后不幸中弹阵亡，时年 41 岁。

1940 年 6 月 5 日，经国民政府批准，追晋谢彩轩为少将副旅长。

（资料整理：任京培）

蔡炳炎

蔡炳炎，又名蔡善举，字絜宜，别号子遗，1902年出生于合肥东郊胡浅村一户农民家庭。曾任国民党陆军第18军第67师第201旅少将旅长，参加过淞沪抗战。

蔡炳炎1924年6月考入黄埔军校第一期第四队学习步科，同年11月毕业，被分配到以黄埔军校学生为骨干组建的军校教导团。1925年2月，广东革命政府发兵东征，讨伐陈炯明。时任军校教导第2团第2营第6连连长的蔡炳炎率部随右翼军出征，攻占淡水城。

蔡炳炎（1902—1937）

10月，他参加第二次东征，转战五华、兴宁、松口等地，参加了扫除陈炯明残部的战斗。1926年春，改任国民革命军第3师第8团第8连连长。同年7月，北伐战争开始，隶属于何应钦率领的第1军，编入东路军序列，从广东潮州、汕头一带出发，向盘踞福建的孙传芳军阀集团的周荫人部进攻。福建克复后，随部进入浙江，旋即转向江苏，参加会攻南京。1927年，随部进军安徽北部、苏北地区和鲁北。在这一系列进军作战中，由连长提升为副营长、营长，授中校军衔。同年，升任第9军教导大队上校主任。不久，调任国民党军总司令部补充第5团团长。1928年初，改任第1军第3师第8团团长。同年秋，奉命调任第2师第5旅第10团团长。1929年，又调往第45师第268团任少将团长兼徐州警备司令。1932年，调任第1师参谋长兼开封警备司令，继调第18军军部任参谋兼干部训练处副主任。同年，再调安徽省保安处任少将参谋长。1933年，升任安徽省保安处中将处长。1935年，调中央陆军经理处任少将处长。1936年，调第18军第67师第201旅任少将旅长。

1937年8月13日，淞沪会战开始，蔡炳炎主动上书请缨，誓死保卫祖国领土，奉命率部5000人星夜驰援罗店一带守军。1937年8月21日、22日由常州洪庙赶赴上海郊区前，蔡炳炎写给其夫人赵志学两封亲笔信，信中表达了对妻子及家人的关爱。家书写道："殊不知国难至此已到最后关头，国将不保，家亦焉能存在？"表达了赤诚的爱国情怀。8月25日，日军第11师团多田骏部，从川沙口登陆，占领陆家宅、沈宅一线，企图进攻罗店，以威胁上海守军之侧背。为消除日军对上海守军侧背的威胁，蔡炳炎率部夜袭陆家宅。全旅将士在蔡炳炎的指挥下勇猛冲杀，将陆家宅日军全部歼灭。次日黎明，日军大批增援部队赶到，在飞机、大炮和装甲车的掩护下，向蔡炳炎部阵地发起猛烈攻击。蔡炳炎指挥所部，冒着日军的猛烈炮火顽强抗击。双方拼死搏杀，死亡惨重，血流成河。蔡炳炎见情况万分危急，遂下达"本旅将士，誓与阵地共存亡，前进者生，后退者死，其各禀遵"的命令，将指挥所向前推进几百米，设在冲击部队的散兵线后面，亲自督率一个营及特务排向日军冲击，同敌展开肉搏，不幸在距敌人阵地数百米处中弹，英勇殉国，时年35岁。

蔡炳炎牺牲后，国民政府追晋其为陆军中将。1985年，安徽省人民政府追认其为革命烈士。1986年，其灵柩迁葬于合肥市蜀山烈士陵园，安徽省暨合肥市党政领导与民主党派、群众团体及黄埔军校同学会等共100余人参加了迁葬仪式。2004年9月7日，蔡炳炎将军铜像在合肥大蜀山文化陵园落成。

（资料整理：任京培）

马尔克·尼古拉耶维奇·马尔琴科夫

马尔克·尼古拉耶维奇·马尔琴科夫，苏联人，苏联航空志愿队队员，参加过武汉空战。

马尔克·尼古拉耶维
奇·马尔琴科夫
（1914—1938）

马尔克·尼古拉耶维奇·马尔琴科夫1936年入伍，曾担任歼击机射击手、无线电报务员、大队初级指挥官。抗战爆发后，原本就相当薄弱的中国空军经过战争的冲击，可用飞机只剩30余架，日军飞机数量远超中国，取得了完全制空权，肆无忌惮地轰炸中国军队、城市和平民，对中国政府和人民构成了极大威胁。蒋介石向苏联求援，苏联政府同意以志愿队的名义给中国提供战机和飞行员，帮助中国抗日。1937年9月开始运送第一批飞机来中国，随后又选拔大批飞行员和航空地勤人员，以苏联航空志愿队的名义来华。1938 年 1 月，苏联派遣航空志愿队驱逐机、轰炸机等四个大队支援中国抗战，马尔琴科夫随志愿队来华。在华期间，马尔琴科夫与队友一起屡建奇功，重创日军，他们被中国百姓称为"斯大林之鹰"，其中最为人称道的是奇袭日本台北松山空军基地。1938 年 2 月，航空志愿队获得情报，台北松山日本空军基地有大批新式飞机组装，遂决定发动偷袭。机群抵达松山机场上空后，突然开火，日军毫无防备，乱作一团。这次袭击共投弹 280 枚，炸毁敌机 40 余架、兵营 10 座、机库 3 座，击沉、击伤船只多艘，松山机场完全陷入瘫痪。

1938 年 7 月 9 日，在武汉空战中，马尔琴科夫身负两处重伤，仍顽强坚持驾机作战，并击落日机。终因伤势过重于七天后牺牲。

武汉空战一共有 100 多位苏联志愿者牺牲，当时只是草草埋入万国公墓。新中国成立后，政府历尽艰辛，才分辨出了其中 15 具苏联志愿者遗体，1956 年，这些遗体被迁入了解放公园苏联航空志愿队烈士墓地。墓地是按苏联的习俗建立的，纪念碑是方锥形，墓台是长方形，长 32 米，淡青色，四周镌刻着中苏两国国徽。英雄的"斯大林之鹰"长眠于此，和武汉人民永远在一起。牺牲时他们中年龄最大的 33 岁，年龄最小的正是马尔克·尼古拉耶维奇·马尔琴科夫。马尔琴科夫牺牲后获"苏联英雄"称号，并获列宁勋章。

（资料整理：任京培）

马威龙

马威龙（1908—1938），字云飞，1908 年生于广西容县，1913 年在容县本地学校读书，1925 年考入黄埔军校第四期，毕业后参加北伐战争，历任排长、连长、营长等职。1933 年参与中央军校教导部队（中央军校教导总队）的组织扩编，1936 年中央军校教导总队扩编为三团制，马威龙任第 3 团团长。

1937 年 8 月 13 日，日军进犯中国上海，中国政府组织部队奋力抵抗。时为中国最精锐部队的中央军校教导总队奉命开赴上海前线作战。马威龙任中央军校教导总队第 3 旅少将旅长兼第 5 团团长，奉命率队参加了淞沪会战，并随部队参加了纱厂阻击战和苏州河畔八字桥阵地守卫战。11 月 6 日，教导总队奉命在苏州河畔八字桥阵地接替第 1 军阵地。马威龙与教导总队的将士们进入阵地后立即构筑工事，不久日军便潮水般扑来，将士们猛烈还击，击退了日军进攻。日军从陆路攻击失败，便组织了大批橡皮艇强渡苏州河，教导总队将士死守阵地，两军激烈厮杀，阵地失而复得，河水都被染红。直到 11 月 11 日金山卫被日军突破的消息传来，教导总队才奉命撤退。

马威龙与教导总队一部撤回南京，参加保卫南京的战斗。马威龙旅长率步兵第 3 旅第 4、第 5 两团担任老虎洞左侧到岔路口之线的防守。12 月 7 日南京保卫战打响。日军在坦克和空军的配合下突破了我军外围阵地，马威龙率部顽强反击。9 日拂晓，日军集中兵力，矛头直指我紫金山老虎洞阵地。因老虎洞阵地比较突出，日军集中了陆空的火力全力攻击，马威龙部伤亡惨重。由于不易增援，教导总队命令马威龙放弃老虎洞阵地，退守紫金山第二峰的主阵地继续阻敌。10 日拂晓，日军占领我老虎洞阵地后，再一次集中兵力，向紫金山第二峰、孝陵卫之西山主阵地发动进攻。因为教导总队在孝陵卫驻扎四年之久，对地形很熟，构筑的阵地也比较坚固，马威龙和官兵们英勇还击，重创敌军。战至 11 日晚上，马威龙和教导总队的将士们与日军在第二峰和西山进行了近十轮的反复争夺战，马威龙所部伤亡虽然很大，但同时也给日军重大杀伤，阵地始终牢牢地掌握在我军手中。12 月 12 日晚 10 时左右，马威龙部奉命撤出南京，突围到滁县集中。马威龙率本旅第 4 和第 5 团余部向指定地点突围。当部队冲出日军包围时，只剩马威龙旅长和邓文僖团长两人，其他将士全部壮烈牺牲。

1938 年 1 月，国民政府军政部重新组建第 46 师。马威龙出任国民革命军第 27 军第 46 师第 138 旅少将旅长，着手整训部队，恢复元气，再次开往抗日前线保家卫国。不久，马威龙奉命率部驻防河南兰封（今兰考县）一带。5 月中旬，华北日军第 14 师团两万余众，在师团长土肥原的指挥下，切断了陇海铁路，兵临兰封城下。经数日激战，5 月 24 日兰封陷落。兰封失陷，使开封、郑州面临日军的威胁，国民政府军事委员会委员长蒋介石震怒万分，下令枪毙擅自弃城的第 88 师师长龙慕韩，以肃军纪、振军威。1938 年 5 月 25 日，薛岳指挥豫东国军对日军发起猛攻，当晚即夺回了兰封车站。马威龙率领第138 旅配合主力部队于罗王寨、三义寨一带将土肥原部包围。日军凭借险要的地势负隅顽抗，双方寸土必争，战斗进行得异常激烈。在此紧急关头，马威龙旅长身临战场最前线，督率所部浴血奋战，并亲自带队向日军勇猛冲杀。马威龙架着一挺机关枪向敌群猛烈扫射之时，不幸被日军狙击手击中，壮烈殉国。

（资料整理：任京陪）

王平陆

　　王平陆，原名高永祥，1901年生于河北省迁安县（今迁安市）。华北人民抗日联军冀东第1游击支队司令员。在冀东革命史上被誉为打响冀东抗日游击战争第一枪的人。

王平陆（1901—1938）

　　王平陆早年曾到哈尔滨中东铁路当铁路警察。1931年九一八事变后回到家乡。1932年加入中国共产党，化名王平陆。1933年6月，京东特委机关移至迁西长河沿岸，组织发展农民武装暴动。京东御侮救亡会主任李运昌秘密来迁安和王平陆见面。他协助李运昌组织、训练游击队，并被选为县委委员。同时他还把自己的家作为秘密组织暴动的据点，并变卖自己家的土地作为活动经费。在他的组织下，全县的党支部发展到40多个，党员发展到4000多名，成为京东各县革命基础较好的地区。1934年1月，王平陆组织发动了迁安暴动，并组建了京东红军游击队。虽然暴动很快失败，但在冀东地区撒下了革命的种子。1934年初，王平陆受特委派遣秘密开辟新的活动区域，恢复建立地方党组织，并代表特委深入兴隆县民族英雄孙永勤的起义部队，宣传党的抗战政策，指明抗战方向，将孙永勤的抗日民众军更名为抗日救国军。1935年4月，王平陆主持京东特委工作，不久任中共冀热边区特委书记。1937年抗日战争全面爆发后，中共冀热边特委和京东特委，遵照中共中央、北方局和河北省委的要求，为在冀东发动抗日武装暴动和开展抗日游击战争，做了大量的宣传和组织工作。1937年10月，中共河北省委书记李运昌秘密回到冀东，担任冀热边特委书记，王平陆改任特委军事部长。12月，冀东十县人民抗日代表会议在滦县多余屯召开，会议决定立即由王平陆负责率先组织游击队。会后，王平陆在亲手组建的原游击小组的基础上，创建了华北抗日联军第三军区第1支队，并任支队司令员。1938年1月7日夜，王平陆带领第1支队突袭伪满"清河沿国境警防所"。清河沿位于长城口外的青（龙）迁（安）交界处，是伪满洲国设在"国界"交通要道上的重要关卡。从1934年起，日伪在这里设立了"海关税局"和"清河沿国境警防所"，平日里对过往百姓敲诈勒索，无恶不作，口内外群众深受其害，对之深恶痛绝。王平陆率队出击，发出进攻命令，只听他大喊一声："冲！"便身先士卒冲入院内，一时双方接火，枪声大作。日伪军躲入屋内关紧房门通过窗缝开枪顽抗，王平陆挺身挥起手中鬼头刀向窗棂砍去，不料被一颗子弹射中胸部，他忍痛指挥战斗，终因失血过多，次日壮烈殉国，年仅37岁。

冀东《子弟兵报》曾载文纪念王平陆，赞誉其为打响冀东抗日游击战争第一枪的人。这"第一枪"，揭开了当年7月冀东人民抗日大暴动的序幕。

（资料整理：任京培）

王光宇

王光宇（1911—1938）

王光宇，原名王堂明，又名王兴，满族，1911年生，吉林省德惠县（今德惠市）人。九一八事变爆发时，正在读中学的王光宇和进步老师李郁华，同学陈世友（陶净非）、李英华（李飞）一起，组建了德惠抗日救国会。由于敌人的疯狂镇压，1933年初，他们三个人一起前往哈尔滨第一中学读书，王光宇来校不久即加入了共青团。

1933年6月，王光宇毕业后，被组织安排到宁安工农义务队工作，负责帮助改造这支新兴抗日武装。由于工作出色，1933年底，被党组织接收为中国共产党党员。1935年2月，党组织以宁安工农义务队为基础，吸收其他抗日武装，组成东北人民反日联合军第5军，王光宇任第5军第1师第1团政治委员。

1936年2月，反日联合军第5军改名为东北抗日联军第5军，下辖两个师，王光宇任第5军第2师政治部主任，率领第2师一部分活动于依兰、桦川、富锦一带。1936年春，王光宇任第5军第2师师长，率第2师第4团、第5团游击于穆棱、林口一带。这时，牡丹江至林口铁路已建成开通，敌人利用其运输兵员、物资。王光宇决定在铁路上搞一次破路行动。5月20日清晨，王光宇带领部队到达林口附近的五河林北面的朱家、仙洞一带，这里是山区，铁路在山腰间蜿蜒穿过，是伏击敌人火车的理想地段。王光宇下令扒掉几十米铁轨，然后将部队隐藏于两侧。中午时分，敌人一列货车开了过来，司机发现铁路被扒后紧急刹车。这时，抗联的战士们有的向机车投掷手榴弹，有的集中扫射押车日军，只用了几分钟就结束战斗，击毙日军士兵16名，缴获两挺机枪和许多子弹、粮食。5月25日，王光宇又率部在三道河子颠覆敌火车一列。一个月后，王光宇又率部出现在依兰刁翎，成功地伏击了二道河子伪军的运输队，击毁敌人汽车4辆，全歼押车伪军30余人，缴获步枪30支、机枪1挺和大批棉布、粮食等日用品。

1937年2月，第5军军长周保中在方正县第9军军部召开会议，决定集中抗联第3、第4、第5、第8、第9军，于3月间联合攻打依兰县城，以阻止日本侵略者推行"集团部落""坚壁清野""经济封锁"的政策，歼灭敌人有生力量，夺取军械、弹药。3月21日，双河镇400余名敌兵出援依兰，王光宇指挥第5、第8军打援部队进行伏击，击毙敌兵220余名，缴获迫击炮3门、轻机枪7挺、步枪136支及许多弹药。7月，王光宇率以第2师为骨干组成的下江远征队，由依兰东进宝清，与抗联第3军第4师、第6军第1师、第4军、第7军相互配合，取得许多胜利。8月，王光宇率第5军警卫旅向宝清运动，途中在太平川伪装成日军讨伐队，打进反动地主李家的大院。群众称赞第5军第2师是"神武救国救民之师"。11月，王光宇被抗联第2路军总指挥部调到抗联第4军任副军长，率领第4军、第5军各一部百余人，游击于富锦、宝清一带。

1938年，日军调集六万余正规部队对黑龙江东部三江地区的东北抗日联军进行分割包围，重点"围剿"。5月，王光宇和第4军军长李延平率第4军西征部队踏上征途。经过一个多月边筹粮、边战斗的艰苦行军，到达牡丹江岸

KANG ZHAN YING LIE PU

与第 5 军西征主力会合。部队经过混合编组休整后，穿越三百里无人烟的高山密林，7 月 8 日突然出现在苇河县楼山镇。在攻打楼山镇战斗中，王光宇临危不乱，反手一枪，子弹穿过敌人胸膛，又打进他身后另一个敌人的脑袋。"王副军长一枪打死俩！"成为西征途中的美谈。部队自楼山镇向珠河西进途中，几乎天天作战，断粮断炊，王光宇始终坚定地率部队按照原定计划向五常进军。12 月末，王光宇等人到达五常县（今五常市）九十五顶子山，与抗联第 10 军某部会合后不久，在一次与日伪军遭遇战中，身受重伤壮烈牺牲，年仅 27 岁。

（资料整理：任京培）

王祯祥 ①

王祯祥（1900—1938），国民革命军陆军第 12 军第 20 师副师长。

王铭章

王铭章（1893—1938）

王铭章，字之钟，四川省新都县（今新都区）人。国民革命军陆军第 41 军第 122 师师长。

1937 年卢沟桥事变后，日本帝国主义者大举向我国进攻，中华民族处于危急关头。王铭章感于"国破家何在"，树立"国家兴亡，匹夫有责"的民族意识，坚决拥护抗战救国、"枪口一致对外"的主张，并请缨出川，杀敌报国。在全国抗日救亡运动的推动下，驻川的第 41 军、第 45 军、第 47 军组成第 22 集团军，

① 目前尚未找到翔实资料。

作为最早出川的部队，奔赴抗日前线。10月3日，全军奉命开赴太原，编入第二战区战斗序列。10月15日，在风陵渡附近赵村车站举行的临战誓师大会上，王铭章号召全师官兵，要"受命不辱，临难不苟，负伤不退，被俘不屈"。士气高昂的全师官兵19日抵太原后，与日军血战数日，于11月7日奉命防守介休、沁源，并乘胜夺回平遥县城。

1938年初，日寇继攻陷上海攻占南京后，沿津浦线北上，企图与由沧州南下之敌南北夹击，占领徐州，觊觎中原，威胁武汉。第22集团军受命阻敌。王铭章被任命为第41军前方总指挥，率第122师师部和第364旅旅部进驻滕县，以解徐州之危。王铭章临危受命，誓死抗敌。

3月16日黎明，万余敌寇开始向滕县猛攻，密集炮火轰击达万发以上。王铭章镇定自若，登城督战，慰勉守城官兵奋勇抗敌，与阵地共存亡。日寇机械化部队猛攻竟不能攻下，当夜又以三万多兵力，70多门大炮，四五十辆战车，包围了滕县城关东、南、北三面。

3月17日，滕县保卫战到了最后阶段。拂晓开始，敌以每分钟十发以上的密集火炮轰击，20多架飞机低空投弹扫射，房屋倒塌，硝烟弥漫，全城一片火海焦土。敌步兵在坦克掩护下，向突破口冲锋。守城官兵用手榴弹、大刀顽强抗击，反复肉搏，伤亡惨重。下午2时，敌人继以重炮猛轰，飞机狂炸，墙毁屋塌，滕县县城几乎被夷为平地。守军工事全被摧毁，守城将士血肉与砖头齐飞。王铭章意识到最后报国的时候到了，即向临城总部司令孙震发出最后一封电报，表示"决以死拼以报国家"。

敌寇占领南城墙和突入东关之后，王铭章毫无惧色，立于县城十字街口指挥督战。他紧握手枪，忿声怒吼："弟兄们！我们要坚持最后一分钟，要拼到最后一滴血。"随即率军逐街逐巷，与敌争夺阵地。下午5时，王铭章及少数随从继续与敌周旋，不幸枪弹洞穿腹部，卫士用绑腿将他系住，缒下城去，又被城下之敌击中而壮烈牺牲。至此，他用鲜血和生命，实践了临危不惧、临难不苟的豪迈誓言，时年45岁。

1941年，其夫人周华玉及叶亚华女士遵照王铭章生前关怀教育事业的遗愿，献出遗产，在新都城西创建"铭章中学"一所，以培育人才。1984年9月1日，四川省人民政府追认王铭章为革命烈士。同月14日，中华人民共和国民政部追认他为革命烈士。

（资料整理：汤小川）

王锡山

王锡山（1902—1938）

王锡山，字岳刚，1902年出生于辽宁省凤城市。曾任国民革命军陆军第53军第91师第271旅旅长。

王锡山毕业于东北陆军讲武堂第八期，历任排长、连长、营长。九一八事变时，任东北军第25旅中校团副。1932年，参加冯占海等人组织的吉林自卫救国军。他是最早跟随冯占海起兵抗日的将领之一，因英勇善战，深得冯占海的信任，也深受官兵敬仰。在吉林榆树，曾率部奔袭日军司令部，击毙日军支队长大川、副官阿部等数百人，缴获步枪数百支及迫击炮、轻重机枪若干，他本人亦在激战中负伤。后随冯占海投奔冯玉祥，被改编为国民革命军陆军第53军第91师第271旅。王锡山是东北抗日义勇军名将，转战白山黑水后又率部先后参加热河抗战、察哈尔抗战、豫北抗战、山西太行山抗战和豫皖对日游击战。他作战勇敢，有勇有谋，屡立战功。

1938年8月，王锡山率部参加武汉会战。日军第11军占领九江后，以第9师团、第101师团、第106师团、第27师团等部队在赣北展开攻势，王锡山率第271旅官兵与日军作战，在白水街阻敌，围歼日军，在甘木关阻援，浴血苦战，奋勇杀敌。在万家岭战役中，第271旅先是驰援与日军第27师团激战的黄维第18军等部，随后参加在德安万家岭地区对日军第106师团及第101师团一部的围歼战。10月5日，王锡山奉命率部阻击日军第27师团增援日军第106师团。10月9日至15日，在江西柘林以北的甘木关，冯占海第91师师直部队和王锡山第271旅奋力阻击日军救援部队第27师团三个装备精良的大队，浴血搏杀，毙伤日军千余人。日军飞机大炮的狂轰滥炸将守军阵地几乎夷平，官兵大部分壮烈牺牲。在血战中，第271旅官兵被日军重兵围攻，王锡山因遭敌机枪扫射中弹牺牲，时年36岁。王锡山是万家岭战役中牺牲的军阶最高的中国军官。王锡山战死对冯占海师长打击巨大，冯占海叹息："股肱或亏，何痛如之！"

王锡山牺牲后，其夫人蔡书琴女士收到的遗物只有一把战刀和一双马靴。此后王夫人携儿艰难辗转，清贫一生，终身未再嫁。

（资料整理：汤小川）

邓佐虞

邓佐虞，号述唐，1898年出生于河北省高阳县。

邓佐虞1906年入本地学校读书，后投笔从戎。1919年考入保定陆军军官学校，毕业于第九期步科，后又就读陆军大学第十三期，毕业后曾任国民革命军连长、营长、团长。1937年7月抗日战争全面爆发后，任国民革命军陆军第75军第139师参谋长，率部奔赴抗日前线，参加了徐州会战。

1938年4月台儿庄大战结束后，国民革命军陆军第75军第139师奉命火速赶赴江苏省萧县（今属安徽省）驻防，以阻击由南北上徐州的日军，配合国军主力完成徐州会战。5月15日黄昏，第75军第139师刚刚抵达萧县，就与开往徐州的日军遭遇。邓佐虞沉着指挥，率领部队在凤凰山、龙山以及县城南郊与敌军展开激烈的战斗，击退敌人的多次进攻。然而，由于部队刚刚参加完台儿庄会战，未能及时得到休整，官兵身心异常疲惫。战斗中，虽然将士们顽强抵抗，但仗打得颇为被动，几番激战过后，劣势渐显，最后不得不退守城垣。

邓佐虞（1898—1938）

5月18日，日军援兵赶到。在飞机、大炮的掩护下，日军首先从城北突入萧县城内。由于日寇攻势猛烈，第139师将士们虽然顽强抵抗，但无奈兵力、装备都相差悬殊，战斗越来越被动。为此，邓佐虞抱定取义成仁之决心，感召将士们舍身报国，率领督战队20余人奔赴北城督战。此时，北城战况极其惨烈，守军已伤亡大半，剩下少数官兵正奋力与数倍于己的日军肉搏拼杀。邓佐虞临危不惧，率领督战队杀入敌群，浴血搏杀，展开惨烈的白刃格斗。终因寡不敌众，北城守城将士与督战队的20余人全部壮烈牺牲。邓佐虞拼杀至最后一口气，至死不降，战死在敌群之中，壮烈殉国，时年40岁。

（资料整理：汤小川）

冯安邦

冯安邦（1885—1938）

冯安邦，字化民，又名景树，山东省无棣县张辛店人。

冯安邦清末投军，辛亥革命后隶属冯玉祥第16混成旅，由骑兵排长依次晋升为工兵连长、营长、团长，西北军第48旅、第3混成旅旅长，第28师、第23师师长兼代宁夏省（今宁夏回族自治区）主席，国民革命军第26路军第27师师长等职。

1937年7月7日，卢沟桥事变爆发，冯安邦请缨抗日得到批准，于12日率第27师登上北上抗日的征途。出师前，他慨然明志："杀敌报国，此其时也！贪生怕死，保守实力者非炎黄子孙，实国民革命军之败类！"他亲自向部队训话，阐明抗日救国道理，激励士兵奋勇杀敌。29日晚，到达良乡、固安、永清一带。冯安邦奉命以该师第77旅在北平西南之马头镇、琉璃河一线占领阵地，以"鼓励29军士气，并阻敌直入，且使后方充裕准备"。日军攻陷平津后，沿平汉线南下，第77旅在距良乡五里处与敌激战。日军连日猛攻第27师阵地，冯安邦指挥部队于良乡、琉璃河间顽强抗击敌人，迭挫其锋。在此期间，第26路军扩编为第2集团军，冯安邦升任第42军军长，并兼第27师师长。

1938年3月中旬，日军板垣第5师团坂本支队和矶谷第10师团濑谷支队分别进攻鲁南重镇临沂和滕县，徐州受到直接威胁。冯安邦第42军由许昌、归德（今商丘）地区开往台儿庄前线。27日，冯安邦指挥第27师向日军发起进攻，收复失地。疯狂的日军用大量烧夷弹集射，并以战车协同步兵反攻，第27师阵地顿时一片火海，战况之惨烈前所未见。冯安邦激励该师官兵顽强抗击，无命勿退。4月6日，中国军队全线反击。7日，台儿庄会战取得了开战以来的空前胜利。此次大捷，冯安邦率军连续苦战十个昼夜，不惜一切代价，起了至关重要的作用。

1938年秋，冯安邦率部参加了武汉会战中的大别山北麓作战。8月中旬，随第3兵团开赴湖北麻城附近。9月1日，奉命在麻城和小界岭之间集结，作为第3兵团的预备队。17日，奉第五战区命令，扼守大别山北麓、商城西南的小界岭，与敌恶战多日，敌人终不能逾越其阵地。10月上旬，冯军同田镇南第30军、宋希濂第71军一起在商城至麻城公路两侧打船店、沙窝、白雀园一带山区，与日军反复搏战，形成胶着对峙。冯部在商城公路北段山区，面对优势敌人的进攻，英勇抗击，伤亡惨重，完成了预定的阻击任务。11月初，进抵襄阳，冯安邦立即着手收容、整顿部队，准备再战。

11月3日，日军大队轰炸机对襄阳城疯狂轰炸，冯安邦从容指挥部队疏散隐蔽，不幸被一颗落在近处的炸弹炸伤腹部，当日殉国，时年53岁。

冯安邦的遗体安葬于襄阳城南邻近周公庙的烈士塔中。国民政府于1940年9月25日特颁褒扬令，以表彰其"奋迹戎行，战必先驱"的抗敌救国勋业。

（资料整理：汤小川）

叶成焕

叶成焕（1914—1938），1914年生于河南省新县。1929年参加革命，同年加入中国共产党。1930年参加鄂豫皖红军，先后任指导员、营政委、团政委、师长、师政委等职，率部屡挑重担，屡建战功。

1937年抗日战争全面爆发后，叶成焕任第129师第386旅第772团团长，率部先后参加了长生口、神头岭、响堂铺等著名战斗，为第129师在抗战初期的"三战三捷"作出了重大贡献。9月，按照中共中央战略部署，叶成焕率领第772团东渡黄河，向太行山地区挺进。10月，在刘伯承的亲自指挥下，叶成焕率部在山西平定县七亘村设伏，以伤亡仅30余人的代价，取得了歼敌400余人的重大胜利，给进犯太原的日军以沉重打击。11月2日，他率部参加黄崖底战斗，和兄弟部队一起，歼灭日军第109师团300余人，击毙骡马300余匹。

1938年4月初，为了解除后方威胁，日军以第108师团为主力，出动兵力三万余人，分九路向八路军晋东南抗日根据地大举围攻，企图消灭八路军主力。4月13日，日军第108师团第117联队进攻榆社，后因榆社已成一座空城，又受八路军第 386 旅顽强截击，遂于 15 日仓皇窜回武乡。是日黄昏，日军弃武乡城东窜，八路军决心以突袭手段，将这股日军主力歼灭于浊漳河河谷，叶成焕带病亲临前线指挥作战。当夜，第 129 师以第 772 团、第 689 团为左纵队，以第 771 团为右纵队，分别沿浊漳河南北两岸对敌实行平行追击，第 769 团后继部队、第 771 团两路纵队在武乡长乐村河谷将日军后卫部队截住。

为了抓住时机消灭日军辎重部队及其后卫部队，叶成焕根据上级命令，率部绕到长乐村附近的里庄和型村，占领了浊漳河北岸高地。当敌军辎重部队沿大道向东行进时，第 772 团集中所有火力猛击，敌军顿时人仰马翻，死伤遍地。第 772 团的将士以排山倒海之势杀入敌群，与敌人展开了肉搏战。在第 771 团的配合下，两军南北夹击，使里庄和型村的 1500 余名日军成了瓮中之鳖。已过长乐村的日军主力闻讯大惊，急忙集中 1000 余人，向八路军左翼纵队发动猛攻。15 时，日军组织第 105 联队千余人从武乡蟠龙向长乐村增援。激战至 17 时，日军又从辽县方向急调 1000 多人前来增援。根据当时情况，已不能全歼敌人，为巩固胜利成果，第 129 师决定以第 769 团、第 689 团各一部形成游击网，袭扰与迷惑敌人，其主力主动撤出战斗。

叶成焕按照命令及时组织部队撤离战斗，而自己却跟随撤在最后的一个排做掩护。他边往后撤，边用望远镜观察敌情，不料被一颗子弹击中头部，当即英勇牺牲，时年 24 岁。

1938 年 4 月 18 日，八路军第 129 师全体将士在榆社云簇村召开了叶成焕烈士追悼会。朱德总司令特地从八路军总部赶来，向这位著名战将的遗体告别。新中国成立后，叶成焕的遗骨被迁到河北省邯郸市晋冀鲁豫烈士陵园安葬。2009 年，叶成焕被列入"100 位为新中国成立作出突出贡献的英雄模范人物"。

（资料整理：汤小川）

刘连科

刘连科（1917—1938），1917 年生，河北滦县人，1936 年初加入中国共产党。

1938 年 6 月，中共冀热边特委以华北人民抗日自卫会冀东分会的名义，在丰润县（今丰润区）田家湾子村召开遵化、迁安、滦县三路抗日联军负责人联席会议。会议研究决定正式成立冀东抗日联军，下设六个总队，由高志远任总司令，洪麟阁、李运昌任副总司令员，刘连科任参谋长。同时，会议通过了暴动的行动纲领，确定了计划组织的六个总队的番号，决定 7 月 16 日为各地统一举行暴动的日期。

田家湾子军事会议在 6 月下旬召开时，冀东抗日的主要领导者和组织者并不知道八路军第 4 纵队已经提前进入冀东地区，并引起了敌人的极大恐慌。

八路军第 4 纵队于 5 月 31 日从平西抗日根据地的斋堂出发，兵分两路顺着长城线，开始向冀东挺进。到 6 月下旬，先后攻克昌平、兴隆等县城的第 4 纵队主力到达蓟县的靠山集、将军关、黄崖关一线，准备进入遵化、玉田、迁安等县境。而当时，由于缺乏必要的通信设备，冀东抗日的主要领导者和组织者对这些情况并没有完全掌握，直至 6 月底，中共冀热边特委才从打入伪冀东道警察科的朱欣陶[①]那里得知，第 4 纵队已经打到蓟县境内，暴动计划已被日伪侦知，日军正在准备颁布缴枪令，收缴散落在冀东民间的 20 多万支枪，包括一些民团的武器，以防不测。

敌人行动很快，日军指挥各县的伪警防队和保安队，到处搜捕组织暴动的可疑人员。7 月 4 日，敌人先在滦县动手，到多余屯去捉拿高志远等人，高志远闻讯走脱，敌人仅在多余屯逮住高志远的三个亲戚，枪毙了糯米庄一个民团队长。7 月 5 日，敌人又到门庄搜捕正在准备发动暴动的共产党人张鹤鸣、张振宇等人，形势异常紧迫，暴动必须提前举行。

冀东抗日联军分三路联合进攻遵化县（今遵化市）城，受阻后，攻占了玉田县城。刘连科和李润民连夜秘密组织 300 多名暴动骨干，在滦县港北村举

---

① 朱欣陶，上海人，在北京军阀政府大理院当工友和速记员期间被姚依林引上革命道路，七七事变后姚依林利用其五叔姚国祯被聘为伪冀东防共自治政府高级顾问的关系，派他打入伪冀东防共自治政府任秘书，转而得任伪冀东道警察科科长。

事，宣布成立抗日联军第 5 纵队，攻打伪警察局，摧毁敌伪政权，扩大抗日武装，并攻取了滦县县城。8 月，刘连科在河北省蓟县（今属天津市）潮白河与日、伪军作战中牺牲，年仅 21 岁。刘连科参与组织的冀东抗日武装暴动，基本上摧毁了冀东地区的敌伪政权，是冀东人民全面抗战的一次大发动，是敌后战场的伟大壮举。

（资料整理：陈洋）

刘桂五

刘桂五（1902—1938）

刘桂五，字馨山，1902 年 8 月出生于辽宁省朝阳县六家子乡八家子村（当时属热河省凌南县）一个农民家庭。由于家境贫寒，仅读两年私塾便辍学务农。1923 年刘桂五到保卫团当兵，1925 年他离乡加入冯玉祥所部西北军第 11 师师长宋哲元的部队。1926 年，宋哲元奉命离开热河后，刘桂五慕名投入当地的一支地方武装白凤翔部，由班长、排长升至连长。1928 年，白凤翔部接受东北军的改编，以东北边防军骑兵第 6 旅调驻黑龙江，刘桂五任该旅第 18 团第 1 连少校连长。1929 年，中东路事件发生，刘桂五部被派往密山与苏军作战，因立下战功，被破格擢升为骑兵第 6 旅第 18 团上校团长，并授六等云麾勋章。

1933 年 3 月，热河沦陷，张学良通电下野，东北军重新改编，将旅的番号改为师，刘桂五任骑兵第 6 师第 2 团团长。1934 年，刘桂五奉命到庐山军官训练团第三期受训。1935 年 6 月，东北军骑兵编成国民革命军陆军骑兵军。刘桂五仍任骑兵第 2 军第 6 师第 18 团团长。1936 年秋，张学良、杨虎城在陕西王曲开办军官训练班，刘桂五奉调入第二期训练团学习。

1937 年七七事变后，骑兵第 6 师奉命归属东北挺进军司令马占山指挥。8 月，刘桂五率部到大同与马占山会合，旋赴丰镇一线扼守。由于东北挺进军新近编成，除骑 6 师外，其他各部作战能力较弱，协同作战能力不强，因此，天镇、阳高、丰镇在9月中旬相继失守。9月17日，刘桂五督部与来犯日伪军激战三日，形势不利，退守归绥（今呼和浩特市）。

1938年春，马占山率部出伊克昭盟（今鄂尔多斯市），准备出大青山，东进开辟新战场。刘桂五虽对此次军事行动持有异议，但仍率骑兵第6师担任先锋任务，挺进大青山。日伪军调集重兵封锁南北山口，挺进军苦战半月，伤亡惨重。为避免全军覆没，挺进军于4月间西撤回防，刘桂五骑兵第6师担任后卫任务。4月21日，马占山、刘桂五等宿营内蒙古武川县百灵庙南面的黄油竿子村，不幸被敌重兵包围。22日，日伪军以装甲车封锁出路，马占山、刘桂五率卫队拼死突围。中午，刘桂五腿部负伤，仍不下火线。至下午4时，刘桂五腹部中弹，壮烈殉国，时年36岁。

1938年5月25日，刘桂五烈士遗骸运至西安，各界人士5000余人迎灵路祭。6月9日，追悼大会在西安革命公园举行，3000余人临祭。1961年7月25日，陕西省人民委员会追认刘桂五为革命烈士，并将其忠骸迁入西安南郊革命烈士陵园。同年12月12日，烈士陵园为刘桂五举行了立碑典礼。

（资料整理：陈洋）

刘震东

刘震东，字曦洲，山东沂水（今沂南县张庄）人。曾任国民革命军第五战区高参兼第2路游击司令，牺牲后被追晋陆军中将。

刘震东年轻时考入东北陆军讲武堂，毕业后历任东北军排长、连长、营长、团长等职。1925年东北军重新整编后，升任第7师第6旅旅长。他作战勇猛，战功颇著。1928年，入陆军大学受训，学成后出任东北边防军总司令部中将主任参事。

刘震东（1893—1938）

1937年抗日战争全面爆发后，刘震东被任命为第五战区高参兼第2路游击司令。游击队必须由自己组建，他便派胞弟回山东老家号召乡人入伍，还令家人打开自家的粮仓变卖积蓄，并说："只求有办法救国，虽倾家亦在所不惜。"他亲率部队不断袭击小股敌人，炸毁日军仓库，破坏日军运输线，有力地配合了正面战场作战。一时间，"游击刘司令"闻名遐迩。

1938年1月，日军精锐板垣第5师团在青岛登陆后，为配合矶谷师团合围台儿庄，全力向临沂进逼。2月中旬，刘震东奉命率领两个支队由陇海线上的新安（今新沂）北上莒县，由第3军团长庞炳勋指挥，参加保卫临沂一线的战斗。到2月17日，第5师团田野支队及伪军武装共5000余人逼近临沂东北的莒县、沂水和日照一线，第五战区令海军陆战队及民团从正面阻击来敌。刘震东与部下毫不畏惧，冒着猛烈的飞机轰炸和重炮轰击，奋勇抵抗日军的进攻，双方相持三日之久。后刘震东部奉命开往莒县城西。

此前，莒县县长许树声已率县大队弃城南去，城中百姓也竞相逃难，整个莒县县城空无人烟。2月21日下午，刘震东率部入城坚守。刘部两个支队仅400余人，每人只有几枚马尾手榴弹，但大家士气高昂。入城后，刘震东立即组织构筑临时防御工事，堵塞东门、北门。入夜，援军第115旅在旅长朱家麟率领下抵达莒县，此后，许树声也率县大队开回城里。当夜，守军成立了城防指挥部，刘震东任总指挥，他坚定地表示要与莒城共存亡。

22日拂晓，日军从东、北、西三面将莒县城包围。5时半，日军发起攻击。激战中，城外南面高地被敌人攻占，刘震东指挥部队奋力争夺。日军多次以重炮、机枪掩护攀城，均被守军击退。为了歼灭城南之敌，刘震东以两营士兵组成敢死队，冲出南门包抄敌侧后，南门之敌狼狈溃逃，但北门之敌因有险可据始终未能歼灭。后日军主力会聚北门，强行攻城，战况惨烈，城北告急。刘震东闻讯，不顾劝阻，登上城墙，奔赴北角指挥作战。一个多小时后，日军十余人携轻机枪登上城墙，集中火力向守军扫射，城西北角被日军攻破。刘震东冒着弹雨，在北城墙上飞奔督战，指挥堵击。就在城西北角被守军夺回之际，他不幸头部、腹部中弹，壮烈殉国，时年45岁。

刘震东牺牲后，第五战区司令长官李宗仁在徐州亲自主持召开了追悼会。《新华日报》也对他的事迹进行了报道。3月9日，国民政府发布褒扬令，表彰刘震东的战功，并追晋他为陆军中将。

（资料整理：陈洋）

刘曙华

　　刘曙华，原名李明学，化名老曹。1912 年出生于山东省济南市一个农民家庭。青年时期受过中等教育，20 世纪 30 年代初参加革命，不久加入中国共产党。

　　1934 年，刘曙华赴苏联海参崴列宁主义学校学习，1935 年回国后被派往东北，任中共密山县委书记。他以山东逃荒难民的身份，借帮人种地为掩护，在哈达河、兴隆沟、半截河、平阳镇一带开展反日宣传和组织工作，并成立了抗日

刘曙华（1912—1938）

救国会，发展会员 60 余人，发展党团员 30 多名，为开展抗日工作打下了基础。同年 8 月 4 日，刘曙华在哈达河二段收反日会员登记表时，遇上伪军大搜查，不幸被逮捕。敌人对他施用了各种酷刑，但他回答的只有一句话："我是反日的，因为我有中国人的良心，反日会员登记与别人无关。"由于他的机智和勇敢，保全了密山县（今密山市）党组织和抗日会。中共穆棱县委得知情况后，于 1936 年 2 月秘密将刘曙华营救出狱。由于敌人的严刑拷打严重摧残了刘曙华的身体，组织上安排他休养，但身体尚未痊愈，他就积极要求工作。经党组织批准，他随同反日联合军第 5 军北征先遣队活动。3 月，中共吉林省特委决定由刘曙华代理中共穆棱县委书记。7 月，任抗联第 5 军第 2 师政治部主任。

　　1937 年 3 月，中共吉东省委成立，刘曙华当选为省委委员、省委执委委员。同年春，抗联第 3 军、第 4 军、第 5 军、第 8 军、第 9 军联合攻打依兰县城，刘曙华带领第 8 军教导队和四个团参加了战斗。他们迅速攻进依兰县西北大街，封锁了西北炮台，攻占了县银行，击毙了日军指挥官井口，打死日伪军几十人。这次战斗扩大了抗联的影响，打乱了敌人春季"大讨伐"的计划。

　　1938 年，日伪实行残暴的法西斯统治，东北人民的抗日斗争进入了更加艰苦的阶段。6 月，刘曙华率领 29 名战士，在桦南七星砬子与第 8 军第 3 师师长王子孚会合，刘曙华发现王子孚有策动叛变的阴谋，就同他进行坚决的斗争。他利用各种机会，向第 3 师的干部战士宣传抗日，讲解党的抗日政策。8 月 22 日，在勃利县通天沟，王子孚派人把刘曙华绑了起来，妄图胁迫他一起

投降。刘曙华痛斥王子孚是民族的败类，王子孚恼羞成怒，把刘曙华绑在大树上，惨无人道地割下了他的舌头，后来用极其残忍的手段将他杀害。刘曙华牺牲时，年仅26岁。

（资料整理：陈洋）

朱炎晖

朱炎晖（1901—1938）

朱炎晖，又名朱桂林，1901年出生于浙江省瑞安市城关镇大沙巷。曾任国民革命军第94军第185师第546旅少将旅长，牺牲后被追晋陆军中将。

由于家庭生活窘迫，朱炎晖只读了几年小学就辍学了。17岁时朱炎晖离家谋生，1924年到广州加入粤军，在国民革命军第4军第11师第30团当兵。1926年随军北伐，屡建战功，相继被提拔为排长、连长。1929年调至第19路军第61师第8旅，参加粤桂战争和中原大战，后晋升为营长。

1932年，一·二八淞沪抗战打响，时任国民革命军第19路军营长的朱炎晖奋力杀敌。在收复大场、庙行的战斗中，他身先士卒，重创日军，受到嘉奖。1月26日晨，日军用飞机和大炮对第19路军阵地狂轰滥炸近两小时，守军阵地几乎全被炸毁。炮火一停，第19路军第61师向入侵大场、庙行之敌反冲，终于重新夺回了阵地。日军多次进攻均告失败。在血战中，朱炎晖三天三夜未曾合眼，组织全营官兵严守阵地，出击入侵之敌。他身先士卒，身负重伤不下火线，官兵们称他是一员"虎将"。战后，朱炎晖受到蔡廷锴、戴戟等将领的嘉奖，戴戟还赠他具名的铜质墨盒一只。

1933年，朱炎晖升任第61师第241团团长。1934年9月，朱炎晖进黄埔军校高教班第三期学习，次年6月毕业，8月调任中央陆军军官学校武汉分校整理处任上校参谋兼中央军校武汉分校上校战术教官。11月，朱炎晖参加了第19路军将领蔡廷锴、蒋光鼐等领导的福建事变，反对蒋介石与日签订的《塘沽协定》和"剿共"政策。

1937年7月抗日战争全面爆发后,朱炎晖任第94军第185师上校团长,1938年升任第185师第546旅少将旅长,驻防武汉金中地区,担任保卫武汉的艰巨任务。

1938年夏,武汉保卫战打响,敌我双方在武汉外围地区展开了激烈的拉锯战。同年秋,战斗进行得更为激烈,此时,朱炎晖染病在身,他让士兵用担架抬着亲临前线指挥。由于敌我兵力和武器装备水平相差悬殊,第546旅伤亡惨重,继而陷入日军的重重包围之中。在11月3日的突围中,朱炎晖身中数弹,与全旅官兵一同壮烈殉国,年仅37岁。

1939年春,国民政府追晋朱炎晖为陆军中将。1987年8月,上海市人民政府追认他为革命烈士。

(资料整理:陈洋)

朱家麟

朱家麟,字国瑞,1892年生于河北省满城县尉公村,曾就读于河北省水利学校。1922年,朱家麟从保定陆军军官学校炮科第八期毕业。随后,在庞炳勋麾下任下级军官,1933年春升任第40军第39师第115旅上校团长。在率部戍守罗文裕时,曾两次派营长李振清率精壮士兵,用大刀挥斩日军数百人,得胜回营,受到军长庞炳勋的嘉奖,所部被命名为"铁血团"。

朱家麟(1892—1938)

1937年7月抗日战争全面爆发。此时,朱家麟从"庐山军官训练团"高级班毕业,升任第115旅少将旅长,8月下旬,率部参加姚官屯战斗,9月21日至24日,与日军矶谷廉介的第10师团血战四天,全军伤亡两千余人,击落日军重型轰炸机一架。

1938年2月下旬,日军两千余人进攻临沂东北的沂水、诸城、莒县,沈鸿烈的海军陆战队及第五战区的第 2 游击队刘震东部与敌交战两个小时，伤亡大半。沈鸿烈向庞炳勋告急，要求增援，庞炳勋命令第 115 旅出击莒县。朱家麟率领部队赶到莒县时，沈鸿烈部几乎伤亡殆尽，刘震东也牺牲在战场上。23 日，两万多日军疯狂地向第 115 旅发起攻击。朱家麟率部以一个迫击炮连率先出击，打得日军晕头转向，四处逃散。朱家麟乘胜命令两个步兵团发起冲锋，一下子就将日军赶出城外。半夜，日军以为中国军队已经熟睡，就从南门偷袭莒县城，但朱家麟早就预料到日军的企图，故而命令一半兵力休息，一半兵力隐蔽在街道两侧。当朱家麟接到敌人偷袭的报告时，立即叫醒休息的官兵，与隐蔽部队同时伏击敌人。日军一进入伏击圈，12 挺机枪率先开火，这一仗歼灭日军 300 多人，缴获各种枪支 300 余支。

由于日军攻势猛烈，朱家麟被迫率部退至汤头。3 月 3 日，汤头之战打响，朱家麟勉励部属："今日之战乃《马关条约》以来，中日两国一算总账的时候了，我们要以必死的决心，争取国家民族的生存。错过这一机会，我们想死也无地可死了。"朱家麟率第 229 团、第 230 团与日军拼死奋战六天六夜。在激烈的战斗中，朱家麟始终与部下共生死，奋勇杀敌。14 日，第 59 军军长张自忠奉命率部来沂水增援。朱家麟与残部退至堡子休整时，日军又发起进攻。正在吃饭的朱家麟扔下碗筷，又投入战斗。张自忠攻敌右侧背，朱家麟攻敌左侧背，当夜攻占独树头、相公庄一线。15 日一早，又将战线推至东、西沈杨以北，在傅家屯歼敌 400 多人。在不到 50 公里的距离内，他们将敌人拖了 12 天。

4 月 7 日，徐州会战爆发，由于中国军队装备不敌日军，在徐州被敌人围困。几经苦战，庞炳勋率第 40 军转移至微山湖边的沛县，而敌军越逼越近。5 月 11 日夜，庞炳勋命朱家麟率残部掩护全军轻装突围。第二天拂晓时，庞部主力已成功突围，但第 115 旅却被日军重重包围。朱家麟临危不惧，率部奋力搏杀。然而，在密集的枪弹射击中，朱家麟不幸中弹，壮烈牺牲，时年 46 岁。

（资料整理：陈洋）

李延平

　　李延平，1903 年 3 月 9 日出生于吉林省延吉县城郊的一个贫农家庭。幼年进本村私塾读书，因家境贫困中途辍学。13 岁时，李延平到当地一家皮铺当学徒，后在亲友的资助下，到哈尔滨学开汽车，学成后因找不到工作，又返乡种地。

　　1931 年九一八事变爆发后，他目睹了日军的种种暴行，心中充满了对侵略者的仇恨。1932 年 1 月，追随胞兄李延禄到黑龙江省宁安县（今宁安市）加入抗日救国军，任军部参谋。3 月中旬，李延平参

李延平（1903—1938）

加了在南湖头墙缝一带伏击日军上田支队的战斗。因作战顽强又机智灵活，他担负了追歼上田支队残兵的重任。他率一支小部队在日军的必经之路，借春天风大草干，火攻日寇，打得敌人溃不成军。6 月，李延平加入中国共产党。7 月，被任命为执行特殊任务的绥宁游击支队支队长，活动在东宁、密山一带。不久，他率领游击支队智取绥宁公司，缴获步枪 60 多支及许多军用物资。1933 年 2 月，李延平率领游击支队第 2 分队伏击了伪军车队，缴获了三汽车物资，全部分给了当地群众。同年冬，李延平被派到苏联莫斯科东方大学学习。

　　1935 年冬学习结束，李延平重返东北抗日战场。1936 年 2 月起，任东北抗日联军第 4 军第 1 师师长、代军长、军长职务，在勃利、桦川、宝清等县坚持抗日斗争。他和原军长李延禄率领部队袭击了驻守在勃利和桦川交界处二十五金矿的日伪军，毙伤敌伪军 70 多人，缴获步枪 70 余支、战马 100 余匹、子弹 1 万多发，并占领了二十五金矿。1936 年 6 月、7 月间，李延平率部成功地袭击了宝清七区伪甲所，缴获步枪 60 多支。8 月，李延平率领部队在宝清、富锦地区开展工作。他们通过群众集会、散发传单、张贴标语、教唱革命歌曲等活动进行抗日宣传，并组织群众开展反对日伪征召所谓"国兵"等斗争，受到广大群众的拥护。与此同时，第 4 军还积极争取具有爱国心的地主、乡绅的支持，获得他们捐助的大量粮食和钱款。经过几个月的努力，第 4 军在这一带开辟了新的抗日游击区，打击了日伪军的嚣张气焰。

　　抗联第 4 军在李延平的领导下，队伍得到迅速发展、壮大，1937 年 1 月，

根据上级指示，部队编成 4 个师、10 个团，共 2000 多人。

1938 年春，日军第 4 师团和伪满军 2.5 万人，大规模"讨伐"佳木斯以东地区，并先后袭击了东北抗日联军在松花江下游地区活动的各军的密营。为了突破日伪军的包围，保存有生力量，东北抗日联军第 2 路军总部 4 月决定，第 4 军、第 5 军主力分两路西征。在日伪军连续"讨伐"下，抗联的处境日益困难。1938 年 11 月 20 日，在珠河县（今尚志市）一面坡西南错草顶子李延平被叛徒暗害，年仅 35 岁。

（资料整理：陈洋）

李学福

李学福（1902—1938）

李学福，原名李学万，别名李葆满，1902 年 1 月 20 日生于吉林省延吉县山菜沟老虎山屯一个朝鲜族家庭。1915 年他随全家迁至吉林省饶河县（今黑龙江省饶河县）大佳河，后又迁到三义屯。1931 年九一八事变后，李学福参加了由中共饶河党组织举办的军政训练班，他以屯长的身份积极联络当地人士投身抗日活动。1932 年春，李学福领导三义屯各族村民举行了有几百人参加的抗日游行示威。1933 年春，他被选举为饶河反日总会会长，同年秋加入中国共产党。他组织捐款，购买枪械，并于 1933 年 7 月发起成立了饶河县反日游击队。

1934 年 2 月，游击队改编为饶河抗日游击大队，李学福任军需长，不久任游击队大队长。上任后的第一仗，便是带队攻打五林洞伪军的一个据点，歼敌数十人，缴获步枪 13 支。1935 年 1 月 29 日，李学福指挥滑雪队员打击来犯的日伪军，攻其不备，歼灭百余名日军。2 月 10 日，他又率队袭击了伪军驻地，击毙伪军连长以下军官 10 余人，俘敌 40 人，缴枪 50 多支。5 月，他率队将马鞍山伪军驻地的 23 个敌人全部缴械，同时还缴了小佳河伪自卫团 18 支步枪。

同年9月，饶河抗日游击大队改编为东北人民革命军第4军第4团，李学福任团长。为打破敌人的讨伐，9月20日，李学福率队击溃了小南河、小西山的伪自卫团，缴获步枪40余支。9月26日，李学福以三个连的兵力埋伏在新兴洞山冈上阻击敌人，经过两个小时激战，击毙日军高木司令以下多人，伪军也有很大伤亡。此次战斗震惊了敌人，鼓舞了广大群众的斗志，扩大了抗日队伍的影响。

1936年3月，第4团扩编为第4军第2师，李学福任副师长兼第4团团长。11月间，第4军第2师根据年初杨靖宇等发布的抗联统一建制的命令，改编为东北抗日联军第7军，李学福任第7军第2师师长。1937年春，第2师合并组成新编第1师，李学福任师长。他率部挺进同江、富锦。不久，与当地反日山林队成立联合反日指挥部，活动在大旗杆、同水林子、卧虎里山、对青山、前六排、二龙山、小酒家等地。1937年6月，李学福率部在头道林子与900多伪军遭遇，打死打伤敌军100多人。

1938年1月，中共下江特委召开扩大会议，任命李学福为第7军军长和中共第7军执行委员会常委。长期的征战和艰苦生活使李学福积劳成疾，身染重病，但他仍然抱病领导第7军坚持抗日斗争，直至病情加重导致半身不遂。8月8日，这位为中华民族解放事业付出了毕生精力的杰出将领，终因病情恶化不幸去世，年仅36岁。

（资料整理：陈洋）

杨靖远

杨靖远（1902—1938）

杨靖远，原名赵荣山，又名赵先周，满族，辽宁省沈阳市东陵街人，八路军冀鲁边军区津南军分区司令员。

杨靖远 17 岁时，考入中医专科学校，三年业满即在沈阳、锦州一带行医，后到沈阳兵工厂做工，秘密参加了革命活动，不久，加入了中国共产党。

1931 年九一八事变后，杨靖远参加了东北抗日自治联军。一日，他与其他同志乘敌不意，在沈阳打死数名日本兵，随即偕夫人陈华英乘车入关。到北平后，杨靖远与党组织接上关系，任华北各界救国会执行委员，常与朱瑞等人在香山召开秘密会议，在平、津地区进行革命活动。

1938 年 4 月 5 日，杨靖远受党组织派遣，到冀鲁边区领导抗日斗争，任国民革命军别动总队第 31 游击支队副司令员。他坚决遵照党的指示，深入动员群众，发展地方武装，正确执行党的统一战线政策，收编地方上倾向抗日的杂牌武装，并严厉打击那些顽固派。同年秋，任冀南第六专署专员，积极组织建立抗日民主地方政权，经常率领部队在庆云一带活动。

1938 年，三刘（刘延臣、刘佩臣、刘景良）围攻庆云城，刘景良的部队到板营、大刘等村，杨靖远率部队迅速包围，猛烈攻击，打得敌人晕头转向，并在赵家桥设伏，给逃跑的敌人以沉重打击。清明节之夜，他亲自组织 40 余名精干的手枪队员夜袭纪王桥，直捣刘景良的司令部，活捉了刘景良的参谋长，消灭敌军 200 多人。他身先士卒，深受战士们爱戴，曾在一次战斗中因高血压晕倒，苏醒后再战，实在支持不住了才由同志们用担架抬着，但仍指挥战斗。为了扩大抗日武装，杨靖远不避艰险，或打或谈，想方设法收编地主、土匪武装。他曾到盐山县四区大赵村与地主武装孙仲文谈判，劝其率部反正，共同抗日。

1938 年秋，杨靖远任冀南区第六专署专员，兼任冀南军区第六军分区司令员。1938 年 10 月下旬，他指挥部队攻打孙仲文的老巢大赵村，在战斗中负伤被俘，在敌人的铡刀面前，杨靖远大义凛然，坚贞不屈。1938 年 12 月 14 日，杨靖远壮烈牺牲，年仅 36 岁。

（资料整理：陈洋）

沈东平

沈东平（1905—1938），原名张秉乾，中共河南省委委员兼中共豫东特委书记。

沈东平 1905 年出生于河南省舞阳县太尉乡林庄村一个农民家庭。1928 年，沈东平进入西北军，1929 年加入中国共产党。

1936 年初，沈东平受命恢复河南党组织。他首先到许昌与共产党员王定南、贺仲莲等取得联系，成立了许昌党支部，沈东平当选为支部书记。之后，他又到沁阳、济源、孟县（今孟州市）等地恢复党的组织，并布置开展工作。6 月，他根据上级党组织的指示，主持建立中共许昌中心县委。接着，他派人到开封、郑州、洛阳、西华等地建立党的组织。1936 年 7 月，在以刘少奇为书记的中共中央北方局的直接关怀和指导下，沈东平在许昌主持成立中共河南省临时工作委员会，隶属北方局，沈东平为主要负责人。

1938 年 6 月 5 日开封沦陷后，沈东平同其他人组建了西华人民抗日自卫军，县长楚博任司令，沈东平任参谋长，王其梅任政治部主任，胡晓初、屈申亭、侯香山任副司令并分别兼第 1、第 2、第 3 支队司令。为了加强党对军队的绝对领导，中队设政治指导员，建立党支部。

1938 年 7 月下旬，由沈东平等率领的西华人民抗日自卫军转战于豫东平原。一天，自卫军获悉睢县一部分日军押大车数辆，出城给驻城南河堤岭的日军据点送弹药和给养，沈东平决定率队伍打一个伏击战，消灭日军，夺取敌人辎重。

这天上午 9 时左右，沈东平率领自卫军在马路口拦住日军的去路，双方立即展开激烈的交战。沈东平仔细辨别着敌人枪声的方位，命令机枪手向日军所在方位进行点射，先将日军的主力引开。而后，他抓住战机，飞身跳出战壕，率领自卫军迅速包围了日军，日军措手不及，纷纷丢下武器狼狈逃窜。这场争夺战不到十分钟就结束了，共缴获日军大车六辆，各种枪支百余支，打死、打伤日军百余人。

自卫军正准备凯旋时，突然发现一部分日军从右翼插过来。面对这突然而来的情况，沈东平迅速作出反应，他命令部队兵分两路，自己率17名精兵，与右翼的日军作战。他们接连打退日军的数次反扑，沈东平一人就击毙日军多人。可是，战斗进行了十多个小时，而情况却越来越紧急，日军从四面八方包围上来，自卫军处于四面受敌的境地。最终，33岁的沈东平，和17名勇士一起，把鲜血洒在了豫东平原的土地上。

（资料整理：陈洋）

陈宇寰

陈宇寰（1897—1938）

陈宇寰，原名陈寰，出生于河北省滦县小陈庄（今属滦南县）。曾任八路军冀东抗日联军高志远部副司令员。

陈宇寰幼年时读过私塾。他为人公正，胆大好义，在当地颇有名望，1933年被推举为村联庄会会长。1934年，参加共产党领导的滦县抗日救亡会。

1937年7月，抗日战争全面爆发。同年12月，陈宇寰参加了共产党领导的华北人民抗日武装自卫会冀东分会，被指定为滦县南部开展游击战争的负责人之一。1938年7月6日，共产党领导发动了冀东武装抗日大暴动。9日下午，陈宇寰在小陈庄主持召开暴动大会，宣布了暴动宗旨和抗日救国十大纲领。当晚便率队攻打乐亭县城。从乐亭县城返回后，陆续收缴了胡各庄、坨里、高各庄等地民团和地主的武器，并开仓放粮，赈济贫民。不到十天，队伍迅速从三千人增至万余人。陈宇寰被任命为八路军冀东抗日联军副司令员，率队在滦县、乐亭一带活动。后又率队打下滦县铸城大据点，并在兄弟部队的配合下，攻克了乐亭县城。

陈宇寰从暴动那天起，就非常重视部队的纪律问题。他经常对战士们讲：

"我们是暴动的队伍，原来都是老百姓，老百姓就是我们的亲爹娘。要爱护老百姓的一草一木，对老百姓说话要和气，不能打人骂人，违者决不宽容。"有一名士兵违反军纪，奸污妇女，虽然其父与陈宇寰有旧交，但陈宇寰坚持从严治军，将那个士兵就地正法，此举深得军心民心。他不仅自己投身抗日救亡运动，还把两个儿子带进抗日的行列中。

1938 年 8 月下旬，陈宇寰参加了八路军第 4 纵队和冀东抗联领导在遵化铁厂举行的会议。他积极拥护共产党提出的"积极开展敌后游击战争，创建敌后根据地"的主张，受到八路军第 4 纵队邓华司令员的赞扬。

同年 10 月 9 日，陈宇寰率部赴平西督训的途中，宿营蓟县赵各庄。次日清晨，部队遭到来自马伸桥日军的袭击、包围。他率部激战两个小时，反复冲杀，给敌人以重创。在转移到一个山头时，陈宇寰不幸胸部中弹，英勇牺牲，时年 41 岁。

（资料整理：汤小川）

陈钟书

陈钟书（1891—1938），字树藩，出生于云南省安宁县（今安宁市）。

陈钟书 1908 年在滇军第 19 师第 74 团服役，不久即任班长。1911 年，参加云南辛亥重九起义，开始接受革命思想的熏陶。1915 年，他参加护国军讨袁运动、护法运动，作战勇敢，屡建战功。1923 年 5 月后，历任排长、连长，不久入云南陆军讲武堂第七期学习，毕业后在龙云部任近卫团营副。1929 年，任国民革命军第 38 军第 98 师第 3 旅第 6 团团长。

陈钟书（1891—1938）

1937 年卢沟桥事变后，陈钟书被任命为第 60 军第 183 师第 542 旅旅长。面对严重的民族危机，他对家人说："日寇侵略成性，年内必有大战，作为军人，报效国家民族的时刻到了，我已决心舍身为国。"

同年 10 月，陈钟书率官兵随第 60 军从昆明誓师出发，奔赴抗日前线。

1938 年 3 月，日军第 5 和第 10 师团沿津浦路南犯，企图攻占鲁南战略要地台儿庄，打通津浦线，攻占徐州，台儿庄告急。为加强前线力量，作为第二线部队，第 60 军奉命开往台儿庄以北邢家楼一带集结。

4 月 21 日，第 60 军先头部队在邢家楼、五圣堂一带与日军突然遭遇并展开激战。第 542 旅官兵还未来得及构筑防御工事，日军数十辆坦克便喷着火舌冲了过来，坦克所过之处，我军士兵成片倒下，伤亡极大。得知士兵们用血肉之躯抵挡坦克，陈钟书赶到前线，命令机关枪瞄准日军步兵猛扫，把步兵和坦克隔离开，并用集束手榴弹炸坦克，收到成效。这时，敌步兵已冲到我方阵地前，双方展开搏杀。轻重机枪难以发挥作用，陈钟书端起步枪，带领士兵们与日军拼杀成一团。日军后续部队紧随而至，陈钟书一边与日军拼刺刀，一边指挥机枪和迫击炮封锁后面的日军，把冲到阵地前的日军与后面的日军隔离开。素以骁勇善战闻名的陈钟书豪气大发，一口气捅翻了 14 名日军，士兵们见旅长如此神勇，胆气倍增，喊杀声惊天动地，直杀得日军连连败退。陈钟书率队乘胜追击溃逃之敌。

到 4 月 24 日，陈钟书指挥所部先后击溃日军四十余次进攻。战至下午 5 时许，日军纠集步兵、骑兵向陈钟书部包抄过来，陈钟书急令左侧部队阻击日军骑兵，正面部队继续出击。我军轻重机枪向日军骑兵猛烈扫射，举着战刀的日寇纷纷落马。冲到我军阵地前的骑兵与我步兵展开白刃血战，我军英勇奋战，致使日军骑兵几乎全军覆没，只好撤出战斗。由于弹药供应不上，陈钟书身先士卒，端着刺刀率部与日军肉搏，连续刺杀多个日军，身负数伤仍不下战场，不幸被子弹击中右眼，陈钟书当即倒地。由于伤势过重，陈钟书壮烈牺牲，时年 47 岁。

陈钟书英勇牺牲后，云南各族各界代表在昆明集会沉痛追悼。1984 年 9 月 17 日，中华人民共和国民政部追认他为革命烈士。

（资料整理：汤小川）

陈锦秀

陈锦秀（1911—1938），出生于河南省固始县。八路军第 115 师第 344 旅第 688 团团长。

陈锦秀 1930 年参加中国工农红军，1933 年加入中国共产党，在红四方面军第 25 军担任指挥员，参加过鄂豫皖、鄂豫陕革命根据地各次反"围剿"斗争。1934 年 11 月随红 25 军参加长征，并任红 25 军营长。1935 年 9 月到达陕北后，成立红 15 军团，任红 15 军团第 75 师（原红 25 军缩编）第 223 团团长。同年 11 月，同中央红军会师，率部参加直罗镇战斗。1936 年春，率部参加东征战役。4 月中旬，任红 15 军团第 75 师师长，随后率部参加西征战役。

1937 年，抗日战争全面爆发。在抗战初期，陈锦秀任八路军第 115 师第 344 旅第 688 团团长，参加过平型关战斗。后率所部在晋东南、冀西地区参加对日作战。1938 年 1 月下旬，八路军第 115 师第 344 旅第 688 团奉命前往河北省平山县温塘洪子店伏击日军。第 688 团在团长陈锦秀率领下，于温塘镇辛庄至红岸河寨谷两岸设伏，与井陉来犯之敌展开了一场殊死搏斗。此次战斗非常激烈，尽管日军有 1000 余人且火力大大优于我军，但在第 688 团的顽强阻击下，日寇损伤惨重。至 1 月 24 日，第 688 团团长陈锦秀率部英勇奋战并抵近前沿阵地指挥战斗。即将全歼敌军之际，日军观察到陈锦秀在指挥战斗后，集中炮火向第 688 团团部指挥所猛烈轰击，陈锦秀当场牺牲，时年 27 岁。

战斗结束后，日军残部纠集援敌对平山县辛庄村手无寸铁的群众进行了疯狂的大屠杀，杀害无辜同胞 108 人，烧毁房屋 193 间，制造了震惊河北省的"辛庄惨案"。

温塘战斗是抗战中，在河北省平山县境内日军和八路军投入兵力最多（双方达 6000 余人）、战斗持续时间最长（5 个小时）、日军损失最惨重（死伤近 1000 人）的一次战斗，八路军第 115 师第 344 旅第 688 团团长陈锦秀与 300 多名抗日将士壮烈牺牲。

（资料整理：汤小川）

陈德馨

陈德馨（1904—1938）

陈德馨，字惟吾，1904年出生于河南省鄢陵县。国民革命军陆军第55军第29师第86旅旅长。

陈德馨自幼勤奋好学，志向远大。1922年中学毕业后，他离开家乡到开封，考入陆军检阅使署学兵团，开始了军旅生涯。在学兵团里，他学习认真刻苦。功夫不负有心人，1924年，他以优良成绩毕业，并留在学兵团任排长，后升任连长。1926年，随冯玉祥将军参加北伐战争，任营长。

1937年7月7日，日本帝国主义者发动了全面侵华战争，继东北之后，北平、天津相继沦陷，中华民族处于危急的关头。面对侵略者的罪恶行径，冯玉祥将军致函第3路军旅以上的将领，勉励他们要随时报效国家。陈德馨旅长率先复电："本旅全体官兵，枕戈待命，誓歼倭寇，为中华民族而效死。"此后，他率领部队在山东临沂、陵县、德州、济宁等地多次与日军交战，取得了许多战果，沉重地打击了敌人。尤其是在临沂决战中，日军凭借炮火的优势，猛冲我军阵地，临沂城危在旦夕。陈德馨从卫兵手中夺过步枪，装上刺刀，迎着敌军冲了上去。全体官兵在旅长的激励下，也纷纷端起刺刀冲进敌群，与日军展开短兵相接的白刃肉搏战，终于击退了敌人的疯狂进攻。

陈德馨在战场上奋勇当先，平时与部下也是同甘共苦，凡事以身作则，不搞特殊。他的一个表弟在军中违纪，他毫不留情地惩处了他，受到将士们的爱戴和拥护。

1938年3月，陈德馨率部驻扎津浦线，牵制进攻台儿庄的日军。7月，驻防许昌。1938年9月，日军大举进攻武汉，时任国民革命军陆军第55军第29师第86旅旅长的陈德馨奉命率领全旅官兵2500人参加了武汉保卫战。6日，第86旅到达广济西南第一线，据守要隘，驻守鄂东黄梅凤凰岭。当时日军为向广济至蕲春公路进攻，必须突破第86旅的防守阵地，广济之战成为一场你死我活的恶战。7日拂晓，两千余名日军在飞机的掩护下，向第86旅阵地发起全线进攻，全旅将士奋力还击。上午10时许，战斗达到白热化，陈德馨跨出指挥部掩体，奔向前沿阵地，亲临第一线指挥作战。他身先士卒，浴血奋战，率领部下勇敢冲杀。突然，一颗子弹击中陈德馨的左前胸，受了重伤的陈将军仍坚持指挥作战，力战不退，直到援军赶到，才被卫兵拖下火线，终因失血过多，壮烈牺牲，时年34岁。

1938年9月16日，武汉各界举行公祭追悼陈德馨，郭沫若偕同武汉各界代表前往哀悼。冯玉祥将军在挽联中概述了陈德馨的生平、品德和历史功勋。当时的《新华日报》《中央日报》《大公报》等多家媒体对陈德馨的英勇事迹作了报道。邹韬奋在《全民抗战报》上发表文章，称赞"陈旅长抗战的英勇与殉国的壮烈是神圣抗战发动以来，许多为国牺牲的将士们的象征"。经鄢陵县人民政府申请，中华人民共和国民政部于1988年9月追认陈德馨为革命烈士。

（资料整理：汤小川）

周　元

周元，字凯之，壮族，1894年出生于广西明江镇（今属宁明县）。国民革命军陆军第48军第173师副师长。

周元1917年追随孙中山参加了护法运动，1924年加入广东革命军，参加北伐战争。他作战勇猛，屡立战功，由士兵逐级提升至营长。1934年入黄埔军校南宁分校第五期高级班学习，毕业后任第21集团第48军第173师副师长。

周　元（1894—1938）

1937年七七事变后，周元义愤填膺，感慨不已："作为中华儿女，国家兴亡，匹夫有责！如果让日寇继续侵占我国领土，杀害我同胞，我们当军人的有何面目见父老乡亲？我们一定要把日本侵略者赶出中国去！"他奉命率部参加淞沪会战，10月17日，在上海陈家行的战斗中，英勇杀敌，身负重伤，但仍坚持指挥作战。他的忠勇爱国精神，受到上级嘉奖，被擢升为副师长兼第517旅旅长。淞沪会战后，1938年2月，第21集团军奉命开赴皖北，周元所在的第173师布防在淮南田家庵一线。

5月初，日军在台儿庄受挫后，便调集数十万大军围攻徐州，妄图歼灭第五战区李宗仁部。为避免重蹈京沪战场覆辙，李宗仁决定放弃徐州，转移到豫南、皖西一带，于是命令第48军第173师副师长周元率一个团守蒙城，以阻止沿蒙蚌路和涡河进犯的敌军，掩护主力部队撤退。周元接到命令后，立即带领两千多兵力，日夜兼程，于5月6日进驻蒙城布置防务。

7日，日军先头部队三千余人在飞机、大炮、坦克的掩护下向蒙城猛攻，城墙一角被炸开一个缺口，日军蜂拥而入，周元沉着指挥，率官兵奋勇抗击，击溃日军进攻。8日晨，日军炮火向城南外阵地猛轰，敌机来回俯冲、扫射、轰炸，城内外一片火海。上午，日军援兵赶到，再次猛烈攻城。我军顽强应战，屡次击退敌军。战至下午1时许，东南城墙被轰塌一角，日军乘机拥入，敌我展开激烈争夺，双方伤亡惨重。周将军誓与蒙城共存亡，决心同日寇血战到底。9日拂晓，日军轮番从三面攻城。中午，城西南失陷，我守军浴血奋战，拼命堵截入城之敌。周元率众与敌军展开巷战，沿街厮杀，逐屋争夺。不久，四门相继被攻破，我军退守城中。周元调集伤员、勤杂等二三百人，与日军作殊死搏斗。下午4时许，周元在激战中，身中数弹，壮烈殉国，时年44岁。

为表达对周元的崇敬之情，日军撤走后，蒙城人民将周元及其部属遗骸收集合葬在周庄祠东侧，并铭"周副师长殉难记"碑立于墓前，改城关镇为周元镇。中国共产党在《新华日报》发表《悼周元副师长》文章，称"痛惜国家失去了良将"。周元殉国50周年之际，蒙城县重建"周元将军暨守蒙将士抗日殉国纪念碑"。周元家乡的军民在桂林建立了"陆军中将一七三师副师长抗日阵亡纪念塔"，塔上刻有周元的抗日功勋及殉国事迹。1985年5月13日，中华人民共和国民政部正式追认周元为革命烈士。

（资料整理：汤小川）

周卓然

周卓然，1904 年春出生于汉江东岸的湖北省钟祥市丰乐镇。黄埔军校第六期骑兵科毕业。国民革命军陆军骑兵第 6 军第 7 师师长。

周卓然（1904—1938）

1925 年秋，周卓然顺利通过考试，进入黄埔军校第六期骑兵科学习。1933 年，日军侵占山海关，中国军队奋起抵抗，揭开了长城抗战的序幕。作为爱国军人，面对侵华日军的残暴罪行，周卓然奉命率部由绥远出师东进，与日军展开殊死搏斗，周卓然在这次对日作战中光荣负伤。无奈之下，他被迫回到后方养伤，等待抗日杀敌的机会。

1937 年全面抗战爆发后，周卓然随部队开赴察哈尔地区，阻击沿平绥路东段前进的日军。周卓然先后参加了大同、包头、太原、五原等战役，由于对日作战勇敢，被提升为第八战区傅作义部队的骑兵第 6 军第 7 师少将师长。10月，忻口会战开始。此时，娘子关失守，太原告急，傅作义部奉命向太原集结。11 月 6 日，日军第 5 师团开始进攻太原城郊，驻防城外的军队纷纷溃退，倚城野战计划完全落空，傅作义部陷于独守孤城之境。7 日，晋北和晋东的日军会合，在数十架飞机和数百门大炮及坦克掩护下，连续攻城。这时，周卓然接到命令率部配合友军增援主力部队。周卓然骑着战马迅速率军奔赴前线，指挥作战。通过两昼夜的血战，终于击溃了日军，傅作义率部突围，撤至石楼一带。太原守城之战，掩护了卫立煌等部的安全转移。日军虽侵占了太原，但也死伤惨重，无力继续南犯。周卓然在这次战斗中不幸被日军炸弹的弹片击中左臂，他再次身受重伤，离开部队到后方疗养。

1938 年 4 月，为了策应徐州会战，打击日军，傅作义发动绥南战役，先后收复清水河和林县城（今内蒙古和林格尔）。周卓然率部增援傅作义的第35 军，在和林县察圪洞与日军岩田骑兵联队遭遇，与敌人激战两昼夜，击溃了日军，救出被围部队。周卓然在战斗中又负重伤，只好回家乡养伤。

1938 年 8 月 28 日，周卓然奉命率领骑兵第 6 军第 7 师西进增援中条山，牵制日军兵力，配合整个抗日战场。当时陕西对日作战的潼关战役正在激烈进行，周卓然率领的骑兵师奔赴潼关，行至黄河岸边的山西芮城风陵渡镇时与日军遭遇。日军在飞机和大炮的掩护下，向周卓然部坚守的阵地发起猛攻。战斗中，一发炮弹落在了周卓然身旁，这位浴血奋战的抗日将领，牺牲在对日战斗的最前线。

在当地政府的帮助下，人们将周卓然的尸体埋葬在离风陵渡不远的陕西省华阴县（今华阴市）。周卓然在对日作战中为国捐躯，他的精神将永远激励着后人奋进。

（资料整理：郝建方）

周建屏

周建屏（1892—1938）

周建屏，原名宗尧，字兴唐，曾用名周子炎。原籍江西金溪，生于云南宣威。八路军晋察冀军区第四军分区司令员兼第3支队司令员。

1892年8月26日，周建屏出生在宣威县（今宣威市）倘塘村，其父周义忠清末时在云南省宣威县做一名小官。1909年，周建屏考入云南讲武堂第八期，1911年参加辛亥革命。1915年护国战争时在朱德部下任连长，后在云南军中逐渐升任至旅参谋长。1924年弃职返回祖籍江西务农，后又复出，在黄埔军校学习，于1926年参加中国共产党。北伐战争期间，周建屏在国民革命军第4军任营长。1927年8月1日，他率部参加南昌起义，后在三河负伤，与部队失散。其后，前往上海，与中共党组织取得联系。1930年9月，周建屏所部被扩编为红十军，周建屏担任军长。1933年初红10军被调往中央苏区，整编成为红十一军，周建屏继续担任军长。1935年，周建屏在一次战斗中负重伤，被送往上海抢救，次年伤愈后赴延安，任中国人民抗日军事政治大学第二科科长。

1937年7月，抗日战争爆发后，周建屏出席中共中央在陕北洛川召开的政治局扩大会议，会后任八路军第 115 师第 343 旅副旅长，率部在平型关右侧担任主攻任务。之后，率部挺进山西五台山至河北阜平一带，发动群众，开展游击战争，建立敌后抗日根据地。

1937 年 11 月，以聂荣臻为司令员兼政治委员的晋察冀军区成立，周建屏任晋察冀军区第四分区司令员，并奉聂荣臻司令员的命令，扩大整编部队。他们发动群众，建立抗日武装，改造乡村政权，收编地方武装"联庄会"，几个月的时间，发展了相当于三个团的兵力，粉碎了敌人数次"扫荡"和"蚕食"，在温塘战斗中，经过一天一夜的激战，歼灭日伪军 1000 多人，使第四军分区后来成为晋察冀边区的模范抗日根据地。他率部参加了晋察冀根据地粉碎日军"八路围攻"的战斗。

1938 年，第 4 军分区司令部迁至太行山东麓的河北平山县小觉镇。周建屏率领分区机关和部队，在日伪军残酷的"封锁""分割""扫荡"和"蚕食"等极端困难条件下，宣传群众，支持群众开展减租减息运动，帮助地方发展生产，建立抗日民主政权，并动员群众踊跃参军，建立地方抗日武装，壮大主力部队，开创和巩固了模范抗日根据地。周建屏戎马倥偬 30 年，先后七次负伤。由于艰苦的战争环境和频繁的转战、作战，1938 年 6 月 13 日，周建屏旧伤复发，不治去世。

为纪念这位南征北战、屡建奇功的八路军优秀将领，1939 年，在平山县小觉镇东山坡上修建了周建屏烈士墓，1940 年 8 月，以平山、井陉、获鹿各一部分区域设置建屏县，俗称"东建屏"。1945 年 10 月撤销建屏县，把平山县西部区域析出设置建屏县，俗称"西建屏"，东部区域仍为平山县。1958 年 9 月，将建屏、平山合并，称平山县至今。新中国成立后，周建屏的遗骨葬于河北省石家庄市华北烈士陵园。

（资料整理：郝建方）

范 荩

范　荩（1899—1938）

范荩，原名孟声，字致博，出生于 1899 年，江西丰城淘沙后坊村人。范荩少年时在家中随父读书，成年后到南昌二中求学，中学毕业后，考入保定陆军军官学校第八期，与陈诚、王东原、王育瑛等是同学。曾任黄埔军校第三期总队部教官及第 7 队少校队长。国民革命军陆军第 87 军第 198 师少将副师长。

1926 年范荩加入中国共产党，参加北伐战争。1927 年 7 月下旬，聂荣臻在九江向范荩传达了党中央关于南昌起义的决定，范荩坚决拥护，率部参加了南昌起义，他领导的第 30 团团级以下军官全部是共产党员。南昌起义失败后，范荩带领部队转移，行军至进贤，却被师长蔡廷锴扣留，第 30 团不但全部缴械，范荩等共产党员也被遣返回乡。《聂荣臻回忆录》中特别写道："十师三十团团长范荩，北伐中在河南打得很好，部队很有名气。范荩既是一位出色的团长，也是一位很忠诚的共产党员。"

1930 年，范荩经同学刘鹰古、王东原介绍，张治中批准，再度出山。1931 年在国民政府湖南省保安处任第二科（人事）科长，1937 年在武汉珞珈山将校训练班受训。

1937 年卢沟桥事变后，范荩出任国民革命军陆军第 87 军第 198 师少将副师长。1938 年夏，日军攻陷安庆后，投入 14 个师团、3 个独立混成旅团和 2 个野战重炮旅团、2 个战车团及海军第 3 舰队、航空兵团等，共计约 35 万兵力，沿长江两岸分五路进攻武汉。范荩奉命率部驻防长江北岸湖北黄陂地区，参加武汉保卫战。1938 年 9 月，日军先后攻陷广济、田家镇等要塞后，一部向第 198 师所在的湖北黄陂逼近，范荩在湖北黄陂与日军的一次激战中不幸阵亡。

范荩牺牲后，国民政府追晋其为陆军中将。国共两党人士纷纷吊唁，张治中将军也送了一副挽联："出师未捷身先死，长使英雄泪满襟。"

（资料整理：郝建方）

范筑先

范筑先，原名金标，又名夺魁，字竹仙，1882 年生，山东馆陶（今属河北省）人，著名民族英雄、抗日烈士、爱国将领。1904 年范筑先因生活所迫离乡投军，辛亥革命后历任北洋陆军第 4 师连长、营长、团长、旅长等职。1926 年，国民革命军出师北伐，他投入冯玉祥部下，更名为筑先，表示其革命的决心，被冯委任为高级参议、汉中镇守使署参赞。1930 年中原大战中，任冯部第 1路军参谋长。1933 年 11 月，任临沂县（今临沂市）县长。1936 年 11 月，升任山东省第六区行政督察专员、保安司令兼聊城县（今聊城市）县长。1937 年七七事变后，任山东省第六区游击司令员，遂发动民众建立抗日武装，保家卫国。

范筑先（1882—1938）

为坚持抗战，在共产党的帮助下，范筑先领导建立了鲁西北抗日根据地，成立了 20 多个县的抗日政权，亲自主办军事、政治干部训练班，组建了许多抗战群众团体，出版了《山东人》《抗战日报》《先锋月刊》《战线》等刊物，使鲁西北成为坚固的抗日堡垒。

1938 年 3 月，他率抗日部队两次攻入日军据守的范县，歼灭大量日军。虽已年过花甲，但范筑先每战必身先士卒，带头冲锋杀敌。1938 年徐州会战期间，为配合国军作战，他率部阻击了增援的日军土肥原师团。后组织了济南战役，一度率军突入济南市。1938 年 7 月，范筑先在东阿县黄庄阻击日军运输队，毙敌数十人，缴获满载大米的汽车 13 辆及其他军用器材。同年 8 月，其次子——青年抗日挺进大队队长范树民在济南战役中光荣殉国。为表示与日寇血战到底的决心，范筑先随后把年仅 20 岁的二女儿范树琨任命为挺进大队队长，并先后将长子、长女、三女儿都送到延安中国人民抗日军政大学学习，表现了忠于民族、誓死抗日救国的爱国精神。1938 年 11 月初，毛泽东派人捎去给范筑先的亲笔信，对其表示慰问和嘉勉。11 月 13 日，日军两个联队从济南出发，进犯聊城。14 日，日军将范筑先所部六七百人包围在聊城。范筑先率部应战，打退了日军多次进攻。15 日，日军在得到大批部队增援后强行攻击，双方血战多时，范筑先手臂负重伤，裹伤再战，终因敌众我寡，城门被日军攻破。范筑先亲率余部与日军展开激烈的巷战，战斗中范筑先身受重伤，不甘被俘，举枪自戕。

范筑先壮烈殉国后，举国哀悼，国共两党都为其举行了隆重的追悼会，高度评价了范筑先的抗战业绩。1953年其遗骸由聊城移至邯郸晋冀鲁豫烈士陵园安葬。聊城建有范筑先将军纪念馆，馆内立有由邓小平亲笔题写的"民族英雄范筑先将军殉国处"碑。

（资料整理：赵艾艾）

洪麟阁

洪麟阁（1902—1938）

洪麟阁，原名洪占勋，号洪侨，满族，1902年生于河北省遵化市地北头村。1917年洪麟阁考入丰润县（今丰润区）车轴山中学，后来考入天津直隶法政专科学校，与同学连芬亭同在商科九班。两个人政治见解投契，经常在一起阅读革命书刊，探索救国救民之路。1924年从直隶法政专科学校毕业后，在李大钊的指导下，洪麟阁联合天津各界青年学生建立了青年勉励会，传播革命真理，宣传共产主义思想。1927年，在冯玉祥的举荐下，洪麟阁被任命为国民革命军第2集团军军法处长。

1933年5月，日本军队相继侵占长城各口和冀东各县，华北形势危急，经过中国共产党的长期工作，冯玉祥、吉鸿昌等在张家口成立察哈尔民众抗日同盟军，进行抗日。洪麟阁随抗日同盟军进击侵犯察北的日伪军，收复一度被敌攻占的张北、沽源、康保等县城。

1937年七七事变爆发后，洪麟阁作为党外人士、社会名流，被吸收为属于统一战线性质的抗日组织"华北人民抗日武装自卫委员会"的主要领导成员。在共产党的领导下，洪麟阁在天津市做了许多艰苦的组织发动工作，并着手准备建立抗日联军，誓死抵抗日寇。1938年2月，他返回遵化组织农民抗日。6

月底冀东抗日联军成立，洪麟阁任副司令兼第 3 路总指挥。7 月 8 日，洪麟阁率部以"华北人民抗日联军第三军区第四军分区游击队"名义参加冀东抗日大暴动，转战丰润、玉田、遵化等地。7 月 12 日，洪麟阁率部攻克玉田县城，毙伤日军数十人、伪军千余人，缴获大批枪弹。8 月，所部与八路军邓华、宋时轮支队会合。同年 10 月，洪麟阁部遭受日军四个旅团的进攻，激战中洪麟阁头部负重伤，旋见日军涌至，洪麟阁奋力投出仅有的一枚手榴弹，炸倒数名日军，继而又多处负伤，随即自戕殉国，时年 36 岁。洪麟阁的遗体葬于别山崖顶（民众称为"洪山岭"）。

朱德曾评价说："洪麟阁是我们革命队伍非常需要的爱国知识分子，也是我们党非常需要的军事人才。"

（资料整理：赵艾艾）

赵渭滨

赵渭滨，字象贤，1894 年生于四川成都。七七事变前夕，赵渭滨任川军第 41 军第 122 师少将参谋长。

1911 年辛亥革命后，四川革命政权为防备清廷残余势力反扑，组编学生进行军训，成立学生军。赵渭滨当时已满 18 岁，即毅然参加，次年转入四川陆军军官学堂。1914 年，他在军官学堂第二期毕业，到属于国民党系统的熊克武部队任职，初任讲武堂教官。1920 年转入部队，在熊部第 1 师（师长喻培椽）任少校参谋。1924 年随喻师参加讨贼（曹锟）军，

赵渭滨（1894—1938）

部队屡为北洋军阀势力所窘，被迫退出四川，驻防于贵州、湖南一带。不久，孙中山任命熊克武为建国军五省联军副总司令，准备北伐，赵渭滨调任喻师参谋长。之后，凭同学、同事关系，在四川军界中担任幕僚职务，先后在第 28 军第 11 混成旅，川康边防军第 2 师、第 3 师，第 41 军第 122 师等部队任参谋

长职，直到 1937 年出川抗战。

七七事变前后，日本对中国的侵略和压迫一天比一天严重，赵渭滨以身许国抗拒外侮的思想也日趋成熟，并很自然地接受了中国共产党关于建立抗日民族统一战线的主张。为了进一步认清形势，赵渭滨阅读了大量有关抗日救亡的进步书籍。在全国人民同仇敌忾要求抗日的呼声中，赵渭滨与第 122 师师长王铭章将军毅然请缨杀敌，随即抛家别子，奔赴前线。

1937 年 12 月，敌军占领济南，其后续部队陆续在青岛登陆，山东战局日趋紧张。1938 年初，赵渭滨随王铭章师长奉调由山西转赴山东前线。3 月初，日军矶谷师团由津浦线向南进犯，企图攻占徐州，王铭章将军奉命固守滕县。从 3 月 14 日起，敌军即开始全线进攻，我军奋勇迎战，虽然阻住了敌军，但由于装备落后，死伤惨重。3 月 17 日下午，敌军已占领滕县南面城墙和东关。5 时许，西、南两面城墙守军死伤殆尽，城墙陷于敌手，敌人从城墙上集中火力向城中心射击。在激战中，赵渭滨被日军扫射的子弹击中，当即牺牲，王铭章也因伤重牺牲。

赵渭滨牺牲后，国民政府追晋其国民革命军陆军中将军衔。1985 年，经四川省人民政府批准，追认赵渭滨为革命烈士。

（资料整理：赵艾艾）

赵锡章

赵锡章,字荣三,汉族,1901年出生,河北河间人。幼时入三十里堡毛公书院读书,后考入保定育德中学。先后毕业于清河陆军预备学校及保定陆军军官学校步兵科第九期。历任排长、参谋、上校参谋长等职。1935年,赵锡章升任陆军独立第3旅第4团团长。

赵锡章(中间坐者,1901—1938)

1937年7月7日,卢沟桥事变爆发,赵锡章听到日军发动全面侵华战争的消息,义愤填膺,立即请缨上阵,要求到前线杀敌报国。1937年9月,日军在侵占平、津后大举西进、南下,国民政府军事当局决定在平型关阻击日军。赵锡章率部配属于第33军孙楚将军的麾下,参加此次战役。赵锡章率领部队星夜开往前线,于9日到达广灵与灵丘交界处构筑阵地,与南侵日军发生激烈战斗,双方血战了五天,后奉令转移到达平型关西沟一线构筑工事,在八路军第115师的左翼布防。9月下旬,日军进抵平型关,赵锡章率部随同独立第3旅参加了阻击日军的战斗。在战斗中,他身先士卒,沉着应战,亲临前线指挥部队,给日军以沉重的打击,有力地支援了第115师的战斗。不久,日军主力依仗其优势火力和兵力继续南下,威逼省城太原,国民政府军事当局决心集中全部主力部队在忻口一线与日军决一死战,各路援军也纷纷入晋参战,中国抗日战争初期著名的四大战役之一——忻口保卫战开始了。

这场战斗双方全部投入主力作战,战争空前残酷、激烈。赵锡章在战役中担任中央地区的守备任务。他亲临第一线,用"抗战必胜、战死光荣"的道理鼓励士兵奋勇作战,打退了敌人一次又一次的进攻。这场大战共歼敌数万人,成为华北战场歼敌最多的战役之一,沉重地打击了日军的嚣张气焰。忻口战役后,赵锡章因作战勇敢,屡立战功而被提升为陆军第19军第70师第215旅少将旅长。

1938年2月,日本侵略军为扫除山西境内抗日根据地,消灭中国军队主力,以利其渡过黄河进攻中原,首先向晋西中国军队发动猛烈的进攻。赵锡章率第215旅为其所在的第70师的左翼,奉令在隰县一带阻击日军。自2月20日起,日军开始向我方阵地发动进攻，赵锡章亲临前线视察阵地，严加部署，指挥部队利用有利地形打退了日军的一次次进攻。失败的敌人恼羞成怒，集中大量飞机、火炮狂轰滥炸，并指挥步兵发起了集团冲锋，双方拼死战斗，死伤惨重。21日，日军主力乘我阵地未固，于拂晓纠集步骑炮兵联合进攻，我军拼死抵抗。下午2时，在日军数次猛烈攻击以后，第215旅数处阵地被日军突破，大批日军涌入突破口，双方陷入混战状态。危急时刻，赵锡章亲自率领预备队一连及旅部其他官兵向敌人猛冲，欲消灭敌人，堵住突破口以挽回战局。战斗中，赵锡章臂膀中弹，仍裹伤再战，督率部队拼死冲杀。双方展开激烈的巷战，喊杀震天，流弹横飞，激战中赵锡章头部又受重伤，壮烈殉国，时年37岁。

为表彰赵锡章英勇杀敌、以身殉国的英雄行为，国民政府追晋其为陆军中将。1978年，中华人民共和国民政部正式授予赵锡章"革命烈士"称号，颁发了革命烈士证书。

（资料整理：赵艾艾）

理　琪

理　琪（1908—1938）

理琪，原名游建铎，1908年生，河南省太康人，中共胶东特委书记，天福山起义的主要组织者和领导人。曾任山东人民抗日救国军第三军司令员。

1925年，理琪加入中国共产党。1934年前往上海从事地下工作。1935年，日本侵略者的魔爪伸向华北，民族危机日益加深。同年11月29日（农历十一月初四），胶东人民在当地党组织的领导下，举行了大规模的一一·四武装暴动，但暴动被血腥镇压，中共党组织遭到严重破坏。1936年，理琪奉命来到胶东，恢复被破坏的党组织。他重建了中共胶东临时特委，并被选为特委书记。这期间，理琪针对胶东的革命斗争形势，采取了一系列恢复和发展革命力量的措施。在他的领导下，文登、牟平、荣成等县的抗日救亡运动如火如荼，共产党在群众中的影响日益扩大。1936 年 11 月，由于叛徒告密，胶东特委机关遭到破坏，理琪不幸被捕。1937 年 11 月，经党组织营救出狱。

1937 年 12 月 24 日，胶东特委组织和发动了天福山起义，山东人民抗日救国军第三军正式成立，理琪任司令员，从此揭开了胶东人民武装抗日的序幕。为加强党对军队的领导，胶东特委将第三军整编为三个大队，健全了司令部并成立了军政委员会，理琪任司令员兼军政委员会主席。1938 年 2 月初，日军3000 人自青岛沿青烟公路侵占了烟台等地。为打击日军的侵略气焰，理琪率第三军到达文登、牟平交界的崔家口一带活动。部队分三路进攻县城，很快攻占了伪县政府。部队撤退后，理琪等负责同志带领二十多人，在城南二三里路的雷神庙停下来休息，并研究善后工作。2 月 13 日，烟台的日军得知救国军攻下牟平，立即出动大量兵力乘汽车迅速向牟平增援并包围了雷神庙，随后向庙内发起攻击。作战中，理琪身负重伤，血流不止，仍继续指挥战斗。他坚定地喊道："同志们，占住墙角，坚决抵抗！我们要准备流尽最后一滴血！"战士们连续打退了敌人的几次进攻。天黑时，外围部队赶来支援，在内外配合下，战友们背起负伤的理琪，乘着雪夜，胜利突围。此时，理琪已不省人事，大家只好先把他藏在一个村庄的草垛里。当部队派人赶回来接他时，理琪已经牺牲，时年 30 岁。

理琪牺牲后，当地中共党组织和群众把他的遗体安葬在文登县（今文登市）崔家口村。1945 年 11 月，当地中共党组织和人民政府又将他的遗体迁移至新建的栖霞英灵山革命烈士陵园内。1962 年，郭沫若写诗赞颂烈士："天福英雄是理琪，献身革命国忘私。当年猛打雷神庙，今日高标宿星旗。万代东风吹海隅，一方化雨仰宗师。文登多少佳儿女，接力还须步伐齐。"这首诗生动地概括了这位党的优秀儿子、不屈的共产主义战士光辉战斗的一生。

（资料整理：赵艾艾）

萨师俊

萨师俊（1895—1938）

萨师俊，字翼仲，1895年出生于福建闽侯海军世家，是中国近代海军名将萨镇冰的侄孙。在其堂祖父的熏陶下，他立志投身海军，报效国家。他曾对部下说："强国莫急于海防，忠勇莫大于卫国，我兄弟宜习海军，亦我民族武德之传统也。"

1913年7月，萨师俊毕业后被分配到海军舰队实习，不久升任通济号练习舰三副。他常以"服役海军，必须勤奋忠勇，力争上游"的座右铭鞭策自己。此后，历任江贞、建安两舰副舰长，公胜、青天、顺胜、威胜等舰舰长，海军闽厦警备司令部副官处长，海军第1舰队司令部参谋等职。1932年2月，调任"楚泰号"炮舰舰长，升任二等海军中校。1935年2月，萨师俊奉命代理中山舰舰长，不久被正式任命为该舰第十三任舰长。

中山舰原名永丰舰，是甲午战争之后，清政府重振海军的产物。1925年4月，广州国民政府将"永丰舰"命名为"中山舰"，以纪念孙中山当年在此避难。

抗日战争全面爆发后，船舰总吨位不及日本二十分之一的中国海军也投入到这场关系到民族生死存亡的伟大斗争中。在保卫上海的淞沪会战中，萨师俊虽然没直接参与前线作战，但他率中山舰参加了海军封锁长江的任务。1937年9月，在江阴海战的危急关头，萨师俊率中山舰护送海军部长陈绍宽上将亲赴前线重新部署防御。由于实力相差悬殊，经过两个月的苦战，中国海军大部分舰艇被击毁，剩余船舰沿江撤往武汉，以继续抵抗西进的日军。

1938年10月下旬，日军逼近武汉，海军总司令部命萨师俊率中山舰担负护送军政要员、转移军民和战略物资等任务。10月24日，日军大举出动，在武汉金口与城陵矶之间的长江航道搜寻中国舰艇，对航行中的中山、楚同、楚谦等舰艇进行轰炸。下午3时许，六架敌机飞临中山舰上空攻击，中山舰随即进行猛烈还击。由于舰只缺乏空中飞机的保护，在日机的轰炸下，中山舰屡屡处于劣势。不久，日机一枚炸弹击中舰的左舷，江水顿时涌进锅炉，导致中山舰丧失了动力。随后，又一枚炸弹击中舰尾，轮机长和一名轮机兵当场阵亡。激战中，敌机一枚炸弹命中驾驶台，萨师俊右腿被炸断，左腿遭巨创，左臂亦受重伤，但他仍然强忍着剧痛在甲板上指挥作战，面对前来搀扶他撤离的官兵，他厉声说道："我还能指挥作战，你们不许这样！我身任舰长，职责所在，应与舰共存亡！"

不久，受创严重的中山舰舰体严重倾斜，即将沉没。接替指挥的副舰长吕叔奋见萨师俊伤势严重，便下令放下仅有的两艘舢板，欲将萨师俊及受伤士兵送至岸上治疗。不料，舢板划出不远，日机便对运送伤员的舢板进行轮番扫射，两艘舢板上包括舰长萨师俊在内共计16名官兵全部壮烈牺牲。

鉴于萨师俊的英勇事迹，国民政府特追授他为海军上校。萨师俊也是抗战时期阵亡将士中职衔最高的海军将领。

（资料整理：桂星星）

黄启东

黄启东，字霞鹤，号礼常，1891年出生，湖南省平江县人。黄启东自幼聪明好学，14岁考入长沙陆军小学堂，继入武昌陆军中学堂、保定陆军军官学校学习。1914年，黄启东毕业于保定军官学校第一期骑兵科，后到四川军队见习，历任四川新军巡阅官、参谋官等职。1924年黄出任湘军贺贵严师教导队教育长。1927年任中央军事政治学校（其前身为黄埔军校）第三分校上校大队长。1928年受邀担任独立第2旅参谋长。1930年黄启

黄启东（1891—1938）

东参加中原大战，因其机智勇敢，指挥若定，深受蒋介石赏识，升为旅长。不久，所部改编为第23师，黄启东晋升为少将师参谋长。

1937年7月7日，卢沟桥事变爆发，我国进入全面抗战状态。黄启东与师长李必蕃率领部队由临潼出师抗日。9月开赴德州，参加沧州保卫战，阻击日军沿津浦路南进，多次击溃数倍于我军之日军。沧州会战结束后，黄启东部驻守河南汤阴，有效遏制了日军的南侵中原计划，受到蒋介石及第一战区司令

长官程潜的褒奖。为表达全师将士誓死抗日的爱国之心，黄启东与李必蕃将褒奖所得奖金全部捐赠给《大公报》，作为抗日宣传经费。

1938年1月，日军增兵分三路向南进犯，企图切断陇海路，徐州会战爆发。黄启东与李必蕃率领全师驻军定陶，后奉命移师郓城、菏泽，修筑工事，阻止日军南侵。黄启东派第68旅驻守郓城、第67旅守菏泽，构筑黄河防线，防线宽达120余公里，因防线过长，兵力明显不足。

4月，日军窥伺黄河防线，警报频传，土肥原率日军精锐师团发起猛攻，黄启东在请求增兵未果的情况下，率领全师官兵奋起抵抗，与日军激战数昼夜，伤亡惨重。

5月上旬，日军进逼济宁防线，攻破郓城。黄启东率部反攻失利，无奈之下转移至菏泽休整，重新布置防务，以两个旅分置菏泽两翼，决心坚守待援。但未及准备好，5月14日，菏泽北面的董口即被日军攻陷。日军动用机械化团，企图突破菏泽正面，截断陇海路，侧击徐州。第23师守备兵力薄弱，孤军奋战，伤亡殆尽，师长李必蕃殉职。

5月15日，黄启东率余部继续与日寇展开血战，冲锋十余次。他头部中弹，血流不止，仍命卫士背着他指挥战斗。野战医院院长劝他上担架接受治疗，他坚决拒绝，声音颤抖地说道："何以对国家？何以对民族？宁作战死鬼，不作亡国奴！"后因失血过多，壮烈殉国，时年47岁。

黄启东将军殉国后，国民政府召开隆重的追悼会，明令嘉奖。1985年，湖南省人民政府追认黄启东为烈士。

（资料整理：陶武亮）

谢升标

谢升标（1903—1938），字若鹏，号小美，浙江临海人，黄埔军校第三期毕业生。军校毕业后，任国民革命军第6师第34团上尉机枪连长。1927年参加北伐。1929年进庐山军官训练团学习后，任中校团长。1933年转任师教导队长。1935年入中央防空学校深造，毕业后出任上校旅长。

1937 年 8 月，谢升标奉命率部赶赴上海南翔，参加淞沪会战。日军约一个师团的兵力在重炮、坦克、飞机的掩护下向南翔守军发起猛攻，我方阵地接连失守，形势危急。谢升标主动请缨，提出变单纯防守为运动防守，派小分队打掉日军驻地的弹药库，然后发起反攻。他派出侦察人员摸清日军弹药库情况，决定乘夜幕降临时行动。谢升标亲率小分队，扮成日军，接连闯过三道哨所，终于靠近日军弹药库。但弹药库有重兵把守，难以强攻，且日军巡逻队穿梭不息，戒备森严，小分队无法进入。小分队的战士们想投手榴弹，又因为距离太远，没有把握击中目标，谢升标想出一个声东击西的方案：他挑选出几名投弹最好的士兵和自己为一组，派另一组朝东面攻击敌人，转移目标。待东面枪声一起，日军大乱，火力都向东面集中时，谢升标乘机带领投弹手向西突袭，手榴弹像雨点般投进日军弹药库。霎时，日军弹药库引发连环爆炸，烈焰冲天，爆炸声震耳欲聋。日军弹药库被毁，锐气受挫，我方趁势发起反击，取得淞沪会战的局部胜利。

南翔一役，谢升标赢得"虎胆英雄"称号。

1937 年 12 月，谢升标任苏浙皖边区游击司令部少将司令。自此，谢升标率其残部在江苏宜兴建立抗日游击根据地，开展轰轰烈烈的敌后斗争。

在根据地，谢升标注重宣传抗日救国思想，大量招募新兵，收编地方武装，其部队不断得到扩充、壮大。在龙池山，谢升标诱敌深入，一举击溃来犯日军；成功阻击日军秋山中队炮兵联队；袭击并全歼宜兴城里的日军，收复宜兴城；在陈家桥旧兜圩反"扫荡"，与日军激战七天七夜；配合国民革命军第 60 师击破由无锡、金坛进犯之敌，并破坏京杭国道交通，使敌失去增援，有力支援了正面战场。同时，谢升标组织力量除汉奸，惩恶霸，有效地维护了根据地的社会秩序，使宜兴一带抗日根据地得以巩固和发展。

1938 年 3 月，日寇进逼溧阳，谢升标为配合野战第 59 师、第 60 师的正面战场作战，率部于广德凤凰岭、金鸡山一带出击敌后。18 日，与敌遭遇，因寡不敌众，所部陷入重围。突围中，谢升标不幸中弹身亡，时年 35 岁。

当时的《新华日报》《申报》等登载了谢升标抗日阵亡的消息。国民政府军事委员会发出嘉奖令，追晋谢升标为中将。1988 年 6 月 25 日，上海市人民政府按照民政部的有关规定，追认谢升标将军为革命烈士。

（资料整理：陶武亮）

韩明柱

朝明柱（1913—1938）

韩明柱，原名张征，1913 年 2 月 15 日生，河南省新县人。

韩明柱出生在一个贫苦的农民家庭，小时候以给地主放牛为生。1929 年 7 月，红军解放了他的家乡，成立了乡苏维埃政府，受到进步思想影响的他，投身革命，加入了中国共产党。1930 年参加中国工农红军，历任团通讯员、连指导员、营政委、团政委等职。随军长征到达陕北后，被调到瓦窑堡中央红军大学军事一队学习。1937 年七七事变后，赴山东抗日前线，建立抗日武装，开展游击斗争。同年底，马保三、韩明柱在寿光县（今寿光市）牛头镇发动抗日武装起义，成立了八路军鲁东游击第 8 支队，1938 年初，由马保三任司令员，韩明柱任副司令员，张文通任政治委员，杨涤生任政治部主任。韩明柱带领部队东下胶东，西取邹长，屡建战功，成为抗日战场上威震敌胆的青年抗日将领。

1938 年 11 月 29 日，周村日伪军 200 余人，窜到长山县蒙家庄一带进行反动宣传和抢掠。时任胶东游击第 8 支队副司令员的韩明柱得到消息后，立即带领部队埋伏在蒙家庄东朱家墓田中。下午 4 点多钟，日伪军进入 50 多米的埋伏圈，第 8 支队在韩明柱的指挥下突然开火，同敌人展开了近距离激战。神速的战斗行动和猛烈射击压住了敌人的火力。200 多名日伪军措手不及，被打得失魂落魄，数十名日伪军被当场击毙。日伪军在我军打击下，仓皇撤退，我军乘势追击，边追边打。韩明柱带着十余名战士冲在最前面，击毙了敌人的机枪射手，一挺崭新的机关枪吸引得战士们兴奋异常。在当时，机枪是极其宝贵的武器。韩明柱一马当先，率警卫员奋勇向前夺枪。不幸的是，他还未端起机枪，日军又一阵猛烈的机枪扫射，韩明柱身中数弹，倒在血泊中。蒙家庄战斗，打死打伤日伪军 40 多名，给日伪军以沉重的打击。但是，中华民族的好儿子、中国共产党的优秀党员、第 8 支队英勇善战的优秀指挥员韩明柱却不幸英勇牺牲，时年仅 25 岁。

蒙家庄的战斗结束后，韩明柱烈士被安葬在邹平县焦桥镇。1957 年，根据时任山东省政协主席马保三的提议，山东省人民政府将烈士遗骸迁葬到济南英雄山革命烈士陵园。一代抗日名将将永远活在人民群众心里，刻进历史的丰碑。

（资料整理：吴婷）

丁思林

丁思林，1913 年生，湖北省黄安县（今红安县）杏花乡丁家岗人。八路军第 129 师第 386 旅新 1 团团长，率部在冀豫晋广大地区与日军作战，屡建战功。

丁思林出生在一个贫苦的农民家里，从小随父兄五人替地主打长工、做短工，却依然过着衣不遮体、食不果腹的生活。1932 年 5 月，中国工农红军第四方面军在第二次反"围剿"中路过丁家岗，一直渴望参加革命的丁思林毅然参加了红军。在他入伍不到三个月的时间里就显露出指挥作战的才能，成为红军里一个有名气的"小指挥员"。丁思林的名气和他的"夜摸神功"是连在一起的——他当班长，全班成了"夜老虎班"；他当连长，全连成了"夜老虎连"；他当营长，全营成了"夜老虎营"；他当红军第 274 团参谋长，大家称第 274 团为"夜摸常胜军"。丁思林不仅善于"摸黑作战"，还善于组织队伍里熟悉本土地形和风土人情的干部和战士巧妙地进行"隐身术""化装术"，混在群众中，进入城内，等到夜深人静，便炸毁敌人的弹药库，烧掉敌人的给养，使敌人惶惶不可终日。

《新中华报》1939 年 8 月 1 日版刊登邓小平同志纪念丁思林的文章《悼丁思林同志》

1939 年夏，日军以十万之众向晋东南抗日根据地进攻。7 月 7 日，新编第 1 团受命截击由太谷向榆庄增援之敌，与日军在云竹附近一带激战。新 1 团占领一个山头，坚持战斗了两天两夜。8 日，丁思林带领新编第 1 团在西周村的高山上，同敌人激战一昼夜，杀伤敌人上百名。次日凌晨，撤退命令下来，大家请求："团长，这次你先撤，我们掩护！"丁思林环顾四周对战友们说："老规矩，你们先下去，我和一连一班留下掩护。"见日军又一次猛攻了上来，他从战士手中夺过机枪，一边射击一边说："狠狠地打！"敌人被雨点般的子弹压退了，丁思林高大的身子立了起来。就在此时，敌人集中轻机枪扫射过来，丁思林被敌人的一颗子弹击中了头部，壮烈牺牲。

当天夜里，在山西榆社县南社村，第386旅召开了万余人参加的追悼丁思林的大会。为表达对丁思林的哀思，第129师政委邓小平写了《悼丁思林同志》一文，发表在《新华日报》（华北版）。根据陈赓的意见，丁思林被安葬在武乡县。同年9月，根据地人民为丁思林在长乐村建立纪念碑，揭幕典礼选在9月18日这天，参加的群众达7000余人。抗日战争时期，八路军第129师编印了一本《烈士传》，刘伯承师长在序言中写道："我们的丁思林同志……等，都是共产党人，为了中华民族的解放，他们牺牲了自己的一切。这种精神只有伟大的革命者才有的，有了它可以战胜一切。"

（资料整理：吴婷）

马耀南

马耀南（1902—1939）

马耀南，名方晟，字耀南，1902年生于山东省长山县。八路军山东纵队第3支队司令员，著名抗日烈士。

1924年，马耀南考入天津北洋大学机械工程系，学生时代即积极投身反帝爱国运动，与进步同学一起组织"反日会"，到街头、田间宣传抗日救国，抵制日货。他的爱国热情深受同学们的钦佩，被选为北洋大学学生联合会和天津市学生联合会的负责人，并结识了中共天津地下党员张友渔，在他的影响下，马耀南满怀革命激情参加了国民党，并很快成为国民党天津市党部的领导成员。1927年，蒋介石发动四一二反革命政变，屠杀共产党人，马耀南对国民党的倒行逆施忍无可忍。1930年，他宣布退出国民党："国民党要我，可我不要他！"

1930年，马耀南以优异的成绩毕业，获得学士学位。1933年，马耀南担任山东长山中学校长，秉持"教育救国"的理念。卢沟桥事变爆发后，他对日本军国主义的侵略暴行万分愤慨，下定决心投入抗战的洪流。在其任校长期间，该校成立了中国共产党党小组，直属中共山东省委领导，并参加了中华民族解放先锋队。他以教学改革的名义对课程进行调整，大量充实抗战救国的内容，又以办民众夜校的名义开办游击干部训练班，由共产党人讲授军事、政治课，其中不少人成为武装起义的骨干和附近各县的抗日积极分子。1937年12月，马耀南参加了黑铁山武装抗日起义。起义成功后，成立了清河平原上中国共产党领导的第一支抗日武装——中国人民抗日救国军第5军。期间，马耀南为这支武装队伍募集资金600块大洋，并四处宣传抗日救亡，动员参军。在马耀南的影响下，他的两个弟弟马天民、马晓云也投身抗日，并担任支队司令员，鲁北地区人民称他们是"一马三司令"，并广为流传着称颂他们三兄弟的歌谣："一马三司令，得了抗日病。齐心打日本，保卫老百姓。"

1939年6月初，日军纠结5000余人，配备大炮10余门、汽车20余辆，突然包围了驻守邹平县刘家井一带的中国人民抗日救国军第5军第3支队。敌人大兵压境，第3支队处境十分险恶。在马耀南司令和杨国夫副司令的指挥下，抗日军民同仇敌忾，顽强反击日军，并多次同日寇进行英勇悲壮的肉搏战。最后，毙伤日伪军共800余人，随之撤出战斗。7月21日，部队转移到桓台县牛旺庄，又遭日寇三面包围。22日，马耀南一行到达紧靠牛旺庄东侧的大寨村时，突遭日军伏兵袭击。马耀南身负重伤而落马，日军企图用刺刀杀害他时，他奋力反抗，用手枪击破了敌人的头部，而他也因流血过多壮烈殉国，时年37岁。

为了纪念马耀南为国捐躯的壮举，中共清河区委于1943年将清河区抗日中学命名为"耀南中学"。1946年，中共渤海区党委命名长山县为"耀南县"。

（资料整理：吴婷）

抗战
英烈谱

方叔洪

方叔洪（1908—1939）

方叔洪，字以行，1908 年出生于山东历城（今属济南市），其父是济南名士方慰农。方叔洪抗战时任国民革命军第 114 师师长，曾在台儿庄战役中作出巨大贡献。他是抗战以来，正面战场牺牲的最年轻将职军官，时年 31 岁。

方叔洪早年东渡日本留学，就读于日本陆军士官学校。毕业后返回祖国，投身军旅，历任营长、团长、旅长等职。他天资聪慧，好学不倦，对军事学术颇有研究，且为人正直，带兵有方，赏罚分明，作战中身先士卒、足智多谋，具有典型的正直、爱国军人的品质，深受上级赏识和官兵拥戴。1938 年春，任国民革命军陆军第 114 师师长。

1938 年 3 月，震惊中外的台儿庄大战打响，中国军队在李宗仁将军的率领下，与日本侵略军展开了殊死的决斗，方叔洪率第 114 师，也加入了这场大战。当时，第 114 师奉令在山东兰陵一带阻击日军，以侧应主力部队的战斗。凶残的日本侵略军为挽救失败的命运，在猛烈的炮火和飞机轰炸的掩护下，以集团冲锋的战法，疯狂冲击第 114 师防线，妄图突破阻击阵地，解救被围的日军矶谷师团部队。在激烈的战斗中，方叔洪亲临前线指挥督战，鼓励士兵坚持战斗，誓与阵地共存亡。最终，第 144 师在友军的协助下守住了阵地，为保障台儿庄大战的胜利作出了重要的贡献。

1939 年 4 月，方叔洪在结束台儿庄大战后，奉命率领第 114 师飞驰进入鲁南地区抗击日军，分拒莱芜、蒙阴、鲁村三面之敌，大小战斗 10 余次。6 月 25 日晨，方叔洪获悉太平官庄被包围之敌有突围迹象，随即严令第 114 师第 69 团务必完成歼敌任务，并亲自督战。6 时许，敌人向俊家场方向溃退。此时，彭家场附近以及冯家场、公家场、闫家场等地均有前来救援的日军集中火力向方叔洪部进行射击，包围了第 114 师直属部队。我军将士与数倍于己的日军展开激战三个多小时，官兵伤亡过半，方叔洪本人头部、腰部中弹多处。敌人包围圈逐渐缩小，日军向他步步逼近，突围已经无望，为了不落入敌人魔掌，方叔洪用自佩的手枪，向已负重伤的头部补射一枪，壮烈殉国，时年 31 岁。

战斗结束后，日军一个大队长率部清扫战场，发现了方叔洪的尸体，恰巧他与方叔洪是日本士官学校的同学，因此特地找来一口棺材，将方叔洪葬在拐棒峪庄前，竖了一块木牌作纪念。方叔洪的忠骸后由第114师觅得，由第51军军长于学忠主持料理善后，将方叔洪的遗骸葬于蒙阴县坡里以北的一个山坡上。后国民政府追晋方叔洪为中将师长。

（资料整理：吴婷）

王禹九

王禹九，1902年生，浙江省黄岩县（今黄岩区）乌岩区联岭乡宁溪镇王家店村人。黄埔军校三期毕业。在抗日战争中屡建奇功，于1939年3月27日在南昌保卫战中壮烈牺牲，年仅37岁。国民政府追晋他为陆军中将。

王禹九自小家境贫寒，小学毕业后做了乡塾教师，18岁时投笔从戎，考入浙江陆军干部学校，1926年参加北伐，战斗中屡立战功，深得时任国民革命军第21师师长陈诚的赏识与器重。后被保送到黄埔军校三期深造。

王禹九（1902—1939）

王禹九兴趣广泛，学识渊博，经史子集，多所涉猎，许多人都称赞他为儒将。他以自身独特的气质，赢得了广大士兵的尊重，其所在军队的军容军纪称誉一时。1935年率部驻湖北当阳期间，他还命士兵整修道路，疏通积水，路旁种花植树，美化环境。邀请当地士绅参观军营，建议保甲长建立卫生制度，又于当地名胜古迹当阳桥、长坂坡和糜夫人殉难井等一带建成长坂公园，发动群众捐赠花木，亲率士兵修建亭台楼阁点缀其间，小桥流水，令人赏心悦目。

王禹九曾因阅读进步书籍被陷害而幽禁汉口，抗战爆发后他被重新起用。在奔赴抗日前线的途中，王禹九路过南京时致函夫人胡远清女士："远清吾妻：值此强邻压境，国难当头，民族存亡之际，凡我国人皆有抗敌保土之责。我身为军人，为国捐躯，分所应尔。疆场拼搏，生死难期；设有不测，务须节哀。

并望择人更适。"豪言壮语，掷地有声。淞沪会战后，王禹九被任命为第79军少将参谋处长，转战浙、赣、苏、皖之间。

1939年，日军入侵江西南昌，第79军在江西安义、高安一带布防。3月20日，与日军展开激战；23日，守军伤亡过半；26日，第79军军部在虬岭陷入敌军重围，而军部兵力仅有一个特务连。27日凌晨，王禹九率领特务连奋力拼杀，他激昂地对即将冲锋的官兵们说："国军之光荣与军长之安危，系于此役，吾人若不具牺牲决心，其何以对国家，何以对团体，更何以对长官？此正吾人成仁取义时也。"尔后，他亲率部队冲锋，拼力厮杀，连克两个山头，敌人拼死反抗，弹飞如雨，他毫不畏惧，仍一马当先，率部冲杀，不幸被一颗敌弹击中胸部，壮烈殉国。

王禹九的遗体被部下丁保良（中共党员，时任第79军少校参谋）突围时背出，葬于江西省高安县伍桥乡。1984年7月2日，上海市人民政府追认王禹九将军为革命烈士，并向其在上海的亲属颁发了革命烈士证书。1998年，浙江省台州市黄岩区民政局会同烈士子女前往江西省高安县伍桥村迎回烈士遗骸。当地父老乡亲千余人挥泪相送40里。是年清明之日，将军阵亡60年后，英灵回归故里，在黄岩九峰烈士陵园永远安息。2006年12月，黄岩区宁溪镇政府在庄山为王禹九将军建造纪念碑和禹九亭。

（资料整理：吴婷）

王根英

王根英（1907—1939）

王根英，女，中共党员，陈赓将军的第一位夫人。

王根英1907年出生于上海市郊一个贫苦的农民家庭，迫于生计，从小便进纱厂做童工。后来，中共沪东区党支部在工厂开办工人夜校，她不仅学到了文化知识，还受到了革命的启蒙。从此之后，她积极投身到工人运动中，据王根英的妹妹王旋梅回忆："姐姐漂亮、聪明、口才好，每次演讲都能博得满堂彩，她性格豪爽刚烈、爱憎分明，是个非常有人格魅力的人。"1924 年，她组织了纱厂的全厂大罢工；1925 年在五卅运动中，带领全厂工人参加了罢工示威游行；1926 年，她再次领导纱厂的工人罢工，坚持了四个月并最终取得胜利。当时年仅 20 岁的王根英成为工人运动的领导人，并在 1925 年加入中国共产党。

王根英和陈赓相识于工人夜校，当时，陈赓的公开身份是工人夜校教员。课堂上，陈赓的讲解深深打动了学员，王根英听得如痴如醉。王根英美丽漂亮，举止洒脱大方，陈赓十分赏识她。他曾大胆地表示对她的好感，还几次到王根英父母住的破旧棚户区去看望他们。陈赓还学说上海话，陪她的父母拉家常，使得两位老人很是喜欢他。1927 年 4 月下旬，王根英和陈赓作为中国工人阶级的代表出席了在汉口召开的党的第五次全国代表大会。会上，陈赓连写三张纸条，向王根英求婚。"纸条求婚"轰动大会，"五大"结束后，他们结为伉俪。

婚后，在异常艰险的环境中，在特殊的秘密战线上，王根英全力掩护和协助陈赓的工作，为党中央提供了许多重要情报。1932 年一·二八淞沪抗战后，王根英担任中华全国总工会女工部长。1933 年 12 月因叛徒出卖被捕，次年 9 月被判刑八年。1937 年 8 月，国共两党和谈，中共代表周恩来、叶剑英在南京将其营救出狱，周恩来亲自带王根英到了西安。在王根英去延安边区党校学习期间，将近四年的监狱斗争做了总结，并回顾了自己的革命生涯，将这些记录成文，保留下来的有《王根英自传》《狱中斗争》等数篇文稿。

1938 年秋，党组织批准王根英到八路军第 129 师工作，被分配到供给部办的财经干部学校任政治指导员。1939 年 3 月 8 日，敌人进攻冀南抗日根据地，师供给部被敌人包围，王根英把自己的马给伤员骑，自己则徒步随警卫部队突出重围。她冲到村外刚喘了口气，突然发现装有文件和公款的挎包没有带出来，便毅然独自向村中奔去。就在她将挎包取出、准备出村的当口，不幸与敌人遭遇。王根英在敌人的机枪扫射中倒下，壮烈牺牲，年仅 32 岁。陈赓将军和王根英虽然只在一起生活了五六年的时间，但是感情非常深厚，王根英牺牲后，陈赓悲痛万分，为她"守节三年"，兑现承诺。

王根英牺牲后，遗骸迁葬至河北省邯郸市晋冀鲁豫烈士陵园内。2011 年 3 月，陈赓将军逝世 50 周年之际，王根英的遗骸被其子陈知非带回湖南湘潭湘乡，与陈赓将军合葬。

（资料整理：吴婷）

邓永耀

邓永耀（1912—1939）

邓永耀，1912年1月24日生于湖南省茶陵县大冲村。因家庭生活贫苦，他刚读完两年高小，便去替一道士抄书补贴家用。

1927年7月马日事变后，邓永耀结识了共产党员邓有禹并第一次接触到新思想，心里涌起对革命的向往和追求。同年11月，国民革命军攻占茶陵县城后，他跟着邓有禹来到城里，参加了革命队伍，从此踏上人生新的起点。1928年，他加入共产主义青年团。1930年，正式加入中国共产党，任共青团湘东特委委员。同年7月，茶陵一所县立列宁高级小学在寨下坪建立，邓永耀任副校长，主持学校日常工作。

邓永耀在办学期间，还担任过共青团茶陵县第一次代表大会的秘书长和茶陵县苏维埃政府总务处长。到了1933年下半年，当中共湘赣省委号召地方各级党组织动员青年入伍时，他又带头报名当了红军，被调到红6军团政治部任技术书记。

1934年8月，他随红6军团西征。9月，部队到达贵州黄平时，他又被调至红49团任技术书记。在长征途中，他总是抓紧时间学习，一有闲暇就拿出书来看。10月，他被调到红2军团政治部任总务处长，后又调任红6军团参谋长。1936年7月，红二方面军与红四方面军在甘孜会师，他被调到红四方面军工作。1938年他又调任八路军第129师东进纵队政治部主任兼东纵第2团政委。

随着抗日形势的发展，邓永耀将河北武邑地区的抗日游击武装编成东进纵队第5支队，并兼任这个支队的政委。1939年初，日本侵略者对冀南根据地进行了残酷的"扫荡"，邓永耀率领第五分区军民进行反"扫荡"，他两次率部攻打武邑县城，使日伪惶惶不安，增强了抗日军民的信心。3月13日，邓永耀带东纵第3团一个排从武邑县徐沙村到西屯村侦察地形，与日军近百人遭遇。为了减少损失，邓永耀命令一部分战士掩护群众转移，一部分战士撤向邓庄村南设伏，自己带领30多名战士担负阻击并将日军引入伏击圈的任务。

激战中邓永耀被击中头部和腿部，当即昏倒在地，苏醒后，他急令警卫员："我不行了，不要管我！叫部队快后撤，我来对付敌人！"随即举起手枪向敌射击，因伤势过重、流血过多，壮烈牺牲，时年 27 岁。

邓永耀牺牲后，《新华日报》（华北版）于 1939 年 4 月 11 日刊载了《纪念邓永耀同志》一文，对他的光辉业绩给予了高度评价。武邑县军政民各界在他的墓前立了一块碑，碑文述道："邓公永耀先生，江南有志之士也……领导东纵驻军来武，以身作则，英勇杀敌，先后数十役……武邑群众相见最切，相感最深。"这段话表达了人们对这位抗日烈士最好的怀念。刘伯承元帅在追忆时曾说："邓永耀同志是伟大的革命者，为了中华民族的解放，牺牲了自己的一切。"

（资料整理：齐轩）

叶辅平

叶辅平，原名叶全，抗日名将叶挺的弟弟。1902 年生于广东省惠阳县（今惠阳区）秋长镇周田村一个贫农家庭。叶辅平比叶挺小六岁，在家中排行第九，而叶挺排行第八，兄弟俩的关系最是亲密。叶辅平七岁进入私塾学堂，勤奋好学，深受老师和族中父老赞许。

叶辅平（1902—1939）

1925 年 2 月，广东国民政府举行第一次东征。叶辅平在淡水积极做策应工作。他与农会骨干配合侦探敌军兵力部署，实地勘察地形，为夺取胜利作了充分准备。

1925 年 11 月，国民革命军第 4 军独立团（又称叶挺独立团）在广东肇庆成立。叶挺任团长，叶辅平参加了独立团的组建工作，出任团部军需主任。

1926 年 5 月 1 日，叶挺独立团奉命作为北伐先遣队，从广东出师，首先开赴前线，直指湘鄂。叶辅平遵照团部的指示，紧密依靠当地农民、学生组织起来的支前队伍，做好各项工作。8月19日，部队攻击平江时，他冒着敌人的炮火，沿途组织群众修桥、补路、运弹药、抬伤员、慰问伤病员，并送水和医药品到阵地，使前线指战员深受感动。独立团占领浏阳后，部队进行一个月的整训，以补充兵员和开展群众工作。

南昌起义时，叶辅平担任国民革命军第11军军需处长。第11军在叶挺指挥下，绕道福建南下，敌人紧追不舍，在乌石阻击中，叶辅平与军需处几个同志被冲散，幸得当地群众的援助，才辗转到香港。叶辅平到香港后，开展收容失散的第11军人员的工作。没多久，他的活动暴露，被港英当局和广东反动政府通缉，他被迫离开香港暂避澳门。1928年春，叶辅平返回家乡，秘密建立"反帝反封建大同盟"的组织，以贫苦农民为核心，开展减租减息运动。同年6月，叶辅平加入中国共产党。

1937年12月底，新四军成立以后，叶辅平担任新四军司令部上校军需处处长。国民党顽固派企图从军费和物资发放上限制新四军。为了保障军需的供给，叶辅平只好亲自执行外勤任务。有一次，叶辅平和叶挺夫人李秀文从香港购置驳壳枪3600多支及200架望远镜和一批医药器材运回新四军使用，途中经上饶时，国民党第三战区司令长官顾祝同竟然将全部手枪无理扣押。他们十分愤怒，义正词严地揭露国民党的阴谋，与顽固派进行坚决的斗争。最终在叶挺军长的严正交涉下，顾祝同才不得不如数交还。

1939年8月，叶辅平奉命再次回广东，赴香港处理慰劳物品和军需物资，返回途中于广西南宁八塘附近，因车祸遇难，时年37岁。噩耗传到皖南，战友们悲痛万分。11月6日，新四军《抗敌报》发表了沉痛哀悼叶辅平烈士的文章，寄托对他的无限哀思。

1954年7月，惠阳县人民政府将叶辅文烈士的遗骸从广西南宁运回惠阳周田家乡安葬，并建碑纪念，永志不忘。

（资料整理：齐轩）

江上青

江上青，原名江世侯，1911 年出生于江苏扬州。1927 年大革命影响到了江南地区，此时扬州的中共党团组织转入公开活动，少年时期的江上青就系统地了解并学习了中国共产党的主张，决心投身革命。同年，江上青考取了南通中学高中部，他积极参加进步学生运动，并参加中国共产主义青年团。不久，江上青又转回扬州中学高中部读书，继续进行革命活动。

江上青（1911—1939）

1928 年 12 月，他在江家桥家中被反动当局逮捕。出狱后，接受组织安排，于 1929 年 8 月到上海艺术大学文学系学习，此时，江上青已正式转为中共党员。进入上海艺大后，他以笔作武器，当时，写了一些政治抒情诗，控诉旧社会的黑暗和罪恶，为新社会的诞生而呐喊。在"左"倾路线影响下，身为中共上海艺大党支部书记的江上青，因频繁参加集会、示威游行、组织演讲、印发传单、张贴革命标语等活动，暴露了身份，在参加一次会议时不幸被英国巡捕逮捕。

1930 年 12 月，江上青被释放并于第二年 8 月重返上海继续从事党的地下活动。1938 年 10 月，江上青等人受党组织派遣，组成中共皖东北特别支部，江上青任特支书记，随国民党安徽省第六行政区专员兼保安司令盛子瑾到皖东北开展抗日救亡工作。在皖期间，盛子瑾急于扩大武装力量，江上青利用这一有利时机，贯彻毛泽东"枪杆子里出政权"的思想，积极进行组建中共领导的抗日武装力量的活动。1939 年元旦，江上青与多位中共党员取得联系，用不到一年的时间先后组建了"六抗"第 3 支队、特务支队、农民支队、淮河支队等六个支队，由 100 多人发展到 4000 多人，这些由共产党领导或影响的部队后来编入了新四军，成为驰骋江淮大地的一支重要的抗日武装力量。

同年，在皖东北的国民党顽固派许志远，不抗日，拉势力，树山头，与盛子瑾矛盾激烈，对该地区抗日局势影响很大。江上青派人与新四军游击支队取得联系，请他们与盛子瑾商谈合作事宜，由于江上青做了大量工作，很快达成协议，在半城张塘公开设立八路军、新四军驻皖东北办事处。

为了避免盛子瑾、许志远之间的冲突影响皖东北抗日的局面，江上青在经组织同意后，积极促成盛、许二人到灵璧县举行会谈。许志远表面表现很好，愿意接受盛子瑾的政令，但暗地里指使反动地主武装埋伏在盛子瑾回程路上。当盛子瑾、江上青等经过时，突然发起猛烈袭击，江上青奋起反击，不幸壮烈牺牲，时年 28 岁。

噩耗传来，皖东北抗日根据地的各界人士都沉浸在巨大的悲痛之中，分别在青阳、半城隆重举行追悼大会。江上青遗体被安葬在八路军、新四军皖东北办事处附近的崔集。1982 年迁葬至江苏泗洪县烈士陵园，并树碑立传，由老将军张爱萍题写了碑名，杨纯、刘玉柱、周村撰写了碑文。2009 年，江上青被列入"100 位为新中国成立作出突出贡献的英雄模范人物"。

（资料整理：齐轩）

牟光仪

牟光仪（1900—1939）

牟光仪，中共山东潍县早期党组织领导人之一，中共胶东区党委职工部部长。

牟光仪于 1900 年出生在山东潍县清池村一个贫民家庭。1917 年在文华中学上学期间因反对校方禁锢进步思想组织罢课而被开除，后入潍县华丰铁厂当学徒，又在潍县乐道院当电工。1926 年，牟光仪加入中国共产党，在党组织的领导下，积极深入工厂、学校开展宣传活动，组织和领导工人和学生运动，印制文件、刊物等。济南"五三惨案"以后，山东人民掀起了反帝浪潮，他受中共潍县县委指示，组织群众在坊子以东扒毁铁路，阻止日军兵列西上；同时，还参加组织群众砸大柳树"税局子"、抗捐抗税等斗争。1929 年，因局势恶化，牟光仪转移到青岛滋美冷藏公司，以工人的身份从事党的地下活动。1930 年因事故双目失明。1930 年春，他回到家乡，在中共潍县党组织的领导下，以顽强的毅力，战胜双目失明带来的重重困难，数年如一日，坚持开展农村革命斗争。

全面抗日战争爆发后，他积极投身于抗日宣传和抗日武装的组织、创建工作。1938年5月，他到胶东参加了八路军鲁东游击队。同年7月，部队西上，他又回到潍县工作。1938年9月，中共潍县工作委员会成立，他担任组织部长。

1939年春，他与谭玉泰等人发动群众，多次袭击潍县城，两次在坊子以东袭击日伪炮楼，并组建了潍县县大队，转战潍南、潍北，沉重地打击了日伪势力。牟光仪被群众亲昵地称为"瞎子司令"。后来，他巧妙利用国民党军第15旅旅长张景月与其部属王炳臣团长的矛盾，"三请"王炳臣，使王带领100余人参加了抗日队伍。同时，他对原西北军营长徐子安晓以民族大义，启发他的爱国热忱，又为党争取了70余人的力量。同年8月，牟光仪率部返回胶东抗日根据地后，当选为中共胶东区党委常委，9月调任区党委职工部部长。同年12月，日军对掖县一带进行大"扫荡"，12月11日牟光仪在司令部开完重要会议后连夜赶回掖县河南村布置转移工作。12日黎明，他突然被日军包围，不幸壮烈牺牲，时年39岁。

新中国成立后，牟光仪烈士被安葬在潍坊市烈士陵园，供后人凭吊怀念。

（资料整理：张栓中）

吴 焜

吴焜，1910年出生于四川万县一户穷苦人家，早年父母双亡，做过放牛娃、纤夫，后入川军杨森部当兵。1930年，他参加了红军川东游击队，同年加入中国共产党。不久，游击队改编为红军第四方面军第33军，吴焜历任营长、团参谋长。1934年10月，红四方面军开始长征，吴焜所在部队被编为第17师第50团，吴焜任团长。率部抵达陕北后，入中国人民抗日军政大学学习。

吴 焜（1910—1939）

七七事变后，吴焜奉调到新四军工作，任第3支队第6团副团长。1938年10月率部挺进苏南敌后，协助团长叶飞带领部队在金坛、镇江、句容、溧阳境内连续进行了镇丹路、白兔、北山、南塘、下蜀、龙潭、延陵等一系列对日伪军的战斗。为执行中共中央关于向东作战的战略方针，1939年4月，吴焜等率团向苏常太、澄锡虞地区挺进，开辟东路抗日战场。同年5月，部队与江南抗日义勇军（简称"江抗"）第3路会合，成立"江抗"总指挥部，第6团被编为"江抗"第2路，吴焜出任副总指挥兼第2路司令员。5月29日，由吴焜率领的"江抗"第2路一部，在肃清了常熟东乡10多个日伪军据点及匪伪武装后，回师途中宿营在黄土塘东南方500米处的小成巷村。第二天早晨，一名到黄土塘镇采办货物的炊事员发现有五六十个日本兵前往小成巷村，遂火速奔回驻地报告敌情。吴焜根据所报敌情，立即着手布防。因小成巷村地势低洼，三面环水，只有东、西两道小坝进出村子，吴焜便下令调集机枪驻守河坝，第1支队一连进入河坝西侧阵地，二连后援，三连预备。战斗从早上打到傍晚，期间日军又增加90人，在武器和人数均不占优势的情况下，吴焜用东西堤夹击的战术予日军以重创。日军被击毙30多名，其中大佐一名。吴焜所部则只牺牲七名，伤八名。东进首战告捷，吴焜带领的"江抗"第2路部队被当地百姓称赞为"江阴老虎"部队，而"吴老虎"的称号也不胫而走。6月24日晚，吴焜又率"江抗"第2路部队以"围黄打浒"的战术，夜袭浒墅关车站日军据点，毙伤日军近30人，炸毁铁路路轨100多米、路桥二座，迫使沪宁线中断三天。此后吴焜率部在祝塘、顾山等地多次给予敌人重创，被称为"江抗猛将"。

1939年9月，为避免与国民党顽固派军队摩擦，减少消耗和损失，部队遂向江阴方向转移。不料，途经江阴马镇乡湖塘里一带时，突遭顽军侧击，吴焜头部中弹，未及留下只言片语，便为民族解放献出了生命，年仅29岁。

吴焜牺牲后，"江抗"总指挥部举行了追悼会，陈毅特地到会致悼词，表达哀思。新中国成立以后，吴焜烈士墓由江阴迁至南京菊花台"三烈士"墓（现功德园）一侧。1985年清明节，江阴市人民政府在定山建立了吴焜烈士纪念碑。

（资料整理：张栓中）

杨裕民

杨裕民，又名彦伦，字灿如，河北省迁安杨团堡村人，1889 年生。因在堂兄弟中排行十三，故又名杨十三。1904 年入天津直隶高等工业专门学堂附属工厂当学徒，1906 年入天津工艺学堂，后又转入南开中学读书。1916 年首创芦苇浆造纸。1919 年参加五四运动，1920 年赴美国学习，获博士学位。1923 年回国后任直隶工业试验所化工课课长。1929 年任河北省立工业学院教授、斋务课主任。后曾回乡解囊办学，创办了冀东第一所立三私立平民女子学校。一二·九运动中组织学生游行示威，以教授身份走在队伍最前列，支持、声援北平学生。

杨裕民（1889—1939）

全面抗战爆发后，他四处奔走，号召大家为抗日救国的伟大事业而献身，组织碱厂工人秘密进行抗日斗争，并动员亲友共同参加抗日。他还典卖家产，说服兄长捐资购武器支援抗日武装，发动河北工学院部分师生组成"工字团"参加抗战。

1938 年 7 月，杨裕民积极参与了有 20 多万民众参加的震惊中外的冀东武装抗日大暴动，任抗日联军第一路军政治部主任。因汉奸告密，杨裕民和洪麟阁等百余人被 3000 敌人围困于玉田小狼山，他奋勇杀出重围，与洪麟阁、李楚离率队配合挺进冀东的八路军第 4 纵队，先后攻克丰润、玉田数座重镇，亲手活捉日军顾问，经大小战斗 50 多次，名扬冀东。后在西撤途中队伍受挫，杨裕民幸得脱险，辗转天津、冀中、平西。1939 年 5 月，杨裕民经朱德总司令电召奔赴太行山黎城县八路军总部，受到总部首长和当地军民的热烈欢迎，朱德总司令、彭德怀副总司令接见了他。

1939 年 7 月 21 日，杨裕民终因长期劳顿，重病积疴，在抗击日寇"九路"围攻太行山作战转移时牺牲于担架上，享年 50 岁，实践了自己"誓必效死疆场，马革裹尸，绝不辗转床褥做亡国奴"的铮铮誓言。

1939 年 9 月 18 日，八路军总部为表彰杨裕民对中华民族解放事业作出的贡献，举行了追悼大会，朱德总司令主持，彭德怀副总司令致悼词，到会的抗日军民 5000 余人。毛泽东为他亲笔题写了挽联："国家在风雨飘摇之中对我辈特增担荷；燕赵多慷慨悲歌之士于先生犹见典型"，横批："浩气长存"。朱德题送挽词："渤海毓雄，民族之杰；霭霭风仪，异质挺特；冀东义起，倭奴气慑；瞻彼真容，彪炳日月。"抗战胜利后，河北工学院广大师生为了纪念杨裕民，成立了"十三图书馆"。新中国成立后，他和左权等七位烈士于1950年10月移葬于河北邯郸晋冀鲁豫烈士陵园。

（资料整理：张栓中）

陈安宝

陈安宝（1891—1939）

陈安宝，字善夫，1891年出生于浙江黄岩县横街乡马院村（今台州市路桥区横街镇马院村），少时父母双亡，家境贫苦，当地一小学校长准其免费入学。陈安宝20岁至南京入伍生队，后入湖北陆军预备学校。1916年毕业于保定陆军军官学校步科第三期，先后任浙军第2师排长、连长、营长。1926年参加北伐，身经40余战。

全面抗战爆发后。陈安宝主动请缨，率部由潼关进入河南辉县，继又南下沪杭一带，坚持抗战数月，完成了上级交给的阻击、牵制敌军的任务。1938年2月，陈安宝奉命率部队从诸暨渡富春江向余杭的敌人发动攻击，激战一夜，予敌重创。此后，陈安宝奉命进入嘉兴、湖州等沦陷区开展游击战，取得重大战果。1938年6月，他率部沿杭徽路经祁门、得梁到达江西东乡。7月，晋升为第29军军长兼第79师师长。8月，他率第79师挺进德安以北，掩护友军安全转移。9月，德星公路西孤岭、烂泥塘一带的驻防友军，伤亡惨重，形势危急，他奉命驰赴援防。同月11日，在溢口与日军第101师团接触，日军凭借鄱阳湖海军炮火和陆空军的优势，频频发起进攻，陈安宝指挥部队英勇抗击，激战31个昼夜，给敌军以沉重打击。10月中旬，由于该部伤亡过大，奉命撤出战场进行休整、补充。12月，第26师、第102师归属第29军建制，编为新编甲种军，陈安宝任军长，担负鄱阳湖和抚河东岸的守备任务。

1939年4月，南昌沦陷后，陈安宝奉命率部展开反击，与主力部队相继收复机场、车站等，突入南昌城区。5月4日晚，他率第79师、第26师的部分部队在雀港渡抚河，因渡船少和躲避敌机，5日夜才潜渡完毕。部队过河后，陈安宝指挥部队进攻南昌。6日晨，日军增援部队赶到，日机狂炸指挥部。日军主力在优势炮火掩护下疯狂反攻，经反复争夺，我军阵地逐渐缩小。下午4时，敌军一部分已侵入桐树庙西北高地，直接威胁到整个部队的安全。陈安宝急率师长刘雨卿、参谋长徐志勋督促、带领身边仅余的特务排向敌人反攻，很快夺回了被敌侵占的桐树庙西北高地。5时10分在左翼龙里张阵地，战士们与日军展开肉搏战，战况之惨烈前所未有。陈安宝仅带数人冒炮火往前沿督战，途经姚庄时不幸中弹，壮烈殉国，时年48岁。

1940年7月，国民政府颁令褒扬，追晋陈安宝为陆军上将。1940年8月，延安各界举行追悼张自忠、陈安宝、郑作民、钟毅诸将军大会，毛泽东、朱德、周恩来亲自题写了挽词。1983年12月，中华人民共和国民政部追认其为革命烈士。

（资料整理：张栓中）

茅丽瑛

茅丽瑛，1910年出生于浙江杭州，后随母亲来到上海生活，在上海启秀女中毕业，1930年考入苏州东吴大学法学系，因家境贫寒，中途退学。1931年茅丽瑛到上海江海关任英文打字员，1935年参加上海职业妇女会，开始从事进步活动。1937年八一三事变后，她毅然辞去薪酬优厚的海关工作，离开了相依为命的母亲，投身于抗日救亡活动，先后参加了战时服务团和救亡长征团，奔赴华南和东南各省去宣传抗日。

茅丽瑛（1910—1939）

1938 年茅丽瑛回到上海，加入了中国共产党，由于她在职业妇女界名望昭众，被选为新成立的上海职业妇女俱乐部（简称"职妇"）主席。在茅丽瑛领导下，"职妇"轰轰烈烈地开展了一系列维护妇女权益、组织妇女投入抗日救亡活动的斗争。

1939 年春，上级党组织指示茅丽瑛以"职妇"名义，利用上海"孤岛"的特殊环境，为新四军募集棉衣钱款，同时为难民筹集救济费。茅丽瑛决定发动会员向社会广泛募捐物品，然后进行义卖。她带领会员对义卖活动进行了广泛的宣传，引起社会各界的热烈响应，数天内募到款项 2000 余元。这期间，她的母亲病危住院，茅丽瑛正废寝忘食投入义卖筹备活动之中，只好托付别人照料护理，直到母亲去世，她还在为募捐奔走。

敌人对义卖活动百般阻挠，先是寄来附有子弹的恐吓信，后来又胁迫有关单位拒绝借给义卖的会场。但茅丽瑛带领"职妇"同人齐心协力，如期在会所举行义卖活动。义卖所得款项悉数用来募制军棉衣和救济难民。

义卖会的成功引起了敌人对"职妇"、对茅丽瑛的进一步仇视。茅丽瑛被日伪特务称为"第二史良之中共激烈分子"，几度威胁。党组织安排她转移，但她坚持要把"职妇"工作安排好了再走。1939 年 12 月 12 日晚，茅丽瑛在"职妇"开完会走出福利公司门口时，被埋伏在楼梯拐角处的汪伪特务连续击中三枪。被送到医院后，虽经地下党组织多方设法抢救，但在敌伪对院方施加压力、严密监视下，15 日下午 2 时，茅丽瑛不幸逝世。

茅丽瑛牺牲后，上海党组织为揭露敌人的阴谋，激发人们的爱国热情，以茅宅的名义，在上海各大报纸登报丧启事。上海各界人民团体成立了治丧委员会。12 月 16 日至 17 日，在万国殡仪馆举行隆重公祭，中共江苏省委和八路军、新四军驻沪代表以及数千名群众前往瞻仰遗容、吊唁烈士，声势浩大。《申报》为此记载："其情绪之哀伤，为鲁迅先生逝世后所未有。"中共江苏省委文委委员、著名剧作家于伶，在茅丽瑛牺牲后，曾悲愤地写下了"继惺公成仁万氓痛哭孤岛孤女不孤，与湖同仇无限哀愁秋风秋雨千秋"的挽联。

新中国成立后，人民政府曾多次举行纪念活动。1949 年 12 月 12 日，上海市各界人民举行了茅丽瑛烈士殉难 10 周年悼念大会。陈毅题词："为人民利益而牺牲是最光荣的，人民永远纪念她。"

1989 年，在茅丽瑛遇害 50 周年之日，上海举行隆重的纪念座谈会，并在南京东路烈士遇害处勒石纪念。翌年，塑烈士雕像于其母校——第十二中学（原启秀女校）。

（资料整理：霍丹琳）

胡发坚

胡发坚，1906 年出生于江西省吉安县富田乡陂下村一个贫农家庭。1927 年参加中国共产主义青年团，1929 年加入中国共产党，同年参加游击队。1930 年，胡发坚参加吉（安）泰（和）游击队，随部转战赣西南，参加粉碎国民党军"围剿"的战斗。同年 10 月，游击队编入红军第 4 军第 11 师第 2 团。由于胡发坚多次勇敢而又机智地完成作战任务，历任排长、连长、营长、团政治委员等职。1934 年 10 月胡发坚参加长征，调任红军第 5 军团第 1 师第 1 团参谋长，参加了四渡赤水、强渡乌江、抢渡大渡河等著名战斗。战斗中他灵活机智，英勇顽强，协同团长杨得志指挥部队，胜利完成开路先锋任务。到达陕北后，胡发坚任红军第 1 师副参谋长、参谋长，参加了直罗镇战斗和东征、西征战役。1937 年 1 月，进入延安中国人民抗日军政大学学习。

胡发坚（1906—1939）

抗日战争全面爆发后，胡发坚提前离校，于 1938 年 2 月，调任新四军第 1 支队参谋长，协助司令员陈毅率部东进苏南开展抗日游击战争。在陈毅直接领导下，进行了西善桥、新丰车站、句容、东湾、华山、延陵等百余次大小战斗。在打击日伪军、清剿土匪武装的同时，胡发坚还积极发展抗日武装，组织与发动群众。

1939 年 1 月，胡发坚受命赴新四军江南抗日义勇军第 3 路军，任副司令员。他领导这支部队在武进、无锡一带开辟抗日游击新区，直接指挥坂上附近的西王村战斗，极大地振奋了苏南人民的抗日信心。他创办随营学校，招收爱国知识青年参加学习，培训了大批敌后抗日骨干分子。他还主动开展战区群众的宣传组织工作，逐步扩大抗日进步力量，为新四军东进创造了有利条件。

　　1939 年 3 月 15 日，胡发坚率部解散武进县（今武进区）东南土匪大刀会侯人雄部，在追击少数拒降脱逃土匪时，中弹牺牲，时年 33 岁。

（资料整理：霍丹琳）

唐聚伍

唐聚伍（1899—1939）

　　唐聚伍，1899 年出生于吉林省双城县（今双城市），18 岁投身军旅，东北讲武堂第六期步兵科毕业。1928 年 12 月 29 日任辽宁陆军步兵第 1 旅第 1 团中校团副，驻防凤城。九一八事变爆发后，日军突袭凤城，第 1 团团长被俘后投降。此时，不在凤城的唐聚伍，只身冒险乘车来到北平，向东北军司令张学良面陈抗日的强烈愿望。张学良委任唐聚伍为步兵第 1 团团长，让他回东北就职。

　　1932 年 3 月 21 日，唐聚伍奉张学良手谕，在桓仁宣布成立辽宁民众自卫军，被公推为总司令。4 月 2 日，唐聚伍毅然率辽东 14 县军警、民众起义，成立辽东民众自卫军。辽东 10 余县方圆数千里均在其控制之下。4 月 21 日，以唐聚五为总司令的辽宁民众自卫军在辽宁省桓仁县师范学校举行隆重的抗日誓师大会。大会主席台左右悬挂着一副四言对联："涤荡达虏，还我河山"。唐聚五在如雷的掌声中，热泪盈眶，声音铿锵地发表演说。他激动地说："天下事最痛心者莫过于亡国。日本强占我东北三省，生灵倍遭涂炭。凡有民族气节者，怎能容敌猖獗！今天我们成立民众自卫军，就是肩负光复祖国山河的重任。宁可毁家纾难，也要与日军血战到底，不达目的决不罢休。"说到这里，只见唐聚五取出佩刀，划破中指，用鲜血书写了"杀敌讨逆，救国爱民"八字对联，全场无不感动。"打倒日本强盗""还我山河"的喊声响成一片。

　　1937 年七七事变后，唐聚五被任命为东北游击司令，授陆军中将衔。但国民政府却不拨一兵一卒、一枪一弹。唐聚五没有气馁，8 月 3 日率部北上，进入太行山区，特意拜见第 18 集团军总指挥朱德，请求援助，自己也联络旧部拉起了一支武装队伍，挺进冀东前线，与八路军并肩作战。

1939 年 5 月，日伪军对冀东地区进行疯狂大"扫荡"。八路军冀东军分区化整为零，部队主力转移到长城外和丰润县（今丰润区）境，留下李向之率留守人员配合唐聚五部就地坚持斗争。5 月 17 日夜，唐聚五获知敌人要来进攻，考虑李向之正在患病，县大队还有伤员，不宜突围硬拼，就主张分散隐蔽。李向之同意后，唐聚五率几人登上马蹄峪山。

5 月 18 日清晨，唐聚五等在长城脚下的迁安县（今迁安市）柳沟峪村与日军遭遇，在平台山被包围，几经突围未成，身负重伤后仍顽强指挥战斗，最后壮烈牺牲，时年 40 岁。

唐聚五牺牲后，八路军冀东军分区举行了隆重的追悼会。《新华日报》发表社论，深切悼念这位民族英雄。南京国民政府追授他为陆军上将。

国民党军政要员在重庆为其举行了隆重的追悼会，冯玉祥和孙科以及东北名人李杜、莫德惠、刘尚清分别送了挽联。

1940 年 2 月 12 日，《新华日报》发表了《追悼唐聚伍将军》的社论，对其抗日救国业绩和英勇牺牲的大无畏革命精神予以高度赞扬。唐聚伍将军为抗战事业作出了重大贡献，他高尚的爱国主义精神，值得后人学习。

（资料整理：霍丹琳）

格里戈里·阿里莫维奇·库里申科

格里戈里·阿里莫维奇·库里
申科（1903—1939）

格里戈里·阿里莫维奇·库里申科，1903 年出生于乌克兰，苏联援华航空志愿队大队长。

1938 年冬，日本侵略军占领了中国广州、武汉，抗日战争进入了战略相持阶段。在这艰苦的岁月里，苏联为了援助中国人民的反侵略战争，于 1939 年，派遣格里戈里·阿里莫维奇·库里申科和考兹洛夫，率领两个轰炸机大队来华援助抗日。

同年 10 月 14 日，库里申科奉命带领由他训练的中国飞行员，驾驶远程重型轰炸机，从成都军用机场出发，飞往武汉执行轰炸日军军事设施的任务。飞机飞到武汉上空，库里申科测准地面目标，立即下令投弹。一枚枚炸弹在日寇的军营、炮兵阵地、兵工厂里开了花。日寇的战斗机慌忙起飞截击。库里申科镇定自若，一面指挥还击敌机，一面继续向地面投弹。经过激战，六架敌机被击毁，拖着长长的黑烟栽进了波涛滚滚的长江。突然，日寇的三架战斗机冲过来，向库里申科的领航机开火，库里申科所驾驶的飞机的左发动机被敌人击中。飞机失去平衡，马达轰鸣如闷雷，飞机左右晃荡。在紧急的时刻，库里申科凭着高超的飞行技术，上下翻飞，横冲直撞，靠单发动机飞行，巧妙地冲出敌机重围，沿着长江向上游驻地飞去。到达万州上空时，机身失去平衡，为了避免飞机遭破坏，他把生死置之度外，放弃跳伞的机会，操纵飞机，寻机迫降，终于平稳迫降在长江水面上。库里申科由于长时间驾机，劳累过度，再也无力跳出机舱，无情的江水吞没了他年轻的生命。库里申科牺牲了，年仅 36 岁。

库里申科曾说："我像体验我祖国的灾难一样体验着中国劳动人民正遭受的灾难。"1939 年 11 月，当地各界群众为库里申科举行了追悼大会，他的遗体被安葬在太白岩下。1958 年 7 月，万县市（今万州区）人民政府在万州西山公园内新建了墓园，举行了隆重的迁葬仪式。

伟大的国际主义战士库里申科，把自己的青春年华无私奉献给了反法西斯战争和中国人民的抗战事业。2009 年 9 月 14 日，他被评为"100 位为新中国成立作出突出贡献的英雄模范人物"。

（资料整理：霍丹琳）

诺尔曼·白求恩

诺尔曼·白求恩，加拿大安大略省格雷文赫斯特镇人，医学博士，加拿大著名胸外科医师，医疗创新者及人道主义者。

1937年，白求恩得知中国全民族抗日战争爆发，便萌生了到中国进行医疗救援的想法。1937年7月30日，陶行知在美国应邀参加了洛杉矶的一个医友晚餐会，在这次聚会上，他认识了也应邀前来参加晚餐会的白求恩。

诺尔曼·白求恩
（1890—1939）

白求恩当时的身份是加拿大蒙特利尔圣心医院胸外科主任。得知陶行知来自中国时，他显得异常激动，并主动向陶行知询问中国抗日战场的情况。当听到七七事变后，国共两党在战场上承受着巨大的压力，而且伤亡严重，医疗条件很差，救护人员严重不足时，白求恩当即紧紧地握住陶行知的手说："谢谢你告诉我这些情况，决定了，我终于决定了，你们那里需要我这样的医生，我打算很快去中国！"陶行知也紧紧地握住白求恩瘦长而有力的手说："谢谢白求恩先生，谢谢您对中国人民的支持和同情！"随后他掏出那个记录援华国际人士名单的特殊的笔记本，很快地把白求恩的名字写了上去，并记下了与白求恩初步约定的一些事情。

白求恩回到加拿大后，立即着手组织医疗队，并准备了随身携带的器械和药品。1938年1月8日，白求恩、简伊文等医护人员一行，以加拿大和美国共产党派遣援华医疗队的名义启程赴中国。

白求恩一行来到中国后，由周恩来安排护送，从汉口直达延安。当晚，毛泽东高兴地接见了他，并请他留在边区医院工作，但白求恩坚决要求到晋察冀前线去，做一名战地医生。到了前线后，他同中国的木匠、铁匠一起制造手术器械，把包装箱设计用作手术台。他还帮助创立医生、护士培训制度和进行医院勤务兵的训练，他曾创下了在 69 个小时内为 115 名伤员动手术的纪录。不幸的是，1939 年 11 月，他在五台山地区一次手术中不慎切伤手指遭到感染，不久因败血症在河北省唐县去世，时年 49 岁。

白求恩去世后，毛泽东为了悼念他，专门写了一篇文章——《纪念白求恩》，在 1939 年 12 月 21 日发表。文中说："我们大家要学习他毫无自私自利之心的精神。从这点出发，就可以变为大有利于人民的人。一个人的能力有大小，但只要有这点精神，就是一个高尚的人。"

白求恩的遗体初时安葬在河北唐县，1949 年迁至石家庄的华北军区烈士陵园。2009 年，白求恩被列入"100 位为新中国成立作出突出贡献的英雄模范人物"。

（资料整理：霍丹琳）

郭 征

郭 征（1914—1939）

郭征，又名郭辉勉，出生于江西省泰和县。

1930 年 7 月，郭征参加中国工农红军。1931 年 1 月，正式加入中国共产党。1933 年 10 月，他先后被调到红 9 军团第 7 团和军团司令部任侦察通讯科参谋。后参加长征，并升任侦察通讯科科长。

1937 年 1 月，郭征被选送延安中国人民抗日军政大学学习，成为第二期学员。在抗大，他认真学习马克思主义哲学和毛泽东关于《中国革命战争的战略问题》等著作，开始对中国革命战争的特点、人民战争思想和中国共产党在抗日时期的任务等问题，有了更深刻的认识和理解。

1937 年抗日战争全面爆发后，郭征离开延安，调任八路军第 120 师司令部作战科长，并随军开赴抗日前线，转至晋西北，创建抗日根据地。他曾随师部组织的地方工作团广泛发动群众，宣传《抗日救国十大纲领》，组建抗日武装，建立抗日根据地。1939 年 4 月，任八路军第 120 师独立第 1 旅参谋长。后参加指挥冀中抗日根据地第五次反"扫荡"作战，以"盘旋式打圈子"战术，使敌人连连扑空，粉碎了日军的"扫荡"。

抗日战争期间，郭征历任八路军第 120 师侦察科长、五寨地区抗日自卫队队长、第 120 师独立第 4 支队第 2 团团长、独立第 1 旅参谋长，并在冀中地区参加和指挥过大小战斗 116 次。在 1939 年 4 月的齐会战斗中，郭征率领所属部队与友邻部队协同作战，向日军发起猛烈攻击。是役，歼敌 700 余人，取得齐会战斗的重大胜利，创造了平原歼灭战的成功范例。战后，八路军第 120 师师长贺龙对师政治部主任甘泗淇说："要给郭征这个江西伢子记功。"9 月，郭征随军由冀中进至河北行唐，与日伪军展开陈庄战斗。独立第 1 旅与敌人激战四个昼夜，连续打退敌人的多次进攻。29 日，郭征率部将 200 余日伪军压缩到一个狭小的山沟里。为了迅速解决战斗，他指挥部队冲锋，向敌人发起最后攻击。就在这时，敌人的一排子弹击中了他的头部和胸部。战士们把他抬下阵地，送到前方包扎所，因伤势过重，郭征不幸牺牲，年仅 25 岁。

第 120 师参谋长周士第、政治部主任甘泗淇和独立第 1 旅的广大指战员们，在河北省行唐县秦台乡秦台村为郭征举行了隆重的追悼会，并将他的遗体安葬在秦台村西南山坡的高地上，在汉白玉墓碑上镌刻着"民族英雄郭辉勉之墓"九个大字。

郭征仅仅走过 25 年短暂的生命历程，却在烽火弥漫的抗日战场上，用鲜血和生命书写了自己壮丽的人生诗篇。八路军第 120 师独立第 1 旅政治部主任杨琪良评价郭征："在部队中威信很高，不仅军事工作出色，对政治机关和党的思想政治工作也很支持。"

1983 年 9 月，郭征烈士魂归故里，他的骨灰迁回家乡江西省泰和县，安放在县革命烈士纪念馆灵堂内。

（资料整理：汤小川）

董毓华

董毓华（1907—1939）

董毓华，字质存，曾化名王春裕、王仲华，出生于湖北省蕲春县。

1925年，董毓华由董必武介绍加入中国共产党。1933年秋，从武汉到北平考入中国大学政治经济系，成为该校中共党组织主要领导人。1935年11月，北平学生联合会成立，董毓华被推选为主席，组织领导了震惊国内外的一二·九学生爱国运动。1936年3月，董毓华受刘少奇委派赴上海，负责筹建全国学生救国联合会和全国各界救国联合会，把抗日民族统一战线推向全国。经过紧张而周密的准备，这两个组织相继成立。1936年7月，董毓华奉命返回天津，在华北地区开展上层人士的统战工作，发展救亡组织，担任"平津各界救国联合会"主席、"华北各界救国联合会"组织部长，是天津党、政、军办事处的负责人之一。

抗日战争爆发后，董毓华领导华北人民抗日武装自卫委员会，深入冀东和津南等地组织群众武装，配合华北及全国各抗日战场，沉重地打击了日本侵略者。受中共河北省委派遣，董毓华到高志远部队担任党代表，把这支民团武装改造成为一支拥有四万人的抗日武装。1938年6月，董毓华与冀东抗日联军领导人召开会议，决定利用八路军挺进冀东的大好形势，发起冀东抗日武装大暴动。7月11日，董毓华率兵发动起义，迅速攻克了昌黎、滦县、乐亭县城，有力配合了全局战斗，使冀东抗日武装大暴动获得胜利。

面对优势敌人的反扑，董毓华奉命带队向平西转移，并把这支队伍改编入八路军，任平西抗日联军司令。1939年1月，任中共冀热察区委会秘书长。同年3月，董毓华又担任了八路军冀东抗日联军司令员，并作为冀热察区代表，赴延安出席会议。1939年6月，正在前线指挥作战的董毓华，因长期疾病和劳累而病倒，在涞水县蓬头村军区医院不幸逝世，时年32岁。

董毓华牺牲后，时任冀热察挺进军司令员的萧克在挽联上写道："一见倾城，推心置腹，共谋国家大计；三军仰止，怀德颂功，同悼民族先锋。"时任冀热察区委宣传部长的姚依林写道："为国家为民族鞠躬尽瘁，从同志从兄弟终生缅怀。"表达了深切的敬仰和缅怀之情。

（资料整理：汤小川）

魏大光

魏大光，学名纪青，曾用名占瀛，出生于河北省霸县（今霸州市）。

1935年，魏大光到天津当搬运工，积极参加抗日救亡活动。1936年冬，因破坏日商在天津开设工厂的配电装置而被捕入狱。1937年七七事变后，他越狱回乡，组织起1000多人的抗日武装，曾指挥所部取得永清吴家场反日军包围战斗的胜利。

魏大光（1911—1939）

1938年3月，魏大光率部接受中国共产党的领导和整编，任华北人民抗日联军第27支队司令员。为提高部队战斗力，他对部队进行整顿，制定了各种规章制度，加强思想政治工作，并紧紧依靠人民群众的支持，使部队面貌焕然一新。第27支队的出现不仅使日伪军不敢轻易向津西进犯，而且使天津市的日军也受到威胁。魏大光经常派人潜入天津市区，破坏敌人输电线路等设施，搅得敌人惊恐不安。1938年11月底，部队到达任丘青塔镇一带，改编为八路军第3纵队及冀中军区独立第5支队，魏大光任司令员。

1939年初，在八路军第120师师长贺龙的亲自主持下，在河间县（今河间市）城西大团丁村将冀中军区独立第5支队两个大队与第358旅第716团合编为八路军第120师独立第2旅，魏大光任旅长。从此，这支部队进入八路军序列，成为中国人民抗日武装的一支主力军。同年4月，参加八路军第120师发动的齐会战斗，此役歼灭日军精锐部队700多人，打了一个漂亮的歼灭战，魏大光及所部威震敌胆，名扬全国。5月，贺龙师长派魏大光回霸县、永清等地扩编抗日队伍。魏大光不辞辛劳，与各地抗日武装进行广泛接触，宣传中国共产党的抗日主张。至8月间，将霸县、安次、永清等十几支抗日武装共千余人收拢起来，在永清刘靳各庄一带集中。然后在永定河套地区行军演练，向群众展示军容，又吸引了一部分热血青年报名参军。

1939 年 8 月 26 日，魏大光扩充部队的任务即将完成，此时他准备去霸县黄庄子村召开会议。由于大清河决口，洪水成灾，魏大光与随行人员只好从永清县的刘靳庄分乘三只大船前往黄庄子村。两只大船一前一后，魏大光乘坐的指挥船，行在中间。当船行至金宝公路北侧时，发现了日军新架设的电线。魏大光当即下令将日军电线砍断，于是指挥船划到最前方引路。刚穿过公路，行至大宁口村北时，不巧和日军汽船相遇。日军两挺机枪一齐向指挥船扫射，火力十分凶猛，魏大光率部用短枪奋力还击。双方船只越靠越近，在这紧急关头，魏大光带头跳入水中，一面躲避子弹，一面组织人员向敌人还击。敌人更加疯狂，用机枪拼命射击，魏大光不幸头部中弹，壮烈牺牲，年仅 28 岁。

噩耗传来，指战员悲痛不已，八路军参谋长叶剑英在《八路军军政杂志》上发表《悼八路军魏旅长大光光荣殉国》的文章，高度赞扬魏大光光辉的一生。独立第 2 旅副旅长廖汉生惋惜地说："魏大光同志年仅 28 岁就牺牲了，这是我党我军的一个重大损失，人民将永远怀念他。"

（资料整理：汤小川）

马振华

马振华，曾化名李泽民，生于河北盐山县。

马振华于 1932 年加入中国共产党。1934 年，马振华被调到中共津南特委任特派员，积极发展党员，组织进步民众开展革命工作。

抗日战争全面爆发后，马振华历任中共津南特委组织委员、冀鲁边区工委组织委员、华北人民抗日救国会会长，并与鲁北特委的于文彬等人组建华北民众抗日救国军，担任政治部主任。1937 年 8 月，时任津南特委组织部长的马振华在宁津县城召开县委会议，

马振华（1904—1940）

部署了抗战中的统战工作。同年 10 月，以马振华为首组织的冀鲁边区抗日救国军在旧县成立。马振华重视并亲自指导开展政治工作，严格组织纪律，提倡群众性的练兵活动，提高部队战斗力。在击溃伪军刘芳庭部的进攻后，继而率部奔袭无棣，围攻乐陵，克复庆云等县城，沉重地打击了日伪军，鼓舞了当地人民抗战的热情。

1938 年，马振华调任地方工作。在工作中，马振华坚持开展平原游击战争，批驳了邢仁甫逃跑主义主张，稳定了军心，坚定了抗战胜利的决心，鼓舞了抗日军民的斗志。

1940 年，马振华先后任中共冀鲁边区战委会主任，中共冀鲁边区特委民运部长、组织部长和中共冀鲁边区津南党委第一地委书记等职，兼任中共冀鲁边军区津南军分区政委。同年 9 月 11 日，马振华到山东省宁津县检查工作，在柴胡店区薛庄召开会议，被敌探侦知情况。敌人遂纠集杜集、大柳、柴胡店等五个据点的日伪军 300 余人，于 12 日拂晓将薛庄包围。马振华为掩护到会人员突围，于最后撤离时中弹牺牲，时年 36 岁。

为悼念马振华，冀鲁边区党政机关干部及宁津县抗日军民 3000 人，在桃园刘村召开了追悼大会。会上，广大抗日军民义愤填膺，群情激昂，纷纷表示要更加英勇地战斗，狠狠打击日本侵略者，为马振华报仇雪恨，誓死保卫国家、保卫人民。

为纪念马振华烈士，宁津县随后改称振华县（1949 年 5 月又改称宁津县），以寄托全县人民的哀思。现在，宁津县城依然有一条大街被命名为"振华大街"。

（资料整理：汤小川）

王　溥

王　溥（1908—1940）

王溥，原名王彦东，1908年出生于辽宁省兴城县曹庄乡的一户富裕家庭。1923年考入兴城县立中学。1924年，考入东北军郭松龄部的军官教导班，后入东北讲武堂学习，毕业后留校任少校教官。1931年九一八事变后，任保定伪警防队第3纵队第6区队上校区队长。

1937年，日本帝国主义发动了蓄谋已久的全面侵华战争，王溥在思想上产生了很大的触动。此后，八路军与王溥进行了多次秘密接触，反复向他介绍抗日战争全面爆发后的形势和中国共产党的抗日民族统一战线政策。1938年8月23日，日伪警防队第3纵队第6区队2000余人，在区队长王溥、大队长石振声的率领下，毅然反正，投入到抗击日本帝国主义侵略的洪流之中。王溥领导的武装起义，是在日军进攻十分猖獗的时候举行的，震动了整个华北，震撼了日伪政权，震惊了汉奸恶霸，沉重地打击了日本侵略军。

1938年8月31日，起义军被晋察冀军区正式授予"晋察冀军区抗日游击军"的番号，下辖三个大队，李允声任司令，王溥任副司令。1939年7月，王溥加入中国共产党。

1940年8月，八路军在华北发动了著名的百团大战。游击军主要担负破袭平汉线新乐站至望都方顺桥路段的铁路和桥梁任务。军民协同作战，共炸毁四座50米以上的铁路桥梁，收割电线数千斤，有力地打击了敌人。历次战斗，王溥都身先士卒，亲自率领部队袭击唐县和司各庄之敌。日军闻风丧胆，曾多次派出特务侦察王溥的行踪，重金收买汉奸刺杀王溥。

1940年11月，日军调集三万余人，自9日开始，对北岳抗日根据地进行大规模的"扫荡"。11月16日，游击军军部和直属分队，在曲阳县张家峪遭敌合击，当时第1支队在冯口一线，第3支队位于东石门一线，第2支队在参谋长赵复兴的率领下，正在掩护吕正操的部队过铁路。日军通过无线电波测向准确地判明了游击军军部的位置，继而重兵突入张家峪，在飞机的掩护下，日军以优势兵力，同游击军展开激战，战斗异常残酷，游击军直属分部损失惨重。

王溥在率部突围时壮烈牺牲，时年 32 岁。

王溥是晋察冀军区抗日游击军的创始人，他的牺牲是游击军的一个重大损失。聂荣臻曾这样说："英勇作战光荣殉国的司令员王溥，曾经受敌寇压迫，在冀东伪警防队饱经痛苦，阅尽敌寇黑暗野蛮的奴役、宰割与谋害，亲见敌寇对我祖国同胞横加凌辱、淫掠与屠戮，愤而高举义旗，反戈抗日，回到祖国的战场上来，为保卫民族，保卫边区，而不断奋斗，终于流尽了最后一滴血，洒在他所热爱的祖国的山川上。"晋察冀第三军分区政治委员王平说："他在光芒万丈的抗日斗争史上，写下了不平凡的一页……我们将用胜利的高歌来慰悼他不朽的英灵。"

（资料整理：梅振旭）

节振国

节振国 1910 年出生于山东武城县刘堂村一个贫苦农民家庭，是冀东著名的工人抗日民族英雄。

节振国幼年家贫，1920 年全家逃荒到河北开滦赵各庄煤矿，14 岁便下井做童工，饱尝生活艰辛，养成刚强、倔强、勇敢的性格，并学到一身过硬武功。九一八事变后，他深明民族大义，带领工人抵制日货，砸日人商行，深受工人拥戴。

节振国（1910—1940）

1938 年秋，冀东抗日部队在西撤途中受到重创。节振国率领的工人特务大队也伤亡、散失了大部，加之与抗联司令部失去联系，部队情绪波动很大。节振国鼓励大家咬着牙干下去。在节振国的带领下，工人大队在召集失散人员的同时，四处寻找抗联总部，终于在北部山区找到了李运昌司令员。节振国看到共产党领导的部队，在困难的条件下继续与日军进行殊死的斗争，心情非常激动，怀着对党的敬仰和向往之情，郑重地向李运昌提出入党要求。

节振国在党的领导下坚持抗战，这支以产业工人为骨干的百余人的抗日队伍又活跃起来。他按照抗联司令部的布置，率部队活跃在矿区和滦县榛子镇一带。为了扰乱日军后方的治安，节振国多次率游击队进入赵各庄袭击伪警察所、打特务、除民团，使赵各庄日伪统治机构一度陷于瘫痪。日寇连遭打击，恼羞成怒，向赵各庄派驻了守备队，在矿区周围不断"扫荡"。面对叛变投敌的把兄弟、同乡夏连凤的劝降，节振国疾恶如仇，大义灭亲，当即将其处决，并将尸首示众。在以后的抗日岁月中，节振国对敌作战越来越勇敢，思想觉悟也越来越高。1939 年秋，在丰润霍庄，由中共冀东地委书记周文彬介绍，节振国光荣加入了中国共产党，实现了他的夙愿。

1940 年 5 月，节振国从晋察冀分局党校学习结业后，随部队返回冀东。7月，他到达丰滦迁地区后，连夜赶到司令部请战。经他再三请求，李运昌司令员同意他暂时与第 12 团一起行动。1940 年 8 月 1 日，节振国在第 12 团团长陈群的指挥下，率旧部夜袭赵各庄敌人弹药库后，撤至滦县下尤各庄休整。下午 2 时，部队遭到敌人围攻。经过激战，消灭日军 50 多人。紧接着部队又在下尤各庄东与敌展开战斗，节振国在逼近敌人阵地时，左胸中弹，壮烈牺牲，时年仅 30 岁。

当毛泽东在延安听取冀东区党组织负责人吴德介绍节振国事迹时，曾指示说：这个同志很好，我们要注重保护培养。可惜的是节振国未能听到领袖的关怀，就为国捐躯了。节振国牺牲后，周恩来在重庆知道了他的事迹，指示文艺工作者要创作关于节振国的作品，教育人民，打击敌人。1940 年，慰冰在《中国工人》杂志第 11、第 12 两期以"中国工人阶级的英雄——白脸狼"为题，向解放区军民介绍节振国的英雄事迹。

（资料整理：梅振旭）

吴隆煮

吴隆煮（1914—1940），1914 年生于湖北省黄安（今红安）县曹门湾的一个贫苦农家。1930 年参加红军，随红四方面军转战鄂豫皖和川陕根据地，参加了长征，先后担任班长、排长、连指导员、营政委等职。

1937 年 7 月 7 日，全面抗战爆发。8 月，吴隆煮离开延安，日夜兼程，直奔八路军第 129 师第 386 旅第 772 团，任第 3 营特派员。他所在的团是一支敢打硬仗的队伍，他所在的营原是红四方面军的第 279 团，以善于追击而闻名，是有名的"飞毛腿营"。

1937 年 9 月 30 日，吴隆煮所部从陕西省富平县庄里镇出发，到达正太路南侧地区，阻击由石家庄侵入山西的日军。10 月下旬，日军由石家庄沿正太路猛攻娘子关，配合同蒲路日军会攻太原，晋东形势危急。

10 月 25 日，陈赓旅长亲率第 772 团进至川口、孔氏村、王德寨一线，准备侧击沿正太路西犯之敌。26 日，王近山副团长奉命率第 3 营，乘夜色进入平定县七亘村设伏。

这是第 772 团开赴抗日前线后的第一仗，也是吴隆煮参加抗战的第一仗。天渐渐放亮了，趴在草丛中的战士们因初次与日军作战，神情有些紧张。细心的吴隆煮注意到这一切，便轻声给大家鼓劲："战斗中，只要出击时又快又猛，就能打出八路军的威风来！"上午 8 时，从测鱼镇方向传来阵阵马蹄声，敌辎重部队在 100 余名步兵护送下，由东向西开进。当敌先头部队通过了设伏区，后尾部队尚在东门口村，中间的辎重部队 300 多人和驮运物资的骡马，正进入伏击区时，第 3 营即向敌辎重部队发起猛烈的攻击。紧接着吴隆煮率战士同敌展开激烈搏斗。经过两小时激战，毙敌 300 余人，缴获了大批骡马及军用物资。

第 3 营执行上级命令，再接再厉，又于 10 月 28 日上午再次在七亘村打了个漂亮的伏击战，毙敌百余人。首战的胜利，大挫日军的锐气，鼓舞了太行山抗日根据地军民的斗志。

七亘村伏击战后，吴隆煮被任命为第 772 团第 3 营教导员，不久根据工作需要调任第 772 团第 1 营教导员。从 1937 年底到 1938 年 4 月，吴隆煮随部队转战到晋东南地区，参加了长生口诱伏战、神头岭伏击战、响堂铺伏击战、长乐村追歼战等著名战斗。

1940 年 8 月，百团大战开始。这一天，夜幕降临，晚风轻拂。吴隆煮率第 17 团第 1 营、第 3 营和民工共 3000 人，借着月光，从沁源县郭家山出发，跋山涉水，穿过青纱帐，按时集结在铁路线上，展开破袭战。与此同时，为确保 3000 名破路大军的安全，上级命令第 17 团第 1 营第 1 连，担负在铁路和公路交叉的咽喉要道龙珠寺的警戒任务，卡断通向漳源、新店的公路和铁路，阻止敌人向北增援。21 日上午，敌人的炮弹像雨点般落在阵地上。吴隆煮冒着炮火，举起望远镜，站在阵地前沿的工事里观察敌情。这时，敌机枪向阵地扫来，吴隆煮一把将身边的通信员推倒，自己却倒在了血泊中，壮烈牺牲，年仅 26 岁。

（资料整理：梅振旭）

张自忠

张自忠（1891—1940）

张自忠，字荩忱，1891 年 8 月 11 日出生于山东省临清县（今临清市）唐园村。1908 年考入临清县（今临清市）高等小学堂。1912 年考入天津北洋法政学堂。1914 年投奔奉天陆军第 20 师第 38 旅第 87 团团长车震。1919 年进入冯玉祥部鹿钟麟的教导团学习，被冯玉祥誉为"标准学员"。此后任连长、旅长等职。

北伐战争期间，张自忠致力于训练部队，向来自己带头、严肃军纪，极重训练和管理，注重中国传统的道德精神、爱国精神和军纪精神的教育。所辖部队考绩常为军中第一，号称"模范"。1930 年中原大战后，冯玉祥军事集团瓦解，大部被蒋介石收编。第二年，张自忠任第 29 军第 38 师师长兼张家口警备司令。

1933 年初，日军侵占山海关和热河省，并向长城各要塞推进。宋哲元奉命率第 29 军前往喜峰口到罗文峪一线阻敌进犯。张部与敌在长城一线较量 40 余日，取得一次次胜利。5 月 30 日，《塘沽协定》签订，战斗停止。

1935 年华北事变后，张自忠任察哈尔省主席。作为"守边大臣"，他在不战不和的境地中审时度势，加紧整训部队，使部队的战斗力大为增强。1937 年七七事变爆发后，华北、平津局势变得极为复杂特殊。张自忠临危受命，任代理冀察政务委员会委员长、北平绥靖主任兼北平市长。之后几年内，张自忠多次率部血战日军，在徐州会战、随枣会战等战役中屡建功勋。

1940 年 4 月，日军集中六七个精锐师团近 15 万兵力，再次向鄂北的随县、枣阳地区进犯。当时第 33 集团军驻守在襄河西岸。从 5 月 1 日开始，日军分三路大举进犯，于 8 日进至枣阳，与守军发生激战，迫使守军撤出。第五战区即组织部队对北进之敌实施反包围，经过恶战，日军向南撤退。张自忠部奉命出兵截击敌人。

从 5 月 8 日张部在新街与敌人遭遇后到 16 日拂晓，张部进至宜城大洪山区罐子口时，遭到日军猛烈炮击，张部被迫退至南瓜店。午时，张自忠左臂负伤。稍后，张自忠腰部又被机关枪击中，他卧在地上浴血督战。战斗后期，张自忠身上又中五弹。高参张敬用手枪击毙敌兵数名后牺牲。弥留之际，张自忠留下最后一句话："我力战而死，自问对国家、对民族、对长官可告无愧，良心平安！"一代名将张自忠壮烈殉国，时年 49 岁。

时任国民政府监察院院长的于右任题词："其立志也坚，其制行也烈，初龁齿于危疆，终受命于前敌，身死功成，永为民族之光荣，使军人之圭臬。"

在延安，毛泽东主席赠词"尽忠报国"，周恩来题写"为国捐躯"，朱德书挽"取义成仁"。1943 年 5 月 16 日，《新华日报》发表周恩来的文章《追念张荩忱上将》，文中说："张上将是一方面的统帅，他的殉国，影响之大，决非他人可比。……其忠义之志，壮烈之气，直可以为我国抗战军人之魂！"

（资料整理：梅振旭）

李林（李朝法）

李林（1914—1940），本名李朝法，字惠卿，化名忠义。1914 年出生于河北威县北马庄村。李林 1930 年加入中国共产党。1935 年秋天参加冀南农民武装暴动，任冀南人民抗日救国军副连长。1936 年 1 月任华北人民抗日救国军第 1 师副连长兼排长。1937 年 2 月被派到延安中共中央党校学习。1938 年 3 月任中共广（宗）威（县）中心县委书记，成立地方抗日政权，创建拥有 100 多支枪的游击队和两个县区武装。同年 4 月，先后调任冀南独立支队政治委员、第 1 军分区司令员。年底组建了赵县、藁城、束鹿、晋县（今晋州市）、宁晋、栾城等县抗日民主政府和各县游击大队，抗日武装力量达 7000 余人。冀中、冀南两个抗日根据地的迅速发展，对日军威胁很大，日军除了对抗日根据地和八路军正规部队进行大规模"扫荡"外，还推行"囚笼战术"，将两个地区分割成若干小块，每隔二三里修建一个炮楼。为了打破敌人的"囚笼战术"，抗日根据地军民于 1940 年夏季开展了大规模的破路斗争。

1940 年 6 月，李林调任八路军第 129 师新编第 9 旅第 25 团团长兼政委。7 月 26 日，他指挥部队巧妙布下埋伏，仅用十几分钟就歼灭了百余名伪军、40 多名日军，被第 129 师首长称赞"这创造了平原地区迅速、干脆消灭敌人伏击战的范例"，受到八路军总部的通令嘉奖。

1940 年秋，为粉碎敌人的"囚笼"阴谋，八路军总部决定发动百团大战。八路军总司令朱德、副总司令彭德怀、副参谋长左权下达战役预备命令，规定以不少于 22 个团的兵力，大举破袭正太铁路。同时要求对同蒲、平汉、津浦、北宁、德石等铁路以及华北一些主要公路线，也部署适当兵力展开广泛的破击，以配合正太铁路的破袭战。

新第 9 旅的任务是破击德石铁路。李林率第 25 团主力破击德石铁路王七庄至贾村段，并抽调一个连配合景县抗日游击队破击景县至宋门公路。他们扒铁路、炸桥梁，取得丰硕战果。9 月 16 日，驻南宫、大高村、垂杨村的大批伪军统一行动，对驻在大辛庄的第 25 团进行突然袭击。李林指挥三个营在大辛庄的西面、北面进行阻击。当他发现敌人实施分兵包围大辛庄的意图后，遂决定撤出战斗向外转移。大部分部队撤出了大辛庄，只有第 2 营第 5 连被敌人堵在了村内。第 5 连指战员在敌众我寡的情况下，与敌展开巷战。当天晚上，李林率领第 25 团在第 26 团的配合下，一举攻入大辛庄，毙伤敌人 100 多人，救出了第 5 连指战员。

11 月 1 日，在德石路附近进行"扫荡"的日伪军向驻在李秦村的第 25 团发动进攻。战斗打响后，李林率领第 3 连和骑兵排向敌人后面发起进攻。经过激战，将顽敌全部歼灭。打扫战场时，李林被残敌杀害，年仅 26 岁。

（资料整理：梅振旭）

李林（李秀若）

李林，女，原名秀若，又名小峰。1915年出生于福建尤溪，三岁随养母侨居印度尼西亚泗水，以学名李秀若入读其父创办的华侨小学。

1929年，怀着对帝国主义者的满腔愤恨和对祖国大好河山的热切憧憬，李林随养母回到故乡，进厦门集美学校读书。1933年冬，就读上海爱国女中，积极参加学生抗日救亡运动，她参加了共产党人领导的抗日救亡青年团，写下"甘愿征战血染衣，不平倭寇誓不休"的誓言。

李　林（1915—1940）

1936年，李林来到抗日救亡运动的中心北平，考入北平民国大学政治经济系。她如饥似渴地阅读马列主义著作，积极参加各种抗日救亡活动，并加入了中国共产党外围组织"中华民族解放先锋队"。这年12月12日，北平学联为抗议国民党政府在上海逮捕救国会"七君子"，组织了一次大规模的示威游行。李林担任民国大学游行队伍的旗手。面对警察的暴力阻拦，她告诉护旗的男同学说："如果我倒下了，你们要接过去，红旗绝不能倒！"不久，李林光荣加入中国共产党。同年底，李林响应中共北平市委的号召，奔赴太原，参加山西牺牲救国同盟会（简称"牺盟会"）举办的国民师范学校军政训练班，接受军事训练，任特委宣传委员兼女子第11连党支部书记。

1937年，全国抗日战争爆发后，李林坚决要求到前方杀敌。被派到大同，任牺盟会大同中心区委宣传部部长。后随晋绥边区工作委员会到雁北抗日前线，宣传和组织工人、农民、学生参加抗日武装。11月，任雁北抗日游击队第8支队支队长兼政治部主任，率部深入敌后与日伪军展开斗争，她勇敢坚定，机智灵活，指挥得当，接连获胜。1938年春，李林改任整编后的独立支队骑兵营教导员，率部驰骋雁北、绥南与日伪军作战，屡建战功。贺龙称赞她是"我们的女英雄"。同年秋，任中共晋绥边区特别委员会宣传部部长，兼管边区地方武装。1939年3月参加阎锡山在陕西宜川秋林镇召开的晋绥军政民高级干部会议，会上她同国民党顽固派进行了针锋相对的斗争，以铁的事实和亲身经历，讲述八路军和山西新军深入敌后、出生入死、打击日伪军的英勇壮举。阎锡山曾亲自派人向她利诱，李林不为所动，表现了共产党人的凛然正气。1940年1月，李林任晋绥边区第 11 行政专员公署秘书主任，不久当选为边区行政公署行政委员会委员。

1940 年 4 月，日伪军集中 1.2 万兵力，对晋绥边区进行"扫荡"。晋绥边区特委、第 11 行政专员公署机关和群众团体等 500 余人被包围。为掩护机关和群众突围，她不顾怀有三个月的身孕，率骑兵连勇猛冲杀，将日伪军引开，自己却被围困。26 日，在身负重伤后，仍英勇抗击，毙伤日伪军六人。被日伪军包围后，她不愿被俘，将最后一发子弹射向了自己。

中共晋西北区党委机关报《新西北报》发表社论，称赞李林是"中国民族英雄的最光荣典型"。2009 年，李林被评为"100 位为新中国成立作出突出贡献的英雄模范人物"。

（资料整理：梅振旭）

李　荣

李荣（1901—1940），江西人。1929 年参加工农红军，随部队多次参加反"围剿"作战，1930 年加入中国共产党，曾在中央红军大学学习。1934 年随红军主力参加长征。1935 年 8 月，毛儿盖会议以后，红军分为左、右两路军，李荣被调到红军左路军总部任作战科科长。随后，李荣调任第 33 军参谋长，协助军长罗南辉、政治委员张广才，指挥部队作战，1936 年长征抵达陕北。

1937 年七七事变爆发，全民族抗战拉开了序幕。根据国共两党协议，中国共产党领导的陕甘宁边区工农红军主力改编为国民革命军第八路军。1937 年 8 月李荣调任八路军总部高级参谋。

为建立敌后抗日根据地，按照党中央的战略部署，由八路军第 129 师抽调兵力组建东进抗日游击纵队（简称"东进纵队"），在司令员陈再道、政委李菁玉率领下，于 1938 年 2 月 8 日进驻南宫县城，司令部就设在"华兴公司"。1938 年夏李荣被调至八路军第 129 师东进纵队任高级参谋，协助恢复创建基层党组织，领导冀南军民发展抗日武装。经过努力，八路军东进纵队开辟了全国第一块平原抗日根据地，为取得抗日战争的全面胜利作出了重大贡献。

1939 年初，根据部署，冀南抗日游击军区和东进纵队分开，正式成立冀南军区，下设五个军分区。李荣调任冀南军区第四军分区司令员兼政治委员。同年 3 月，日伪军三路合击冀南四分区，李荣率部对日作战，掩护机关人员突围，毙伤敌 70 余人。同年 8 月，李荣率冀南四分区部队袭击威县城。同时，在极端艰难的情况下，李荣率领部队有效阻击了日伪军对冀南抗日根据地的多次"扫荡"，并多次组织实施粉碎敌人"囚笼战术"的战斗，对争取华北抗日战局的好转，发挥了重要作用。

1940 年 7 月，在河北省永年县临洺关战斗中，李荣不幸壮烈牺牲，年仅39 岁。

（资料整理：许维国）

杨木贵

杨木贵（1901—1940），河南南阳人，商人出身。

1936 年，杨木贵参加红军游击队，曾任闽北游击队中队长。1938 年 4 月，南方八省的红军游击队统一改编为国民革命军新编陆军第四军，闽北红军游击队被编为新四军第 3 支队第 5 团，杨木贵负责第 5 团的军需工作，同年加入中国共产党。1939 年春，任第 3 支队军需主任。

杨木贵对工作认真负责，吃苦耐劳，安排周密，与贪污浪费等恶习做坚决的斗争。一年时间他使支队军需工作有了正规建设的基础，在经济十分困难的情况下，例行节约，不仅保障了部队的供给，而且还节省了三万多元的开支。在新四军军需工作会议上第 3 支队被评为最佳支队。

1940 年 4 月 24 日，日军出动两个师团 5000 余人，分兵两路向新四军云岭军部进犯。一路 2000 余人由湾址经黄墓渡、青弋江、南陵县城、峨岭侵犯三里店。另一路 3000 余人入侵戴家汇和童村桥，企图侵占何家湾，控制南繁至青阳的交通，包围何家湾以北繁昌以南三条冲一带的新四军各部，以优势兵力，消灭新四军外围兵力。但猖狂的日军在何家湾受到新四军有力的回击。

何家湾北距繁昌，西距青阳，西北距铜陵，均为35公里，四处都有大路相通，是敌人企图占领铜、青、南、繁的交通联络中心点，战略地位十分重要。4月25日，日军在行进中调整了部署，入侵戴家汇和童村街后，随即把两路分为三路向何家湾进犯。一路由九楖庙、水龙山向何家湾北侧进攻，该敌系日军青水师团之生田、安达两部。一路从戴家汇经绿岭直扑何家湾，该路系日军田中部。另一路从童村街经晏公殿向何家湾南侧苏家冲侵犯。26日上午9时，由六里丁方向进犯的日军500余人，与新四军第2支队第3团直属部队发生战斗。激战两小时，九郎庙之敌2000余人前来增援。

随后，日军大量步、骑、炮兵，在飞机掩护下，分三路向苏家村附近新四军阵地进攻。激战至下午4时，敌数次冲锋均被击退。新四军第3团第1营于26日中午11时到达何家湾附近，与敌人遭遇，双方展开激战。至黄昏，日军不支，向木镇方向撤退。此次战斗历时九小时，毙伤日军300余人。

4月26日，杨木贵及军需处的战士在安徽南陵何家湾与日军遭遇。战斗中，杨木贵等人与部队失散，在敌机的轰炸、扫射下，杨木贵率数名战士向日军火力薄弱的方向冲杀，不幸头部中弹。为不使公款落入敌人之手，他毅然抱着公款，拼出最后一点气力，滚下山崖，壮烈牺牲，时年39岁。

新四军最终赢得了何家湾战斗的胜利。在打扫战场时，战士们发现了杨木贵的遗体，他的双手仍然紧紧地握着公款包，为国家、为民族尽了最后的责任。

（资料整理：梅振旭）

杨靖宇

杨靖宇，原名马尚德，字骥生，1905 年生，河南省确山县人。在东北从事党的地下工作时，曾化名张贯一、乃超。1932 年赴南满领导抗日武装斗争时，改名杨靖宇。

杨靖宇 8 岁时进私塾读书，1918 年入确山县高等小学读书。1923 年就读于开封纺织染料工业学校，开始接受马克思主义。1925 年 6 月，加入中国共产主义青年团。1927 年 3 月，为迎接北伐军胜利北进，领导了确山农民起义。同年 5 月加入中国共产党。1928 年

杨靖宇（1905—1940）

初调到中共河南省委工作，在洛阳、开封等地先后三次被捕入狱。

1929 年，杨靖宇奉中共中央之命赴东北，任中共抚顺特别支部书记。同年秋被捕，在狱中坚持斗争。1931 年九一八事变后出狱，任中共哈尔滨市委书记、满洲省委委员、代军委书记等职，积极领导东北人民的抗日斗争。1933年任中国工农红军第 32 军南满游击队政委、东北人民革命军第 1 独立师师长兼政委。1934 年任南满抗日联军总指挥、东北人民革命军第 1 军军长兼政委等职。1937 年任东北抗日联军第 1 路军总指挥兼政委，基本队伍有 6000 余人，分布南满一带开展抗日斗争。卢沟桥事变后，杨靖宇发动西征，经常出击日军，支援关内的斗争。1938 年 5 月，召集南满党和军队干部开会，讨论坚持游击战争的策略。会后，在通化、临江一带开展抗日斗争，给敌伪军以沉重打击。同年冬，日寇实施惨无人道的归屯并户政策，进行武装屯田移民，加强对南满抗日根据地的摧残，抗日联军的处境更加艰难。杨靖宇率第 1 路军一部 1400多人，进入长白山密林中。次年，抗联部队在蒙江县境与敌人战斗中受重大损失，队伍剩 400 余人。

1940 年 1 月，为解决部队给养问题，第 1 路军主力北上，杨靖宇自己带领一支小部队东进。最后，他身边仅有的七名战士有四名负伤，于是杨靖宇下令四人转移。后来，他派了剩下的两名战士去村落里找些吃的，下山后，两名战士被日伪军杀死。2 月 23 日，杨靖宇孤身一人在吉林蒙江县（今靖宇县）保安村前三道崴子四个中国人，杨靖宇恪守党的铁的纪律，不拿群众的一针一

线，于是给了他们钱，让其中一人帮他去买些食物和棉鞋。那个人回大屯后将消息泄露给日伪当局。关东军讨伐队将其包围，并紧急召集由抗联叛徒组成的伪满特工队参战。经过数小时激战，杨靖宇被叛徒机枪点射命中要害，壮烈殉国，时年35岁。残暴的日军剖开杨靖宇的尸体，发现其胃里竟连一粒粮食都没有，只有棉絮、树皮和草根，令侵略者也惊愕不已。

杨靖宇将军牺牲五年后，1945年8月15日日本宣布无条件投降。10月下旬，共产党领导的东北民主联军在蒙江县建立了民主政府。新政府成立后，立即筹备为杨靖宇将军重新安葬。1957年7月15日，朱德委员长为杨靖宇烈士题词：“人民英雄杨靖宇同志永垂不朽”。1958年，经中共中央批准，吉林省在通化市修建了“靖宇陵园”。2009年，杨靖宇被列入“100位为新中国成立作出突出贡献的英雄模范人物”。

（资料整理：梅振旭）

陈文彬

陈文彬（1911—1940），又名光蛟，乳名文生，1911年6月12日出生于湖南省茶陵县腰陂乡布庄村陈家湾的一个贫苦农民家庭。

1931年7月，国民党向中央革命根据地发动第三次“围剿”，同时，也向湘赣根据地大举进攻。国民党军第63师伙同茶陵挨户团、守望队进犯茶陵地区，形势十分严峻。陈文彬十分焦急，为了保障部队战斗力，他向党组织提出规定“三不请假”的建议，即家里火烧房屋不请假；父母去世不请假；兄弟姐妹结婚不请假。党组织采纳了这个建议，并明文规定发至连队，要求党团员带头执行。这个建议在当时危急的情况下，起到了良好的作用。不久，他又被选拔到湘赣独立师、湘赣军区红军学校担任文书。陈文彬工作非常刻苦，在战斗中表现英勇，多次立功受奖。

1934年7月下旬，陈文彬在红6军团政治部任组织干事时，随军从湘赣苏区横石地区出发，突围西征。

1935年1月，陈文彬担任红军第17师第50团政委，参加了陈家河、忠堡等反"围剿"战斗。11 月 17 日,随红 2、红 6 军团被迫开始长征。1936 年 7 月,红 2、红 6 军团到达甘孜,与红四方面军会师。这时,陈文彬调任红 6 军团组织部长。10 月,红 6 军团在甘肃会宁整编,将原有的四个师缩编为三个团,陈文彬出任红军第 51 团政委。

1937 年抗日战争全面爆发后,国共实现第二次合作,红军改编为八路军,红 6 军团所属的三个团编为八路军第 359 旅第 719 团,陈文彬任该团第 2 营营长,根据中央的战略部署,进入晋西北地区开展游击战争,创建抗日根据地,不久,陈文彬任第 719 团政委。1938 年 3 月,第 719 团收复宁武县城。

1938 年夏,陈文彬带领第 719 团第 1 营进驻应县东安峪一带,宣传发动群众,帮助建立抗日民主政权,镇压汉奸,取消苛捐杂税,实行减租减息,优待抗日军人家属。同年 7 月 27 日,陈文彬与团长贺庆积奉命率部进入冀中,与张仲瀚领导的津南抗日自卫军合编,仍属第 359 旅第 719 团建制。张仲瀚任津南抗日自卫军司令,贺庆积任副司令,陈文彬任政委。

9 月 27 日,日军独立混成第 8 旅团长水原少将率第 31 独立大队及伪警备队共 1000 多人袭击陈庄。第 129 师令张仲瀚、陈文彬率部和第 714 团在慈峪以北监视曲阳、行唐、灵寿等地的日军,配合主力部队歼灭陈庄之敌。28 日,该团阻击增援之敌于白头山一线,迫使陈庄日军南逃。此次战斗,共缴获轻重机枪 23 挺,步枪 500 余支。

根据中共中央关于推动时局好转和反摩擦斗争的指示,1940 年 2 月中旬,冀南军区发动反击石友三军的讨顽战役。津南抗日自卫军和冀中军区七个团奉命开赴冀南,参加讨伐石友三顽军的战斗。3 月,战斗结束后,陈文彬在返回冀中途经新河县卫家庄时,遭到敌机扫射,不幸头部中弹,壮烈牺牲,时年 29 岁。

(资料整理:梅振旭)

陈翰章

陈翰章（1913—1940）

陈翰章，满族，出生于 1913 年，吉林敦化人。陈翰章 14 岁时以全县最小年龄参加私塾教员考试，成绩为第四名。1927 年入敦化敖东中学读书，任学生自治会负责人。17 岁时以全校第一名的成绩毕业成为小学教员。

1932 年，19 岁的陈翰章投笔从戎加入了救国军，开始了与日本侵略者死战到底的铁血生涯。后经人介绍到王德林统领的救国军司令部工作，得以结识在救国军任参谋长的抗日名将周保中。在周保中的培养教育下，陈翰章进步很快。入伍不久，即任战地鼓动队队长。1933 年，加入中国共产党，成为东北抗日联军后期领导人之一。

1934 年，陈翰章任东北抗日联军第 2 军第 2 师参谋长、代师长，后调到党领导的宁安工农义务队任政治指导员。他率部坚持活动在宁安、穆棱、敦化、额穆、汪清、珲春以及中东铁路东段以南地区，确保与中共中央驻共产国际代表团的联系通道，同时衔接北满和南满各抗日联军的情况沟通，以达到全东北配合作战的目的。

在陈翰章的率领下，第 2 师与第 5 师配合，在宁安县（今宁安市）团山子与伪军战斗，毙敌 40 余名。5 月，在镜湖南部与日寇佐藤部队激战，击毙佐藤留次郎以下十余名官兵。同月，又在宁安县烟筒沟袭击伪警察队，将其全歼，缴获轻机枪一挺、步枪 28 支。陈翰章所部被日寇称为"最为显著"的"有力之匪"。为了消灭陈翰章所部的抗日武装，敌人玩弄政治阴谋，驻宁安的日本宪兵队要求会见陈翰章。经第 5 军军部批准，陈翰章在唐头沟东山接见了日本代表雄谷太郎。雄谷建议抗联与日军合作，或者将部队移出三江地区，保存实力，以待时机云云。陈翰章义正词严地回绝了日方的条件，并警告雄谷，不要再当军国主义分子的鹰犬，否则，杀无赦。

1940 年 12 月 8 日下午 1 点 20 分左右，伪满警察队在宁安镜泊村小弯沟东南方约 2 公里处发现陈翰章部，开始围攻陈翰章部 19 人。陈翰章率部奋力反击，一时枪声大作，双方激战一小时三十分钟左右，优势兵力的"讨伐队"

打散了陈翰章部。陈翰章部突围时有五人壮烈牺牲，五人被俘，其中有赵指导员和一名朝鲜族女战士。现场留下轻机枪一挺，三八式、七九式步枪各一支，毛瑟手枪一支，勃朗宁手枪五支，携带电话机筒一个及其他物品。经被俘的陈翰章部下和叛逃部下的确认，证实遗体中有令日本侵略者心惊胆寒的抗日名将陈翰章。陈翰章牺牲时，年仅 27 岁。

（资料整理：梅振旭）

官楚印

官楚印（1909—1940），1909 年 4 月生于河南省光山县郭家河乡叶湾村一个贫苦农民家庭。三岁时，父母先后去世，他跟哥嫂相依为命。11 岁时，靠为地主放牛谋生。

1928 年春，在中共地下党领导人陈文侯、陈定侯的引导下，官楚印秘密加入了农民协会，投身革命活动。同年秋，他加入中国共产党。官楚印入党后，便在官围子、刘畈、月儿湾等周围几个村庄发展党员，发动群众，打击土豪劣绅。1929 年，郭家河、陡山河等地相继成立了苏维埃政权，官楚印被选为弦南区第五乡苏维埃副主席。

1932 年深秋，红四方面军主力撤出大别山革命根据地后，国民党军第 89 师向柴山堡地区大举进攻。在敌强我弱的情况下，地方武装和一些干部不得不转入天台山一带隐蔽。官楚印把一些乡村干部和农民组织起来，组成了弦南区第五乡游击队，坚持斗争，在莲康山、古庙一带打了许多漂亮仗。

1934 年冬，红 25 军奉命转移长征。国民党军对鄂豫皖革命根据地实行残酷的"围剿"，企图以"倒林""移民"和建立"碉堡网"等手段，扑灭大别山的革命火种。一些反动民团也纷纷反攻倒算。在极其艰难的情况下，官楚印带领游击队，采取"敌进我退，敌驻我扰，敌疲我打，敌退我追"的战术，活跃在大别山区，给敌人以沉重打击，坚持了三年艰苦卓绝的游击战争。

1936 年 3 月，中共豫东南特委成立，官楚印担任特委常委。不久，组建了豫东南第 3 路游击师，官楚印任师长兼政委。同年 4 月，他奉命带领 200 多人的游击师去攻打夏家新寨。这个寨子里面驻有五六百人的民团，寨子修造得十分牢固，外边还有一道很深的护寨河。游击队过去曾两次攻打过，因不熟悉情况，都未成功。寨主是当地闻名的大恶霸、民团头子黄子宪，他夸下海口："我的寨子是铜墙铁壁，'共匪'休想在我管辖的地方扎根。"他还在寨墙周围贴出"有来无回"几个大字，气焰十分嚣张。

官楚印吸取前两次攻寨失败的教训，发动群众献计献策，决定采取里应外合的办法攻打寨子。他先让部分战士化装成送柴、送粮的群众潜入寨内，摸清内部情况，其余的则化装成农民，同老百姓一起在寨子周围田里干活，伺机行动。午夜时分，寨子里的炮楼被混入寨内的游击队战士点燃了，趁敌人救火的机会，官楚印指挥寨外的战士乘势猛攻。敌人遭到内外夹击，霎时成了无头苍蝇，不到一个小时便结束了战斗。

全国抗日战争爆发后，战斗在大别山的红28军被编为新四军第4支队开赴抗日前线。1938年6月，官楚印奉命到延安抗大学习。1939年春学习结束后，组织上分配他回大别山区坚持抗战。在边区党委的领导下，他和同志们一起，很快又建立起一支抗日游击队，任新四军豫鄂挺进纵队路东总队政治委员。他带领这支队伍，神出鬼没地战斗在大别山区，给日军以沉重打击。

1940年7月，在湖北黄陂县（今黄坡区）王家河（今属大悟县）与日军作战中，官楚印身先士卒，英勇杀敌，不幸中弹壮烈牺牲，时年31岁。

（资料整理：梅振旭）

罗化成

罗化成，1895年生于福建省长汀县南阳区南山村一个贫农家庭。其父罗兰夫是一位著名的老中医。罗化成从小随父习医，颇晓医理，青年时，就成了乡村的好郎中。

罗化成（1895—1940）

1934年冬，罗化成奉命在闽赣边坚持斗争，而敌人在军事上采取"堵剿""搜剿""驻剿"和"追剿"的战术，在政治上实行"移民并村""保甲连坐"，在经济上实行"计口购盐、粮"的封锁政策。在形势十分险恶的情况下，中共福建省委的主要负责人错误地决定将军区留下的两个主力团5000余人，全部撤至长汀的四都，并命长汀市民坚壁清野，以御国民党军队的"清剿"。当时，罗化成与留在闽西坚持斗争的毛泽覃认为，四都距长汀县城几十公里，毗邻江西边境，是一个交通十分闭塞的小乡村，主力驻守这里，等于置身绝境。罗化成一再建议：放弃四都，实行分散游击，伺机袭击敌人，并将省委机关撤至闽粤边的山村。但遭到拒绝。不久，敌人增兵向四都进攻，红军弹尽援绝，人困马乏，队伍损失过半。最后，万永诚、毛泽覃等均在突围中壮烈牺牲。罗化成率领一小部分红军，杀出一条血路，向江西瑞金的武阳山撤退。武阳山位于长汀与瑞金交界处，崇山峻岭，地形险要。在激战中，罗化成不顾个人安危，手持驳壳枪掩护战友撤退。后来队伍被冲散，罗化成下山觅食和寻找同志，不料误入了有敌军驻守的村庄，不幸被捕。"刚脱虎口，又落狼窝"的罗化成，被押解到瑞金县（今瑞金市）国民党监狱。后在被押解回长汀的途中机智逃脱。

1938年6月，罗化成奉命前往苏南抗日前线，任新四军第2支队军需处处长；1939年春，任第2支队政治部副主任；10月任代主任。

1940年1月，罗化成与罗忠毅率领第2支队司政机关进入句容以北地区活动，指导该地区的党组织开展工作，先后在朱巷、胄王山等地与前来"扫荡"的敌人进行战斗，打击了日军的嚣张气焰，使句北地区的抗日工作有了很大的发展。1940年2月20日，正是江南大雪纷飞的日子，罗化成冒风雪指挥部队与日寇作战，受冻致病，加上心脏病复发，病逝于江苏省溧阳县（今溧阳市）

竹箦桥地区，时年45岁。

罗化成逝世后，新四军一万多名指战员和数千群众为他举行追悼大会，陈毅在悼词中称赞他是"一个最有实践经验的人才，抗战救国中值得全国人民效法的人物，久经考验的老党员，经得起考验的革命家"。1962年秋，罗化成的女儿罗阳志前往江苏溧阳竹箦桥收殓罗化成烈士遗骨时，当地父老还央求："……请留一半给我们纪念，让我们子孙后代不忘罗主任的功绩！"

（资料整理：梅振旭）

郑作民

郑作民（1902—1940）

郑作民，1902年9月28日出生于湖南省新田县一个贫苦的农民家庭。

1924年5月，郑作民考入黄埔军校第一期，积极拥护孙中山的"联俄、联共、扶助农工"的政策，发誓"矢志献身革命，振兴中华"。毕业后，编入学生军，参加两次东征，讨伐陈炯明，平定刘震寰、杨希闵叛乱。1926年7月参加北伐，任国民革命军第1军连长、营长。11月，在攻克南昌、讨伐五省联军孙传芳部的战斗中，身先士卒，冲锋在前，立下战功，晋升为国民革命军第2军第9师第25团团长。

1932年1月28日，淞沪抗战爆发。郑作民奉命率部赴上海增援第19路军抗日。《淞沪停战协定》签订后，部队奉命到南京整训。

1937年7月，日本帝国主义者发动全面侵华战争。8月13日，淞沪会战开始。已任第2军第9师少将副师长的郑作民在全师官佐会议上，宣读决心书，誓与敌寇战斗到底，把敌人赶出中国。

1938年6月，武汉会战打响。此时，郑作民由于治军严明，指挥有方，升任第2军第9师师长。7月14日，郑作民奉命率部到达田家镇，守卫要塞西北面。田家镇是武汉的屏障，又扼守着长江航线，地理位置十分重要。郑作民号召全师官兵修筑工事，积极备战，作好抗敌准备。9 月 15 日，日军的数十架飞机、20 多艘舰艇对田家镇阵地疯狂轰炸，敌步兵也乘机进攻第 9 师阵地，守军官兵与日寇展开激战，将其击溃。16 日，日军一部再次向第 9 师阵地发起猛攻，郑作民身先士卒，到战场的最前沿指挥作战，打退敌人多次进攻。此后，第 9 师鏖战十几日，打得异常惨烈，伤亡很大。到 28 日，奉命撤出阵地。武汉会战结束后，郑作民于 11 月率部队向贵州转移。

1939 年 11 月 15 日，日军四万多兵力，在飞机、舰艇的掩护下，在广西钦州登陆。12 月 4 日，攻占昆仑关。中国守军浴血奋战，收复太宁，强攻昆仑关之敌。为加强作战力量，国民政府军事当局急调第 9 师增援。郑作民率部从贵州都匀出发，奔赴昆仑关前线。时任第 2 军中将副军长兼第 9 师师长的郑作民在出发前夕，给妻子留下遗书，明志杀敌报国。1940 年 1 月初到达昆仑关后，即配合杜聿明的第 5 军向日军发起强攻，在其他部队的协助下，收复了昆仑关。第 9 师奉命驻守昆仑关，阻止日军北犯。2 月 22 日，日军凭借空中优势，攻占宾阳，严重威胁昆仑关。最高统帅部一再急电第 9 师撤退，郑作民回电："打退敌人后，再依次转移。"未获批准。于是决定在黄昏前佯作全线出击，指挥部队从容撤退。3 月 3 日，郑作民率部在向上林县撤退的途中，遭到日机的轮番轰炸，不幸被炸弹击中，为国捐躯，时年 38 岁。

郑作民牺牲后，国民党中央送的挽联是："马革裹尸还万里，虎贲英烈壮千秋。"中共中央在延安召开追悼大会，毛泽东、朱德、周恩来分别题写挽词"尽忠报国""取义成仁""为国捐躯"，并电唁死者家属。1986 年，中华人民共和国民政部追认他为革命烈士。

（资料整理：梅振旭）

抗战 英烈谱

金方昌

金方昌（1920—1940）

金方昌，回族，1920 年 6 月 11 日生于山东省聊城。1935 年夏，金方昌考入聊城山东省立第三中学。同年冬，北平爆发了震惊全国的一二·九学生爱国运动。金方昌和聊城的爱国学生奋起响应，不久便随着刚刚出狱的大哥金默生来到济南，开展抗日救国的宣传活动。

1937 年 11 月，根据党的指示，金方昌的三哥金瑞昌要去山西参加抗战，金方昌执意一同前往。金瑞昌劝他说："你还小哩！个子又矮，还是去念书吧！"他坚决地说："小孩也能办大事，个子矮还不能当小兵吗？"就这样，他怀着满腔热忱，带着简单的行装，搭上运送撤退军队和难民的火车，辗转徐州、开封、郑州、洛阳，经风陵渡到达山西运城，考入山西民族革命大学二分校。1938 年 2 月，金方昌在民族革命大学加入中国共产党。

1938 年 8 月，金方昌从山西民族革命大学毕业，奔向抗日斗争的最前沿——代县。金方昌来到代县时，这里的抗日政府刚成立，只有十几名党政干部，力量很小，武器缺乏，群众基础也很薄弱。不久，中共代县县委进行改组，金方昌担任赵家湾区的区委书记。

为了更好地动员群众抗日，金方昌根据县委的部署，在赵家湾积极推行"二五减租，四六分粮"的政策，领导群众开展减租减息斗争。随着抗日战争形势的发展，代县抗日民主政权日趋巩固，金方昌所领导的抗日武装得到迅速发展，日军和代县伪政权惊恐万状，在几次进山"扫荡"都失败后，便四处张贴布告：悬赏 5000 元，捉拿金方昌！

1940 年 12 月代县敌人出动了 200 多伪军和骑兵，在伪警备队队长郎豹武的率领下，悄悄地包围了赤土沟，扑空后，又朝大西庄袭来。带路的汉奸庞达达一进村，便遇到了刚从山洞回来的金方昌和周致远。他大声喊道："抓住金方昌，别叫他跑了！"敌人的骑兵奔驰过来，金方昌和周致远一边朝山梁上跑，一边回头射击。子弹打完后，他们便把手枪和文件埋藏在一块岩石下，与敌徒手搏斗，终因敌众我寡而不幸被捕。

1940 年 12 月 3 日，金方昌和周致远昂首登上敌人的囚车。一路上，金方昌义正词严，痛骂日军在中国犯下的滔天罪行，鼓励人民起来斗争。他说："乡亲们，日本鬼子和汉奸卖国贼们的日子不会太久了，只要我们跟着共产党，拿起武器，勇敢地同万恶的敌人战斗，胜利很快就会到来。"当日，金方昌牺牲在代县城北门的刑场上，年仅 20 岁。

金方昌牺牲后，被授予"晋察冀边区模范党员"的光荣称号。经晋察冀边区政府批准，他生前战斗过的代县大西庄改名为"方昌村"。新中国成立后，他的遗骨移葬晋冀鲁豫烈士陵园。

（资料整理：梅振旭）

姜墨林

姜墨林，1921 年出生在吉林省宁安县（今宁安市）红土墙子村一个农民家庭。自幼失去双亲，不到十岁就跟随哥哥下田劳动。1931 年九一八事变后，姜墨林接受了抗日救国的思想。1932 年，刚满 11 岁就参加了共产党领导的地下组织中国共产主义儿童团。他经常到日军占领区东京城、马莲河、宁安镇等地做侦察工作，每次都能巧妙地摆脱敌人的纠缠，闯过难关，圆满地完成组织交给的任务。1935 年初，由于姜墨林的优秀表现，他被吸收为中国共产主义青年团团员。

姜墨林（1921—1940）

不久，部队改编，他被调到第 2 军第 4 师第 4 团的青年义勇军充任小队长。此后几年间，他多次率部对日伪作战，歼敌数百人，缴获大量枪弹、棉衣等。

1940 年秋，姜墨林率部从牡丹江以西向东转移，准备到绥芬河大青山一带开辟游击战场。一天，这支部队路过驻有敌人重兵的乜河镇。姜墨林派人侦察后得知，镇南一个敌据点只有 20 多个日本兵，远离敌人的大队人马。他果断决定拔除该据点。天黑以后，他率队悄悄向镇南据点摸去。深夜时分，敌人刚刚进入梦乡，突然枪声大作，姜墨林率领战士向据点猛冲过来。仅用了十几分钟，战斗就结束了，据点里的日军全部被打死，而当镇上的敌人赶来援救时，姜墨林的队伍早已无影无踪了。敌人遭到袭击后，十分恼怒，他们连夜派出骑兵和步兵四出搜索，企图对抗日联军实行报复。

姜墨林发现敌人从后面追来，立即决定改变行军方向，从东北转向东南，向东宁县南部大山转移。当部队到达东宁县西面的二十八道河子时，突然与迎面开来的敌人遭遇，不一会儿，后面的追兵也赶来了。敌人把姜墨林这支队伍团团包围住，从四面八方向他们拥了过来。姜墨林临危不惧，当即命令战士们分散突围，激烈的战斗打响了。

由于敌我兵力相差太大，姜墨林知道这次很难冲出敌人的包围，于是决定烧毁文件，砸毁电台，与敌人决一死战。他指挥战士们勇猛地向敌人反击，但寡不敌众，抗联战士们相继牺牲，最后只剩下姜墨林和三个战士了。

当时，姜墨林手持机枪不停地向敌人扫射，亲自掩护战友撤退。但机枪子弹很快打光了，敌人又冲了上来。姜墨林把机枪扔进了河里，掏出一支驳壳枪。他沉着地瞄准射击，又接连打倒了十几个敌人。他的枪里仅剩下最后一颗子弹时，几十个敌人冲到了他的身边，把他团团围住。姜墨林忍着伤口的剧痛，咬紧牙关从地上站起来，傲然环视着周围的敌人，从容地举起枪，把最后一颗子弹射进了自己的胸膛。

敌人万万没有想到，这位顽强的抗联英雄，竟是这样年轻。他们从姜墨林的衣袋里找到一张纸条，本以为是什么重要文件，急忙打开来看，只见上面用红笔端端正正地写着："中国必兴，日寇必亡！中国共产党万岁！抗日救国胜利万岁！"因没有活捉到姜墨林而感到恼怒的敌人，更加气急败坏，他们残忍地将姜墨林的遗体抛进了二十八道河。

（资料整理：梅振旭）

胡一新

胡一新（1907—1940），原名胡佃敬，又名胡一庭，内蒙古自治区丰镇县（今丰镇市）元山子乡大庄科村人，出身农民家庭。

1925年，胡一新考入北京私立艺文中学，因生活所迫，中途辍学，做了帮工。

不久，他离开北京，加入了阎锡山的晋军。1931 年，胡一新毅然脱离晋军，投考了冯玉祥部队的汾阳军校。入学不久，加入了军校内中共地下党组织领导的士兵委员会。1934 年 9 月，胡一新到达西安，先入杨虎城将军举办的步兵训练班。不久，通过训练班地下党组织与中共西安市委取得了联系。1935 年，中共西安市委介绍胡一新去延安学习，几经周折，终于在同年 9 月到达延安。12 月，任西北抗日救国会秘书。

1936 年 4 月，胡一新在瓦窑堡重新入党。5 月，他又受党的派遣前往三边（安边、定边、靖边）地区，做兵运工作。同年 11 月，随国民党博作义部队开赴绥远抗战前线，参加了著名的百灵庙战斗。

1937 年春，胡一新在山西雁北地区，以煤矿工人的身份为掩护，积极动员群众参加抗日救亡运动。同年 10 月，受中共北方局派遣，与张学年、石清山等来到清水河县，组成了中共清水河县委员会，胡一新任书记。12 月，中共晋绥边区特委成立，胡一新任特委宣传部长。他运用演讲、文艺演出等多种形式，在雁北西部和绥南宣传党的抗日民族统一战线政策和《抗日救国十大纲领》，积极帮助所属各县进行抗日民主党校建设，举办区、县两级党员干部培训班，为雁北和绥南地区的抗日斗争培养了大批干部。这期间，他和刘震结为夫妻。

1938 年 7 月，雁北各地抗日武装合编为八路军第 120 师独立团第 6 支队，胡一新任政治委员。为适应山区游击战的特点，他刻苦进行骑射训练，亲自指挥支队骑兵营和步兵营，参加了长流水、小破堡、厂汉营、杀虎口等多次战斗，歼灭了大量日伪军。

1939 年秋，日伪军兵分数路，大举进犯晋绥边根据地。10 月 16 日夜，胡一新率领骑兵营袭击临时驻扎在右玉县杀虎口的伪军李守信部一个骑兵连指挥部，仅半个多小时就全歼了伪骑兵连。战斗中，胡一新被敌人的子弹击中左眼和膝部，膝关节被打碎。胡一新在朔县墙凤岭韩懈村隐蔽治疗。由于药品奇缺，环境恶劣，一个月后转到第 120 师卫生部医治。

1940 年 4 月，胡一新伤口恶化，转入延安国际和平医院治疗。同年 11 月 26 日，因医治无效逝世，时年 33 岁。

（资料整理：梅振旭）

钟 毅

钟 毅（1901—1940）

钟毅，号天任，1901年出生于广西省（今广西壮族自治区）扶南县长沙村。1919年夏，考入桂系军阀举办的韶关讲武堂第二期步科，从此踏上了军旅生涯。次年秋毕业后，因桂系军阀失败，投戎无门，只好返乡待机。1924年春，参加李宗仁等的讨贼军，任第2军上尉连长。不久，因战功晋升少校营长。1925年，改隶第7军，晋授中校。1926年秋，第7军随蒋介石北伐，钟毅升任第3团上校团长。1934年秋，考入陆军大学特别班第二期深造，刻苦学习各种军事学术理论，研究现代战争的战略战术。

1937年7月，抗日战争全面爆发，钟毅回到广西桂林，任第31军第138师第414旅少将旅长，并奉令移师北上，担任津浦路南段明光、凤阳一线阵地的守备任务。1938年初，日军占领南京后，企图打通津浦路，调重兵进攻第31军阵地。敌人在炮火、飞机的掩护下疯狂进攻，钟毅指挥第414旅官兵坚守阵地，沉着应战，多次打退了日军的进攻。

1939年夏，日军为确保武汉安全，派重兵在飞机、大炮的支援下，向随县、枣阳一带进犯，随枣会战打响。钟毅率部守备塔儿湾至太子山之间地区。5月1日，第173师与日军藤田师团（第3师团）发生激战。钟毅身先士卒，到前沿阵地指挥战斗，官兵们在师长的激励下，宁死不退，屡屡挫败敌人的进攻，迫使敌军退回武汉。战役结束，钟毅荣获国民政府颁发的四等宝鼎勋章。

1940年5月，日军集中了五个师团的重兵，配以大量空军、炮兵、装甲车进攻枣阳、宜城地区。第五战区司令长官李宗仁率战区主力迎敌，第二次随枣会战开始。5月2日，日军在飞机、大炮及装甲车的掩护下，向我军阵地发起冲锋。钟毅指挥第173师将士浴血奋战，顽强抗敌，官兵伤亡严重。5日，日军精锐部队突破第173师左邻部队的防线，妄图迂回包抄我军主力。为粉碎敌人的阴谋，军部指示第173师担任后卫，牵制敌人，掩护主力撤至唐县镇一线。在敌众我寡的不利形势下，钟毅坚决执行命令，率部艰苦作战，屡挫敌锋。但在激战中，与上级失去联系。他判断敌人主力将直袭枣阳，便兵分两路，于

8日率左路及师直属部队进入枣阳以北的太平镇与豫南的苍台镇之间。不料遭遇强敌，被日军包围。钟毅指挥突围，边打边退，部队伤亡惨重。9日，部队到达苍台镇附近时，又遭到日军骑兵的追袭冲杀，最后，钟毅身边仅剩下一个卫士排。他率领卫士们与日军顽强拼杀两个多小时，不幸右胸中弹。钟毅命令士兵迅速分散突围，自己则趴伏在马背上进入芦苇丛中。他将日记、诗稿、作战资料等物品掩埋好，然后从容地举起左轮手枪，自戕殉国，时年39岁。

钟毅牺牲后，灵柩运抵重庆，蒋介石亲率军政要员和各界代表到码头迎灵。6月10日，国民政府举行了隆重的公祭仪式。《新华日报》等多次报道了钟毅将军的抗日事迹和殉国经过，并对他的一生给予了高度评价。

（资料整理：梅振旭）

闻允志

闻允志，1904年生于湖北省浠水县巴河闻家铺。他幼年聪明好学，不满11岁就考进两湖师范小学就读，后又入著名的武汉中学学习。在那里，他接受了共产主义思想的教育，很快成为一名倾向革命的有号召力的学生领袖。1926年加入中国共产党。

大革命失败后，闻允志东渡扶桑，先后在东京早稻田大学、东京工业大学学习，是中国留日学生会的领导人之一。1931年初，他因进行抗日救国活动被遣送回上海。在中共上海地下党组织的领导下，

闻允志（1904—1940）

他积极参加抗日救亡活动。1931年底，他和温健公、沈亦元一起在法租界被国民党特务逮捕。1933年6月，闻允志等经中共党组织营救出狱。1934年3月，闻允志受党组织委派，在河南偃师县立中学任教。他在该校组织"读书会"，吸收进步学生参加，课间和课余常与学生们谈论国家时局，宣传革命思想。他又组织"社会主义联盟"，秘密从事地下活动，出版《晨钟》（半月刊），被国民党特务发现，闻允志被捕入狱。后经党组织营救出狱。

1935 年春，闻允志又到北平国民学院任教。后去天津法商学院任辅导课主任。他同杨秀峰、温健公等利用合法身份，开展革命工作，工作局面逐渐打开，使党的影响日益扩大。同时他还为《世界日报》写稿，动员民众抗日救亡。一二·九学生运动爆发后，他以法商学院为中心，成立"天津学生联合会"，领导天津的学生运动。

1937 年，闻允志回到北平，任"华北各界救国联合会"的联络员，奔走于华北各地，组织宣传抗日救国的主张。不久，闻允志又任山西晋绥军教导团的政治教官。1937 年 9 月，张荫梧组建河北民军，自任总指挥，王长江为副总指挥，闻允志为政训处长。1938 年 1 月，闻允志带领政训处的部分同志到林县筹备组建党支部，准备利用民军名义组织一支共产党的抗日武装。他利用合法身份与国民党林县县长张守魁商定，开办了"林县军政干部学校"。在校期间，他向学员讲授抗日形势及共产党抗日救国的主张，为党培养了一批抗日骨干。与此同时，他利用河北民军在豫北一带的影响，根据党发展抗日武装的指示，派 10 多位党员学员到汤阳等县发展武装力量。不久，经河北民军指挥部同意，成立了共产党领导的河北民军第 9 游击支队。为了扩大抗日武装，他又与进步军官朱程协商，将第 9 游击支队与朱程的第 11 支队合编为民军第 11团，他任团政委。他在团内建立共产党支部以及政治工作制度，不少共产党员担任了军官，对士兵广泛开展革命教育，使这支部队逐渐成为党在豫北的一支抗日武装力量。

1940 年 8 月 21 日，时任八路军第 2 纵队民军第 1 旅兼冀鲁豫军区第 1 军分区政治委员的闻允志在奉调赴八路军延安总部途中，为掩护徐向前司令员安全突围，在大名县元村龙王庙抢渡卫河时不幸牺牲，年仅 36 岁。

（资料整理：梅振旭）

徐　秋

徐秋（1903—1940），原名徐秋香，1903 年生于湖南省平江县浊水乡洪山塘坳屋场一户雇农之家。由于生活所迫，徐秋 8 岁即给地主放牛，16 岁便像父亲一样做了地主家的长工。

1927 年 9 月，毛泽东领导的湘赣边界秋收起义爆发。在此影响下，徐秋报名参加了当地的赤卫队，投入到轰轰烈烈的"打土豪，分田地"斗争之中。1930 年 7 月，红军在肥遂区十三乡成立了苏维埃政府。徐秋闻讯跑到十三乡，要求参加中国工农红军。一位红军干部问徐秋："为什么要参加红军呢？"他充满激情地说："红军是穷人的子弟兵，能给穷人报仇，让穷人过好日子！"同年，徐秋加入中国共产党。由于他团结同志，机智勇敢，很快被任命为红58 团团部参谋。1934 年 10 月，徐秋参加长征。先后渡过金沙江、大渡河，翻越终年积雪的夹金山，穿过广袤无垠的草原、荒无人烟的草地，行经 11 个省份，突破敌人的无数次围追堵截，终于胜利到达陕北。整个长征中，徐秋总是吃苦在前，助人为乐，深受同志们好评。

1937 年 8 月下旬，红军改编为八路军，徐秋随八路军第 115 师开赴抗日前线。为了开辟鲁西抗日根据地，1939 年春，徐秋随八路军第 115 师东进支队进入鲁西，先后任鲁西军区后勤科长、冀鲁豫第八军分区司令员等职。他经常深入群众，领导减租减息，组织地方武装，运用麻雀战、围困战、联防战、突击战、地雷战等战法，狠狠打击敌人，使盘踞在鲁西之敌闻风丧胆，惶惶不可终日。

1940 年 3 月，徐秋乘日伪军进驻郓城县谭庄村立足未稳之机，率部夜袭敌营，一举歼敌 200 余人，缴获大批枪支弹药。同年 9 月初，日伪军在郓城县王老虎村设据点安"钉子"，并在王老虎村一带"扫荡"，烧杀抢掠，奸淫妇女，无恶不作。徐秋根据情报，当机立断，决定拔掉这个"钉子"。他利用人熟、地熟和青纱帐掩护之优势，兵分四路，闪电般围攻敌据点，顿时把敌人打得晕头转向，只顾躲藏，无法还击。经过半小时的战斗，据点里的日伪军被消灭大半，剩下少数日伪军狼狈逃窜。"钉子"被拔除了，王老虎村一带的村民无不拍手称快，一个个高举抓钩、铁锹蜂拥而至，铲平了泥土未干的日军岗楼和封锁墙，大大鼓舞了鲁西军民的抗日热情。

1940 年 9 月 13 日，郓城县伪县长刘本功纠集郓（城）、鄄（城）、巨（野）、菏（泽）四县日伪军 500 余人，在赵楼一带包围了徐秋所部。在指挥部队掩护地方干部渡河突围中，徐秋不幸牺牲，时年 37 岁。

徐秋牺牲后，当地政府和群众把他的遗体安葬在赵楼村东，并立石碑一座，以志永久纪念。1971 年 5 月，他的遗骨迁葬郓城县革命烈士陵园。

（资料整理：梅振旭）

顾士多

顾士多（1914—1940），原名百汉，1914年出生，河南罗山（今湖北大悟）人，出生在贫苦农民家庭。1927年在共产党领导的黄麻起义的影响下，开始接受革命思想，积极参加农会、赤卫队工作。1931年加入中国共产党。同年参加中国工农红军，历任排长、连长、营长、团长等职。红四方面军主力长征后，顾士多留在鄂豫皖边区坚持了长达三年艰苦卓绝的游击战争，曾任红28军手枪团中队长、鄂东北独立团团长。

全面抗战爆发后，南方红军游击队改编为国民革命军陆军新编第四军。1938年2月，红28军奉党中央指示改编为新四军第4支队，下辖第7、第8、第9团。第9团由鄂东北独立团和第82师特务营组成，顾士多任团长。1938年3月，新四军第4支队奉命东进抗日。当时，第9团驻安徽舒城盛家桥一带，顾士多带领全团指战员，广泛发动当地人民，结成抗日统一战线，打击奸商和土匪。5月，他率第9团一部在安徽巢县蒋家河口伏击日军汽艇，炸沉敌船，歼敌20余名，打响了新四军第4支队抗日作战第一枪。10月，第4支队第9团编入第7团，顾士多任副团长。他率第2营活动在舒城至桐城公路一带，沉重地打击了日寇的运军计划。在舒桐公路交界处的大小关战斗中，他指挥全团消灭日寇一个中队，炸毁军车17辆，狠狠打击了日寇的嚣张气焰。

1939年3月，第9团恢复，顾士多任副团长。同年6月至次年4月，顾士多被选送去皖南新四军军部教导队第一期干部学习班学习。1940年6月，他被调到江北游击纵队，任第2团副团长，参与指挥棋盘岭、范家岗、潘家园、东阁镇等对日作战数十次。8月中旬，江北游击纵队司令员孙仲德派他与无为县委书记胡德荣开展抗日武装斗争。他带一个连从无为西乡大仁家山出发，行至东乡麻承坝邹家列时，遇到一股伪军从北向南而来。他命令一个班掩护县委书记胡德荣，其余的人埋伏在村头路旁，待伪军临近时，他手持驳壳枪一跃而起，带领战士冲向敌人，不幸被一颗子弹击中胸部，壮烈殉国，年仅26岁。

（资料整理：梅振旭）

顾永田

顾永田，1916年生于江苏省铜山县大黄山乡西朱家村。顾永田家境贫穷，9岁丧父，12岁时才在邻里资助下上学。由于他天资聪颖，学习刻苦，两次"跳级"，1932年考入铜山师范学校。

铜山师范学校是徐州地区共产党地下组织活跃的地方，一部分教师和学生是共产党员，抗日救国的思想在这里深入传播。顾永田接受了进步思想，积极参加抗日救亡活动。不久，顾永田加入中国共产主义青年团。1936年毕业后，经共青团组织的介绍，顾永

顾永田（1916—1940）

田于年底来到北平，在北京大学找到了在那里读书的孙传文。不久，孙传文介绍他参加了中国共产党，并派他到延安学习。1937年春，顾永田受组织派遣到山西太原从事抗日活动。到太原后，他立即投入山西省牺牲救国同盟会（简称牺盟会）的工作，不分昼夜，深入发动群众抗战。

1937年7月7日，卢沟桥事变发生，日本大举侵略中国，全面抗战爆发。顾永田在太原和其他共产党人一起，以太原各工厂工人为主组织起一支山西人民抗日新军——山西工人武装自卫队，把工人武装起来，打击日本侵略者。

1938年初，文水县建立抗日民主政权，顾永田出任县长。在那里，他领导人民进行减租减息斗争；动员青年参军参战，保卫家乡；镇压罪大恶极的汉奸；吸收地方爱国人士参加政权领导，建立健全基层抗日政权；领导人民发展经济，兴修水利。在顾永田领导下，文水人民为抗日战争作出很大贡献，受到上级表扬。人民称赞顾永田为"抗日的好县长"，就连阎锡山也不得不承认"文水县是抗日的模范县"。

1939年，当抗日力量在山西蓬勃发展时，阎锡山于3月间召开"秋林会议"，公开发表反共投降言论，并采取一系列反革命措施，解散抗日团体，将抗日有功的顾永田撤职查办。对此，顾永田进行坚决斗争，全县人民也掀起挽留顾永田的运动，粉碎了阎锡山的阴谋，从而进一步巩固了文水县抗日阵地。次年初，抗日民主新政权晋西北行政公署成立，顾永田被任命为第八分区专员。

1940年，中国的抗日战争进入了艰苦阶段。顾永田的第八分区和山西全

省一样，遭到日伪军的多方夹击，一日遭几次"扫荡"。为了坚持第八分区抗日阵地，顾永田亲自率领工卫旅第22团一部分队伍插入敌后，转战交城边山一带，牵制敌人"扫荡"。

1940年2月11日，日伪"扫荡"部队对这片地方"梳理"一遍，但没有找到抗日主力。顾永田率领的工卫团与敌人巧妙周旋之后，潜伏在交城县田家沟村边的鸡绿沟附近，准备伏击敌人。他指挥着部队朝山沟撤。当小分队主力即将撤退完毕时，敌人从四面包围过来，顾永田再想杀出去已不可能。为了掩护其他队员撤退，他献出了自己宝贵的生命，年仅24岁。

当时《新华日报》发表的《顾永田同志生平》中指出："他的死，不但是晋西北人民的严重损失，也是中华民族的重大损失！"事后，文水县人民为纪念顾永田，将"永丰渠"更名为"永田渠"，第八分区将这里的中学命名为"永田中学"。

（资料整理：梅振旭）

曹亚范

曹亚范（1911—1940）

曹亚范，又名曹青山、曹俊杰。曹亚范13岁时因家境贫寒，被送入北京香山慈幼院接受教育。1924年，中国共产党在慈幼院建立了地下组织，曹亚范的马列主义启蒙教育和革命思想的形成从这里开始。

1927年四一二反革命政变后，慈幼院内党的地下组织遭到破坏，为保存革命力量，也为了加强东北地区党的工作，党组织将慈幼院内的党团员和进步青年派往东北，曹亚范被安排在东满地区合龙县开山屯泉坪养正小学，以教员的身份做掩护，秘密从事革命活动。

1936年3月，曹亚范升任东北抗日联军第2军第3师政委，与师长金日成共同指挥第3师作战，在安图至抚松、临江一带，取得抚松县松树镇、临江大洋岔、摇江小汤河等战斗的胜利，扩大了游击区，极大地鼓舞了当地群众的抗日热情，得到群众在物资和人员上的大力支持。经过几年抗日游击战争经验的积累，曹亚范的军事指挥能力日臻成熟，能够自如地指挥伏击战、遭遇战、奇袭战及联合作战。

1937年七七事变后，抗联第1路军司令部命令所属各部积极开展抗日游击战争，以配合全国抗战。曹亚范率部积极响应。1938年除夕夜，他指挥部队出其不意地攻入孟家沟"集团部落"，敌军惊慌逃窜。随后正当队伍准备携带缴获的大量粮食、衣物转移时，在回头沟东与四五百名敌军遭遇。曹亚范果断指挥应战。抗联将士势如猛虎下山，敌人抱头鼠窜。同年，曹亚范被任命为抗联第1路军第1方面军指挥。此后，他与政治部主任伊俊山一起率领第1方面军活动在金川、临江、辑安、通化等地，围攻敌据点，袭击"集团部落"，粉碎敌人的多次"围剿"。

1938年10月，日伪军开始秋季"大讨伐"。抗联第1路军进入了最艰苦的斗争阶段，但抗联的斗志丝毫未减。1939年1月，曹亚范率主力部队袭击了辑安的刀尖岭"集团部落"，缴获了大批粮食。同年春夏的几个月间，他率部多次在辑安袭击日伪军，给敌人不小的打击，并缴获了许多军需品。

1939年秋后，日本侵略军加紧了对抗联第1路军的"围剿"。抗联部队的处境更为艰难。他们经常身着单衣，腰裹麻袋片，在零下三四十摄氏度的风雪严寒中行军作战。此时的曹亚范身患重病，经常咯血，但仍以惊人的毅力率部与敌激战。1940年2月，杨靖宇牺牲后，曹亚范率领部队向敌人展开了更加猛烈的攻势，先后于临江珍珠门、大阳岔一带袭击了伪警防队和伪森林警察部队；在临江三岔子东南袭击了伪军第6团和森林警察部队；在江湾痛击敌长岛工作班，毙敌11名，缴获轻机枪一挺、步枪九支、手枪三支、粮食400余斤；并联合其他抗日部队转战于临江、辉南、柳河、抚松等广大地区，不断打击敌人，缴获了牲口、被服、粮食等大批物资。1940年4月8日，曹亚范在带队外出筹粮时，于江龙泉镇西瓮圈被叛徒杀害，时年29岁。

（资料整理：梅振旭）

抗战英烈谱

黄振亚

黄振亚（1905—1940）

黄振亚，原名秉刚，海南省儋州市海头镇新坊井村人。黄振亚从小天资聪颖，勤奋好学，在小学读书时，各科成绩优异，深受师生称赞。黄振亚1924年考入广东省立第一中学，后来又到上海国立劳动大学就读。读书期间，正值第一次大革命的高潮，他积极投身于反帝反封建军阀的宣传活动。1924年，黄振亚加入了中国共产党。

1925年春，黄振亚与黄金容、张兴、何焕琮等人领导组织儋县（今儋州市）在穗学生120多人，成立"儋县留省学生会"。他当选为学生会主席，并编辑出版《儋县留省学生会会刊》，开展革命活动。

1933年，琼崖红军第二次反"围剿"斗争失败后，黄振亚率领群众在雷迈山区与敌周旋，坚持斗争。当时，国民党海头公安分局局长吴泮清（澄泉）横征暴敛，中饱私囊，人民群众怨声载道。黄振亚和黄振陆等人研究决定：惩办吴泮清，为民除害。8月6日，黄振陆率领三四十名农民武装袭击公安分局；黄振亚率领部分手持梭镖的青年，埋伏在敌人逃退的必经之路。经过数小时激战，农民武装占领公安分局，吴泮清带伤逃脱，革命力量威震敌胆。国民党琼崖公署下令通缉黄振亚，出重金收买其首级。

七七事变爆发后，黄振亚遵照县委指示，大力宣传党的抗日政策，积极组建革命武装，抗击日本侵略者。他领导海头地区组建了一个抗日武装中队，后编入琼崖独立总队第3大队。在他的指导下，地下党员、国民党二区区长符华林和二区警察分局长符植栽以警察队为基础，成立了100多人的儋县二区抗日游击队。

1939年4月，日寇入侵儋县，吴卓峰、周文海投靠日本当汉奸，分别担任"儋县维持总会"正、副会长，为虎作伥。日寇对儋县实行"三光"政策，屠杀人民群众。5月11日，琼崖抗日独立总队第3大队在大队长马白山率领下，联合国民党第3、第4游击大队，在东成至洛基的黑岭公路地段伏击日军，为第3大队抗击日军揭开了序幕。不久，黄振亚接任独立总队第3大队队长一职，继续团结国民党部队共同抗日。6月9日，日伪军大举进攻抗日村庄翰苑村，国民党游击大队及村里农民武装奋勇迎击敌人，战斗从早晨打到下午。黄振亚闻讯后，率领全大队跑步前往增援，下午3时许，配合农民武装，在敌背后实施猛烈火力攻击，将日伪军打得溃不成军，仓皇逃窜，我军民乘胜追击至东成墟附近才收兵。这一仗震动了全县，增强了人民群众打败日本侵略者的信心。

1939年秋，黄振亚调回琼崖独立总队部，协助冯白驹开展革命工作。1940年4月初，琼崖特委讨论决定在儋县组建第6大队，并派遣黄振亚与黄金容率领陈宗虞、杨精业、王必飞等20多名干部、战士和军械工人开展建队工作。在途经抱舍墟时，与日寇发生遭遇战，黄振亚不幸中弹牺牲，时年35岁。

（资料整理：梅振旭）

董天知

董天知，学名董亮，化名旭生，河南省荥阳市老城南街人。1926年在荥阳县（今荥阳市）立初中读书时，北伐军兴，学生运动蓬勃兴起，董天知积极参加宣传活动。他在初中二年级时，即考入开封河南省立第一师范学校。

董天知在北平读书时，先后参加中共领导的左联、互济会、反帝大同盟、共产主义青年团。1930年正式转为中国共产党党员，后担任共青团北平市委干事、儿童局书记。

董天知（1911—1940）

1931年，中共北平党组织被破坏，董天知于6月30日被捕，判刑五年，扣押在北平反省院监狱。在狱中，他积极参加党支部活动，负责共青团工作。为抗议非人待遇，董天知还开展绝食斗争。董天知虽卧床，但仍坚决执行党的决议，粒米不进，斗争胜利时，他已奄奄一息。1935年春，敌人决定把薄一波、董天知等12人处死，暂换监房严管。党支部开会时，董天知和大家一起庄严表示："无数先烈在我们前头英勇牺牲，我们绝不玷污先烈荣誉，坚决同敌人斗争到底，时刻准备为共产主义献出生命。"6月，由于形势变化，才幸免于难。

1936年9月14日，党组织营救董天知等人出狱，他和薄一波等一起作为党的统战工作先遣队，奔赴山西太原，开展抗日救亡工作。

董天知到太原后，便参加牺牲救国同盟会的领导工作。次年9月，被选为牺盟总会首届执行委员，后又当选为"抗敌救亡先锋队"总队长。1938年牺盟会干部组织"民族革命青年团"，他当选为首届执委、中共山西省公开工作委员会委员。后到教导第10团任政治部主任。该团后改为"决死总队"，他仍任政治部主任。"决死总队"在战斗中不断发展壮大，成为拥有六个团的抗日队伍。

在决死队中，阎锡山顽固派与革命派之间不断发生摩擦。董天知既注意利用旧军官，又在实际斗争中培养与提拔青年骨干。他花费大量心血，培养帮助决死队中许多中下级干部成长。

日本侵略军攻陷临汾，"决死总队"转入翼城、沁北、浮山一带开展游击战争。战斗中，他身先士卒，英勇顽强。日军恨之入骨，悬赏两万银圆购买他的首级。

1940年8月20日，百团大战开始，董天知奉命率队破坏五阳至晋城交通，袭击潞城微子镇日军据点。20日夜行军至潞城王村，被日军包围。他带领警卫队立即抢占制高点，在日军强烈火力下，奋战四小时，董天知镇定自若，沉着指挥。左臂连中数弹仍坚持战斗。黎明，日军来势凶猛，董天知与敌进行白刃肉搏，在敌群中往返冲杀，腰臂负伤多处，又力劈数敌。不幸在击退敌人之际，头上连中三弹，在石平岭的岩脑凹，壮烈牺牲。

1940年9月25日，杨献珍在《新华日报》撰文，悼念董天知将军："董天知同志是一个优秀的布尔什维克，是新时代、新中国的典范，董天知同志的牺牲，是中华民族和中国革命的重大损失……"

1954年，董天知的遗骨迁葬邯郸，当时的中共中央华北局书记杨尚昆在墓碑上题词："英气横贯比干岭，壮志常存鸭绿江"。

（资料整理：梅振旭）

谢家庆

谢家庆，1912年出生在河南省光山县谢家村，1931年参加鄂豫皖红四军，全面抗战爆发后的1937年底，为了深入发动群众，壮大抗日力量，第129师派肯光义、孙继先、谢家庆等人，带领第129师教导团30多名干部秘密进入冀南平汉路以东地区，开展敌后工作。1940年5月，他调任第386旅第16团团长。

谢家庆（1912—1940）

1940年8月上旬，八路军总部下达了关于以袭击正太铁路为中心的战役行动命令，规定全线进攻的时间统一为8月20日20时。第129师的八个团及总部炮兵团一个营，受命袭击正太铁路阳泉至榆次段。第16团的任务是攻击芦家庄车站。

谢家庆从旅部受领任务回来，召集干部会议传达上级指示，分析敌情，研究打法。谢家庆对大家说："上级决心是：坚决摧毁寿阳、榆次间铁路，因此，我们非打下芦家庄车站不可！"据侦察员报告，车站内除了油库、兵站外，在东北高地上有七个堡垒，四道铁丝网缠绕于堡垒和车站之间，西头是芦家庄铁桥，南面是条小河。守敌是原田大队吉冈中队100余人，有曲射炮、重机枪、掷弹筒各一个分队。谢家庆经过研究，确定了攻击方案：第3营的一个连牵制冀家垴之敌，一个连牵制榆次、长凝之敌，两个连配合自卫队、工兵破路，集中第1、第2营的主力，用两个连攻击堡垒群，一个排打一个堡垒，另外两个连直入芦家庄车站，采取夜间偷袭。

8月20日晚上19时，谢家庆带领第16团兵分几路，神不知鬼不觉地前去包围驻守芦家庄火车站的敌人。第2营的战士在通过敌人设的铁丝网时，被敌哨兵发现，枪声打破了夜间的沉寂……至此，百团大战首先在谢家庆指挥的芦家庄车站战斗中打响。战斗不到半小时，七个堡垒全部被第16团攻占。

1940年10月30日，日军第36师团冈崎大队在运动途中，被八路军第385旅、第386旅和新10旅主力，以及决死队第1纵队两个团包围于武乡以东关家垴、柳树垴一带。敌在关家垴抢修工事，企图固守，以待援兵。下午4时，全线攻击开始。八路军炮兵以准确的火力，摧毁了敌前沿防御工事。趁敌混乱之际，谢家庆立即命令："突击队向无名高地冲击，吹冲锋号！"突击队的勇士们如猛虎般扑向无名高地。敌人利用残存的工事，负隅顽抗，双方伤亡很大。谢家庆肩挎轻机枪，一边射击，一边领头向无名高地冲击！战士们看到团长率先冲锋，勇气倍增，端着刺刀，跃出战壕，以排山倒海之势，扑向敌人。突然，一发流弹飞来，正中谢家庆前额，谢家庆不幸壮烈牺牲，年仅28岁。

百团大战是全国抗战期间八路军在华北发动的规模最大、持续时间最长的战略性进攻战役。期间，许多抗日志士壮烈殉国，书写了可歌可泣的壮丽诗篇，谢家庆就是其中突出的一位。

（资料整理：梅振旭）

鲁雨亭

鲁雨亭（1899—1940）

鲁雨亭，1899年11月出生在河南省永城县（今永城市）山城集一个殷实的书香家庭。7岁时入山城集小学。1918年秋，鲁雨亭考入开封军士学校。两年后到河南陆军第2混成旅任掌旗官和军法官。1924年冬，爆发了第二次直奉战争，鲁雨亭转入樊钟秀的建国豫军任军法官，旋又提升为军法处长。1933年初，鲁雨亭推动孙殿英率部从山西进攻热河，在赤峰与日军血战七昼夜，获得全国舆论的好评。

1936年10月，鲁雨亭被国民党政府委任为财政部咨议，他婉谢而返乡，为促进团结抗战，撰写《抗日应有的步骤》和《国共合作应定为抗日国策》投送天津《大公报》和《益世报》。

1937年初，鲁雨亭应河北省保安处长高树勋的邀请任该处秘书长。抗日战争全面爆发后，他借整训保安名义成立八个团队，请求率队奔赴前线抗日，未获批准。保定失守，他携眷回乡。1937年11月，经李宗仁推荐，被委任为永城县长。在此期间，鲁雨亭全力支持永城县抗日救亡动员委员会的活动，并兼任动委会主任委员，将"非经省批准不得动用"的修路专款3000元，交付动委会开办青训班。

1938 年 3 月，鲁雨亭把永城县青训班学员分为五个抗日工作团，深入各区进行抗日宣传，掀起了全县抗日高潮。1938 年 5 月永城沦陷后，鲁雨亭在豫南筹措抗日经费。1938 年 9 月初，鲁雨亭经汉口、漯河、周口、鹿邑潜回永城芒砀山区，在王卓然、陈建平协助下正式成立永城人民抗日游击队，1938 年 11 月 20 日，宣布成立湖西人民抗日义勇队第 2 总队第 29 大队，鲁雨亭任大队长。期间他变卖家产，购买枪支弹药，抚恤遗孤，为国纾难。

1939 年 1 月，鲁雨亭派 30 多名青年到彭雪枫部游击支队随营学校学习，并接纳共产党员到本部发展党组织，开办训练班，协助八路军苏鲁豫支队打击日军。1939 年 8 月，他亲见新四军游击支队参谋长张震，请求加入共产党和归编为新四军。1939 年 8 月 29 日，鲁雨亭任新四军游击支队第 1 总队总队长，同时加入中国共产党。

1940 年 2 月下旬，鲁雨亭带领第 1 总队阻击日军于僖山，击毁敌汽车两辆，毙伤敌 30 余人。1940 年 3 月，鲁雨亭指挥部队与日军连续战斗 10 余次，迭获胜利，歼敌佐野联队长、北山大尉等 300 余人。1940 年 4 月 1 日晨，日寇从永城、夏邑、砀山、萧县、黄口等据点调集数千人分四路向芒砀山第 1 总队围攻，在磨山、僖山、柿园等村展开激战。鲁雨亭率特务连坚守阵地，不幸身中数弹，壮烈殉国于李黑楼东门外。

彭雪枫评价鲁雨亭烈士："他是一个只知有党不知有己，只知有国不知有家的真正的出色的民族的布尔什维克的英雄！"张震评价鲁雨亭烈士："雨亭同志死的光荣，死的伟大。他的英名和光辉形象，像保安山一样，必将永远屹立在豫东平原上，活在豫皖苏边区人民心中。"

（资料整理：梅振旭）

寸性奇

寸性奇（1895—1941）

寸性奇，字念洁，1895 年出生于中国云南腾冲县城关镇二街。

1909 年，寸性奇考入云南讲武堂并立志从军。他学绩优秀，思想进步，追求正义事业，深受同学的拥护，在民主革命思想的影响下，1910 年加入孙中山领导的同盟会，1911 年 10 月 30 日，云南革命党人响应武昌起义，发动起义。1917 年，积极投身护法运动，屡立战功，历任川边镇守使、少校参谋、南溪县长等职。1923 年因讨伐陈炯明有功，被孙中山任命为大本营少将参军、中央直辖宪兵司令等要职。1926 年，北伐军挥师北上，他以国民革命军第 31 军参谋处长职务随部队参加作战。1927 年，被提升为陆军第 34 旅少将副旅长，并曾任陆军第 3 军参谋长。

1937 年 7 月 7 日，日本发动全面侵华战争，寸性奇即向军事当局请缨上阵，奉令任陆军第 34 旅旅长率部北上，与日军激战于井陉、阳泉地区。在作战中，他常亲临前线，视察阵地，鼓励官兵奋勇杀敌，报效国家。旋以战功擢升为陆军第 12 师师长，奉令转入中条山区。

1941 年 5 月，日军秘密集中 10 余万精锐主力，使用大量飞机、大炮，对我军阵地发动突然袭击。寸性奇指挥第 12 师爱国官兵顽强抵抗，他们用简陋的武器打退了敌人的多次疯狂进攻，双方多次展开白刃肉搏。当时，天降大雨，山路泥泞，加上日军飞机严密封锁黄河各渡口，使我后方援军弹药无法迅速补充。日军连续冲锋，突破第 12 师左邻友军王家窑头阵地，双方战线犬牙交错，相互混战，我军因孤立无援，渐处劣势。此时，他奉上级命令，率部队突围来到樊家沟，5 月 10 日向五福涧前进，不料刚至张家坪，与日军大队遭遇，双方短兵相接，肉搏战后，我军退守大任坪，再由架桑夺路出击。11 日晚，被日军重兵合围，第 3 军军长唐淮源深知危局难挽，鼓励官兵与中条山共存亡，战斗到底。12 日，日军攻陷我军左翼水谷朵高地，寸性奇亲率奋勇队与敌人搏杀，不幸胸部中弹，他仍强忍伤痛，率军冲向敌阵，13 日晚，他的右腿又被日军炮火炸断。寸性奇以重伤之躯，率余众数十人突击至毛家湾，再次遭遇日军重重拦截，在交战中，寸性奇的左腿也被炸断，血如泉涌。此时，寸性奇却要求团长黄仙谷等突围快走："我腿已断，不必管我；我决心殉国，以保全国格人格。"言毕，用最后的力气拔剑自杀！虽强敌即至，但在场官兵无一离开，全部壮烈牺牲。

在寸性奇的追悼会上，挽幛祭文达千余幅。蒋介石的挽联是："百战功勋著河山，双忠大节壮中原。"横额为国民政府主席林森题挽"为国完忠"。

云南大学副校长、全国政协委员、云南政协副主席、民盟云南省主任委员寸树声称赞寸性奇为"寸门虎将"。

（资料整理：梅振旭）

王立人

王立人（1910—1941），1910 年出生，天津人，1930 年参加中国工农红军，1932 年加入中国共产党。曾负责与东北军王以哲部建立统战联系，后参加了营救西路军的工作。1939 年，王立人到山东根据地，先后任八路军第 115

大青山胜利突围纪念广场王立人烈士雕塑

师政治部保卫部副部长，敌工部副部长、部长等职。他在战场上拍摄了许多抗战纪实照片，有力地宣传了抗日根据地军民不畏强暴、英勇抗敌的事迹，其中一幅反映 1939 年 8 月 2 日山东梁山战斗（此战我军以五个连兵力一举歼灭日军 500 余人，创造了八路军以少胜多的光辉战例）的照片，被编入《中国人民解放军历史资料图片集》。

1941 年 11 月，侵华日军调集其第 10 师团主力和第 22 师团三个混成旅团以及伪军 5.3 万余人，由侵华日军总司令畑俊六坐镇临沂督战，日军山东管区司令土桥中将指挥，对我沂蒙抗日根据地发动了"铁壁合围"式的大"扫荡"。1941 年 11 月 29 日，抗大一分校移驻费东县大青山西侧的胡家庄、大古台一带。当日，第 115 师、山东纵队发起绿云山战斗。为免受损失，中共山东分局、山东省战工会、八路军第 115 师、山东纵队等后方机关也相继转移到大青山地区。敌人得知这一情报后，连夜调集重兵，以一个混成旅团的兵力合围大青山。此时陷于敌人包围圈的我方人员中，大都是非战斗人员，所配武器数量少，质量差，只有抗大一分校第 5 大队是有武装的学员队。在抗大一分校校长周纯全的指挥下，第 5 大队首先抢占制高点，以阻击敌人，掩护领导机关和非武装人员突围。突围中，山东省战工会副主任兼秘书长陈明、国际友人汉斯·希伯、第 115 师敌军工作部部长王立人、抗大一分校第 2 大队政委刘惠东、蒙山支队政委刘涛等壮烈牺牲。

为纪念大青山胜利突围战和英勇牺牲的英烈，1954 年当地人民政府建立了费县革命烈士陵园，1997 年在突围战旧址建立了大青山胜利突围纪念碑、纪念亭，迟浩田将军题写了碑名。

（资料整理：梅振旭）

王 竣

王竣，陕西蒲城人。王竣小时候入本县高小读书，后以优异成绩考入陕西省同州师范学校，在学校里，他接触到民主革命思想，目睹了国家的衰败，帝国主义和北洋军阀横行霸道，人民生活十分困苦，遂立志投身军旅，救国救民。

王 竣（1902—1941）

1924年秋，王竣从师范学校毕业后，不顾父亲的反对，毅然踏上了去广州的路途，决心跟随孙中山先生从事国民革命。到达广州后，王竣考入黄埔军校第三期。在军校受训期间，王竣学习努力，刻苦训练，成绩优良。毕业以后，王竣到陕西部队服役。1929年，到陆军第34师任职。后又调入第17路军，任营长。1930年，王竣随第17路军入陕西。1933年，王竣担任陕西警备第1旅第1团团长。1935年，王竣升任陕西警备第1旅旅长。

1937年10月，太原失守后，日军沿同蒲路南下进犯，企图渡河南侵。王竣奉命率部开抵黄河西岸，警戒黄河河防，支持山西境内各路大军与日军作战。

1941年5月7日，中条山战役的序幕揭开，大批日军在飞机、重炮等优势火力装备的掩护下，向我中条山根据地发起了疯狂的进攻。中国将士面对日军猛烈进攻，奋勇抵抗，战斗十分激烈。

王竣率部扼守中条山地区的黄家庄、羊皮岭、门坎山一带，依山背水，且为死守之地。他得知日军即将发起大规模进攻的消息，立即进入指挥位置，督促部下作好战斗准备。当大批日军在各种重型火器的支援下，向阵地发动猛烈进攻时，我军将士顽强抵抗，与日军展开了殊死搏斗。王竣亲临战斗前线，鼓励战士们奋勇杀敌。在他的带动和鼓励下，全体将士士气振奋，勇气倍增，冒着日军飞机猛烈的轰炸和密集的炮火攻击，誓死守卫阵地。经过两昼夜的激战，我军将士顽强地守住了阵地，但由于处于内线作战，人员和弹药的消耗无法得到及时补充，战斗力逐渐减弱，渐处劣势。

5月9日，日军在得到补给之后，重新集结，在飞机和炮火的支援下，再次猛扑我军阵地，双方拼死搏斗，杀声震天，战局直下，逐渐对我军不利。在危急时刻，有人劝说王竣向上级请示向后撤退。王竣却回答道："未歼敌耻尔！何面目见人？军人不成功，便成仁，当与诸军死此！"众将士听此豪言壮语，深受感动，当即表示誓死与敌血战到底。在王竣的带领下，全体将士视死如归，与敌人展开了残酷的血战。王竣身受重伤，壮烈牺牲在阵地上。

国民政府为表彰王竣壮烈殉国的事迹，特追晋他为陆军中将。1987 年 5 月 7 日，陕西省人民政府追认王竣为革命烈士。

（资料整理：梅振旭）

汉斯·希伯

汉斯·希伯
(1897—1941)

汉斯·希伯于 1897 年出生在波兰的克拉科夫，来到中国后，新四军卫生部部长沈其震给他改名为汉斯·希伯。

1925 年，希伯第一次来到中国上海。同年于北伐军总政治编译处做编译工作。在那里，他目睹了帝国主义者制造的五卅惨案，随后前往广州。1927 年四一二政变后，他愤然辞去了国民党内的职务，经上海返回欧洲。回到欧洲后，他仍时刻关心中国的革命问题，并根据自己的经历和中国的实际情况写了《从广州到上海：1925 年—1927 年》一书，于 1928 年 2 月在柏林出版。此书让更多的外国人了解了中国的真实国情。

1932 年秋，他告别了新婚的妻子秋迪·卢森堡再次来到上海，不久其妻子也来到中国，定居上海。在上海期间，希伯与当时在上海的一些国际友人如史沫特莱、马海德、路易·艾黎等人组织了"国际马克思主义学习小组"，共同研究中国的形势。此后的五年间，他在上海广泛活动，以笔名"亚细亚人"在美国《太平洋事务》《亚细亚杂志》和德国《世界舞台》等多种报刊上，发表了大量关于中国和远东问题的文章，成为世界著名的反法西斯政论家。

　　七七事变后，汉斯·希伯看到中国人民英勇抗日，十分激动。1938 年春经八路军武汉办事处的安排，希伯来到革命圣地延安，受到了毛泽东的亲切会见，并先后采访了毛泽东、周恩来、叶挺、项英等当时叱咤风云的革命人物，了解了中国共产党抗日斗争的情况。

　　1941 年 1 月初，国民党悍然发动皖南事变。1 月 8 日，重建的新四军军部在苏北盐城成立。5 月，希伯与大人秋迪化装成医生和护士来到新四军苏北抗日根据地，见到了刘少奇、陈毅、粟裕等。在苏北，他完成了一本八万字的书稿《中国团结抗战中的八路军和新四军》。9 月 12 日顺利到达山东省临沂市莒南县。10 月 4 日山东抗日根据地举办茶话会欢迎希伯，罗荣桓为了方便希伯采访，把自己的一匹枣红马送给他。他白天采访，晚上写作，很快就写出了通讯《在日寇占领区的旅行》等长篇报道。

　　1941 年 11 月 29 日晚，希伯所在的连队在沂南县与费县交界处的大青山五道沟下的獾沟子附近与敌人遭遇。敌人以一个混成旅将八路军一个连紧紧包围起来。在敌强我弱的情况下，连队战士与敌人展开了殊死搏斗，希伯也参加了战斗。尽管指战员们以大无畏的英雄气概，打退了敌人多次猖狂进攻，但自己伤亡也很大，希伯的翻译和警卫人员都倒在血泊中。希伯满腔怒火，从牺牲者身边捡起枪来，猛烈地射击敌人，不幸身受重伤，献出宝贵的生命，时年 44 岁。

　　1942 年，山东军民为了纪念希伯烈士，为希伯建立了一座白色圆锥形纪念碑，碑上刻着罗荣桓等人的题词。罗荣桓的题词是："为国际主义奔走欧亚，为抗击日寇血染沂蒙"，"伟大的国际主义战士、中国人民的亲密战友汉斯·希伯同志永远活在我们心中"。

　　　　　　　　　　　　　　　　　　　　　　　（资料整理：梅振旭）

白乙化

白乙化（1911—1941年）

白乙化，字野鹤，学名荣鸥，1911年出生在辽阳县石谷村的一个普通农民家庭里。1928年，怀着武装救国的志愿，白乙化考入沈阳东北军教导队，后升入东北讲武堂步兵科。为寻求真理，又考入北平中国大学。1930年，加入中国共产党。九一八事变后，回辽阳以教书为名，联络四方志士，组织抗日义勇军，转战于辽西、热北、锦西，连战连捷，得绰号"小白龙"。

1935年，在一二·九爱国运动中，白乙化被称为运动中的"虎将"。他奋勇当先，积极组织同学集会、游行。在北平大学法商学院的学生抗日大会上强烈要求国民党政府出兵抗日，收复东北，会后竟遭逮捕，但在监狱里他继续进行抗日救亡宣传，组织难友们同反动派作斗争。之后他毅然投笔从戎，被党组织派到东北参加义勇军。

1939年春，他率领抗日先锋队从内蒙古来到平西，与冀东大暴动的抗日联军合并，组成华北人民抗日联军，任副司令员。经过白乙化严格的整训，这支纪律松弛、战斗力差的部队素质大为增强。1939年夏的一天，有"侵华功臣"称号的过村中队长带领日寇气焰十分嚣张地向斋堂进犯。白乙化严密布置，巧妙指挥，沿河城一带大败日寇。显赫一时的过村被当场击毙，八路军缴获了桑木师团长颁发给过村的"奖状"以及大批枪支、弹药、食品和物资，这就是著名的沿河城战斗。

1941年2月4日，汉奸刘向和郑岳两股"讨伐队"窜到密云山区，在鹿皮关一带进行"讨伐"，白乙化带领第10团在分析敌我态势的基础上，决定设伏迎敌。当敌人钻进我伏击圈后，白乙化指挥战士朝刘向部猛烈开火，激战一昼夜，歼敌160余人，这时敌人不断增兵并占据了一个制高点。白乙化决定亲临第一线指挥。警卫员把他拽走了三次，他都跑了回去。他说："战斗正激烈，我不指挥咋成！"在他挥着指挥旗向前冲时，从烽火台里飞出一颗子弹，射中了他的太阳穴，白乙化献出了年轻的生命，时年30岁。

3月1日，白乙化烈士的追悼会在石城隆重召开，会上宣读了八路军挺进军告全军同志书："他的牺牲不但是八路军挺进军的损失，而且是中国共产党和中华民族的一个很大损失。损失了一个有丰富经验的优秀指挥员，损失了一个有着长期斗争历史的坚强的党的干部，损失了一个曾为民族独立而不屈不挠、艰苦奋斗的民族英雄。"

1944 年 5 月，丰滦密联合县和冀北第五军分区，为他建立了纪念碑。正面刻着"民族英雄"四个大字，背面是他的生平。为了避免被日军糟蹋，乡亲们用油布把碑包起来藏在地下。二十年后碑才被挖出来（现存于首都博物馆）。1984 年，密云县人民政府重建了白乙化烈士纪念碑，萧克将军手书碑文："血沃幽燕，名垂千古"。

（资料整理：梅振旭）

白文冠

白文冠，女，回族，著名抗战英雄马本斋之母，1873 年出生于河间城关六街。白文冠年少时在清真寺学经，略识文字。后嫁与献县东辛庄贫苦农民马永常为妻，共生四子，长子守朋，次子守清（后改名本斋），三子进坡，四子宝聚三岁夭折。

白文冠教子有方，她教育儿子做人要正直，不屈辱、不苟且，要爱国爱族，学好汉，当英雄，为穆斯林争光。白文冠积极支持马本斋脱离旧军队奉系军阀，组织抗日队伍，并让三子跟着马本斋一起组建部队。

白文冠（1873—1941）

1941 年夏，马本斋率部转战于子牙河以东的青县、沧县、交河等地，歼敌 500 余人，并紧紧咬住盘踞在河间的日军山本联队。山本恨透了马本斋，在一筹莫展的情况下，决定抓捕白文冠，诱降马本斋，瓦解回民支队。

1941 年 7 月的一个深夜，山本联队出动日军和伪军 500 余人，分别从河间、献县、沙河桥三个据点出发，直奔马本斋的家乡献县东辛庄，当村边站岗的青抗先队员发现敌情时，群众再疏散转移已来不及，拂晓，敌人围住了这个回民聚居的村庄。

日军将白文冠抓住后，带到河间城内。白文冠发誓绝不吃敌人的一粒粮食，不喝敌人一口水。后来敌人把白文冠从狱中提出，摆上丰盛的宴席，并让她住上等房屋，还派专人伺候照料，又送水果点心等美食，她连看都不看，还把送来的票子甩了满地。

敌人逼她给儿子写信，她斩钉截铁地说："我儿子是中国人，一向不知有'投降'二字，你们有本事跟他打去，我老婆子来了就没想活着回去！"白文冠以绝食和敌人进行坚决斗争，日军派河间县伪县长等人诱劝，都被她痛骂而去。白文冠绝食九天后，以身殉国。

白文冠牺牲后，马本斋及回民支队全军戴孝，迅速处死了谋害白文冠的叛徒、回奸哈少甫和前来游说劝降的回奸马庆来。他们在河间城外连打几个胜仗，迫使山本联队龟缩在河间城内。

冀中党、政、军、群各界，为白文冠召开了隆重的追悼大会，号召全区人民向白文冠学习，化悲痛为力量，坚决打败日本帝国主义，为白文冠和抗日英烈报仇，极大地推动了冀中乃至晋察冀边区抗日斗争的开展。延安各界也举行悼念活动。《解放日报》两次以较大的篇幅报道了白文冠的英雄事迹。朱德总司令和彭德怀副总司令致电冀中军区，称赞："中国人民有这样的母亲，不仅是中国人民的光荣，中国妇女的光荣，而且是中华民族不会灭亡的具体例证。"两年后，身经百战，率部所向披靡、屡建奇功的马本斋积劳成疾，病殁军中。朱德总司令写下著名的挽联："壮志难移，回汉各族模范；大节不死，母子两代英雄"。

（资料整理：康军杰）

任 光

任光，笔名前发，1900 年生于浙江省嵊县城关镇。他从小喜爱民间音乐，入嵊县（今嵊州市）中学（现嵊州市第一中学）读书时已学会拉二胡、吹铜号、拉风琴，有"小音乐家"之称。中学毕业后入上海震旦大学。

任 光（1900—1941）

1919 年任光到法国勤工俭学，入里昂大学音乐系学习，并在一家钢琴厂当学徒。1924 年毕业后，受聘于安南（今越南）亚佛音乐钢琴制造厂，任经理。1927 年回国后，参加左翼剧联音乐小组及歌曲作者协会。1928 年，他告别法籍妻子回国，在上海法商百代唱片公司任音乐部主任，从事歌曲创作并为电影、戏剧配乐。1929 年，在田汉、阿英（钱杏邨）、夏衍、蔡楚生等帮助下，从事进步文化运动。九一八事变以后，与聂耳、冼星海等一起，发起组织剧联音乐小组和中国新兴音乐研究会，1934 年因创作了著名的《渔光曲》而一举成名。1936 年创作《打回老家去》等救亡歌曲，流传很广。次年 8 月，再度去法国，入巴黎音乐师范学校进修，曾组织领导巴黎华侨合唱团，出席有 24 个国家代表参加的反法西斯侵略大会。所作《中国进行曲》被辑入《世界革命歌曲选》。

抗日战争爆发后，任光投身于轰轰烈烈的抗日救亡音乐活动中，创作了《月光光》、《新莲花落》、《大地行军曲》、《打回老家去》（署名前发）、《高粱红了》等 40 余首极有影响的抗日救亡歌曲与电影歌曲。此外，他还创作过歌剧《台儿庄》（《洪波曲》）。1938 年 10 月回国后，在长沙、贵阳等地从事抗日宣传活动。次年 8 月，去新加坡开展华侨歌咏活动。1940 年，任光跟随叶挺将军从重庆赴皖南参加新四军。1940 年 7 月，到新四军军部从事宣传工作。

1941 年 1 月皖南事变中，叶挺派一个班的兵力掩护任光撤离。顽军发现新四军有小股兵力抬着担架撤离，以为是新四军的高级军官被击中，便疯狂地追击扫射，结果一个班的战士相继阵亡。当顽军指挥官看到躺在担架上奄奄一息的任光时，厉声追问："你是什么人？"任光苏醒过来，吃力地回答：

"我是电影《渔光曲》主题歌的作者任光。"说完就闭上了眼睛。顽军指挥官与追击的士兵们万万没有想到，他们十分崇拜的天才音乐家被他们追击、杀害了，纷纷脱帽向任光深深三鞠躬，以表示敬意与哀悼。叶挺将军获知任光牺牲的消息时，流下悲愤的泪水，说："真可惜，一颗音乐巨星陨落了！"重庆《新华日报》发表悼念文章，誉其为"民族的号手"。任光牺牲时，年仅41岁。

（资料整理：刘云）

邢清忠

邢清忠（1899—1941），字良臣，河南嵩县田湖人，国民革命军陆军第15军第65师师长。

邢清忠年幼时家境贫寒，读书很少，1920年，他随万选才投镇嵩军①，在憨玉琨部任排长、连长职。1926年升团长。1930年中原大战结束后，邢清忠所在部队改属第15军，邢清忠任第64师第191旅少将旅长。

抗日战争全面爆发后，邢清忠旅奉命赴河北正太路沿线作战。1937年10月参加忻口战役，守备东西荣华村及灵山一带阵地，与日军展开争夺战。邢清忠亲率预备队，突破敌人阵地，歼灭敌军一个营。11月2日，忻口国军失利，为掩护友军渡汾河，邢清忠旅同日军进行殊死战斗，保住了浮桥。第191旅最后撤出时，邢清忠夹杂在仅有不足一个营的队伍中步行，军大衣、战马全无。邢清忠身先士卒，率部英勇抵抗，掩护大军安全转移，受到第一战区司令长官卫立煌赠送的"忠勇善战"名片题词。

1938年，邢清忠部在闻喜休整后，参加韩后岭及侯马诸战斗，年终调防中条山垣曲、绛县一带。1939年，邢清忠因战功升任第15军第65师师长，在绛县前线与日军呈胶着状态，他组织部队深入敌后，寻机歼敌，多次重创日

---

① 镇嵩军是豫西军阀刘镇华的私人武装，原本是盘踞一方的匪帮。该部因驻地靠近嵩山，故名镇嵩军。

军。1941 年 5 月，日军为了消灭晋南、豫北的中国军队，发动中条山战役。在日军围攻中条山的多次战斗中，邢清忠带领士兵进行了英勇抵抗。在异常险恶、困苦的情况下，将士们临危不惧，满怀豪情，放声高歌："中条山高又高，飞机炸不动，大炮轰不倒，中华儿女英雄汉，打得鬼子哇哇叫。"

5 月 14 日，在日军猛烈炮火攻击下，董封阵地失守，邢清忠率部向太岳山区突围时，中弹牺牲，年仅 42 岁。国民政府追赠其为陆军中将。

（资料整理：朱琼英）

刘子超

刘子超 1906 年出生于广东兴宁，八路军山东纵队政治部宣传部部长。

刘子超 1926 年 8 月加入中国共产党。1928 年，到上海从事地下斗争，改名为刘苏华。他以上海艺术大学学生的身份为掩护，从事革命活动。1929 年，他先后担任了中共沪西区委宣传部长、中共闸北区委书记。1932 年后，成为上海社联的主要骨干，经常以国际共运研究专家的身份到暨南大学、复旦大学及某些社团发表演讲，并参加关于中国社会性质的论战。1936 年夏，从上海到达太原，参加了山西省牺牲救国同盟会。

刘子超（1906—1941）

1937 年卢沟桥事变后，刘子超先后调任华北军政干部训练所所长、华北军政干部学校校长、山西抗日新军太行南区游击司令部司令员、晋冀豫军区第五军分区副司令员等职，为培训抗日干部，发动群众积极投入抗战，作出了卓越贡献。

1939 年 6 月，刘子超来到山东，担任八路军山东纵队政治部宣传部部长。他利用行军和战斗间隙，为报社撰写社论、专论十几篇。他写的论文观点鲜明，说理透彻，通俗易懂，在山东军民中，起到了积极的教育作用。同年 12 月，在山东省召开的纪念一二·九运动四周年大会上，刘子超作了题为《纪念一二·九与华北青年当前的任务》的报告。

1940年3月，汪精卫投降日本后，刘子超在《大众日报》上接连发表了《汪逆兆铭卖国事敌的罪恶种种》《驳斥汪逆的伪三民主义》等文章，以大量事实揭露了汪精卫卖国的种种罪行，从理论上戳穿了汪精卫标榜的所谓"三民主义"的投降实质。

刘子超非常重视对部队进行形势任务的宣传教育，常不定期地给机关和部队干部战士做抗战形势报告。他特别注意活跃部队的文化生活，创建了山东纵队宣传大队，并亲自创作了《山东纵队队歌》。为提高敌工人员素质，他还组织举办了敌工干部培训班，亲自讲课，为部队培养了一批对敌斗争骨干。

1941年冬，日军对沂蒙山区发动了规模空前的大"扫荡"，在随部队转移途中，刘子超克服各种困难，抓紧一切时机进行宣传、鼓动工作。12月11日凌晨，刘子超和部队十几名战士转移至沂南县高湖村时，与敌遭遇，不幸牺牲。

刘子超是为抗日斗争事业作出重要贡献的八路军著名将领之一，中共山东分局书记朱瑞评价他是一位有才华的理论家、一位不可多得的宣传鼓动家。1942年，朱德在延安《解放日报》上发表文章说："当此抗战五周年纪念之日，我们除对五年来英勇牺牲的将士及全国军民举行哀悼外，我特号召八路军、新四军全体战士，继承先烈遗志，为先烈复仇！为我们的左参谋长，周建屏旅长，罗忠毅旅长，魏大光旅长，刘子超、张德楼师及军区政治部部长……及所有先烈复仇！"

（资料整理：朱琼英）

刘海涛

刘海涛（1907—1941），1907年生于山东省东阿县张集村。刘海涛20岁时，迫于生计，到东北打工，因自小练得一手好拳脚，为人仗义疏财，很快在松花江沿岸结交了一帮"绿林好汉"，他们常偷袭县警察局，劫富济贫。

1931年九一八事变后，刘海涛带领100人左右、十几支枪的队伍同日本侵略者作战。这时，中共满洲省委军委派共产党员赵尚志到哈尔滨东郊地区做团结抗日工作,刘海涛便跟随赵尚志活动。1933年7月,刘海涛加入中国共产党。不久,党组织决定由他带一队人马随赵尚志到珠河。他先后担任哈东支队第1大队队长、东北人民革命军第3军第1团团长等职。

1936年,刘海涛被派赴莫斯科东方共产主义劳动大学学习。1938年回到延安。同年5月,刘海涛和部分即将奔赴山东抗日前线的同志,受到了毛泽东、刘少奇等中央领导同志的接见。

在山东,刘海涛先后被任命为八路军山东纵队第6支队支队长、第9支队支队长、第2旅副旅长、鲁中军区司令员等职,指挥部队打了一个又一个胜仗,被称为"传奇司令"。

1940年春,驻临沂的日伪军3000多人占领了蒙阴城,妄图以此为依托,对蒙阴山区进行全面"扫荡",切断沂蒙山根据地与滨海根据地的联系。刘海涛奉命连夜带领第9支队从新泰山区赶到蒙阴城下。凌晨,蒙阴城北门首先响起了枪声。这时,城内的几千名日伪军还在酣睡,经过五个小时的战斗,收复了蒙阴城,随后他果断地命令部队撤出了蒙阴城。当数千名日伪军又杀回蒙阴城时,这里已是空城一座。在蒙阴城外,刘海涛采取了"小股出击,经常袭扰"的作战方针,把敌人拖得十分疲惫。刘海涛认真分析敌情,利用敌人急于决战的心理,由第1大队从南门诱敌出城,然后,第2、第3、第4大队在城外伏击,吃掉敌人出城的部队。此次战斗只打了三个小时,就消灭了日军一个小队和伪军两个中队。接着,刘海涛率部第三次攻打蒙阴,一举收复了蒙阴城。

"刘司令三打蒙阴城"的消息迅速传遍了沂蒙山区。人民群众编歌谣颂道:"三月里那个花儿那个红,蒙山里来了那个刘司令,神机妙算那个赛诸葛,打得那个鬼子茅坑里拱。"

1941年秋,日寇纠集数万人,向鲁中抗日根据地突然发动了多路、多梯队的"铁壁合围",妄想消灭八路军鲁中军区部队,摧毁山东党政军领导机关,摧毁沂蒙山区抗日根据地。刘海涛巧妙地带领部队突围,跳出了日军的包围圈。同年11月底,刘海涛率部在庐山一带与日寇展开激战,战斗中不幸头部中弹。这位具有传奇色彩的八路军优秀指挥员壮烈牺牲在沂蒙山区,时年34岁。

（资料整理：康军杰）

孙春林

孙春林（1906—1941）

孙春林，原名孙纯令，又名孙士政，1906 年 5 月出生于山东省海阳县西小滩村。

1928 年，孙春林从莱阳中学毕业后，考入烟台刘珍年部队创办的军官学校政训队学习，在地下党组织的领导下，经常参加革命活动。1929 年春，孙春林军校毕业后，奉党组织之命打入国民党海阳县司马区民团任大队长。任职期间，向民团队员积极灌输革命思想。1930 年春，为扩大革命力量，他和于洲一起，以农民协会的名义举办军事培训班，组织农民革命武装。1931 年，组织反对国民政府不抵抗政策的运动，后经党组织安排，又打入国民党莱阳县鲍村民团任军事教官，与中共地下党组织一起开展对敌斗争。1933 年秋，任中共海阳特支宣传委员。后曾辗转旅顺、沈阳、北平等地从事革命工作。1936 年，根据党组织安排考入阎锡山在太原办的民训干部团。毕业后，他被分配到山西省崞县国民兵军官教导团第 8 团任政训员。1937 年，孙春林赴延安，进中国人民抗日军政大学学习。

全面抗战爆发后，孙春林请缨到前线抗日。1938 年，被调到山东第 115 师师部工作。1939 年 5 月调到中共胶东区党委，被分配到抗日前线南海特委担任团长。1940 年春，孙春林被调任胶东八路军第 5 支队警卫第 1 营营长，先后率领部队攻克了邱堡、北寺昌等伪据点。同年冬，孙春林被调到北海军分区指挥部，在其艰苦努力下，蓬（莱）黄（县）栖（霞）福（山）根据地迅速扩大，武装力量迅速增强。期间他不仅动员家人、亲友抗日，还大义灭亲将与伪保长勾结的三舅处决。1941 年夏，八路军胶东军区南海军分区成立，孙春林任司令员。同年，他率部配合主力部队解放发城。

1941 年秋，日伪对根据地实行大规模的"扫荡"，孙春林率部转战在平度大泽山和莱西青山一带。8 月的一天晚上，军分区机关由庙东村转移到榛子沟村。因汉奸告密，日军对军分区驻地发动袭击。当发现敌情时，敌人已逼近部队驻村附近。情势紧急，孙春林决定将部队撤出村庄，向山里转移，同时命令军区机关人员向村东南山头转移，占领有利地形。孙春林带着警卫员指挥部队一面向来敌展开反击，一面渡过南沙河，抢占东南山头。就在通过南沙河时，遭遇敌人火力扫射，孙春林的大腿负伤，因流血过多，几次昏迷过去。眼看敌人快要追到身边，孙春林命令警卫员不要管他，赶紧撤退以脱离险区。最终，孙春林被日寇杀害，时年35岁。

1955年，莱西革命烈士陵园建成，孙春林烈士的遗骨迁葬到烈士陵园内。1987年，莱西市人民政府修建了孙春林烈士纪念碑。

（资料整理：张栓中）

朱立文

朱立文，原名朱连升，又名朱礼文、朱理文。1909年出生在广西百色县（今百色市）后府街（今红旗街）。幼时入私塾，后入小学，因家贫辍学，13岁到工厂做童工。

1929年夏，中共党组织在广西发动群众参加革命工作。同年12月，朱立文加入中国工农红军，并参加百色起义。次年加入中国共产党。朱立文在红军中历任班长、排长、连长、副政治教导员、团参谋长等职，带领队伍由广西转战到江西，后随部队参加长征。到达陕北后，曾任中央军委副主席周恩来的随从

朱立文（1909—1941）

副官，参加过西安事变谈判，后进入延安中国人民抗日军政大学学习。

全面抗日战争爆发后，朱立文于1938年被调往位于河南确山县竹沟的新四军第4支队第8团留守处任副参谋长，1939年随军南下武汉外围，开展游击战争。后曾任新四军豫鄂独立游击支队第3团参谋长和第5团参谋长、副团长。1940年任第6团团长，驻坪坝整训队伍。同年10月，日军步骑兵约1000人在沿宋河公路南下时，突然向坪坝发动进攻。朱立文立即与参谋长研究部署，在坪坝东南的崔家冲设下埋伏。当敌人完全进入伏击圈后，朱立文指挥部队，集中火力打击敌人，日军猝不及防，受到重创。这次战斗，缴获敌人大批武器弹

药和战马，彻底挫败了敌人占领坪坝的企图，使豫鄂挺进纵队与其他根据地的交通联系保持畅通。1941 年 4 月，豫鄂挺进纵队改编为新四军第 5 师，朱立文任第 15 旅副旅长兼第 43 团团长，并曾兼任襄西指挥部指挥长，在开辟豫鄂边区抗日根据地的斗争中，作出了突出的贡献。

太平洋战争爆发前后，武汉周围日军兵力减少，第 5 师决定乘机进一步作战略展开，以形成对武汉的战略包围。第 15 旅负责开辟（汉）川汉（阳）沔（阳）地区，发起侏儒山战役，歼灭伪定国军汪步青部。1941 年 12 月 7 日，第一次战斗全歼伪第 3 团团部。12 月 23 日，开始第二次战斗，第 15 旅第 43、第 44 团及天汉支队各一部，迅速攻占裴家山、将军岭，歼灭伪机炮营全部和新兵连一部。下午，黄陵矶等地日军来援。第 15 旅一面进行阻击，一面组织交替后撤。因来敌众多，火力猛烈，地形又十分不利，朱立文当机立断，命令部队迅速撤离，自己亲率一个通信班进行掩护。激战至傍晚，部队安全撤离，但担任掩护的通信班仅剩下几个人。他们在一条河边跳上一艘小船，奋力向对岸划去。这时日伪军已追至河边，在岸上进行火力追击，小船终被打翻，朱立文及所率战士都为民族解放事业献出了宝贵的生命。朱立文牺牲时，年仅 32 岁。他也是新四军第 5 师在抗战中牺牲的职务最高的指挥员。

1966 年，经湖北省人民政府批准，汉阳县（今汉阳市）人民委员会将其迁葬于嵩阳林场，并竖立墓碑，横额刻有"浩气长存"四个大字。1991 年 5 月，中华人民共和国民政部授予其"革命烈士"称号。

（资料整理：张栓中）

朱鸿勋

朱鸿勋，字柏亭，1899 年出生于吉林农安县。少年时，入读天津南开中学，求学时，朱鸿勋认为徒恃书策不能发扬其志，于是进入当时吴兴权创小的军官团学习兵法。毕业后，进入奉军第 57 旅见习，历任排长、连长、团副等职，之后又考入东北讲武堂，每次考试均名列前茅。毕业后，先在第 26 师任团副、团长，后在第 110 师任团长，因为从严治军，整肃军纪，颇有名气。

朱鸿勋（1899—1941）

1933 年，第 53 军军长万福麟调朱鸿勋任第 130 师师长，随后朱鸿勋率部参加长城抗战和冀东抗战，在朝阳、凌源地区抗击日军，后退守界岭口。1937 年卢沟桥事变爆发后，朱鸿勋率部在河北保定与日军艰苦作战，之后随第 53 军奉命掩护第 2 集团军主力后撤，继而撤往河南省辉县休整。期间，朱鸿勋部每战首当其冲，奋勇杀敌，屡挫敌锋。随后，朱鸿勋率部进入山西，在收复天井关的战斗中，所部伤亡惨重。1938 年，第 53 军奉命驻守三溪口，保卫湖北通往湘、鄂、粤的要道——阳新（今湖北东南部）。日军精锐部队来犯，朱鸿勋率军与之殊死作战，连续指挥作战六天六夜，阻止日军不得前进。因此，武汉的军资器械才得以运出，为抗战保存了力量。国民政府为嘉奖其功勋，晋升他兼任第 53 军副军长。之后，朱鸿勋奉调率部移驻洞庭湖方面，力保当地两年安定。

1940 年，宜昌、沙市相继沦陷，朱鸿勋率军进驻湖北境内藕池口，阻击日军进攻。同年 12 月中旬，朱鸿勋组织部队对日军展开奇袭作战，颇有收获。随后日军出动飞机对朱鸿勋部队驻地藕池口展开报复性轰炸。1941 年除夕前两天，在日机轰炸过程中，朱鸿勋中弹，壮烈殉国，年仅 42 岁。

朱鸿勋殉国后，国民政府追晋其为陆军中将，时任参谋总长兼军政部长何应钦亲临吊唁。第 130 师后继师长张玉挺率全师为其立碑。

（资料整理：张栓中）

朱毓淦

朱毓淦（1906—1941）

朱毓淦，原名国栋，曾用名玉干，1906年生，山东泰安北望村（今属泰安市岱岳区徂徕镇北望村）人。

朱毓淦幼年在本村读书，1925年入泰安萃英中学，在校期间开始接受马列主义。1926年加入中国共产党。1927年9月，任中共泰（安）莱（芜）新（泰）区委学运委员，积极发展党员，建立了村党支部和村农会。1928年4月，他联络泰安火车站装卸工人和城里人力车运输工人，成立"泰安工人联合会"。同年10月，任中共泰安特别支部委员，次年4月接任特支书记。1931年春，中共山东省委遭遇变故，他去大连隐蔽未成返回泰安，后任特支委员。1932年5月任中共泰安中心县委组织部长，同年9月任县委书记，在泰山瞻鲁台主持召开县委扩大会议，分析泰安的政治形势，部署农村发展党员、建立组织、发动群众开展抗捐抗税等工作。1934年1月，他再次因遭反动当局通缉被迫到大连，之后打入日本人办的火药厂，成立党小组、"敢死队"，并任组长、队长，组织引爆了火药库，不幸被捕。1936年朱毓淦被营救出狱，再次回到泰安继续从事革命活动。

1937年卢沟桥事变爆发后，8月，朱毓淦任中共泰安临时县委成员，积极投身于抗日救亡斗争，配合范明枢建立了泰安县人民抗敌自卫团。1938年1月，他积极参与了徂徕山抗日武装起义，随后随起义部队参加对日作战。同年5月调任中共泰安县委组织部长，10月，任县委书记兼组织部长，12月调任鲁中区党委社会部部长。期间，他积极团结地方武装，一致抗日，经常带领部队以游击方式袭击日军。1939年6月，在随军参加沂蒙山区反"扫荡"时表现突出，被中共山东分局授予银质奖章。

1941年11月，日伪军对根据地展开"扫荡"。在反"扫荡"作战中，朱毓淦与鲁中军区司令员刘海涛转移至蒙阴县官庄以东杜家林，被汉奸石绍武部诱捕。在严刑面前，他大义凛然、宁死不屈。凶残的敌人割掉了他的舌头，挖掉了他的双眼，用刺刀穿透了他的胸膛。朱毓淦壮烈牺牲于苏家村，年仅35岁。

（资料整理：张栓中）

李寿龄

李寿龄（1918—1941），1918 年出生于一个铁路工人家庭，山东邹平韩店旧口村人。

1933 年秋，李寿龄由济南转到长山中学就读，因为勤奋好学、成绩优异，颇受教师器重。在校期间他阅读了大量的进步书籍，开始接受马列主义，并立志救国救民。1935 年，他考入济南山东省立第一师范，先后加入学校"读书会""时事研究会""世界语研究会""新文字研究会"等学生进步组织，参加援绥抗战罢课游行、募捐等革命活动，抗议国民政府不抵抗政策和镇压学生爱国运动。一二·九运动后，在中国共产党领导下，学生组织"全国学生救国联合会"、"中华民族解放先锋队"成立并开展爱国抗日救亡运动。1936 年，李寿龄加入这两个进步组织，并在济南一个报社主持创办《晨钟》文艺副刊，借以唤醒广大民众，宣传抗日救亡。

1937 年卢沟桥事变爆发后，李寿龄受中华民族解放先锋队的派遣，回到长山，以长中附属小学教师的身份为掩护，秘密开展抗日救亡活动。期间，他结识了马耀南、姚仲明、廖容标等共产党人，并加入了中国共产党。同年 12 月，他参加了长山中学的革命师生等在黑铁山举行的抗日武装起义，成立鲁北地区第一支抗日武装——山东人民抗日救国军第 5 军。起义后李寿龄被派往长山 6 区工作，任政治指导员，将六区韩子衡部编为山东人民抗日救国军第 5 军第 19 中队，扩大了邹平、长山地区的抗日武装。1938 年冬，八路军驻邹平办事处成立，李寿龄任主要负责人，负责组建抗日民主政府和组织人民抗日武装。1939 年 5 月，中国共产党邹长地区第一次代表大会召开，李寿龄被选举为邹长中心县委书记，在创建党的地方组织和清西抗日革命根据地中作出了卓越的贡献。1940 年 3 月，李寿龄调任寿光中心县委书记，后历任清东地委组织部部长等职。

1941 年 1 月 4 日，在召开会议后，李寿龄得知日伪要"扫荡"寿光五区阳河一带根据地，紧急部署疏散。他自己带领几个同志秘密到达东朱鹿村，隐藏在地窖中。然而，由于汉奸告密，地窖被发现，他与战友同日伪进行了英勇作战，最后壮烈牺牲，年仅 23 岁。残暴的日伪在村里又进行了屠杀，制造了骇人听闻的"东朱鹿惨案"。

（资料整理：张栓中）

杨 忠

杨 忠（1909—1941）

　　杨忠，原名欧阳吉善，1909 年 9 月出生于江西省安福县金田乡南江村。杨忠青少年时期就参加了革命，1930 年 5 月加入中国共产党。1934 年 10 月，随红军参加长征，任红 3 军团工兵连指导员。到达陕北后，进红军大学深造。

　　抗日战争全面爆发后，杨忠随军进入华北前线。同年 9 月，第 115 师平型关大捷后，部队转移到晋西，师指挥部成立了民运工作团，杨忠任该团团长。为补充部队兵源，他带领工作团，在晋南洪洞县及附近几个县开展扩军工作。通过发动群众，做深入细致的思想工作，直接动员了四五千名青年入伍，不仅为八路军增编了两个团，而且扩大了共产党八路军的影响。杨忠升任八路军第 115 师第 343 旅补充团政治处主任。

　　1938 年 9 月，杨忠随萧华率领的东进抗日挺进纵队开进山东省乐陵县。他积极贯彻党的抗日民族统一战线政策，联合地方杂牌军抗日。当时，挺进纵队刚收编了杂牌军曹振东部，改编为八路军济阳支队（第 7 支队），委派杨忠担任该部政委。他来到这支成分复杂的国民党军队，深入开展思想政治工作，对其既有斗争，又有团结，晓以民族大义，积极发展共产党组织，凭着他的机智勇敢，最终促使曹部与八路军合作抗战。

　　1940 年春，杨忠担任鲁北支队支队长兼政治委员。为开创鲁北的抗日新局面，他带领部队扒铁路、炸桥梁、攻碉堡、除汉奸，坚持反"扫荡"斗争，狠狠打击了日伪军的嚣张气焰。他还率队在德平边境整军训练，并召开了中共八路军鲁北支队第一次党员代表大会，在会上被选为该支队委员会书记。

　　1941 年 2 月，冀鲁边区划归山东分局领导，津南支队与鲁北支队合并，编入第 115 师组成的教导第 6 旅，杨忠任旅政治部主任。为使冀鲁边抗日根据地和黄河南岸的清河根据地连成一片，山东分局和第 115 师曾两次采取军事行动，均未成功。7 月 20 日，杨忠率领旅政治部机关、宣传大队及第 17 团第 1、第 3 营执行第三次"打通"任务。他带领部队一面沿途宣传党的抗日政策，一面对日军进行分化瓦解工作。对此日军十分恐慌，急调 2000 人组成"讨伐队"，配有汽车 50 辆，迫击炮 20 余门，尾追而来。9 月 3 日，杨忠率部进入日军腹地——惠民县境内徒骇河畔的夹河地带。前面是黄河，后面有追兵，他和政委分驻夹河村、中村和陈村，以防万一。翌日清晨，杨忠正在带领干部察看地形，准备渡河方案，突然被大批日军包围。杨忠在组织部队突围转移时，中弹牺牲，时年32岁。

杨忠牺牲后，第115师政治部在给八路军总部的报告中称："杨忠的牺牲，不仅是我党我军的损失，也是国家民族的损失……" 1945年5月，惠民、济阳、商河三边县政府建立了烈士陵园，为烈士们举行了隆重的安葬仪式。在杨忠烈士的墓碑上镌刻有"精忠报国"四个大字。1946年12月，渤海行署把三边县改名为"杨忠县"，以彰显烈士的功绩。

（资料整理：张栓中）

汪雅臣

汪雅臣，别名汪景龙，1911年出生，祖籍山东省蓬莱市。

汪雅臣幼年时举家逃荒闯关东到黑龙江省五常县（今五常市）民意乡。13岁替人放猪，15岁做伐木工，后被土匪"东双胜"劫持入伙，被人叫作"双龙"。1930年，他加入了东北军。

九一八事变后，汪雅臣所在部队降日，汪雅臣联合几个爱国战友趁夜携枪离队，在五常县组织抗日武装。1933年1月26日，中共中央发出《给满洲各级党部及全体党员的信》，提出建立全民族的反帝统一战线。

汪雅臣（1911—1941）

1934年春，赵尚志率先召开了哈东地区抗日义勇军、反日山林队首领会议，并成立了哈东反日联合军总司令部。汪雅臣深受启发，他约集其他抗日山林队，在五常县尖山子召开抗日大会，成立反满抗日救国义勇军，当选为首领。义勇军在其领导下，战斗在五常、舒兰和榆树等县交界的广大山区。由于义勇军纪律严明，深受百姓爱戴，被称作"铁军"。1935年春，他派代表联系中共珠河县委，要求接受共产党领导。1936年春，党组织决定将汪雅臣部改编为东北人民革命军第8军，汪雅臣任军长，不久,汪雅臣加入中国共产党。同年9月,部队再次改编为东北抗日联军第10军,汪雅臣仍任军长。1940年,第10军缩编为东北抗联第8支队,汪雅臣为支队长,属抗联第2路军领导。从1933年到1940年,八年间汪雅臣率部以五常、舒兰、榆树县(今榆树市)境内的摩天岭和九十五顶子山为根据地,坚持长期抗战,大小战斗400余次,予敌重创,歼灭日军1000余人,缴获枪支1800余支。作战中,汪雅臣身先士卒、奋勇杀敌,眼睛、右臂、腿曾九次负伤,但他仍然带伤坚持工作和战斗。

1941年1月初,汪雅臣率部分战士在寒葱河东山宿营。由于叛徒的出卖,被沙河日本守备队及伪自卫团60余人围困。当时汪雅臣身边只有20多名战士,情况十分危急。但他临危不惧,命令张忠喜从东面的伪自卫团阵地突围,自己带几个人坚守西面,阻击日军正面进攻。张忠喜在突围中牺牲。汪雅臣用机枪开路带领战士们突围,不幸腹部受重伤,被冲过来的日军围住。他大义凛然,痛斥侵略者,终因伤势过重,壮烈牺牲,时年30岁。

1946年五常县解放后,人们为了缅怀这位抗日英雄,将沙河子镇蛤蜊河子村命名为"双龙村",将五常镇的南北大街改为"雅臣大街"。1948年,五常县民主政府维修老监狱时,发现了烈士的遗首,送至哈尔滨东北烈士纪念馆保存。五常县人民在汪雅臣烈士牺牲地立了纪念碑。

（资料整理：张栓中）

苏精诚

苏精诚（1915—1941）

苏精诚,1915年春出生于福建省海澄县(漳州)一个贫苦农民家庭。1931年,苏精诚考入厦门美术专科学校学习。九一八事变后,苏精诚投身中国共产党领导的抗日救亡运动,并加入了中国共产主义青年团。1932年,加入中国工农红军,担任红1军团政治部宣传队宣传员,同年加入中国共产党,后随红军长征,历任宣传队长、敌工科长、宣传科长等职。到达陕北后，在苏精诚的积极争取下，红军与东北军骑兵第 6 师达成了"停止内战、抗日救国"的协议，聂荣臻对此给予高度评价。

全面抗日战争爆发后，苏精诚被任命为八路军第 115 师第 343 旅政治部宣传科科长，随部队参加了著名的平型关战斗。1938 年 6 月，调任第 129 师第 385 旅某团政治处主任，随即赴冀南参加开辟抗日根据地的斗争，同年 8 月调任第 386 旅政治部宣传科科长。1939 年 1 月，苏精诚任第 386 旅政治部主任，参与领导了两次大整军，对第 386 旅的政治建设作出了突出贡献。

苏精诚重视把政治工作贯穿到战斗行动中，保证了任务的完成。1939 年 2 月 4 日，第 386 旅奉命到河北省威县香城固地区，打了一场著名的平原伏击战。为了保证战斗的胜利，陈赓旅长和王新亭政委决定，旅首长分别到各团直接指挥战斗，旅部只留参谋长周希汉和政治部主任苏精诚两个人，并决定苏精诚具体分管战时政治工作和后勤保障，协助旅参谋长周希汉负责对整个战斗的指挥。苏精诚接受任务后，领着机关人员紧张工作，并深入各部队进行宣传动员，讲明这次战斗的目的、意义，激发了指战员的高昂斗志，积极投入练兵和战前准备。2 月 10 日，香城固战斗胜利结束。由于军民同心奋勇杀敌，保障及时有力，取得了毙敌大队长以下 250 人、俘虏 8 名、烧毁汽车 9 辆的重大战果。

1941 年 1 月 25 日，驻山西辽县、沁县的日军 6000 多人"扫荡"抗日根据地，企图消灭第 386 旅。1 月 26 日，陈赓旅长率旅部和直属队边打边撤，艰苦转战抵达武乡县韩壁村。陈赓旅长带着司令部驻在村东头，苏精诚带着政治部机关人员驻在村西头。不料，陈赓旅长住在韩壁村的消息被走漏，1000 多名日伪军向韩壁村奔袭。28 日，偷袭的日伪军迂回包围了韩壁。苏精诚在率部掩护陈赓旅长转移时，中弹牺牲，年仅 26 岁。

当陈赓旅长得知苏精诚牺牲的消息后，禁不住痛哭失声，第 386 旅的指战员痛惜失去了一位好领导、好战友……苏精诚的遗体先葬于涉县石门村，后移葬于河北省邯郸市晋冀鲁豫烈士陵园，同左权、叶成焕等烈士安息在一起。

（资料整理：张栓中）

辛　锐

辛　锐（1918—1941）

　　辛锐，女，原名辛树荷，1918 年出生，山东章丘辛寨人。辛锐早年就读于济南正谊中学，酷爱书画，尤精木刻艺术。16 岁时，在济南举办过个人美术展览，获得美术界好评。

　　七七事变爆发后，辛锐之父辛葭舟参加抗日活动，他家成了共产党八路军的地下联络点。在父亲影响、教育下，她积极参加抗日工作，宣传抗日救亡，并于 1938 年和妹妹辛颖一道到沂蒙山区抗日根据地参加了八路军，在部队从事革命文艺宣传工作。同年她加入了中国共产党。她曾在山东中共党校学习，还担任过山东省妇联秘书。

　　多才多艺的辛锐无论学习还是工作，都积极努力。一次她发现部队行军、作战非常需要军用地图，于是找来一份旧地图，并按当时敌我区域做了修改补充，然后复制若干份送给部队，受到部队首长表扬。1938 年底，中共中央山东分局酝酿创办机关报《大众日报》，但是报头和毛主席头像的刻版没法解决。辛锐凭借自己的木刻技术，大胆地接受了任务，经过几个昼夜的努力，终于刻好了报头和毛主席头像，使《大众日报》按计划于 1939 年元旦出版。1939 年 5 月，大众日报社被编入沂蒙大队，她随部队在沂水县山里打游击。1941 年 3 月，中共山东分局建立了"姊妹剧团"，辛锐任团长。期间，她创作了歌曲《歌唱抗日根据地》《参加妇救会歌》，宣传画《我送哥哥去当兵》等文艺作品。为了更有力地宣传抗日救国，剧团在经常编演《万仙会》等小型曲艺、歌舞的同时，也排演像《血路》《雷雨》这样的大型剧目。

　　1941 年 11 月，日军纠集五万人马，对沂蒙山区进行"扫荡"。山东分局直属机关编为几个大队，凭借沂蒙山的有利地形，坚持游击斗争。辛锐率第 5 大队的一个分队 20 多名女同志随部队转移。11 月 30 日，辛锐的丈夫、山东省战时工作推行委员会副主任陈明在大青山阻击敌人时壮烈牺牲。同日，辛锐率领的分队在猫头山与日军遭遇，在掩护同志们撤退过程中，她小腹部中弹，紧接着两个膝盖骨受重伤，右膝盖骨全部被打掉。当晚，她被抬到山东纵队第二卫生所驻地火红峪村，后又被转移到鹁鸽棚洞隐蔽。经过 16 天修养，辛锐伤势渐好，但双腿已残疾，不能走路。在她的要求下，同志们又把她送到火红峪村。此时，她听到了陈明牺牲的消息，十分悲痛，决心养好伤后重上战场，为死难烈士报仇。

12 月 17 日，一股日军突然来火红峪一带搜山。第二卫生所的同志们急忙抬着辛锐准备突围。山路崎岖，行走艰难，他们刚跑出 150 米，敌人就追上来了。担架上的辛锐接连扔出三颗手榴弹，掩护同志们突围，最后被日军射中胸膛，壮烈殉国，年仅 23 岁。

1950 年，当地政府在费县西梭庄村（今沂南县双堠乡）建立梭庄烈士陵园。辛锐的遗骸同年被移入这座陵园安葬。

（资料整理：张栓中）

邱东平

邱东平，原名丘谭月，字席珍，1910 年 5 月 16 日生于广东省海丰县梅陇镇马福兰村。

1925 年 5 月，邱东平加入中国共产主义青年团，并任"海丰特支"秘书，同时协助海丰总农会、农民自卫队誊写、油印、制作标语等。1926 年，担任共青团海陆丰地委秘书长，同年加入中国共产党。1927 年，邱东平先后参加海陆丰人民第一次武装起义、海丰人民武装起义和海陆丰人民第二次武装起义，为保卫中国历史上第一个苏维埃政权——海陆丰人民政府而英

邱东平（1910—1941）

勇战斗。期间，曾担任过海陆丰苏维埃政府主席彭湃的秘书。1928 年 2 月底，海陆丰苏维埃政府失败，他留在海丰坚持斗争。后来由于形势不断恶化，被迫流亡香港。

1931 年，邱东平到第 19 路军中宣传抗日救国，鼓动官兵奋起抗日。一·二八淞沪抗战时，他随第 19 路军在淞沪抗日前线做部队政治工作及民运工作。

1934年，参加左翼作家联盟。1936年初，与宣侠父等组织"民族解放革命同盟"。7月，和鲁迅等63人共同发表《中国文艺工作者宣言》。几年间，他多次拜会叶挺、郭沫若等人，创作了《暴风雨的一天》《叶挺将军印象记》《善于构筑防御工事的翁照垣》《第七连》《一个连长的战斗遭遇》《给予者》《我认识了这样的敌人》等抗战文艺作品。

全面抗战爆发后，邱东平亲历了淞沪会战。随后，追随叶挺参与新四军筹建工作。1938年初，他到新四军战地服务团做宣传工作，后随新四军先遣支队到达苏南。先遣支队与第1支队合并后，邱东平调到第1支队政治部任敌工科长兼陈毅司令的对外秘书、中共苏南工委委员等职，随陈毅开辟茅山抗日根据地，先后参加了丹阳、延陵、珥陵和黄桥战役。同时，撰写了《向敌人的腹背进军》《截击》《东湾——日军据点的毁灭》等纪实报告文学，被称作"人民的作家，一位正视现实的武装的战士"。1940年11月，中共中央中原局决定筹办鲁迅艺术学院华中分院，邱东平为筹备委员之一，学校成立后任教导主任。他一边担负繁重的教务和教学工作，一边抓紧创作以新四军开辟茅山抗日根据地为题材的长篇小说《茅山下》。

1941年夏，日军集中第15、第17师团各一部，独立第12旅团全部1.7万余人，并纠集大量伪军，发动"扫荡"，企图一举消灭新四军军部和第3师。7月23日傍晚，邱东平等人率200余名鲁迅艺术学院华中分院师生向盐城西南转移。24日晨，师生队伍遭日伪军袭击。为了掩护师生员工撤退，他带领几名战斗人员固守张庄附近一座小桥，帮助大部分人员脱险，他自己却在激烈的战斗中英勇牺牲，时年31岁。

1941年12月14日，延安文艺界在延安文化俱乐部为邱东平举行了隆重的追悼大会。陈毅曾写道："如邱东平、许晴同志……擅长文艺，其抗战著作，驰誉海外……其宣传动员，风靡四方。年事青青，前途讵可限量，而一朝殉国殒身，人才之损失，何能弥补。言念及此，伤痛曷极！"1953年，《东平选集》出版，陈毅亲笔书写"东平选集"四字。

（资料整理：张栓中）

陈　明

陈明，原名陈若星，字少微，1902 年出生，福
建省龙岩市东肖镇龙聚坑人。1921 年从福建省立第
九中学毕业后，陈明回乡到白土桐岗小学任教，期
间与邓子恢等进步青年教师创立"奇山书社"，集
资购买并研讨《新青年》《共产党宣言》《向导》
等进步书刊。两年后他们创办旨在"改造旧社会，
宣传新文化"的《岩声报》，陈明担任主笔，发表
过《争回我们的自由》等文章。1923 年，他先后在
厦门的集美中学和中山中学执教。1924 年加入中国

陈　明（1902—1941）

社会主义青年团。次年春，入上海大学社会系，接触了共产党人邓中夏、瞿秋
白、张太雷等，不久转为中国共产党党员。

1926 年，受党组织派遣，陈明到广州参加北伐军，在东路总指挥部政治
部负责宣传工作，并兼任情报股股长。北伐军占领福州后，任国民党福建省党
部宣传部部长兼《福建评论》社社长和《国民日报》主编。1927 年春，他任
中共龙溪中心县委书记，到厦门、龙溪沿海一带从事工农运动。同年 7 月，任
中共中央福建省党务特派员，回福建整顿恢复党组织，重建了中共闽南、闽北
两个特委，任闽南特委书记。12 月，被推选为中共福建省临时委员会书记。
1928 年 7 月，由于叛徒告密，陈明在漳州被捕，后越狱赴厦门，与省委取得
联系。

经中央批准，陈明于 1929 年春赴苏联，进莫斯科东方大学学习。1931 年
结业回国后，陈明任红军第一方面军总政治部宣传部宣传科科长兼瑞金红军学
校教官。1934 年 10 月，随中央红军长征。遵义会议后，他被调到干部团任教，
后任训练科长和政治委员。1936 年，任中国工农红军大学高干科教员，1937
年改任八路军随营学校政治委员。1938 年 10 月，调任八路军第 115 师政治部
宣传部部长。

1939 年 3 月，陈明随军到山东，担任运南支队政治委员，率部活动在微
山湖和京杭大运河一带。7 月，调任中共山东分局政府工作部部长兼统战部部
长。同年秋，亲自指导沂水县六区的民主建政，并以《拥护民主政权》为题，

为《大众日报》撰写社论，被分局书记朱瑞称为"山东的一位有权威的理论家"。1940年7月，陈明出席山东省各界联合大会，当选为山东省临时参议会参议员、省战时工作推行委员会副主任兼秘书长。曾撰写《抗日民主政府》一文。1941年3月，他与战友、姊妹剧团团长辛锐结婚。

1941年11月，日伪五万余人对沂蒙山区抗日根据地进行空前规模的大"扫荡"。30日凌晨，陈明率抗大一分校部分学员和少量部队在大青山下与日军一个旅团的兵力遭遇。在掩护警卫员突围后，双腿负伤的陈明，用剩下的四发子弹中的三发击毙三名敌人，把最后一发子弹留给自己，英勇牺牲，实现了他生前亲笔写下的"奋身伐贼，虽死犹荣"的壮丽誓言，时年39岁。12月17日，他的妻子辛锐也英勇牺牲。

（资料整理：张栓中）

陈中柱

陈中柱（1906—1941）

陈中柱，原名陈为让，字退之，1906年生于江苏盐城县（今盐都区）草堰口。

陈中柱少时丧父，与寡母携兄弟种田为生，19岁逃荒到上海做电车售票员。1927年国民革命军北伐渡江前夕，弃职回家，策划接应。北伐军到达盐阜区后，他参与筹建国民党基层党支部和农会组织，后入江苏省警官学校学习。1928年又转入南京军官研究班学习，1930年结业，编属黄埔军校第六期。1931年到国立中央大学任军事教官，后被派往中央调查统计局，任上海特区行动科科长，后因功升任特区副区长。

全面抗战爆发后不久，淞沪失守，陈中柱任津浦路特别党部委员兼调统室主任，积极组织沿津浦线的铁路员工和学生抗战，成立战地服务团，被委任为国民政府军事委员会战地特种团第3总队少将团长，负责第五战区军事谍报、破坏敌后交通等工作。他就职后，充分发挥游击队的作用，率部对日军发动袭击 10 余次，予敌重创，特别是在台儿庄大捷中牵制了大量日军。1939 年第三特种工作团奉命改编为鲁苏皖边区游击第 4 纵队，陈中柱任第 4 纵队少将游击司令。改编后，他奉命率部移驻苏北，游击于长江北岸，隔江与日军对峙。

1940 年新四军东进抗日，在郭村战斗后，国共双方经过谈判，达成合作抗日协议。陈中柱在谈判中亲身感受到陈毅所表现出的远见卓识、宽宏大度，深深为之敬佩。谈判以后，陈中柱特派人将十几车毛巾、鞋子等慰问品和 10 余箱子弹送到新四军驻地刁家铺，以示友好情谊。

1941 年 2 月，鲁苏皖边区游击总指挥部副总指挥李长江公开叛国投敌，陈中柱将部队拉走与其断绝关系。之后，他率部继续在苏中一带游击作战，与新四军配合，多次挫败日伪"扫荡"。

1941 年 6 月 4 日，日伪出动五万余人对苏中、苏北发动五路合围"扫荡"。陈中柱率部奋勇作战，且战且退，准备与淮北军队会合。然而部队伤亡越来越多，最后被迫退到蚌蜒河一带，分乘小木船行动，同日伪军浴血奋战达三天。7 日拂晓，他指挥部队自蚌蜒河北岸突围，击沉敌汽艇 2 艘，歼日伪 50 余人。在日伪军自蚌蜒河向武家泽集结待援时，陈中柱又率队与装备精良的敌军展开激战。危难时刻，他身先士卒，在激战中，身中数弹，壮烈牺牲，年仅 35 岁。

抗战胜利后，国民政府为陈中柱召开追悼会，于右任、吴铁城、陈果夫等人参加，会上追赠陈中柱中将军衔。1987 年，盐城市人民政府报省人民政府批准，追认陈中柱将军为革命烈士，并于同年将烈士墓迁至盐城市烈士陵园。

（资料整理：张栓中）

陈文杞

陈文杞（1904—1941）

陈文杞，1904年出生，福建省莆田县（今莆田市）人。莆田中学毕业后，1923年考入厦门集美师范学校。目睹国力衰弱，决心弃笔从戎、投身革命。1925年，南下广州，考入黄埔军校第五期。次年，中断学业，被分配到陆军第22师见习，参加北伐战争，随军攻占武昌。1927年，陈文杞继续完成黄埔军校的学业后，又返回北伐军，任第22师少尉排长。1929年，其所在的部队改编为陆军第1师第1旅，他在该部历任连长、营长、大队长、团长和中校参谋主任等职。

全面抗战爆发后，陈文杞随第1师参加抗战，转战各地抗击日军。后因第1师伤亡惨重，被调回西安整编。1941年，陈文杞被选派到陆军大学深造。在他正欲启程到学校报到之际，日本侵略者又在华北发动了新的大规模进攻。面对日本侵略的规模不断扩大，陈文杞毅然放弃了进入陆军大学学习深造的机会，要求再上战场，对日作战。他被任命为陆军第80军新编第27师少将参谋长，率部守卫黄河防线，参与部署对日防御，给日军以沉重打击。

1941年5月，日军主力部队在陆、空优势火力的配合下，大举进犯晋、豫、陕边界的中条山地区，企图利用此次进攻，将部署于黄河以北的国民党第一战区的十一个军一举消灭，为今后集中力量对共产党建立的抗日根据地进行"毁灭战"做准备。驻守在中条山地区的中国抗日军民利用有利的山地地形，顽强抗击日军的进攻。但因武器装备落后，实力相差悬殊，加之指挥失当等原因，终成败局。

在中条山战役中，陈文杞奉命跟随新编第27师在山西闻喜、夏县等地与敌作战。他冒着敌人猛烈的炮火，亲自到前线鼓励士兵英勇杀敌。久攻不下的日军丧心病狂，公然违背国际公法，向中国守军的阵地施放毒气，并乘守军将士中毒昏迷之机，攻占陈文杞部阵地。后新编第27师余部转移到台砦村附近。5月7日，陈文杞在日机狂轰滥炸之下，身先士卒，不顾生命危险，穿梭于枪林弹雨中，亲自指挥官兵坚守阵地，力战不退。他奋力高呼："有敌无我，有我无敌；不成功，便成仁，此其时矣！"然而，最终因寡不敌众，激战中壮烈牺牲，为国捐躯，年仅 37 岁。

陈文杞牺牲后，国民政府颁令表彰，并在其家乡的忠烈祠内立主牌纪念。2014 年 11 月 29 日，陈文杞的"衣冠冢"迁入闽中革命烈士陵园，供后人永远纪念。

（资料整理：张栓中）

陈若克

陈若克，女，原名陈玉兰，又名陈雪明，祖籍广东顺德，1919 年出生于上海。因家庭生活困难，陈若克只上过一年半小学。从 11 岁起，她便随母亲到工厂做工。15 岁起，边做工，边在工人夜校读书。16 岁参加上海工人运动。1936 年 8 月，加入中国共产党，并为党支部负责人之一。此后，一面做工一面参加工厂地下党的活动。

陈若克（1919—1941）

全面抗战爆发后，日本侵略者占领上海，陈若克离开上海经武汉到晋东南，入华北军政干部学校学习，后分配在八路军晋南干校政治部做组织工作，不久任中共晋冀豫区党委党校组织科副科长。期间，与山东省委书记朱瑞结婚。

山东是联结华北、华中两大根据地的纽带，战略位置非常重要。为进一步加强山东敌后抗战力量，党中央和毛泽东决定建立八路军第 1 纵队，统一指挥第 115 师、山东纵队和苏北境内的八路军各部队，任命徐向前为司令员，朱瑞为政治委员。1939 年，陈若克随丈夫朱瑞到达山东，先后任山东纵队直属科科长、山东分局妇女委员、山东省妇女救国联合会常委、山东分局组织部科长等职。1940 年秋山东省各界联合大会开幕时，被选为临时参议会的驻会议员。她从事妇委工作时，发动中老年妇女参加抗日救国会；发动青少年妇女成立青妇队、识字班和姐妹剧团，演出街头剧、小话剧、歌舞等，进行反对买卖婚姻、反对虐待妇女的宣传；编写《山东妇女》刊物、《妇女手册》和识字课本等，当时山东的妇女工作取得可喜成绩。

1941年深秋，日伪出动数万大军大举"扫荡"沂蒙山区。11月7日晚，陈若克随军突围撤退途中，因临近分娩行动不便，与大部队失去了联系，落入敌手，被押进沂水县日本宪兵司令部。她在日军面前直截了当地申明自己和丈夫都是"干抗日的"，"枪毙、刀杀随你便！"在狱中，为严守党和军队的机密，她历尽各种酷刑，始终坚贞不屈，11月26日怀抱刚出世的婴儿惨遭日军杀害，时年22岁。

朱瑞在1942年7月7日抗战五周年纪念日撰写了《悼陈若克同志》："她死得太早，是革命的损失！妇女的损失！也是我的损失！因为我们是衷心相爱的夫妻和战友啊！但她的死又是党的光荣！妇女的光荣！也是我的光荣！因为她和我们前后的两个孩子，都是为革命而牺牲了……以牙还牙，以血还血，让我们心里永远联结着亲爱与仇恨，一直斗争到最后的胜利吧！"

（资料整理：张栓中）

周子昆

周子昆（1901—1941）

周子昆，原名周维宽，字仲和，1901年出生，广西省（今广西壮族自治区）桂林市人。1919年毕业于广西省立第一甲种工业学校，后参加五四运动。周子昆1920年入桂军刘震寰部当兵。1925年6月投身革命，入孙中山的建国陆海军大元帅府铁甲车队，任班长，同年10月加入中国共产党。11月被编入叶挺独立团，任排长。1926年随军北伐，参加了汀泗桥、贺胜桥和攻克武昌等战役，晋升为连长、营长、军官教导大队大队长。

1927年，周子昆随部队参加南昌起义，起义军撤离南昌后，随军转战于粤东、赣南一带。1928年1月，在朱德带领下进抵湖南宜章蟒山洞，率部夺取宜章县城。随后参加湘南起义，任工农革命军第1师第28团第1营营长。同年4月，随起义部队转移到井冈山地区砻市，与毛泽东领导的秋收起义部队胜利会师。在江西苏区，周子昆先后任中国工农红军第 4 军第 28 团第 1 营营长、红 4 军教导队副队长、红 1 军团第 3 军参谋长、红 3 军军长、红 5 军团参谋长、红 4 军军长、独立第 22 师师长等职，率部参加创建、发展革命根据地的工作。在反"围剿"作战中屡建战功，荣获二等红星奖章。1934 年 10 月，随部队参加长征。1936 年 7 月，任红军总司令部第一局局长。1937 年初，入中国抗日军事政治大学学习。后曾任红军代总参谋长。

全面抗日战争爆发后，周子昆被调往新四军军部任副参谋长、中央革命军事委员会新四军分会委员，协助叶挺、项英组建新四军，并参与组织部队向苏南、皖中、皖东敌后挺进，建立抗日根据地，开展游击战争。因参谋长张云逸在江北指挥部工作，他实际上负责新四军司令部全盘工作。1938 年 6 月，他主持召开了新四军第一次参谋工作会议，对提高参谋业务水平，加强司令部建设，起了很大作用。同年 7 月，周子昆兼任新四军教导总队总队长。他亲自编写教材，讲授军事课，组织实战演习，为部队输送了一批又一批训练有素的干部，加强了大江南北的抗日力量。1939 年 3 月，他主持召开新四军第二次参谋工作会议，对新四军成立一年来的参谋工作与日后的任务作了总结和布置。会议还制定了《参谋工作条例》《军事工作条例》，对新四军的参谋工作建设和军事建设均起了重要作用。

1940 年春，日军万余人对皖南进行空前规模的大"扫荡"，国民党守军五个师全线溃退。周子昆根据新四军首长指示，部署第 1 团、第 3 团、第 5 团分头迎击日军，相继取得父子岭、何家湾、繁昌、汪家桥等战斗的胜利，共歼敌 900 余人，粉碎了日军摧毁皖南抗日根据地的企图。1940 年 10 月初，日军万余人再次大举"扫荡"皖南，其中一路 5000 余人直扑新四军军部驻地云岭。周子昆协助军长叶挺指挥部队顽强抗击，并亲临三里店前线直接指挥部队作战。经一周的奋战，先后取得三里店、汀潭镇、泾县城等战斗的胜利，歼敌 1000 余人，再次粉碎了日军对皖南的大"扫荡"。

皖南事变中，周子昆协助叶挺指挥部队浴血奋战。在突围前，他动员部队说："我们是革命之师，正义之师，宁可战斗死，决不跪着生。"突围后，周子昆与项英一起隐蔽于泾县茂林山区，3 月 13 日凌晨，在泾县南部蜜蜂桶山（亦称赤坑山）蜜蜂洞与项英同时被叛徒杀害。1955 年 6 月 19 日，其遗骸被移葬至南京雨花台烈士陵园。

（资料整理：张栓中）

巫恒通

巫恒通（1902—1941）

巫恒通，字天侠，1902 年生，江苏句容县柘溪村人。1919 年小学毕业后，巫恒通考入无锡省立第三师范，在校受五四运动影响，于 1925 年"五卅惨案"后投身反帝爱国运动。毕业后，即在无锡县（今无锡市）立第四小学（梅村小学）任教，不久调任地方教育指导员。此后历任句容县女小校长、南通师范附小教师、句容县督学及泰兴县（今泰兴市）教育局长等职，以德才兼优而闻名于苏南教育界。

全面抗战爆发后，日军铁蹄踏碎了巫恒通教育救国的梦想。1938 年夏天，新四军创建苏南抗日根据地，巫恒通得知老同学管文蔚组织抗日武装，立刻投奔管文蔚，在管部接受陈毅指示，送长子到新四军学习，并筹枪 20 余支组建"句容县民众抗日自卫团"。在陈毅帮助下，队伍不断壮大，很快发展为五个大队。1939 年 11 月，新四军江南指挥部建立后，陈毅、粟裕将巫恒通部编入新四军，改编为新 3 团。巫恒通率部转战茅山，其弟在战斗中牺牲，他依然战斗在最前线，不断粉碎日军"扫荡"，使新 3 团成为一支抗日劲旅。巫恒通经常说："我早年梦想教育救国，但国民党腐败无能，使我完全失望。如今找到共产党，要重新开始新生活，弥补过去虚度之年华。"

皖南事变后，日军趁机反复"扫荡"茅山抗日根据地，新 3 团在失去主力支持的情况下，与敌重兵连续奋战，处境异常险恶，但巫恒通率军连续苦战而不溃。1941 年春，新四军奉命改编，新 3 团与长滆人民抗日自卫团合编为新四军第 6 师第 16 旅第 47 团。同时，又自上而下建立各级抗日民主政府，茅山地区划为第五行政区，巫恒通改任第五行政区督察专员兼句容县长。随后，巫恒通不顾艰险返回茅山，在日伪日夜包抄下穿插游击，边恢复抗日根据地，边开展民主政权建设。

1941 年 9 月 6 日，因叛徒告密，第 47 团驻地突遭敌袭，巫恒通率众突围时受伤，不幸被俘。巫恒通被俘后，敌人找来他的老师、伪县长陈希周劝降，老上司、汉奸周佛海也派心腹来劝降，都毫无结果。巫恒通痛斥敌人："你们这些没有人性的野兽，是我不共戴天的仇人！我今天到此只有一死，想让我卖国求荣那是妄想！"敌人又掳来他的幼子试图软化他，同样以失败告终。巫恒通以拒医绝食与敌人作斗争，八天后壮烈牺牲，时年39岁。

巫恒通壮烈殉国的噩耗传来，苏南抗日根据地党、政、军、民无不肃然起敬，沉痛致哀。新四军第16旅在祭悼烈士挽联上称赞他"民族英雄，万古流芳"。陈毅发来唁电，以文天祥诗句"人生自古谁无死，留取丹心照汗青"为悼词，并在1942年《新四军抗战阵亡将校题名录》中，对巫恒通给予了高度赞誉："计绝食凡八日而气绝，死节之惨烈，抗战以来所仅见。"

（资料整理：张栓中）

林 铎

林铎（1915—1941），原名林桂五，1915年出生于辽宁省辽中县养士堡村。1930年，林铎考入奉天（今沈阳）中山中学读书。九一八事变爆发后，东北沦陷，林铎跟随学校流亡关内。1934年，林铎考入东北大学俄文系，在校期间，曾参加东北流亡学生抗日救亡运动和一二·九运动。在示威游行过程中，林铎被反动军警打伤。当时其妻子已到达北平，他们家成为爱国学生开会和印制传单的地方。不久，爱国学生组织"请愿团"南下请愿抗日，列车行进到蚌埠时，遭遇阻拦，林铎等"请愿团"成员集体绝食三天抗议。返回北平后，林铎加入中国共产党组织的"中华民族解放先锋队"，继续参加抗日救亡运动。1937年，林铎加入中国共产党。

1937年7月7日，日军发动卢沟桥事变，全面抗战爆发。林铎前往济南，在庄农学校接受军事训练。同年9月，局势紧张，他跟随党组织前往山西，在"二战区随营学校"第四分校学习。毕业后，曾先后在民大学生游击队、山西政治保卫队第51团、第115师政治部等处工作，历任政治工作员、组织股正副股长、组织科正副科长等职。林铎在工作中埋头苦干，生活上艰苦朴素，其政治素养和工作作风广受领导与同志们的赞扬，是一位非常优秀的政工干部。1940年鲁南战役中，林铎不幸负伤，但他不顾个人安危，继续坚持战斗并鼓励同志们英勇杀敌，受到领导和同志们的赞扬。

1941年11月，侵华日军调集其第10军主力和第22师团三个混成旅团以及伪军5.3万余人，由日本华中派遣军总司令畑俊六坐镇临沂督战，日军山东管区司令土桥中将指挥，对沂蒙抗日根据地发动了"铁壁合围"式的大"扫荡"。中共山东分局、中国人民抗日军政大学一分校、山东省战工会、八路军第115师师部、山东纵队等后方机关相继转移到大青山地区。日军得知这一情报后，连夜调集重兵，合围大青山。同年12月，在大青山突围战中，林铎率部奋勇作战，不幸壮烈牺牲，年仅26岁。

（资料整理：张栓中）

武士敏

武士敏（1892—1941）

武士敏，字勉之，1892年出生于河北省怀安县柴沟堡。1918年，应胡景翼之邀到靖国军中任职，与靖国军总司令于右任相识，并与杨虎城、冯钦哉等人结为好友。1921年，冯玉祥任陕西督军，重新任命地方政官，武士敏被推荐担任丰镇县（今丰镇市）警察所长。1924年10月，武士敏认识到军事武装的重要性，便谢绝友人的高位之邀，以家产为资本，奔赴绥远、察哈尔，将流散于此的小股武装集结起来，组成国民军第3军第1骑兵支队，自任队长，从此开始了戎马生涯。

1933年初，长城抗战爆发。在驻陕期间，武士敏受杨虎城、张学良的影响，反对内战，强烈要求御侮抗日。1935年，红军长征到达陕北，武士敏与红军和睦相处，并向红军输送过大批枪支。1937年10月，在娘子关以东井陉附近，与八路军第129师并肩作战给日军以迎头痛击。在向太原进发的突围战中，他牵制了部分日军兵力，使八路军在垣村、黄崖底、广阳坡等地打了几个漂亮的伏击战。

1938年，武士敏与八路军总司令朱德、副总司令彭德怀协调作战，在粉碎敌人"九路围攻""八次包剿"的战斗中屡建奇功。尤其是子洪口、天神山两次伏击战，全体将士奋力拼杀，大败日军第109师团，令敌人闻风丧胆。之后他晋升为第98军军长。1939年，阎锡山背信弃义发动"十二月事变"，掉转枪口攻击八路军，但武士敏始终与八路军保持着友谊和合作。

1941年5月，日军六万余人大举进攻中条山，武士敏率部坚守阵地，与敌血战，后率部与八路军王新亭、聂真部共同开辟了以沁源为中心的岳南抗日根据地。自9月底起，日军进行了为期半个月的残酷"扫荡"。最初，日军对第98军采取政治诱降。武士敏痛斥道："我要投降就不在敌后坚持四年抗战！"日军见诱降不成，于9月27日调集三万多兵力，将第98军驻地包围。武士敏部被敌人包围在方圆16公里的范围内。28日，武士敏指挥官兵在东西裕沉着应战，未能突出敌人的包围圈。这时敌人又送来一封劝降信，武士敏看后气愤至极，发誓说："我是一个军人，我应当战死在抗日战场！"29日拂晓，日军再次发动猛攻，武士敏在指挥部队继续突围的战斗中，不幸头部中弹，壮烈殉国，时年49岁。第98军也全军覆没。

武士敏殉国后，晋冀鲁豫抗日根据地举行了悼念仪式，并将其殉难的沁水县东部地区改名为士敏县。《新华日报》发表了社论，称武士敏"是一个有远见的革命者"，"是坚持团结抗战最力的人"。他的牺牲，"在八路军是失一良友，在国家是折一栋梁"。

1984年11月29日，山西省政府在长治市太行太岳烈士陵园，举行了隆重的武士敏遗骨迁葬仪式，并立碑于墓前。

（资料整理：苏杭）

罗忠毅

罗忠毅（1907—1941）

罗忠毅，原名罗宗愚，1907 年 4 月 24 日出生于湖北省襄阳县（今襄阳区）一个贫民家庭。1925 年参加西北军。1931 年宁都起义后参加中国工农红军。1932 年加入中国共产党，在红军中历任排长、连长、营长、团长、福建军区第三军分区副司令员兼参谋长等职。1934 年 10 月，中央红军主力长征后，罗忠毅留在闽西南坚持游击战争，曾任闽西南第一军分区司令员、闽西南游击队第 1 纵队司令员。

1937 年抗日战争全面爆发后，罗忠毅先后任闽西南抗日义勇军支队长和新四军第 2 支队参谋长，率部在苏南地区积极开展敌后游击战争，开辟了以茅山为中心的苏南抗日根据地。

1939 年 1 月，罗忠毅协助粟裕指挥部队奇袭皖南芜湖的官陡门，取得了以 30 分钟全歼守敌 300 余名的战果，成为新四军的一个模范战例。同年 11 月，新四军第 5 支队和第 2 支队机关合并，成立新四军江南指挥部，陈毅、粟裕分任正副指挥，罗忠毅任参谋长。1940 年 2 月，以原第 2 支队机关为基础，组建新的第 2 支队，罗忠毅任司令员。7 月，陈毅、粟裕率主力北渡后，坚持苏南的新四军建立了新的江南指挥部，罗忠毅任指挥。

皖南事变前后，罗忠毅全力护送皖南军部先遣北移人员和事变中突围人员安全转移，为保存革命力量作出了重大贡献。皖南事变后，苏南的新四军部队改编为新四军第 6 师，罗忠毅任师参谋长兼第 16 旅旅长。这时，国民党军重新部署对苏南新四军的"进剿"。1941 年 5 月下旬，第 16 旅在溧阳县（今溧阳市）黄金山三战三捷，歼顽军四个营，击溃其七个营，毙伤和生俘顽军900 余人，缴获机枪、步枪 800 余支，大炮 18 门以及 10 万发子弹，取得重大胜利，为新四军挺进苏南以来"空前第一次之运动战"。6 月，第 16 旅回师茅山，为配合东路苏常太地区的反"清乡"斗争，积极发动攻势，在 7 月和 8 月间连续拔除 28 个日伪据点，收复了皖南事变后被日伪军侵占的全部地区。此时日军改变战术，集中相对优势兵力，专门突袭新四军的指挥机关。

1941 年 11 月 28 日凌晨，日军集中 3000 余兵力，突袭第 16 旅旅部和中共苏皖区委机关驻地溧阳县塘马村。罗忠毅和旅政委廖海涛指挥部队与日军展开激战，先后打退敌人八次冲锋，毙敌 700 余人，使旅部、后勤单位 1000 余人得以突出重围，而罗忠毅和廖海涛等 270 余名指战员在战斗中英勇捐躯。罗忠毅牺牲时，年仅 34 岁。

罗忠毅、廖海涛牺牲后，新四军军部通电全军沉痛悼念："罗、廖两同志，为我党我军之优秀老干部，为党为革命奋斗十余年，忠实、坚定、勇敢、负责，艰苦缔造苏南根据地功绩卓著。罗、廖两同志壮烈牺牲，全军一致追悼，昭彰先烈。"2009 年，罗忠毅被列入"100 位为新中国成立作出突出贡献的英雄模范人物"。

（资料整理：苏杭）

项 英

项英，原名项德隆，化名江钧、江俊、张成，湖北武昌人。项英在武昌涵三宫的日新预备学堂读完初中后，15 岁便进入武昌模范大工厂当工人。1920 年曾在武汉组织过纺织工人罢工。1921 年 12 月起在武汉江岸筹建铁路工人俱乐部。1922 年 4 月加入中国共产党，成为湖北最早的产业工人党员。

项 英（1898—1941）

1922 年 10 月，项英领导汉口扬子江机器厂工人罢工，并向厂方提出增加工资、改善待遇等条件。厂方对工人提出的要求拒绝采纳，还关闭了厂门。项英鼓励工人们团结一心，坚定意志，经过细致的组织宣传和思想工作，工友们最终取得罢工斗争的胜利。项英很快成为武汉工人阶级公认的领袖之一，深孚众望。

项英长期在武汉、上海等地从事工人运动和党的工作，曾任平汉铁路（北京至汉口段铁路）总工会总干事、湖北省工团联合会组织主任、中共中央职工运动委员会书记，为反对资本家的剥削和压迫、改善工人的政治地位和生活待遇进行了坚决斗争。他参与领导的 1923 年平汉铁路二七大罢工和 1925 年沪西日商纱厂工人二月罢工，推动了全国工人运动的发展。

1930年8月，项英任中共中央长江局书记。1931年1月起任中共苏区中央局委员、代理书记兼中央革命军事委员会主席。项英对江西红军和苏区的"肃反"扩大化进行严肃批评，提出以教育为主来解决党内矛盾的正确主张，但受到错误的批评。同年4月，项英被撤销苏区中央局代理书记职，改任军委副主席。

1934年10月，中央红军主力长征。根据中共中央决定，项英任中共苏区中央分局书记、中央军区司令员兼政治委员、军委分会主席，与中华苏维埃共和国中央政府办事处主任陈毅等一起，率留在苏区的红24师和地方武装1.6万余人，掩护红军主力进行战略转移。

1940年4月，项英在皖南指挥春季反"扫荡"，10月参与指挥秋季反"扫荡"，共歼日伪军3000余人。

皖南事变后，项英、周子昆等率军部10余人隐蔽于附近山区，3月14日凌晨在泾县蜜蜂洞被叛徒刘厚总杀害。

项英遗骸于1955年6月19日移葬于南京雨花台烈士陵园。1990年，在武昌为项英立了铜像，镌有杨尚昆题词："项英同志浩气长存"。

（资料整理：苏杭）

唐淮源

唐淮源（1886—1941）

唐淮源，字佛川，1886年9月出生于云南省江川县。1910年自云南陆军讲武堂毕业。1926年，北伐战争开始，唐淮源跟随金汉鼎入赣。1928年，北伐战争结束，唐淮源被任命为中央军校南昌分校教育长。1932年冬，被提升为陆军第12师师长。1936年10月，兼任陆军第3军副军长。同年12月12日，西安事变爆发，跟随蒋介石到西安督促张学良、杨虎城"剿共"的唐淮源被东北军扣留。西安事变和平解决后，唐淮源返回部队驻地，随后，即率领部队到河南开封一带整训。

1937 年秋，唐淮源率所部参加山西娘子关保卫战。他指挥部队在新旧关阵地上与日军连续激战 14 昼夜，予日军以沉重打击。1938 年夏，西北战事吃紧，唐淮源奉令率第 3 军转入中条山，建立抗日游击根据地，固守潼关，牵制日军，保卫黄河要地，以扼日军南犯的咽喉。唐淮源率部坚守三年，大小百余战，粉碎日军 13 次大规模进攻，成为保卫潼洛、巩固陕甘的劲旅。1939 年秋，唐淮源因作战有功，被晋升为陆军第 3 军中将军长，辖第 7 师和第 12 师，继续在中条山与敌作战。

1941 年 5 月，日军调集六个师团又三个旅团约 10 万人，兵分四路进犯中条山。中条山战役打响时，唐淮源率第 3 军主力扼守闻喜、夏县以东的结山、唐王山到夏县东南花凸村一线，狠狠打击进犯日军，使中国军队的防线岿然不动。

5 月 7 日晚，日军突破中国军队的王家窑头阵地，冲向第 3 军左翼第 7 师的主阵地。8 日晚，日军突破第 7 师涧底河阵地，袭击王家河第 7 师司令部。唐淮源获此消息后，立刻派兵增援，第 7 师阵地失而复得。但此时敌人趁机攻占驻在唐回村的第 3 军军部，并企图消灭中国第 5 集团军总部指挥机关，唐淮源遂又遣兵牵制这股敌人。

此时，中国军队渐处颓势。唐淮源奉命率部占领罗有村、孤子岭、野猪岭至秦家村一线。后在与敌人的激战中，与友军失去联系，不知敌情变化，率军南移。10 日，在温峪村附近与敌遭遇，周边日军也前来参战，将唐淮源部包围。唐淮源果断决定外线作战，各师以团为单位，分三面突围，唐淮源亲自率一个团突围。

战至 11 日，唐淮源部官兵伤亡惨重，弹尽粮绝，各路突围部队均未成功。12 日，唐淮源率残部占领悬山一带的阵地。敌人集中兵力，向其发起猛攻。唐淮源部虽奋勇反攻，但终难挽颓势，遂举枪自戕于悬山之顶，时年 55 岁。

唐淮源殉国后，国民党元老、检察院院长于右任曾写挽联："国土未复失壮士，碧血千载染中条"，以示悼念。1942 年，国民政府追晋唐淮源为陆军上将。

1986 年，云南省人民政府追认唐淮源为革命烈士。

（资料整理：苏杭）

袁国平

袁国平（1906—1941）

袁国平，原名裕，字醉涵，1906 年出生于湖南省邵东县袁家台村。1922 年考入湖南省立第一师范学校。袁国平受徐特立、田汉等进步教师的影响，积极参加爱国进步的学生运动，被推举为湖南省学联执行委员。1926 年在黄埔军校学习时加入中国共产党。

1926 年 1 月，袁国平考入广州黄埔军校第四期政治科，同年 7 月随军北伐，任国民革命军左翼宣传队第四队队长。1927 年先后参加了南昌起义和广州起义。起义失败后，在广东花县（今花都区）将起义军余部编为工农革命军第 4 师，任师党代表、师党委书记。

抗日战争时期，新四军活动的华中地区，斗争情况错综复杂，因此，政治部主任的人选就显得极为重要。这时，毛泽东想到了袁国平。他先后参加了北伐战争、南昌起义、广州起义、井冈山的斗争、创建中央苏区、组建中央红军主力部队、五次反"围剿"、万里长征、创办红军学校、开辟抗日根据地……在许多重大事件中，他所展现出的政治工作方面的才华，都给毛泽东留下了深刻印象，毛泽东在致项英的电文中指出："袁政治开展，经验亦多，能担负独立工作。"

袁国平在家信中说："愿为我中华民族之生存和解放，夺取抗战的最后胜利而勇敢战斗，纵然捐躯疆场，死而无憾。"为将初创的新四军部队锻造成为一支共产党绝对领导下的铁军，他大力加强新四军政治建设，建立健全各级政治机关，加强基层党组织建设，注重培养和锻炼干部，编写政治教材《新四军政治工作十讲》，三年间培训各级领导骨干 4000 余名，对提高新四军干部的军政素质发挥了重要的作用。他还积极组织《新四军军歌》的创作，突出了东进抗敌和向敌后发展的思想，加强了战斗气势，使之成为一首雄壮有力、脍炙人口的著名军歌。陈毅曾赞扬说："袁国平是一个好的宣传鼓动者，有才干。"

袁国平还开创了对敌军工作的成功范例，1938 年 7 月，他组织制定了《敌军工作纲要》，还发表了《对敌军的政治工作》《论江南伪军工作》等专文，分析对敌政治工作的可能与困难，提出对敌宣传要点，制订了正确、务实的俘虏政策，使新四军政治工作在较短的时间内就呈现出蓬勃发展的局面。

1941 年 1 月 14 日晚，袁国平在皖南事变突围中，身负重伤，次日凌晨渡河时，再度受伤，身体极度虚弱。为不拖累部队突围，袁国平用手枪对准头部抠响了扳机，牺牲时年仅 35 岁。

"从戎黄埔军校、首义南昌、发展红军丰功在。纵横湘鄂赣边、抗敌江南、坚持革命壮志存。"这是袁国平牺牲后，王首道为他所作的挽联。袁国平在短暂而光辉的一生里，为中国共产党领导的革命事业和人民军队的成长、壮大建立了卓著功勋，为我军政治工作建设作出了不可磨灭的贡献。

（资料整理：苏杭）

贾力更

贾力更，原名康富成，蒙古族，1907 年 5 月出生，内蒙古土默特旗人。青年时代在反帝爱国思想影响下，积极参加学生运动。1925 年加入中国共产主义青年团，不久转为中国共产党党员。

1926 年初，受中共北方区委派遣，贾力更前往广州，参加毛泽东主办的第六届农民运动讲习所。10 月回到归绥，在家乡领导农民运动。大革命失败后到内蒙古党务学校学习。1932 年学业结束后，被分配到赤色职工国际中国工人俱乐部任干事兼会计工作。

贾力更（1907—1941）

抗战爆发后，党组织派贾力更回到绥远，与一批共产党员领导土默川人民的抗日救亡运动。1938 年，党中央决定在大青山建立抗日游击根据地。贾力更按照党的指示，发动各族群众支援八路军第 120 师创建大青山抗日游击根据地，他在蒙古族群众中宣传党的民族政策和主张，引导蒙古族青年投身革命，为党培养大批少数民族干部作出了重要贡献。同时，他还按照党的指示，深入敌占区，揭露日本侵略者以"复兴蒙古族"之名，行吞并内蒙古、分裂中国之实的罪恶阴谋，争取伪蒙疆军政人员弃暗投明、参加抗日。

1939 年 9 月，中共土默特旗成立内蒙古工作委员会，贾力更是主要负责人之一。内蒙古工作委员会遵照党中央关于坚持与发展广泛的地方与群众性的游击战争的指示，做了大量工作，创建了蒙古族抗日游击队，成为绥西地区影响较大的地方抗日武装。1939 年底，贾力更被绥蒙区党委推选为中国共产党第七次全国代表大会代表。1940 年初，先后任中共绥西地委蒙民部部长、晋绥游击区行政公署驻绥察办事处处长，负责绥西地区蒙古民族工作。1940 年，在日军对抗日根据地进行残酷的军事"扫荡"和经济封锁的严峻形势下，贾力更领导中共土默特旗内蒙古工作委员会，展开了卓有成效的反封锁斗争。蒙古族群众不顾生命危险，穿过封锁线，将武器弹药、通讯器材等许多急需物资运送到抗日根据地。贾力更也多次出入敌占区，为根据地运送补给，被指战员们亲切地称为"我们的军需部长"。

1941 年 3 月，党组织决定调贾力更回延安学习，并准备参加党的"七大"。3 月 19 日，贾力更带领一批爱国青年前往延安，途中在绥西遭日伪军包围，在激战中壮烈牺牲，年仅 34 岁。

（资料整理：苏杭）

洪振海

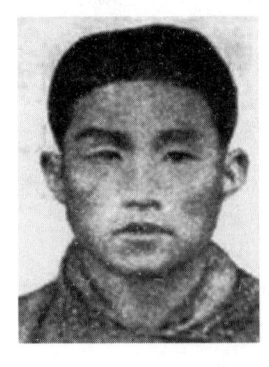

洪振海（1910—1941）

洪振海，又名洪衍行，山东滕州羊庄镇大北塘村人，八路军鲁南铁道游击大队大队长。

1938 年 3 月 18 日，滕州被日军占领，洪振海奔向峄县人民抗日武装驻地墓山，正式参加了共产党领导的苏鲁人民抗日义勇总队。同年 10 月，受总队长张光中的派遣，潜回火车站西侧的陈庄建立抗日情报站，任站长，为部队搜集情报。同年 11 月，按照上级"迅速建立抗日武装"的指示，他发动路矿工人建立了一支秘密抗日武装——枣庄铁道游击大队。到 1940 年上半年，由数十人发展为上百人的抗日游击队，经上级批准，改名为八路军鲁南铁道大队，洪振海任大队长。同年 7 月，洪振海带领曹德清爬上飞快运行的票车车头，打死日军司机，将火车停在预定地点，车上车下的队员互相配合，消灭日军 20 多人，截获日军票车，得钱八万多元，缴获短枪八支、长枪 12 支、手炮一门、机枪一挺，32 名参战人员无一伤亡。铁道大队两次血洗洋行，破袭临枣路，切断敌人的电话线，袭击敌人十几次，有力地打击了临枣地区的敌人，配合了山区部队的反"扫荡"。敌人在洪振海带领的铁道游击大队神出鬼没的打击下，终日惶恐不安，称铁道大队为"飞毛腿"。

鲁南铁道游击大队在洪振海领导下，出没于敌人严密控制的铁路干线、枣庄矿区和微山湖区，紧紧依靠路矿工人和湖区群众的掩护与帮助，采用灵活机动的战术，神出鬼没地打击敌人。他们扒铁轨、炸桥梁，撞火车、截物资，杀鬼子、惩汉奸，护群众、保家乡，成为威震敌胆的抗日英雄部队。在历次战斗中，洪振海英勇作战，多次受到鲁南军区首长的通令嘉奖和登报表彰。他们的英雄事迹多次在抗日根据地的《大众日报》和《鲁南时报》上刊登，著名的长篇小说《铁道游击队》就是以鲁南铁道大队的英雄事迹为素材创作的。1941年 12 月初的一个深夜，数百名日伪军对鲁南铁道大队进行偷袭，洪振海率部与敌人激战，不幸中弹，壮烈牺牲，时年 31 岁。

洪振海牺牲后，其灵柩被战友们护送到他的家乡——大北塘村，葬于村子的西侧。鲁南军区政治部追认洪振海为中国共产党正式党员。

（资料整理：张丽）

郭　猛

郭猛（1913—1942），1913 年生于江西省吉水县富滩镇垂裕村。1929 年参加中国共产党。1930 年参加红军。1933 年在江西省永新县石灰桥战斗中右臂负伤致残，同年任苏区医院政委。1935 年，任湘赣游击队第 3 连政治指导员，坚持了艰苦卓绝的江南三年游击战争，为革命保存了一部分力量。

抗战爆发后，南方八省游击队改编为新四军，1938 年，郭猛任茅山特委常委。在丹北地区，第 1 支队党委派郭猛组织了工作委员会，在镇、丹、金、句等地发展党的组织，进一步扩大各乡自卫团的武装。1939 年，他兼任扬中县政府办事处主任。在长期的艰苦斗争中，他一贯对党和人民事业无限忠诚，坚决执行上级的指示，大力发展地方武装力量。他转战在大江南北，身经无数次战争，作战英勇顽强，先后负伤六次，在全团干部、战士心中享有很高的威望。

1940 年，黄桥战役结束后，10 月 10 日，郭猛带领的新四军第 2 旅第 4 团奉命北上，在白驹、刘庄之间的狮子口与八路军黄克诚第 5 纵队第 1 支队的胡田大队胜利会师后，驻在东台、白驹、老圩一带。1941 年春，郭猛领导的第 4 团奉命调到盐阜地区，帮助地方进行抗日民主政府和抗日武装建设，帮助群众减租减息，改善群众生活，团结民众共同抗日。在进行反"扫荡"的战斗中，第 4 团转战在盐城、兴化一带，当地人民一看到第 4 团在这里便信心百倍，而敌人一听到第 4 团就闻风丧胆。

1942 年 12 月 29 日，盐城县（今盐都区）总队三个连和第一区区队，在冈沟河边的黄刘一带，伏击由龙冈出发的敌人。战斗打响后，第 4 团在郭猛的率领下，由护陇堤、老吴分两路向东边冈沟河直袭敌人。在北起马沟、南至李庄、东到三九舍纵横十里地区内，与敌人展开了激烈的战争。从上午 10 时一直到下午 2 时，歼灭了敌人师长徐少南的警卫营，俘虏敌军 50 多人，敌人全部溃退。就在我军乘胜追击时，于唐刘河、吕家垛、吴家舍三角地区遭到龙冈增援敌人的袭扰，郭猛又指挥部队追击敌人，就在战斗接近胜利时，他站在唐刘河西舍用望远镜观察敌情，不幸中弹负伤，转移到三湾村中湾庄时光荣牺牲。

郭猛是中国共产党的优秀党员，更是一名优秀指挥员，他为无产阶级解放事业献出了自己的年轻生命。他牺牲后，县委、第 4 团和当地群众千余人，在中湾庄举行了隆重的追悼大会，决定将护东乡改为郭猛乡，沿革至今为郭猛镇。

（资料整理：苏杭）

赖传湘

赖传湘，又名镇之，1904 年出生在江西省南康县（今南康市）东山乡马草村一个农民家庭。小学毕业后，赖传湘以优异的成绩考入南昌省立第一中学。在校期间，赖传湘受新思想的影响，又目睹军阀混战，民不聊生，决心投笔从戎。1925 年 8 月，考入黄埔军官学校第四期。1926 年 10 月毕业，在第 1 补充师见习。同年 12 月参加北伐战争，因英勇善战，晋升为第 3 团上尉政治指导员。后历任总司令部交际科员、上尉副官、少校科长、少校副营长、营长等职。1934 年，到中央高等教育班学习，1936 年 7 月毕业归队。

赖传湘（1904—1941）

1937 年 7 月，抗日战争全面爆发后，赖传湘所在师奉命开赴抗战前线，参加淞沪会战。后随部队前往九江，参加干沙坦作战，杀敌颇多。因作战英勇，1938 年 7 月，升任第 47 师第 18 团上校团长。10 月，奉命率部增援武宁，坚守河山、圆棺材山等阵地，击退敌军多次进攻，并堵截日军，使日军两个多月不敢行动。

1939 年 3 月，该师奉命开抵黄埔岗，在金鸡山口战役中，歼敌千余人。后日军大批增援部队赶到，并以飞机、大炮、坦克配合，向我军阵地疯狂进攻。赖传湘率领第 18 团独挡阵地正面，与敌周旋，激战三昼夜，杀敌 2000 余人，终于击退了敌人。6 月，率部进入鄂北，参加通山、通城、崇阳等战役，因战功显著，12 月，晋升为少将旅长。

1941 年 5 月，赖传湘调任第 10 军第 190 师副师长。8 月，由于在第一次长沙会战中遭到惨败，日军指挥官阿南惟几调集 16 万兵力汇集岳阳，为大规模进攻作准备。9 月，日军先头部队分水陆两路发起进攻，第二次长沙会战打响。战斗开始不久，赖传湘担当起指挥第 190 师作战的重任。在炮火纷飞的战场上，他指挥若定，率领全师官兵浴血奋战，英勇杀敌。在激战中，他左手受重伤，但他仅让卫兵包扎了一下，便继续指挥作战。日军一再增援，并以数十架飞机作掩护，抢渡汨罗河。赖传湘见敌人攻势非常猛烈，便采取磁铁战术给敌人以狠狠打击。26 日，赖传湘率部占领长沙北部石子铺、捞刀河一带的高地。27 日，全线展开残酷的白刃肉搏战。这时，赖传湘发现偷袭我军阵地的数百名敌人便衣队妄图与日军的空降部队相配合，一举攻占长沙。于是，赖传湘便指挥部队进行三面堵击，奋勇歼敌。突然，一排子弹从敌机上射下，击中了赖传湘的要害，赖传湘壮烈殉国，时年37岁。

由于赖传湘战功显赫，抗敌英勇，国民政府追晋他为陆军中将。1984年5月，中华人民共和国民政部追认赖传湘为革命烈士。

（资料整理：苏杭）

廖海涛

廖海涛（1909—1941）

廖海涛，1909年出生于福建省上杭县大洋坝大岭下村一个贫农家庭。1929年参加闽西暴动。1930年加入中国共产党。1934年10月中央红军主力长征后，廖海涛任闽西南军政委员会委员、闽西南第二军分区第7支队政治委员，带领赤卫队员、区乡干部，以双髻山为根据地，坚持游击战争。国民党反动派对原苏区进行极其残酷的"清剿"，廖海涛的母亲、妻子和刚满周岁的儿子，均惨遭杀害。

1937年抗日战争全面爆发后，闽西南红军游击队编入新四军第2支队，廖海涛任第4团政治处主任，奔赴皖南抗日前线。在战场上，他英勇杀敌，战功卓著。1939年冬，任团政治委员，与团长卢胜一起率第4团到皖南集结，又由皖南进入苏南，在江宁、句容和溧阳、溧水地区开展游击战争。

1940年2月，廖海涛任第2支队副司令员兼政治部主任。5月4日，中共中央《关于放手发展抗日力量，抵抗反共顽固派的进攻》的指示传到江南，廖海涛率部奇袭麒麟门，再攻雨花台、中华门，日伪军的统治中心——南京受到震动。5月底，他指挥赤山（江宁、句容边）战斗，歼日军中队长以下130余人，缴获两门九二式步兵炮、三挺机关枪和几十支三八式步枪。7月，苏南新四主力北渡后，留在苏南的新四军组建新的江南指挥部，廖海涛任副指挥兼政治部主任。同时，廖海涛与邓仲铭、罗忠毅组成苏南军政委员会，统一领导苏南敌后抗日斗争。

1941年皖南事变后，苏南新四军部队改编为新四军第6师，廖海涛任第16旅政治委员兼政治部主任，并兼苏南抗日根据地军政委员会主任，下辖第46、第47团及独立第2团。1941年5月，第16旅在保阳黄金山地区进行反顽战斗，取得三战三捷的胜利。6月回师茅山，又连续拔除了日伪军28个据点，恢复了皖南事变前的抗日根据地。

同年10月，廖海涛与旅长罗忠毅率旅部及中共苏皖区委机关移驻溧阳县（今溧阳市）塘马村一带。11月28日，日军集中步、骑、炮兵共3000余人，突然袭击塘马村。廖海涛与罗忠毅一起，一面组织旅部和苏皖区党委机关转移，一面亲率第48团第2营两个连和旅部特务连对敌阻击，掩护机关人员突围。他们打退敌人的冲锋10余次，由凌晨一直坚持到中午，毙伤日军三四百名。但因深陷重围，无法突破，罗忠毅、廖海涛先后壮烈牺牲，270余名指战员同时为国捐躯。廖海涛殉国时年仅32岁。

战斗结束后，新四军军部发出电报，昭彰两位烈士光辉的一生，缅怀他们的英雄事迹。

廖海涛牺牲后，根据地人民将其遗体安葬在他最后战斗的地方——塘马村。2005年9月，廖海涛纪念园在福州三山人文纪念园内的将军山上落成。

（资料整理：苏杭）

燕鼎九

燕鼎九（1894—1941）

燕鼎九，名寿鼎，字鼎九。1894 年出生于河南新蔡县古吕镇南街。1925 年，燕鼎九考入黄埔军校第四期步科学习。1926 年毕业后随军参加北伐。1927 年 8 月，燕鼎九在中央军校第五期任区队副。1929 年先后考入中央军校研究班第七、第八期学习。毕业后任平汉铁路郑州至信阳段护路大队长。1939 年在河南省保安司令部教导队军官队任第一期学员上校区队长。1940 年，燕鼎九转任河南省第八区上校保安副司令，兼第一战区豫南游击第 22 纵队副司令。

1941 年 1 月，日军第 11 军为了打通平汉铁路南段，分成左、中、右三路，向漯河以南、信阳以北的平原地区发动攻势，企图一举歼灭国民党豫南游击总指挥部主力，恢复铁路运输。此时，负责汝南县城防守任务的中国军队是第一战区豫南游击第 22 纵队，为迎击来犯之敌，纵队司令张振江、副司令燕鼎九作了积极的准备。由张振江率专署及后勤人员撤往汝南东北的殷家湾一带隐蔽，燕鼎九留城指挥，担任城防司令。

1 月 27 日，日军约一个联队兵力，在优势火力掩护下，从汝南西南的官庄方向进犯，很快逼近汝南县城南郊。燕鼎九与参谋长分守南门、西门，在炮火中沉着指挥部队官兵，依托城墙工事，顽强抗击，打退了敌人一次次进攻。次日，日军把攻击的重点集中在东门。不久，来自驻马店的日军已接近县城。中午时分，燕鼎九正在东门指挥官兵与日军鏖战。城外日军佐柏联队突然集中猛烈的炮兵火力，连续轰击小校场附近的城墙，炸出几道豁口，然后，以轻重机枪火力掩护步兵向城内猛扑。燕鼎九闻报，急忙策马率领卫队直奔西门增援。日军立即组织密集机枪火力扫射。燕鼎九临危不惧，立即组织随行人员，依托地形向敌人还击，边打边撤，但终因寡不敌众，弹尽被俘。日寇急于获取中国军队的行动计划，用麻绳将燕鼎九捆住，滥施酷刑，连番逼问，燕鼎九宁死不屈，燕鼎九大声怒斥日本侵略者。日寇一无所获，恼羞成怒，用刺刀连刺其喉管，燕鼎九英勇牺牲，年仅 47 岁。

2 月 9 日，日军撤退，张振江率专员公署和纵队司令部人员返回县城，收殓了被爱国群众冒死藏在防空洞内的燕鼎九遗体，送回其原籍新蔡县安葬，并向上级报告了燕鼎九阵亡的经过。随后，张振江为其在汝南县城西南的莘园（今三里店附近）修建衣冠冢，并举行了隆重的追悼大会。后经洛阳第一战区长官部转报重庆国民政府军政部批准，追授燕鼎九陆军少将军衔。

（资料整理：苏杭）

魏拯民

魏拯民，原名关有维，字伯张，化名魏民生、魏明胜、魏锄耕、李新良、张达、冯康等，山西省屯留县人。魏拯民 1909 年出生于一个农民家庭。1922 年，入屯留县立第一高小学习。1925 年 9 月，考入山西省立太原第一中学。在校期间，结识了许多进步同学，并和他们一起参加反对阎锡山征收苛捐杂税的斗争。1927 年加入中国共产党。1927 年"四一二"反革命政变后，因参加革命活动被学校开除。1930 年 11 月，受党组织派遣，入国民党第 13 路军安阳军事干部学校学习。1931 年夏，因病离开军校到北平。

魏拯民（1909—1941）

1931 年九一八事变后，魏拯民被派到东北任中共哈尔滨市道外区委书记、市委书记。1934 年冬赴东满，任中共东满特委书记。期间，魏拯民注意贯彻党的抗日民族统一战线政策，对伪军进行分化、瓦解，积极宣传"中国人不打中国人"的主张。他广泛联合各种抗日力量，使东满党的建设和抗日斗争出现了新的局面。

1936 年 6 月至 7 月间，魏拯民率队与抗联第 1 军军长杨靖宇所部会师，决定将第 1、第 2 军合编为东北抗日联军第 1 路军，东满、南满党组织合并为中共南满省委，统一领导第 1、第 2 军和东满、南满地区党的工作。魏拯民任东北抗联第 1 路军政委和南满省委书记。在此期间，他不顾严重的心脏病、胃病等疾病的折磨，夜以继日地工作。

1937 年七七事变爆发，为支援全国抗战，魏拯民率领第 2 军各部频繁出击，牵制日军在东北的兵力。1938 年 6 月，协同杨靖宇指挥蚊子沟伏击战，歼灭伪军索旅 140 余人，又袭击修建中的通辑铁路土口子隧道和老岭河桥梁工程及阳岔工程，击毙及俘获敌兵近百人，解救中国劳工 700 多人。

1938 年，魏拯民兼任第 1 路军副司令和总政治部主任。1939 年 7 月，第 2 军第 4、第 5 师合编为第 3 方面军。8 月，魏拯民率第 3 方面军进入安图县活动，在大沙河等地歼敌 500 余名。9 月 24 日，与陈翰章部在敦化县（今敦化市）寒葱岭伏击敌军，击毁敌汽车 11 辆，击毙日军驻敦化"讨伐"司令松岛少将，并缴获大量枪支弹药和物资。

在艰苦的抗日游击战争中，魏拯民十分注重部队的思想政治工作，亲自编写《政治课本》，举办党员训练班，加强党的组织建设，为抗联第 1 路军的发展作出重大贡献。由于敌人的严密封锁，重病中的魏拯民只能和警卫战士一起吃松子、树皮度日。他不顾疾病的折磨，常常昼夜不停地起草文件、报告，总结经验。1941 年 3 月 8 日黎明，魏拯民不幸逝世，年仅 32 岁。

1986 年，吉林市人民政府作出决定，在吉林市风景秀丽的北山公园修建魏拯民烈士陵园，以寄托人们对他的无限敬仰和爱戴之情。

（资料整理：苏杭）

于寄吾

于寄吾（1915—1942），又名于己午，原名于纪武，字志新，山东省烟台市牟平区上庄镇人。于寄吾 1924 年在本村上小学，1930 年考入烟台八中，1934 年考入济南师范学校。在校期间，受进步思想的影响，倾向革命，积极参加进步活动。次年，加入中国共产党。1936 年毕业后，在济南乡村建设研究院受训，后到黄县（今龙口市）北马乡校任校长，并与上级组织派来的同志一起积极发动武装起义。乡校解散后，回到牟平县（现已撤销）东关，用租赁来的房屋作为活动场所，联系青年学生，开展抗日活动。

1937 年，抗日战争全面爆发。1938 年 3 月 17 日，于寄吾正式参加革命工作，开始在中共胶东特委任职。1939 年，任中共胶东区委秘书长兼政府工作部部长。1941 年 2 月，任中共西海地委书记，并先后兼任西海指挥部、西海军分区政治委员。在西海工作期间，他密切联系群众，率领部队痛击投降派高玉璞部，打开了西海与北掖抗日根据地的通道，并与清河军区的根据地连成一片，彻底扭转了西海地区孤立无援的被动局面。

1942 年秋，日本华北方面军司令官冈村宁次飞抵烟台，部署对胶东地区的冬季大"扫荡"，参加这次"扫荡"的日军 1.5 万人，伪军 5000 余人，还有海空军配合，实行"铁壁合围""拉网扫荡""梳篦清剿"等战术，对大泽山根据地形成层层包围的态势，妄图以此消灭抗日军民，摧毁大泽山根据地。大泽山根据地是中共胶东区委和西海地委、南海地委的重要依托地，对胶东和西海地区、南海地区坚持抗日战争起着重要的作用。西海地委、西海专署、西海军分区自成立以来，一直在大泽山区领导抗日斗争。为应对敌人的"扫荡"，于寄吾根据中共胶东区委、胶东军区关于保存力量的指示，采取化整为零、分区坚持、互相配合的方针，率领西海军民多次出击烟潍公路，威胁敌人后方，牵制了日军主力。

12 月 22 日拂晓，中共西海地委和军分区机关在转移途中，与大量日伪军相遇。地委和军分区机关立即向大泽山余脉萌山撤退，却又陷入敌人的重围。于寄吾与军分区司令员赵一萍，军分区参谋长、胞兄于一心各率一个警卫排，掩护机关人员分头突围。赵一萍率领军分区机关突围成功，而于寄吾和于一心未能突出重围。战士劝于寄吾到窑洞躲避，他严肃地说："我是地委书记、军区政委，大敌当前，我的岗位是和同志们在一起，同生死，共战斗！"于寄吾率领战士奋起还击，打退敌人多次进攻，最后身负重伤，壮烈牺牲，时年27 岁。

（资料整理：苏杭）

孔庆同

孔庆同（1912—1942）

孔庆同，河南省光山县人。1927年春，光山县建立中共地下党组织，成立了农民协会，年仅15岁的孔庆同参加了农民赤卫队。

1937年8月，中共中央在洛川召开政治局扩大会议，提出《抗日救国十大纲领》，并提出了在日伪统治比较严密的冀东地区创建抗日根据地的重要决策。中共中央北方局随即选派一大批军政经验丰富的干部前往冀东。孔庆同作为年轻的指挥员，离开延安，到天津中共中央北方局工作。到冀东四个月后，中共冀热边特委在滦县多余屯召开冀东十县抗日人民代表大会。会后，孔庆同连续调集党员和农民自卫会骨干300多人，组成了冀东抗日联军第1支队，孔庆同任支队长。

1938年春，孔庆同以卖篦子为掩护，在腰带山周围村庄秘密从事党的地下工作，向群众宣传救国救民的道理，仅丰润县（今丰润区）庞庄就组织了70多人参加冀东大暴动。同年7月，冀东大暴动全面展开，第1支队扩编为冀东抗日联军第4总队，孔庆同任总队长，下辖三个大队，共有1000余人。仅几天，第4总队迅速发展壮大，很快发展到4000多人，至此，抗联第4总队改编为第1梯队，孔庆同任梯队队长，下辖第11总队至第14总队共四个总队。1939年6月，抗联第23总队成立，孔庆同任总队长。冀热边特委为统一抗日武装，又将抗日联军编为三个团，孔庆同任第30团副团长。同年秋，孔庆同随部队和地方干部离开冀东奉命去平西整训。

1940年，孔庆东到冀中第八军分区任副司令员、代司令员之职，在保定一带坚持平原游击战。1942年秋天，第八军分区党委召开了紧急会议，传达彭德怀关于"以武装斗争为主，坚持平原游击战争"的指示。为尽快贯彻会议精神，孔庆同率领手枪班连夜前往河间县（今河间市）。次日拂晓，村外突然枪声大作。由于当地汉奸通风报信，数倍敌人连夜扑来，情况十分危急。孔庆同和战友指挥部队从村西突围，杀开了一条血路。但刚出村口几百米，敌人又追了过来，许多战士中弹倒下。孔庆同把手枪插在腰带上，抓过县大队机枪手手中的机枪，向敌人骑兵猛烈扫射，敌人纷纷落马，被压在一道大土坎后面。后来，机枪手中弹牺牲，孔庆同也身中数弹。当战友冲上来抢救他时，被孔庆同阻止了。他摘下警卫员的两颗手榴弹掖在腰里，抱着机枪继续向敌人扫射。

敌人从四面包抄过来，孔庆同的机枪不停地扫射，直到子弹全部打光，这时县大队已成功突围。当敌人再次扑向孔庆同时，他毅然拉响了手榴弹，壮烈牺牲，时年 30 岁。

（资料整理：苏杭）

王凤山

王凤山，字鸣岐，山西省五台县东寨人。王凤山幼年家境贫苦，靠村人集资念完小学。后考入太原国民师范学校，毕业后投笔从戎，考入北方军校第一期工科。1927 年以后，加入由于镇河率领的军官生队，参加阎锡山山西军队的"北伐"及联冯反蒋诸战役，历任第 69 师第 230 旅连长、营长。

王凤山（1906—1942）

1937 年抗日战争全面爆发后，王凤山参加了茹越口守卫战。1940 年调任长官部整顿处上校科长、少将副处长，从事军队训练工作。1941 年升任第 218 旅旅长，后转任张友清、许亨植第 34 军暂编第 45 师少将师长，驻守汾南万泉、荣河、河津一带。该地区为粮棉产区，日军控制严密，五里一碉，十里一堡。该军在汾南一带，进行游击战争，掩护行政人员征运粮棉。

1942 年，日军为肃清山西中国军队的各个抗日根据地，并搜抢军粮，以断绝中国军队的粮道，逼迫汾南中国军队退却，于是集中优势兵力，向汾河一带晋西南抗日根据地发动了疯狂的进攻。6 月初，日军清水师团纠集各县敌伪部队两万余人，分七路向第 34 军围攻。军长王乾元负伤，返汾北医治。由王凤山代理军长。该军第 43 师在与敌作战中全师覆没，师长刘谦逃回汾北，受到撤职处分。第 44 师被日军击溃，部分官兵撤回晋西北，师长赵恭只身逃回。

至此，第34军第43、第44和第45三个师中，仅剩第45师在王凤山率领下，转战万泉、荣河一带，继续抗敌。7月17日拂晓，日军千余人、坦克六七辆袭击第45师驻地，师部及第2团被包围在万泉西张瓮村。王凤山率军坚守阵地，与日军展开了殊死搏斗。激战至18日午后，敌人又增援2000余兵力。在敌众我寡、兵力悬殊的情况下，第45师逐渐失利，王凤山见此情形，亲自率领预备队冲上前线。战况异常激烈，特务连连长及全连官兵壮烈牺牲。王凤山臂部受伤，但他坚持不下火线，仍然指挥战斗。接着腹部又连中数弹，不幸牺牲，时年36岁。

王凤山牺牲后，国民政府追晋其为陆军中将，并指令将西张瓮村改名为凤山村，以示纪念。1986年3月，山西省人民政府追认王凤山为革命烈士。

（资料整理：苏杭）

王远音

王远音（1915—1942）

王远音，原名王鸿业，1915年出生于山西省五台县虎阳村。1934年太原初中毕业后，考入太原三晋中学，学习期间加入中国共产党领导的外围革命组织"社联"，并当选为太原市学生联合会委员，在同学中组织学生抗日救国会，积极开展抗日救国的宣传活动。

1936年，王远音到北平从事抗日救国活动。同年加入中国共产党，并受中共党组织派遣到西安张学良部学生队受训。同年底，奉命到东北军的一个师做政治工作。翌年春，随东北军调赴安徽。4月，被东北军顽固派驱逐，返回北平。

1937年抗日战争全面爆发后，王远音在北平西郊参加了赵同领导的国民抗日军。8月22日，王远音随同国民抗日军参加了奇袭德胜门外河北省第二监狱的战斗，缴获机枪5挺、手枪20支、步枪数十支，解救了被日军关押的七八百名"人犯"，其中有不少共产党员和爱国志士。9月，国民抗日军又在黑山伏击日军军车。此次战斗歼灭日军 60 多人，击落敌机一架。随着国民抗日军的迅速壮大，为了加强党对部队的领导，成立了中心队委，王远音为队委书记。

1938 年 1 月，国民抗日军被编为八路军晋察冀军区第 5 支队，王远音任政治处主任。不久，改任晋察冀军区第　军分区政治部副主任。

1939 年以后，王远音调至冀中军区，任第三军分区政委。1940 年 6 月，冀中各分区与晋察冀军区统一编序，第三军分区改称第八分区，王远音任第八分区政委。他十分善于从战争中学习战争，分区每次组织战役，他都积极和军事指挥员一起研究敌情，指挥战斗，在战争的实践中提高作战指挥艺术。经过多次反"扫荡"作战，王远音不但成为一名出色的政治工作者，而且成长为一名出色的军事指挥员。

1940 年 8 月，八路军发动著名的百团大战。王远音和军事指挥员一起，组织分区所属部队参加了冀中军区发起的任（丘）、河（间）、大（城）、肃（宁）战役，在任丘、河间、文安、青县等广大地区向敌展开进攻，冀中抗日根据地得到巩固和扩大。

1941 年太平洋战争爆发后，日军企图实施其把华北变为"大东亚战争的兵站基地"的计划，为此，1942 年 5 月，日伪军集中五万余人，对冀中抗日根据地军民实行残酷的"扫荡"。王远音和军分区司令员常德善一起率领冀中军区部队与日军周旋，并发动根据地人民群众进行反"扫荡"斗争，给日军以重大杀伤。6 月，王远音在肃宁县西张庄战斗中身负重伤，但仍然顽强地阻击敌人。在身陷重围时，他将最后一颗子弹留给了自己，以身殉国，时年 27 岁。

（资料整理：苏杭）

王泊生

王泊生（1915—1942），原名王鸣峰，1915 年生于河北省景县郑古庄村，1930 年考入立泊镇师范学校，并参加了反帝大同盟。1931 年春加入中国共产主义青年团，同年秋转入中国共产党。土地革命战争时期，王泊生任中共河北省立泊镇师范学校支部委员、"左联"工委书记，积极组织领导学生的爱国运动。1936 年，在南京参加了全国各界救国会。后来到北平宣传救亡运动，主办《大众文化》杂志，结识了许多进步青年、学生和小学教员。《大众文化》杂志引起了日军及国民党政府当局的注意而遭到封杀，王泊生转往山西省牺牲救国同盟会工作。

1937 年抗日战争全面爆发后，王泊生奔赴延安，入中国人民抗日军事政治大学学习，毕业后留校任政治教员。1940 年起历任中共束鹿县委副书记、中共冀南区第一地委宣传部部长、第一地委代理书记、第二地委书记、第六地委书记兼冀南军区第六军分区副政委、冀南军区第五军分区政委。参加了百团大战和冀南抗日根据地反"扫荡"作战。

1942 年日军实行五一大"扫荡"时，王泊生在深县（今深州市）陷入日军包围，不幸被俘。经受日军严刑拷打，宁死不屈，后被押往石家庄劳工教习所（石家庄劳工集中营）。在教习所，他秘密建立了党的特别支部——"六月特支"，任书记。后来，王泊生被押到本溪煤矿当劳工，在那里，他同四位同志成功逃脱了虎口，重新回到冀南抗日根据地，任中共冀南第六地委书记兼第六军分区政委。

1942 年 10 月 27 日，王泊生在河北省枣强县齐扬村召集县委会议时，被日军包围，突围中负伤，他一手捂住伤口，一手举枪还击。当他击毙两个日军，准备再举枪射击时，一个日军从背后向他射击，王泊生中弹牺牲，时年 27 岁。

1942 年 10 月底，冀南行署为王泊生举行葬礼。那天，冀南大地上乌云滚滚、大雨滂沱。数百名战士鸣枪放炮，数以千计的群众眼含热泪，共同追忆他们心中的英雄。当时的冀南行署负责人王任重撰写了《沉痛的悼念》一文，以此缅怀朝夕相处的战友，中国共产党的优秀党员、优秀干部王泊生。

（资料整理：苏杭）

包 森

包森，原名赵宝森，又名赵寒，1911 年出生于陕西蒲城县三合镇义龙赵家村一个农民家庭。包森 1927 年考入蒲城县第一高小。1930 年考入三原县省立第三中学，积极参加进步活动。1932 年 2 月加入中国共产党，不久进入西安高中，继续从事抗日救亡活动。

1933 年春，包森被调往新字区白区，负责恢复和发展党组织，重建区委。同年秋，中共陕西省委机关被敌人破坏，包森又接受新任务去西安工作，被特务发现后第二次被捕入狱，被判刑 10 年。在狱中他受尽

包　森（1911—1942）

酷刑，但正气凛然，坚贞不屈，西安事变后获释。包森一出狱，就被党组织派到西北军，入杨虎城部任特务营第 2 连指导员。

1937 年 3 月，包森到延安中国人民抗日军政大学学习，同年秋毕业。全面抗战爆发后被派往晋察冀抗日根据地独立第 1 师工作，任第 33 大队总支部书记。

1938 年 7 月底，八路军第 4 纵队（由宋时轮部和邓华部合编的部队）主力即将入长城。10 月，八路军第 4 纵队撤向平西整训，留下八路军三个支队在冀东坚持活动，包森部为第 2 支队。12 月，第 2 支队一部在遵化东北部茅山一带被敌包围，血战终日，稍有损失。战后，第 2 支队整编成四个总队，队伍扩充到 800 多人。在一年多艰苦卓绝的斗争中，包森率领第 2 支队英勇作战，先后以奇袭、奔袭、强攻等灵活战术，相继攻克了河桥等 10 多个敌据点，作战几十次，共歼日伪军数百人，缴枪数百支，使部队和游击区日益扩大，战绩为全冀东之冠，其中尤以活捉日本天皇表弟、宪兵大佐赤本最为有名。

1941 年春，包森率部参加反"治安强化运动"。1941 年秋，冀东军分区开展打击伪治安军的作战行动开始后，包森多谋善断、英勇果敢，在他的指挥下，部队打了一个又一个漂亮仗。其中 1942 年 1 月燕山口内果河沿一役，包森以七个连的兵力，毙俘敌伪中佐以下官兵近千人，创造了以少胜多、以弱胜强的奇迹。当时，在冀东一带包森的大名妇孺皆知，人们亲切地称他"包队长""包司令""包团长"，而敌人则把他视为克星，经常以"出门打仗碰上老包"为

咒语。包森时常出没在与日伪军短兵相接的厮杀中，不止一次负伤挂彩，但他早已将生死置之度外，每次都坚守在战斗指挥的最前沿。

1942年2月27日，包森带领部队驻在遵化县（今遵化市）西北20里的野户山村时，遭到日军和伪满洲队的突然袭击。包森在指挥战斗中不幸胸部中弹牺牲，年仅31岁。

延安《解放日报》头版发表社论，称赞包森"他的赫赫战功与英雄精神将永远留在人民的记忆中"，"英名永在"。叶剑英元帅称他为"中国的夏伯阳"。

（资料整理：苏杭）

左 权

左 权（1905—1942）

左权，原名纪权，1905年3月15日生于湖南省醴陵县（今醴陵市）平桥乡。1924年3月考入广州陆军讲武学校，11月转入黄埔军校第一期，1925年2月加入中国共产党。同年11月，赴苏联莫斯科中山大学学习。1927年8月，转入伏龙芝军事学院深造。

1937年全国抗战爆发后，左权任八路军副参谋长、八路军前方指挥部参谋长，后兼八路军第2纵队司令员。1938年4月，协助朱德、彭德怀指挥第129师在晋东南反击日军的"九路围攻"。1938年冬，在晋东南主持召开参谋长会议，以红军、八路军参谋工作为基础，参照苏联军队参谋工作，制定了人民军队第一部司令部工作条例，并健全了司令部的机构和工作制度。

从1939年4月至1940年初，先后发表《埋伏战术》《袭击战术》等文章，并在《"扫荡"与反"扫荡"的一年》一文中，总结了八路军反"扫荡"胜利的六条经验。1940年春，率八路军第2纵队反击国民党军进犯太行山根据地，击溃石友三部，歼灭朱怀冰部大部，粉碎国民党发动的第一次反共高潮。同年8月至11月，协助彭德怀指挥百团大战，与日军作战1824次，歼灭日伪军四万余人。

1940 年 12 月和 1941 年 3 月，先后参加八路军第一次后勤工作会议和后勤政治工作会议，并作了《论我军的后勤建设和各种情况下之后勤工作》的讲话，强调后勤部门是军队的一个重要组成部分，军队组织越复杂，技术越发达，后勤工作的地位也越重要。他还领导创办了太行山区敌后兵工厂，有力地支援了八路军的敌后斗争。

1941 年 11 月，在黄崖洞（辽县、黎城县边界）指挥总部警卫团，以 1500 人兵力阻击 5000 余日军八昼夜，取得歼敌千余人的胜利。

1942 年 5 月，日军以三万余人，分五路再次对八路军总部进行"扫荡"时，左权指挥两个团的兵力，掩护总部机关再次突出重围。25 日早，敌人从两翼包抄上来。左权亲率总部直属部队和北方局沿清漳河东侧向北突围，他坚决要求彭德怀副总司令先行。时近中午，在检查队伍时，左权发现担文件箱的人还没有上来，为保护党的机密，他立即命令警卫员转回去找。当他带领部队冲到敌人最后一个封锁点时，一颗炮弹落在他的身旁，左权不幸以身殉国，时年 37 岁。

左权牺牲后，中共中央北方局和第 18 集团军野战政治部作出《关于追悼左权同志的决定》，晋冀鲁豫边区政府将山西辽县改名为左权县。朱德总司令为悼念左权壮烈殉国写了一首诗："名将以身殉国家，愿拼热血卫吾华。太行浩气传千古，留得清漳吐血花。"新中国成立后，在河北省邯郸市晋冀鲁豫烈士陵园建立左权墓和左权纪念馆。2009 年，左权被列入"100 位为新中国成立作出突出贡献的英雄模范人物"。

（资料整理：苏杭）

石景芳

石景芳（1910—1942）

石景芳，原名石宗玉，字景芳，1910 年生，山东无棣县水湾镇刘风台村人。在父亲的影响下，石景芳从小就养成了不畏强权、爱憎分明、急公好义的性格。

1928 年冬，石景芳考上了无棣县立第一高小。1930 年夏，又考入山东省立第四中学。在校期间，他开始阅读革命书籍，接受革命思想教育。1933 年夏，他升入本校高中部学习。在校期间石景芳以学生自治会的名义，发动学生与学校当局展开了激烈的斗争，终于迫使反动校长低头认罪。后石景芳又考入北平宏达中学，1935 年，由于日本侵华形势日趋紧张，石景芳被迫退学回乡。

石景芳回乡后，在本县吴店、小山等村任短期小学教员。他和进步青年关星甫、关荣亭等人为响应中国共产党提出的抗日救国号召，在刘风台小学成立了"友谊读书会"，发动和组织群众开展抗日救亡活动，传播马列主义和革命思想。后来，读书会的大部分人参加了冀鲁边区抗日部队——华北民众抗日救国军，其中不少人成了这支抗日武装的骨干分子，在抗日战争中发挥了很大的作用。1937 年 2 月，石景芳加入中国共产党。从此，他以无产阶级先锋战士的姿态，投入到中国人民解放的伟大斗争之中。

七七事变前夕，他不顾国民党地方当局的阻挠破坏，与关星甫、冯景恩等人组织了无棣县抗日救亡会，会员发展到 800 多人，使抗日救亡运动在全县轰轰烈烈地开展起来。

1937 年 8 月，根据抗日形势发展的需要，在鲁北特委的领导下，石景芳和关星甫等主动与津南特委冯景恩、于梅仙取得了联系，成立了中共无棣县工作委员会，石景芳任宣传委员。不久，石景芳被任命为无棣县工委书记。在此期间，根据党的指示，石景芳积极扩大武装力量，开展武装抗日斗争。他组织了 40 余人的武装部队，在无棣西部与敌伪展开了英勇的斗争。

1938 年 2 月，中国共产党领导的国民革命军别动总队第 31 游击支队攻克无棣县城。石景芳带领抗日武装加入第 31 支队，被编入第 3 路军第 3 大队。7 月，石景芳任第 31 支队政治特派员。他为壮大革命队伍，巩固发展抗日根据地作出了贡献。

石景芳扎根群众，顾全大局，有勇有谋，深受东光县人民的尊敬和爱戴。1939年10月，石景芳以绝对优势当选为东光县抗日民主政府县长。无棣县国民党顽固派和反动派视他为眼中钉，抓不到他，就抄他的家。1939年春，他一家老幼八口人，被逼得流落他乡。为了民族和国家的利益，一家老小经历了数不清的劫难。

1942年5月，华北侵华日军最高指挥官冈村宁次亲率五万兵力，对冀中开始了疯狂的大"扫荡"。6月19日拂晓，日军集结重兵分四路包围了第一专署、第一地委驻地大单家。石景芳在中弹负伤的情况下仍忍着剧痛，组织机关、部队转移突围，并与敌人展开了肉搏战。战斗从拂晓打到中午，由于寡不敌众，石景芳等人全部壮烈牺牲。

（资料整理：郭宁）

孙开楚

孙开楚（1910—1942），1910年出生于湖南郴县良田上街一个农民家庭。1924年秋，从美国教会办的新华中学毕业后，考入衡阳湖南省立第三师范学校。

1936年，毛泽东（后排右三）同参加井冈山斗争的部分干部在陕北合影，后排右四为孙开楚。

在校期间，受先进思想的影响，积极参加革命活动。1925 年，加入中国共产主义青年团。1926 年初，回乡从事农民运动。同年，加入中国共产党。

1927 年长沙"马日事变"后，驻良田的国民党清乡委员会大肆残害革命人士和无辜群众。孙开楚按照县委书记夏明震的指示，于 9 月 11 日深夜秘密回到良田，经过周密的计划，与国民党郴县当局展开了机智勇敢的斗争，不仅夺枪除害，而且一举解除了清乡委员会的全部武装。

1928 年初，孙开楚率领亲自组建的家乡农民武装参加湘南起义，任工农红军第 7 师第 1 团第 2 营党代表。同年 4 月，随部上井冈山，先后任工农红军第 4 军第 11 师第 33 团团部秘书和第 2 营党代表、红 4 军第 3 纵队党委文书、红 4 军军部机要保密员等职，曾对中央红军机要文书档案保管工作作出过重大贡献。现存中央档案馆有关井冈山时期和长征途中的许多重要文件，都是孙开楚经历千难万险，靠一件自制的"夹衣"保存下来的。遵义会议后被留在毛泽东身边任机要文书，他为了抵制张国焘分裂红军的阴谋，曾机智地拒绝了张国焘以借阅为名而获取中央政治局毛儿盖会议文件的要求。后被任命为机要科科长。

1937 年抗日战争全面爆发后，孙开楚调任八路军总部第 3 科科长。为了打击陕北地区政治土匪的猖狂破坏活动，他奉命带领延安卫戍区的两营战士，与王紫峰、江龙光等人一起消灭和打散了 18 股土匪，缴获长短枪 3000 余支，为稳定延安地区的局势作出了重要巨大贡献。

1939 年，孙开楚调任八路军总政治部组织部长，协助党委先后选拔和配备了晋察冀等 12 个抗日根据地的领导干部。他的工作成效受到朱德、彭德怀的好评。

1940 年，八路军总部调孙开楚任军工部政治委员，1942 年春，孙开楚赴华北局党校学习。5 月 22 日，日军对山西地区进行残酷的大"扫荡"。在突围的紧要关头，孙开楚迅速率领二十几位机关干部抢占十字岭，向敌人展开侧击，掩护总部机关和党校的同志迅速突围，终因寡不敌众，他和二十几位同志全部壮烈牺牲。孙开楚牺牲时，年仅 32 岁。

（资料整理：郭宁）

孙伯龙

孙伯龙，原名孙景云，字伯龙，1903 年出生于枣庄市薛城区陶官乡李庄。

1926 年，为了追求光明，寻找救国之路，孙伯龙毅然南下广州，入黄埔军校第六期学习。学习期间，孙伯龙刻苦钻研，力求掌握更多的军事知识，并立下"救国拯民，复兴中华"的宏愿。

1928 年 4 月，国民革命军在徐州誓师北伐，孙伯龙随国民革命军第 40 军开进鲁南，击败了奉系军阀孙百万部。国民革命军占领峄县后，孙伯龙奉命留在家

孙伯龙（1903—1942）

乡，组建国民党峄县县党部及县政府，被任命为县党部常务执行委员（后称书记长）。由于受进步思想的影响，孙伯龙在峄县十分注意倡导新文化。他在城里创办了血花书店，积极推销进步书刊。他支持农会揪斗恶霸地主，支持枣庄矿区建立失业工会组织，并亲自批准失业工会的合法地位。

孙伯龙还同情和帮助共产党人。他的同乡好友、共产党员朱道南参加广州起义后，因与部队失去联系，返回家乡峄县，在他的多方掩护下，才得以在当地教育界立足并继续从事革命活动。得知中共山东省委派往峄县的联络员、昔日的老同学项脉峄不幸被捕，他心急如焚，便借探监之机，向其口授机宜，使他免遭屠杀并安全脱险。

孙伯龙的正义之举，受到了国民党峄县组织的排挤和打击，他在县党部的职位接连下降，先由书记长降至秘书长，不久又降至普通执行委员，1934 年，终被贬黜。被罢官后，孙伯龙返回家乡，创办了文庙小学，依旧积极从事抗日救亡活动。

七七事变后，孙伯龙在家乡组建一支百余人的抗日武装。1938 年 6 月，经朱道南提议，孙伯龙与邵剑秋等部组成山外抗日军四部联合委员会，孙伯龙任该会副主任。联合之后，于运河两岸开展游击战争。

1940 年 1 月，罗荣桓政委亲自命名，由苏鲁边界的峄城、滕县、铜山、邳县（今邳州市）等地方抗日武装组编，组建八路军第 115 师运河支队，孙伯龙任支队队长。

在抗日战争中，运河支队长期活跃在贾汪、枣庄等苏鲁边界地区及运河两岸，与铁道游击队、微山湖大队团结协作，共毙伤、俘虏日军近千人，伪军4000余人。孙伯龙担任队长期间，多次与日军交火，在朱阳沟与日军第10混成旅激战中，毙伤敌伪军300余人，胜利突围。1940年11月，孙伯龙调任鲁南军区副司令。1941年2月率运河支队、峄县县大队和教导第2旅第5团第3营，重新开辟黄邱山套抗日根据地，建立了黄邱、旺庄、新河等游击区，并控制了微山岛。1942年1月1日晚，运河支队与驻村村民举行欢度新年晚会，日军乘机集结千余主力奔袭，于2日拂晓包围了毛楼子村，运河支队一部与日军展开激战，在突围中孙伯龙不幸牺牲。

罗荣桓曾把运河支队誉为"敢在鬼子头上跳舞"的部队，并高度评价孙伯龙的一生是坚持团结抗战的一生。

（资料整理：郭宁）

孙毅民

孙毅民（1914—1942）

孙毅民，原名孙景彦，曾用名孙国英，1914年1月25日出生于河北省新河县望腾乡大田庄。

1933年，孙毅民考取冀县（今冀州市）乡村师范学校。在校期间，孙毅民对日本帝国主义侵略我国东北，以及蒋介石实行不抵抗政策和对人民实行独裁专制深恶痛绝。同年，加入中国共产党。毕业后，在冀县逍遥村教小学，以教师的身份继续从事党的工作。

1936年6月，他和吕士杰等人发起成立党的外围组织——抗日救国先锋队。

1937年七七事变以后，孙毅民被派到南宫苏村参加东进纵队，在政治部任民运干事。不久，南宫西区战委会成立，他任战委会组织部部长、党组织负责人。1938年3月，南宫县（今南宫市）战委会成立，孙毅民调任县战委会组织部部长。同年6月，中共南宫县委成立，调任县委民运部部长，不久又兼任县战委会主任。在孙毅民等人的领导之下，农教会、妇救会、青救会等群众抗日团体很快建立起来，各阶层的抗日人士紧密团结，群众性抗日运动轰轰烈烈地开展起来。这为以南宫为中心的冀南抗日根据地的建立和发展，创造了有利条件，打下了牢固的基础。

1938 年 11 月，孙毅民任冀南军区第四分区政治部主任。1940 年春，新 7 旅建立并兼管第四分区，孙毅民任新 7 旅政治部副主任兼第四分区武装科科长，1941 年 1 月重建分区时，又任分区政治部主任，并任第四分区地委委员。

孙毅民是一位优秀的政治工作者。为了巩固和发展抗日根据地，孙毅民非常重视开展各种形式的政治斗争，瓦解敌军。在他的组织领导下，第四分区争取伪军的工作做得很出色。孙毅民正确执行八路军的敌军政策，对伪顽政界产生了很大影响，使他们认识到，八路军才是真正为国为民、团结抗日的，这对抗日统一战线的建立及巩固起了很大作用。

孙毅民在制订作战方案与指挥作战方面也颇有见地。1941 年春，根据地逐渐缩小，斗争日趋艰难。面对艰难复杂的局势，孙毅民提出集中力量攻打临西的意见，得到军区的批准，经过一个月的战斗，临西的局面打开了，整个形势也发生了明显好转。

1942 年 4 月 29 日，日本华北方面军为消灭冀南地区的抗日力量，分多路对冀南区党政军机关进行"铁壁合围"。孙毅民率领全体官兵英勇突围，在香城固对敌作战中壮烈牺牲，时年 28 岁。

从 1933 年入党参加革命工作到 1942 年牺牲，孙毅民没留下一点积蓄，没留下一封家书，但却留下了崇高的革命品德。

（资料整理：周天翔）

朱士勤

朱士勤（1904—1942），字俭堂，1904 年出生，山东单县人。

朱士勤早年参加国民革命军，曾任特别侦探队中队长、大队长、鲁北水上保安副司令等职。

抗日战争全面爆发后，朱士勤奉命随部北上抗日，驻防德州。后进驻河北境内，指挥所部与日军展开游击战争，屡立战功，升任第 1 路游击第 1 旅旅长。1937 年 12 月 10 日在滨县与日本侵略军的交战中，毙伤日军百余人。

1938 年 10 月，朱士勤升任国民党第五战区第 7 路军第 1 旅旅长，在曹县、成武等地抗击日军。1938 年支援台儿庄会战，配合第 3 集团军会攻济宁。同年 12 月在曹县的郭堂、古营集与日军激战，重创日军。

1939 年 2 月，济南、兖州日军进犯朱部据守的成武县郜鼎集，朱士勤率部抵抗，亲临前线指挥作战，抗日将士奋勇杀敌，顽强抵抗，打退日军的多次进攻。敌人硬攻不能得手，派人送来劝降信，朱士勤冷笑着回信道："仍愿与贵军相见于疆场之上，济则地方之福，不济则以死继之，亦士勤之分耳，他何敢言！"并鼓励部下："大丈夫立身世间，应顶天立地，横逆艰险，乃是良师。此时忠奸分明，正吾辈肝胆涂地之时，应把最后一滴血洒在鲁西，嗣后如有气馁畏惧难怕死者，均不是我之部下。"

1940 年 2 月，国民党山东省政府主席沈鸿烈任命朱士勤为山东省第十一区行政督察专员公署专员兼保安司令。

1941 年春，国民政府委任朱士勤为暂编第 30 师师长，所属部队四个旅十个团共 4000 余人。1941 年冬，朱士勤组成前防司令部和专署机关，带领 3000 人马进驻潘庄，高垒寨墙，修建掩体，墙外布下鹿砦，坑壕内埋下竹签，又在东西寨门筑建岗楼，设置吊桥。

1942 年 5 月 4 日，日军集中主力部队数千人在大炮和坦克的掩护下，大举进攻单县，突袭朱部。朱士勤亲自指挥部队作战，顽强抵抗日军的进攻，日军死伤惨重，但终因敌众我寡，双方火力相差悬殊，城寨被日军攻破。朱士勤亲自率领官兵左冲右突，奋力杀敌，双方展开了残酷激烈的巷战。突围时，千余官兵除四五人突围外，其余全部阵亡。在激战中，朱士勤被日军刺伤头部和左肋，身负重伤，壮烈殉国。

1942 年，国共两党为朱士勤召开追悼大会，国民政府追晋其为陆军中将。

（资料整理：周天翔）

许亨植

许亨植，又名李熙山，朝鲜族，1909年生于朝鲜庆尚北道善山郡。东北抗日联军第3路军总参谋长兼第3军军长。

许亨植因其父参加朝鲜反抗日本殖民统治的义兵运动失败，1913年被迫举家流亡中国东北，后迁居辽宁开原。1929年，许亨植到宾县从事革命活动，自觉接受党的领导，忠实可靠，多次出色地完成了任务。1930年加入中国共产党，不久，在哈尔滨参加反日大游行，被捕入狱。

许亨植（1909—1942）

1931年九一八事变后，许亨植经组织营救出狱，到宾县、汤原、珠河（今尚志）等地发动群众，组织抗日游击队，领导进行反日斗争。1934年6月后任东北反日游击队哈东支队政治指导员、第1大队大队长，率部参加创建珠河抗日游击区的斗争。

自1935年1月起，许亨植先后在东北人民革命军第3军任团长、团政治部主任、师政治部主任。曾在哈尔滨东部地区指挥高力营子、拉拉屯、五道岗、十八层甸子等战斗，率部参加了1936年冬季反"讨伐"作战。1937年6月任东北抗日联军第9军政治部主任，率部在勃利、方正、依兰一带开展抗日游击战。为提高指战员的思想觉悟，增强部队战斗力，他主持开办了三期短期训练班，培训了100多名骨干，对提高部队军政素质起了重要作用。

1938年秋，许亨植调任第3军新编第3师师长，对原第3师和第5师的部队进行整顿。1939年后任东北抗联第3路军总参谋长、第3军军长兼第12支队政治委员，指挥所部在松嫩平原开展抗日游击战，取得了兰西丰乐镇等战斗的胜利。1940年部队遭受严重挫折后，他仍克服重重困难，率小分队坚持战斗。同时大力发动群众，建立了许多抗日救国会组织，积蓄了新的抗日力量。

1941年夏，日本关东军主力由40万增到76万人，对抗日军民实行更加疯狂、残酷的"围剿"，使东北抗日活动处于极端艰难的环境之中。为了保存实力，抗联第3军的主力转移到苏联境内整训，只留下少数力量，化整为零，与日军周旋。许亨植负责领导指挥部和第6、第12支队留下来的人员，在白山黑水间同日伪军进行艰苦卓绝的斗争。

1942年8月3日，许亨植在庆城（今庆安县）青峰岭与日军作战中英勇牺牲，时年33岁。敌人残忍地把他的头颅割下来挂在庆城县城内示众。许亨植的壮烈殉国，激起了抗日军民的更大愤恨，坚持敌后斗争的抗日军搅得日伪当局不得安宁。三年后，东北抗日联军配合苏联红军，光复了东北大地。

（资料整理：周天翔）

何 云

何 云（1905—1942）

何云，1905年生于浙江上虞县（今上虞市）城内一个破落的书香家庭。1930年8月入日本早稻田大学经济学系。在日本，何云过着十分清苦的留学生生活。

1931年九一八事变后，他毅然停学回国，投身到抗日救亡的洪流中。在与共产党人频繁的接触中，他认定中国共产党是真正为天下劳苦大众谋利益的党，只有共产党能够救中国。1932年，何云加入中国共产党。不久，《中国论坛》在上海出版，何云参加了编辑工作。6月，何云在上海被捕并很快被押解至南京。

在暗无天日的监狱里，在与党组织失去联系的情况下，何云始终坚定地站在党的立场上，在他被判处无期徒刑转到中央军人监狱的四年时间里，他不仅学会了德文，而且进一步提高了自己的社会科学研究能力和文学写作水平，为他以后从事新闻事业打下了坚实的基础。

1937年全面抗战爆发后，经党组织积极营救，何云结束了他的监狱生活，到南京《金陵日报》编辑部从事编辑工作。

1938年，党中央决定创办《新华日报》，何云被调往汉口参加筹备工作，担任国际版编辑。12月，《新华日报》华北分馆成立，何云任分馆管理委员会主任兼总编辑。他亲自起草《新华日报》华北版发刊词，指出《新华日报》

华北分馆的三项任务：一是立足华北，坚持敌后抗战，推动全国团结抗日与进步；二是创建、巩固与扩大华北抗日根据地；三是团结华北战士，开展敌后文化运动，与敌苦斗到底。

1939 年元旦，中共中央北方局机关报《新华日报》华北版创刊号诞生。从此，何云带领报馆员工，在极其艰苦的战争环境中，一边打游击，一边出版报纸，编发延安新华总社的新闻，及时报道华北抗日军民的对敌斗争。

在残酷的对敌斗争中，虽然报馆经常转移，但报纸的出版从未间断。《新华日报》华北版被敌后抗日根据地军民称为"华北人民的聪耳，华北人民的慧眼，华北人民的喉舌"和"华北抗战的向导"。

1942 年 5 月，日军集结重兵，对太行山辽县麻田一带进行"铁壁合围"式的大"扫荡"，企图摧毁八路军总部和《新华日报》华北分馆。何云命令身边的同志："不要把子弹打光了，留下最后的两颗，一颗打我，一颗打你自己，我们不能当俘虏！"话音刚落，敌人的一颗罪恶的子弹夺去了他宝贵的生命……

（资料整理：陈立功）

吴师孟

吴师孟（1899—1942），湖南省平江县龙门乡高连村人。因家境贫寒，吴师孟 15 岁时才勉强上私塾，但仅读了一年半，便因父亲生病而辍学。他还开过旱烟铺，后因经营不善而破产。1927 年吴师孟参加农民自卫队，同年加入中国共产党。尔后加入平湘岳游击总队，参加了平江起义。1928 年夏，随部队编入中国工农红军红 5 军第 2 纵队，参加了开辟湘鄂赣革命根据地的斗争。1930 年，吴师孟调到新组建的红 16 军担任会计科长，因工作成绩突出，时间不长便升任军经理处处长。他办事公道、廉洁奉公、团结同志，使全军的财会和军需物资管理工作井井有条，多次受到上级表彰。

1933 年 4 月，红 16 军在江西万载株木桥遭到敌重兵围困。突围中，吴师孟为掩护辎重物资转移，不幸负伤被俘。不久，吴师孟的家人将他保释回家。

1937 年，湘鄂赣人民抗日游击队改编为新四军第 1 游击支队第 1 团，吴师孟任团军需。当时新四军刚刚组建，急需大批军需人才，新四军军部决定，由吴师孟所在的第 1 团军需处负责筹办军需训练班。他接受任务后，认真负责，先后共举办了六期，为新四军培养了大批军需人才。1938 年 1 月，吴师孟随部开赴抗日前线。

1941 年 1 月，国民党顽固派制造了皖南事变，随后，新四军军部在盐城重建，吴师孟任第 2 师军需主任。1942 年，吴师孟被任命为新四军军工部副部长，同时兼任第 2 师军工部部长。新四军军工部是新四军的军工生产领导机关，1941 年 2 月在苏北盐城县（今盐都区）岗门镇成立。军工部设工务、材料、总务、人事科，下设七个工厂：一厂为机械加工厂，二厂为手榴弹厂，三厂为子弹厂，四厂为铸造厂，五厂为零件厂，六厂为木工厂，七厂为修械厂。各厂的主要任务是制造地雷、手榴弹，翻造枪弹，修理枪械，研制迫击炮弹等。

在极其艰苦的条件下，吴师孟率领军工部 40 余人，日夜兼程，越过敌人的封锁线，渡过大运河、高宝湖，前往黄花塘一带，建立了年产 60 万发子弹的兵工厂。没有原料，他就带着大家走村串户收购木炭、废铜烂铁、土硝等；没有技术，他亲自到有技术的老师傅家中虚心求教。为了制造更多的武器弹药，吴师孟又在盱眙县旧铺镇翟庄建立了一座平射炮厂，有职工 200 多人；在盱眙上贺营建立了一座平射炮弹厂，也有职工 200 多人；此外还建立了一座手榴弹厂、一座修械厂。第 2 师的军工部最高时日产子弹 2500 发、手榴弹 600 枚、迫击炮弹 66 发，从而有力地保证了第 2 师前线部队弹药的及时补充。为此，吴师孟曾多次获得部队首长的嘉奖。

就在第 2 师各地兵工厂红红火火地赶制武器弹药之时，吴师孟因过度操劳，积劳成疾，得了严重的肺病。1942 年 8 月，吴师孟因医治无效不幸去世，时年 43 岁。

（资料整理：陈立功）

张仁槐

张仁槐，1912 年出生于山西省定襄县北西力村。17
岁考入太原成成中学。1932 年，到北平入河北省第十七
中学，不久，考入北京师范大学。在此期间，他阅读了
马克思、列宁的著作和进步刊物，积极参加中国共产党
的外围组织活动。1932 年底，加入中国共产党。1935 年，
担任中共北平师大地下党支部书记。后调区委负责"民
先北平地方部队"的领导工作。1936 年 8 月，受党的委派，
带领流亡学生到太原直接参加抗战活动。

张仁槐（1912—1942）

1937 年卢沟桥事变发生后，张仁槐被派任中国第二
战区民族革命战争战地总动员委员会宣传部宣传科科长。太原失守后，转到汾
阳坚持抗日斗争，后到苛岚县举办军政干部训练队，先后培训了 700 余名学员，
为抗日战场输送了一批武装干部。

1938 年，张仁槐调任八路军冀中军区政治部宣传部部长。他经常深入部队，
进行宣传教育工作，鼓励大家战胜困难，坚持抗战。他性格开朗直爽，待人热
情，敢于做自我批评，深受大家的欢迎，尤其赢得了大学生和红小鬼们的信任
与尊敬。同时，他经常在他领导和主办的《前线报》上撰写文章，宣传党的抗
日方针政策。他还组建了综合性文艺团体——火线剧社，开展形式多样的宣传
活动，使部队经常保持团结、活泼、饱满的革命情绪。他还指导、举办了四期
摄影培训班，为军区培养了一批随军记者。

1942 年 5 月，日本华北方面军在伪军的配合下，采取"铁壁合围""反复合
击"等手段，对冀中抗日根据地进行残酷的大"扫荡"。在反"扫荡"斗争中，
张仁槐带领工作团随军转战。23 日，部队行至深县（今深州市）以南地区，
突遭日伪军包围，他带领部队奋勇冲杀，终因寡不敌众，突围未果，不幸牺牲，
时年 30 岁。

（资料整理：陈立功）

张元豹

张元豹（1916—1942）

张元豹，1916年生，福建省仙游县人。1923年，张元豹在家乡的小学读书，由于他勤奋好学，成绩优异，提前进入仙游公立中学就读。初中毕业后，进入仙游县中附设的高师班读书。

1930年高师毕业后，14岁的张元豹便参加地下党的外围组织——互济会，开始从事革命活动，并于1933年正式加入中国共产党。他深入农村发动群众开展农民运动，组建农民武装开展游击斗争。1934年3月，中共莆属（闽中）特委委任张元豹为共青团莆田中心县委书记，除了负责莆、仙两县团的工作外，还兼任农运工作。1934年，由于叛徒出卖，张元豹在莆田城郊被敌人逮捕，在押解途中，乘敌不备，机智脱险。为躲避国民党反动派魔爪，他经厦门辗转到马来西亚，加入马来西亚共产党。

张元豹身在海外，但心系祖国，时刻注意闽中革命形势的发展，同时，仍然坚持不懈地为共产主义事业而努力工作。在1935年到1936年间，张元豹积极撰写进步文章，投稿《中华晨报》副刊，因而结识了一批有志之士，并同马来西亚共产党的领导成员、《中华晨报》的主编取得联系，恢复了组织关系和革命工作。同时，张元豹经常在《星洲日报》《南洋时报》等报上刊登文章，抨击日本侵华暴行，宣传中国共产党的抗战主张，扩大革命思想的影响。

1937年上半年，中共闽中特委遭破坏，闽中特委的主要领导人被国民党当局逮捕。张元豹获知消息后，一方面撰写文章指责国民党福建当局大敌当前、同室操戈，做了亲者痛、仇者乐的蠢事；另一方面组织在马来西亚的共产党员和同乡会，积极捐款，进行营救。

1938年秋，为支援中国的抗日战争，张元豹被补选为马来西亚共产党中央委员兼任宣传部部长。

1941年，随着太平洋战争的不断扩大，战火烧遍东南亚各国和地区。同年底，日军加紧对新加坡和马来西亚的入侵，新加坡面临沦陷的境地，局势不断恶化。张元豹因身患肺病，未能参加马来西亚共产党组织的抗日游击队，而是留在新加坡从事地下革命斗争。

1942 年，日军占领新加坡，四处捕杀马来西亚共产党党员，并株连全家老小。作为马来西亚共产党中央委员的张元豹处境更加困难，他预感到自己随时都有被捕和牺牲的可能，便提前做好各项准备。不久，由于叛徒出卖，张元豹被捕，关押在马来西亚星洲四排坡 D 号监狱中，入狱后遭受日军的严刑拷打，但他严守党的秘密，坚贞不屈。由于监狱的环境恶劣，张元豹肺病复发并迅速恶化。

1942 年下半年，张元豹在狱中病逝，时年 26 岁。

（资料整理：陈立功）

张友清

张友清，1904 年出生于陕西省神木县。张友清自幼聪慧，在其父亲的指导下读书习字，是一个博学多才、思想进步的青年。他受学校进步思潮的影响，积极参加学校中的进步学生运动，逐渐锻炼成为一名革命青年领袖。1925 年加入中国共产党。

1929 年 2 月，张友清被任命为中共北平市委书记，党组织考虑到他一个人在北平工作很容易暴露身份，为了掩护他，特从陕西派来女学生到北平与他充当假夫妻。但 1929 年 6 月，因叛

张友清（1904—1942）

徒出卖，张友清在西直门召开北平市委会议时被特务抓捕，中共北方局为了掩护张友清的身份，在新闻中一概不提及张友清被俘之事，张友清在狱中坚贞不屈，也始终未暴露自己的身份。1930 年，因敌人找不到证据，只好将张友清释放。张友清为了摆脱暗探的监视而来到天津，并出任中共天津市委书记。由于党内出现叛徒，中共河北省委遭破坏，张友清再次被捕入狱，后被判处死刑，并被押送回北平，关入府右街草岚子监狱。1936

年 9 月，由中共北方局营救出狱后，张友清赴太原任中共山西省工委书记。他积极发动群众开展抗日救亡运动，为建立抗日民族统一战线而辛勤工作。

1937 年抗日战争全面爆发后，张友清鼓励中共党员投身抗日前线，并努力推动山西国共两党为了民族的利益携手抗日，建立抗日根据地。1938 年 5 月，张友清改任中共晋西南区党委宣传部部长兼区委党校校长，创办区党委机关报《山西时事》。10 月，任中共晋西南区党委统战部部长。1939 年秋，任中共中央北方局统战部部长。在此期间，他正确执行党的统战政策，做了大量深入细致的争取工作，促使阎锡山在第一次反共高潮后逐渐采取观望的态度。1942 年，他调任中共中央北方局和八路军前方总部秘书长兼北方局调查研究室主任，协助八路军副总司令彭德怀处理北方局和前总的日常工作。

1942 年 5 月，日军集中兵力"扫荡"太行山区，张友清因在敌人监狱里受刑落下腿疾，落到了队伍的后面。他清醒地意识到了将要发生的事情，在敌人冲上来的最后一刻，他和警卫员沉着镇定地烧毁了随身所带的全部文件。张友清不幸被俘后，被日寇押送到太原，以战俘身份关押在太原集中营中。在集中营，他化名吴乃人，以"会计"的身份继续与敌人进行周旋。敌人无论严刑拷打，还是威胁利诱，都始终未能弄清他的真实身份，也始终未从他嘴里得到一个有用的字。同时，我军在发布战报、新闻报道等方面也未提及他和其他同志被捕的消息，予以高度保密。

1942 年 7 月 7 日，张友清被执行枪决，临死时还对身边的同志们说："坚持，坚持，坚……"第三个"坚持"没说完，他的心脏就停止了跳动。张友清牺牲时，年仅 38 岁。

（资料整理：陈立功）

张 琦

张琦，1910年出生，湖南祁阳人。张琦是黄埔军校第八期学生，曾入南京中央军校十三期受训。抗战爆发后，参加了淞沪会战和台儿庄会战，升任税警总团第3团第2营第5连连长。

太平洋战争爆发后，1942年1月1日，中、美、英、苏等26个国家在华盛顿签署了《联合国家共同宣言》，国际反法西斯统一阵线正式形成。中国军队与盟军开始共同对日作战。

张 琦（1910—1942）

1942年，日本用于进攻缅甸的军队大约有六万人，大大超过英国在缅甸的防务力量。于是，驻缅英军向中国政府求援，请求中国军队入缅作战。中国派出精锐力量约十万人向缅甸进发。张琦所在的税警总团改编为新38师，编入中国远征军赴缅甸作战。中国远征军第38师在腊戍及曼德勒战区机动作战。英军在中国远征军的策应下，在普罗美西路作战，抵御日军的进攻。新38师第113团抓紧时间构筑工事，储备弹药给养。

日军占领同古后，右翼英缅军、英印军一路北退。日军迅速占领仁安羌油田附近，断绝英军后路，英军虽组织抵抗，却不能遏制敌人。英缅军急电远征军求援，请求支援被包围在仁安羌的英军。

远征军新38师孙立人部距仁安羌最近，随即孙立人命刘放吾为团长的第113团等部前往支援。此时，英军已放弃马格威，退守仁安羌。第113团奉命支援英军和掩护正面作战的中国远征军第5军。日军抵达仁安羌后，立即分兵绕到英军后方，将英军包围在仁安羌北面一带。同时，日军占领了拼墙河渡口以北的各要点，阻截英军救援。当时，被围英军包括驻缅英军总司令在内共有7000多人，几乎弹尽粮绝，加上水源被断，形势更是危急。

1942年4月15日深夜，张琦所在的第113团担当了支援的任务。17日黄昏时分，全团官兵近1000人，经24小时乘车奔驰到达拼墙河北岸，当晚即投入激烈战斗。18日，新38师师长孙立人将军亲临前线指挥战斗。张琦带领全营战士，冲向日军的阵地，连续激战近20个小时，第113团的官兵们体力耗尽。19日拂晓，全团及英军在炮兵火力支援下，攻击日军炮兵阵地，被围的英缅军也一起由另一面攻击，合作攻下阵地。英缅军7000人得以向北越过拼墙河，美国传教士、各国新闻记者及妇女500余人一并获救。战士们乘胜追击，向日军的山地工事发起进攻。张琦命令连长组织兵力以更密集的火力掩护正面进攻。不料，张琦的行动暴露在敌人暗堡的机枪火力之下，一阵机枪声猛烈地响起，张琦躲避不及，背部中弹数发，倒在了血泊中，时年32岁。第113团以不足1000人的兵力，击溃日军第33师团1.1万余人，创造了中国军队以少胜多、扬威于异域的辉煌战例。

张琦牺牲后，新38师追认其为中校副团长，英国皇室追赠他一枚银星勋章。1990年7月10日，张琦被中华人民共和国民政部批准为革命烈士。

（资料整理：陈立功）

李竹如

李竹如（1905—1942）

李竹如，1905年生，山东省利津县城区庄科村人。

李竹如1927年加入中国共产党。此后，他和一些进步青年集资办了一个名为《竞进》的周报，宣传革命思想。1928年五三惨案后，李竹如一度回到家乡利津，发动群众，宣传抗日救国，团结进步青年开展革命活动。后遭国民党当局搜捕，他越城出走，到南京考入中央大学法学院政治系。1931年九一八事变发生后，全国各地学生请愿、罢课、示威等抗日爱国活动风起云涌。李竹如担任南京中央大学中共地下支部书记，参与领导中央大学师生和南京各校师生的抗日救亡运动。在国民党反动当局追捕下，李竹如被迫回到山东，先后在济南、平原乡师任教，秘密发展党员，培养出一大批革命青年，并在济南创办《新亚日报》，宣传抗日救亡。1936年到上海，参与创办《文化报》，经常用大量篇幅揭露日本帝国主义的侵略阴谋。沈钧儒等救国会"七君子"被捕后，李竹如不顾国民党当局的威胁、恐吓，在《文化报》上连续发表报道和文章，声援"七君子"。

1937年全面抗战爆发后，李竹如率领一批革命知识分子奔赴延安，他们几乎没带什么行装，只带了一筒蜡纸、一块钢板和一支刻字的铁笔。一路上，敌机轰炸，交通中断，他们步行到蚌埠，不断把党的抗日救国的主张印成传单，沿途散发，吸引知识青年加入进来。他把结伴而行的知识青年变成了一支宣传队，也为革命带来了新生的力量。途中，李竹如留在山西，创办晋冀豫区党委党报《中国人报》，任社长，后任华北《新华日报》副总编辑。 1939年5月李竹如随徐向前、朱瑞率领的八路军第1纵队进入山东敌后，先后任第1纵队民运部长、中共山东分局民运部部长、宣传部部长、政府工作部部长，山东省参议会秘书长，山东省战时工作推行委员会（省政府）秘书长，并兼山东《大众日报》社长、新华社山东分社社长、中国青年记者学会山东分会理事长、山东省文协会长等职。他经常说："一张报纸胜过一发炮弹。"他以严格的纪律、细致的作风，培养出一大批优秀新闻工作者。

1942年，日军对山东根据地进行第二次大规模"扫荡"，11月2日，8000余敌人将山东军区和政府机关包围在对崮山上。突围中，李竹如在翻越山顶的石墙时，被一颗子弹击中头部，壮烈牺牲，时年37岁。

（资料整理：陈立功）

李贞乾

李贞乾，1903年生，江苏丰县人。1927年，李贞乾以优异成绩毕业于徐州第七师范学校，后任丰县师范校长。

李贞乾怀着一颗救国救民的火热之心，加入了国民党，却与国民党右派格格不入。1935年，李贞乾结识了中共徐海埠特委秘书孙叔平，因政见一致结为密友。后来，他聘请孙叔平、刘尹裁等进步人士到本

李贞乾（1903—1942）

校任教。他将国民党设置的"党义""修身"等课程改为讲通俗哲学、社会科学以及鲁迅的作品，还发动学生组织了读书会，并从上海购买了进步书籍，供学生研读，使学生受到了革命的启蒙教育。

七七事变后，李贞乾联络了200多名外校学生和社会青年，成立了丰县青年抗日救国服务团，演节目，搞宣传，引导学生投身八路军。他还召集了500多名进步师生，举行了抗日救亡大会。

1938年，李贞乾正式退出国民党。5月，他带着60余人的"自卫队"与另一支抗日队伍合并，成立了丰县抗日游击队第6中队。6月中旬，第6中队与华山镇抗日游击队合编为苏鲁人民抗日义勇队第2总队，李贞乾任队长。他不仅将家中的枪支、粮食、马匹都捐献给了第2总队，全家26口人也都参加了抗日工作。1938年夏，日军从砀山沿公路向单县进犯，李贞乾运用游击战术，带队埋伏在公路两侧，袭击敌人，打死打伤日军数十人。9月，李贞乾正式加入中国共产党。

1939年6月，李贞乾率队挺进鱼台，在谷亭一战，消灭日伪军700余人，并活捉伪县长朱启森。7月，被选为该县抗日政府县长。1940年湖西专员公署成立，李贞乾任专员。他认真贯彻党中央指示，迅速成立了专区、县、区、村四级政权，同时建立县大队、区中队、村民兵小队等抗日武装，还成立了各级农救会、青年抗日先锋队、妇联、儿童团等抗日群众团体。

1941年3月，在李贞乾倡议下，湖西专署开办了湖西抗日中学，他兼任校长，培养了许多党政干部人才。

1942年12月20日，日军石井师团纠集济南、徐州等地日伪军一万余人，分七路"铁壁合围"湖西根据地。这次"万人大扫荡"规模空前。第115师教导第4旅首长领导共同商定，决定由第10团掩护专署机关向单县东南方向突围。激战中，李贞乾不幸中弹，以身殉国，时年39岁。

（资料整理：陈立功）

李松霄

李松霄（1906—1942）

李松霄，1906年出生于河北省武邑县一个地主家庭。自幼酷爱读书，品学兼优。后入冀县（今冀州市）第十四中学。1931年，考入清华大学土木工程系。期间，他团结进步同学，阅读进步书刊，接受进步思想。九一八事变后，参加了赴南京要求抗日的学生请愿团。

1935年，李松霄积极参加了一二·九运动和华北抗日民族解放先锋队。李松霄在清华大学读书时即关心国家大事，追求思想进步。他发起组织武邑县旅（北）平同学会，通过编印进步刊物《纯泉》抨击国民党武邑县政府的腐朽、反动与黑暗。

1936年夏，李松霄在清华大学学习期间加入中国共产党。1937年七七事变后，他毅然返回家乡，积极宣传党的抗日救国主张，组织乡民武装抗日，保家卫国。同年秋，他参加了武强县青年抗日义勇军，后任义勇军政治部主任。

1938年5月，李松霄任八路军第129师青年抗日游击纵队第2团政治部主任，赴曲周、广平一带，开展抗日工作。1938年秋，受党组织派遣，到武邑县任战地委员会主任。他一面宣传发动群众，一面建立抗日政权，积极团结争取开明士绅、进步人士一道抗日，使武邑县的抗日工作蓬勃开展起来，群众的抗战热情极为高涨，全县抗战局面为之一新。

1939年1月，李松霄任武邑县抗日民主政府县长。1940年1月受命担任冀南区第五专署专员。1941年夏被派往中共北方局党校学习。

在青年义勇军工作期间，他在中共党组织领导下积极参加了对这支地方进步武装的改造工作，靠党的统一战线政策和思想政治工作加强了队伍的凝聚力和战斗力，并使之加入到抗日主力部队行列。他担任武邑县长以后，一方面带领群众拆城破路、打狗藏粮、坚壁清野，以各种方式同日本侵略者进行艰苦斗争；另一方面广泛团结开明绅士和国民党进步人士，建立起巩固的抗日统一战线，推动武邑县全民抗战工作的顺利开展。

1942 年 5 月，李松霄在太行山反敌"扫荡"中，壮烈牺牲，时年 36 岁。

（资料整理：陈立功）

杜子孚

杜子孚（1916—1942）

杜子孚，原名杜兰友，1916 年出生于山东省宁津县后郑庄。1931 年，杜子孚考入河北省南皮县立第二高小，学习刻苦认真。九一八事变后，他积极联络进步同学下乡，向广大群众宣传抗日救国的道理。1934 年，考入天津第一师范学校。在校期间，他受到进步教师和革命书刊的影响，思想更加倾向革命，并开始从事中共领导的秘密活动。一二·九运动爆发时，他作为天津学生运动委员会委员，积极组织开展反对"冀东防共自治政府"的活动。1936 年初，他返回家乡。后考入泊镇河北省立第九师范学校，继续秘密从事革命进步活动。

1937 年抗日战争全面爆发后，杜子孚积极投身抗日救亡运动。同年，加入中国共产党。后奉冀鲁边区工委的指示，组织成立南皮县战地动员委员会，任主任，领导人民群众进行抗日斗争。他认真贯彻党的抗日民族统一战线政策，发动群众，打击恶霸地主，努力团结一切力量投入抗日斗争。在他的不懈努力下，建立了党领导的抗日武装，开创了南皮县抗日斗争的新局面。

1938 年，杜子孚任南皮、东光等县县委书记。日军大搞"绥靖"政策，抗日斗争日趋艰苦。他不仅自己不畏艰险、舍身为国，还动员父亲当掉家中的土地支持抗战，并让父母、兄嫂、妻子等亲属参加收藏文件、送信、传递情报和印刷文件等工作，为抗日竭尽全力。

1939 年至 1941 年，杜子孚先后调任冀鲁边区第一地委委员、民运部长、第二地委副书记、第一地委书记兼军分区政委。所到之处，他都埋头苦干，功不自居，在艰苦险恶的条件下，领导当地军民积极开展武装斗争。在战争环境中，《共产党宣言》和《论持久战》是他最喜欢的两本书，一有空闲便取出研读，从中汲取养分，指导自己的工作。1941年，杜子孚调任中共冀鲁边区第一地委书记兼军分区政委。

1942年夏，日军集结重兵对冀鲁边区进行大规模"扫荡"。为了粉碎日军企图消灭抗日根据地的狂妄野心，冀鲁边区军民进行了英勇顽强的反"扫荡"作战。6月18日，杜子孚带领机关干部和警卫连100多人，与敌周旋，转移到东光县单家村。次日拂晓，3000多日军对单家村实施"铁壁合围"。面对数倍于己的敌人，杜子孚镇定自若，指挥部队沉着应战，奋力突围。冲出村子后，当他率队顺着通往砸桥的一条通道向见津河方向猛冲时，又遭到日军伏兵的堵截。杜子孚带领大队向西北方向边打边撤，当撤到东光县四柳林地带时，部队子弹打光，且又陷入敌人团团包围中，生死关头，杜子孚率领战士们勇敢地冲向敌阵，与疯狂的日军展开了殊死搏斗。拼杀中，杜子孚不幸中弹，壮烈牺牲，时年26岁。

（资料整理：陈立功）

杨宏明

杨宏明，1910年出生于湖北省黄安县（今红安县）二程镇三里岗村一个贫苦农民家庭。

杨宏明小时候在本村念过两年私塾，因交不起学费而中途辍学，被迫给地主家放牛。13岁随远房叔父去汉口靠卖苦力谋生。1925年回乡时，三里岗村一带已有中共党员活动。杨宏明的母亲余细女和长兄杨宏奎毅然投身革命。在他们的影响和带动下，杨宏明报名加入儿童团，被小伙伴们推选为团长，参加了轰轰烈烈的农民运动。大革命失败后，杨宏明留在当地坚持斗争。

杨宏明（1910—1942）

1927年，杨宏明参加农民协会，随后参加黄麻起义军攻打黄安城的战斗，起义胜利后队伍被编入中国工农革命军鄂东军第1路军。同年12月上旬，工农革命军遭到敌人的疯狂反扑，部队被打散。在亲人失散、家里的房屋被地主"清乡团"烧毁的情况下，杨宏明只身跑到麻城县（今麻城市）南部，一边做工，一边打听部队消息。1928 年杨宏明参加了中国工农红军，1929 年加入中国共产党。杨宏明在红军中历任连长、营长、团长等职，并相继参加了第一、第二、第三、第四、第五次反"围剿"斗争。红军长征到达陕北后，杨宏明进入中国人民抗日军政大学学习。

1937 年抗日战争全面爆发后，杨宏明奉命到华北敌后开展抗日游击战争，担任八路军第 129 师补充团副团长。

1940 年 6 月，杨宏明任八路军第 129 师晋冀鲁豫边区部队济南军区第一军分区司令员。8 月，参加百团大战，战功卓著。1941 年秋至 1942 年春，调任冀南军区第四军分区司令员。1941 年秋，杨宏明发起组织临清战役，经过 18 天的激烈战斗，消灭伪军 2000 多人，并率部乘胜追击，捣毁敌据点十几处，受到冀南军区的表扬。

1942 年，日军为了摧毁冀南抗日根据地，由日本华北派遣军总司令冈村宁次指挥，纠集了日军、伪军约三万余人，在飞机、大炮、装甲车配合下，于 4 月 29 日拂晓，突然对驻扎在武城以北的冀南区党政军机关及新 7 旅和邢济路以南的第四军分区党政机关及新 4 旅实行"铁壁合围"大"扫荡"。杨宏明部被合围在临清西大屯一带。杨宏明立即命令部队分三路向南转移，当到达布寨时被数倍之敌四面包围。杨宏明身先士卒，奋力拼杀，并指挥部队沉着应战，终于打开了一条 200 米宽的突破口。当部队即将冲出包围、脱离险境的时候，杨宏明不幸身负重伤，壮烈牺牲在临清县（今临清市）姚尔庄村麦田里，时年 32 岁。

（资料整理：陈立功）

汪 洋

汪洋，1913年出生于山东省东阿县夹河乡顾庄村。

1931年秋，江洋考入济南山东省立第一乡村师范。他积极投身中共地下党领导的救亡运动，组织同学深入郊区农村，广泛进行抗日救亡宣传，声援和支持抗日前线将士。在中共济南地下党领导下，积极在学校创建"读书会""学生会"等青年进步组织，带领同学们

汪 洋（1913—1942）

散发传单、上街讲演、编演抗日救国戏剧，并在当时的《济南日报》发表诗文："日本所杀者，我同胞也；所占者，我土地也。谁无父母？谁无财产？谁无生命？而反动军阀不抗日，不救国，反把一些爱国志士视为仇敌……"

1935年，汪洋从济南乡村师范毕业。1936年初，考入西安东北军学兵队。同年加入中国共产党，并担任党领导的东北军抗日先锋队政治指导员，为党做了大量的宣传鼓动工作。他痛斥蒋介石"攘外必先安内"的不抵抗政策，大力宣传中国共产党的抗日主张。

1937年抗日战争全面爆发后，汪洋奉命与谷牧一起到山东组织抗日武装。1938年初，组建鲁南第一支抗日武装——十字路抗日游击大队。同年2月，编入八路军山东纵队第4支队第3团，汪洋任团长兼政委。他率第3团取莱芜，战滕县，重创日伪军。同年7月，第4支队第2、第3团合并为第2团，汪洋任政委，和团长钱钧率第2团转战鲁中、鲁南山区。因战功卓著，被中共苏鲁豫皖边区省委命名为"钢二团"。1939年秋，任第4支队政治部主任。次年8月，支队改旅建制，任第1旅政治部主任，并参加了百团大战。汪洋奉命亲率第1旅指战员在山东莱芜、博山一带向日军发动猛烈进攻。历经大小战斗20余次，毙、伤、俘日伪军1260余人，缴获长、短枪500余支。

1941年夏，八路军山东纵队第4旅成立，汪洋调任第4旅政治委员。同年底，第4旅与泰山军分区合编为鲁中军区第一军分区，汪洋任军分区政委兼中共鲁中第一地委书记。1942年，是泰山根据地极其困难的时期，不少游击区又变

成了敌占区，部队供给十分困难。在这种情况下，汪洋教育部队要咬紧牙关，冲破黎明前的黑暗。他带领部队发动群众，运用地雷战、麻雀战等游击战术，配合主力部队作战或单独作战百余次，毙、伤、俘敌两万余人，沉重地打击了敌人的疯狂气焰。

1942年10月17日拂晓，日伪军6000余人分六路合击泰山抗日根据地，包围驻在莱芜北部山区茶叶口一带的党政军机关。在掩护机关人员转移的突围战中，汪洋双腿被子弹打穿，他知道突围的可能性已经很小，便果断烧掉了身边的文件，又与敌人展开殊死搏斗，终因寡不敌众，壮烈牺牲，时年29岁。

汪洋牺牲后，八路军总部立即电告全军致哀。周恩来为其撰写挽联："英雄碧血铸青史，华夏人民悼汪洋。"当地政府把吉山西岭的八角台加工修筑，改名为"汪洋台"并立碑纪念，当地学校、医院分别改名为"汪洋小学""汪洋中学"及"汪洋医院"。

（资料整理：陈立功）

陆升勋

陆升勋（1907—1942）

陆升勋，1907年出生在山东省昌邑县卜庄乡大陆村一个较富裕的农民家庭。

陆升勋少时天资聪颖，勤奋好学。1926年考入青州山东省立第四师范。在学校期间，他经常阅读《向导》《新青年》等进步刊物，思想境界不断提升。毕业后，回到家乡任教，对学生进行爱国救国的教育。

1931年，日本帝国主义发动九一八事变，侵占中国东北三省，陆升勋对日本帝国主义的侵略行径更加痛恨。

1936年，陆升勋加入中国共产党。1937年七七事变爆发后，受党组织的派遣，与中共昌邑县委书记张智忠取得联系，在中共鲁东工委书记季方华的领导下，宣传抗日救国，组织发动群众，为组织抗日武装进行了充分的准备。在陆升勋的积极串联下，很快组织起百多人的抗日武装。不久，根据上级指示，各抗日武装进行整编，成立了八路军鲁东游击支队，陆升勋任第7支队特务大队队长。

1938年4月，陆升勋任鲁东游击队指挥部特务大队队长。1938年12月，八路军山东纵队成立，陆升勋调任山东纵队特务团团长，直属山东纵队领导。1939年6月，日军两万余人，兵分十路侵入沂蒙山北部地区，企图围歼中共山东分局和山东纵队指挥机关。陆升勋率特务团与其他支队协同作战，内外线配合，声东击西，打击敌人的薄弱点，与敌人进行激烈的战斗，多次打退了敌人的进犯，使山东纵队领导机关得以安全转移。

1939年9月，陆升勋调任第1支队司令员。当时，他收到家中二姐的来信，告知他母亲和妻子相继去世，父亲因过度悲伤和思儿心切，亦病倒在床，并转告父亲嘱托："父望在有生之年，再见儿一面，将家事和两个孩子交付，就了却心事了。"陆升勋阅罢来信，给二姐回信，告诉其父："国难当头，为儿难以忠孝两全！"

不久，陆升勋调任鲁中第二军分区司令员。在此期间，他经常率领工作组深入基层，召开县、区干部会议，指导抗日政权的建设。此后，很快就在蒙阴、沂水的各区、村建立起青救会、妇救会、自卫团等群众组织，进一步密切了军民关系，提高了广大人民群众抗日救国的热情。1940年，陆升勋调任沂鲁军分区司令员、八路军山东纵队第1支队副司令员等职。

1941年10月，陆升勋进入中共山东分局党校学习，毕业后任沂蒙专署专员，并兼任党组书记。他到任不久，日军对沂蒙山区开始了大规模"蚕食""扫荡"。他深入基层，指导群众坚壁清野，开展艰苦的反"蚕食"斗争。

1942年10月，陆升勋调任胶东军区副司令员。12月8日，在赴任途中，行至莱阳县孙家夼时，遭日伪军包围，激战一个多小时，不幸壮烈牺牲，时年35岁。

（资料整理：陈立功）

陈子斌

陈子斌（1899—1942）

　　陈子斌，1899 年生于河北省深县（今深州市）一个贫农家庭。1921 年，陈子斌远离家乡先后去天津、唐山、山东等地卖苦力，当勤杂工。他曾在山东一县级政府当书记员，目睹旧社会的黑暗，毅然辞职回家。亲身的经历和所见所闻，激发了他的爱国热忱和革命精神。于是，他积极行动起来，投身于救国救民的实践中。

　　1930 年至 1934 年间，陈子斌号召村里普及小学教育，全村孩子都要入学。在动员孩子入学的同时，他还说服姑娘们放足，大力宣传男女平等。此外，他提倡青壮年都练武术，在他的影响下，本村、邻村都组织了练武队，震慑了那些拦路抢劫的匪徒，改善了当地的治安环境。他目睹穷人治病难，便立志拜师从医，并虚心求教，刻苦钻研，他为人治病，不分昼夜、寒暑，不管路途远近，有求必应，而且为穷人治病从不收费，深得群众的拥护。

　　1937 年，抗日战争全面爆发。陈子斌出于爱国义愤，动员组织当地一些贫苦农民、知识分子、豪侠之士等，参加了段海洲组织的青年抗敌义勇军团，被任命为副司令，抗击日寇，保家安民。

　　1938 年 5 月，青年抗敌义勇军团接受了八路军的改编。1940 年，青纵第 2 团改为新四旅第 10 团，陈子斌任团长。同年，他光荣地加入了中国共产党。

　　由于日军推行"蚕食"政策，1941 年底，冀南平原根据地出现了十分严重的困难，抗日根据地大片大片地变成游击区。根据地的缩小与敌人公路据点的增加，不仅使八路军回旋困难，而且使敌人的"扫荡"更加频繁。在这种情况下，如果抗日政府机关和部队不能及时发现敌人集中兵力"扫荡"某一块根据地的敌情，并及时地跳出包围圈，就会受到严重损失。针对这种情况，上级指示：在敌人分割、封锁日益严重的情况下，部队应广泛分散结合群众武装，在敌人的前后左右开展广泛的游击战争，并实行以政治斗争为主、以军事斗争为辅的方针，以适应当前斗争的需要。

　　1942 年 4 月 29 日，日军纠集一万余人，对第六军分区武城以北、第四军分区邢（台）济（南）路以南两块抗日根据地展开空前大规模的"铁壁合围"。八路军旅直属队和第 10 团、第 11 团被围在邢（台）济（南）路南的香城固、下堡寺一带。

当时，陈子斌率领的第 10 团驻威县东南下堡寺以北杏园附近。29 日拂晓，陈子斌得到情报：近日日军有不少汽车，由西开向威县，汽车上有盖布，看不见装载的是什么，可能是运兵。可惜，得知此情报后不久，陈子斌的第 10 团已被日军包围，双方展开了激烈的战斗。当时旅直属队转移到遥安镇不久，第 10 团第 2 营已靠近旅直属队。为了掩护旅直属队向东突围，陈子斌带领部队且战且退，顽强抗击，浴血奋战，给敌人以重大杀伤。在激战中，陈子斌壮烈牺牲，时年 43 岁。

（资料整理：陈立功）

林心平

林心平，女，原名林秋逸，又名梁玉。浙江平阳人。1935 年考入温州乡师简易部学习，因为崇拜"鉴湖女侠"秋瑾，自己改名为林秋侠。1936 年 8 月，林心平受组织委派参加上海地下党工作，在政治交通站与哥哥林怡一起担任中共南北交通的掩护工作。同年 10 月加入中国共产党，并留在上海政治交通站工作。后任上海八路军办事处机要秘书。

林心平（1919—1942）

1937 年冬，林心平赴延安中国人民抗日军政大学学习。她刻苦学习马列主义经典著作，接受严格的军事训练，多次聆听毛泽东等中央领导人的政治报告，政治觉悟和军事素质得到很大的提高。结业后为适应公开工作改名为林心平。1938 年春，林心平调到中共中央东南局妇女部工作。1938 年夏，到武汉中共中央长江局，任国民革命军战地服务团政治干事。1939 年秋，调新四军江南指挥部，任第 1 支队文工团副团长。

1940 年春，林心平潜入国民党军第 4 师特务营任文化教员，并里应外合将该营从中共武装游击区中心拔除。

1941年皖南事变后，中共溧阳中心县委根据中共苏南区党委指示，建立抗日民主政权。3月，金、溧、武、宣、丹五县联合政府成立，后改名为金坛抗日民主政府。新四军第6师第16旅第47团团长诸葛慎兼任金坛抗日民主政府文工团团长，林心平任县政府文教科长。两人在工作中产生爱情，在战火中结为革命夫妻，并肩战斗在茅山东麓，长、滆（长荡湖、滆湖）地区。

不久，为惩治官林敌占区公开投日的伪军，已怀有身孕的林心平离别了新婚不久的丈夫，带六名短枪队员，进入长荡湖与下滆湖之间的湖滩，在芦苇荡中安营扎寨。一个又一个夜晚，他们利用各种关系和方式团结乡绅、发动群众。敌明我暗，不少汉奸特务被他们处决，一系列胜利大快人心。一时间，"长滆女杰"声名鹊起，誉满苏南。

日伪军素知林心平的能力，又恨又惧，便派出许多特务、便衣四处搜捕，企图暗杀她。1942年初，林心平如有预感般地给父母写了最后一封信："现在斗争日趋尖锐，可能有这么一天，我将为民族解放事业献出生命，望你们不要难过……"

1942年，林心平产后重病，因叛徒出卖而被日军逮捕。被捕后，虽遭严刑毒打，始终坚贞不屈，表现了共产党人"生当作人杰，死亦为鬼雄"的凛然正气。1942年8月上旬的一天，在官林小学操场上，日本人对林心平进行了惨无人道的行刑，灭绝人性的日本鬼子将她大卸七块，然后扔进盛满硝镪水的池子中化成了血水……林心平牺牲时，年仅23岁。

（资料整理：陈立功）

林伯熙

林伯熙（1909—1942），1909 年生于海南文昌县（今文昌市）重兴镇柏茂村一个大户人家。1926 年考入私立琼海中学，并开始参加中国共产党领导的革命活动。1933 年初，林伯熙从中山大学外文系毕业，本能谋得一份安逸工作的他，毅然组织九名进步青年，考取了国民政府南京陆军步兵学校，并于 1936 年毕业。

1937 年抗日战争全面爆发后，林伯熙在文昌县重兴地区组织抗日后援会。1938 年春至 1938 年秋的半年时间，林伯熙完成了从进步青年到革命军人的蜕变。依靠一支只有百来人的游击队，林伯熙在重兴、烟堆、长坡、迈号等地破坏公路桥梁、割断电话线路、阻止敌人"扫荡"。在琼崖国共两党合作抗日的形势下，林伯熙通过文昌县国民党当局，建立文昌县经济中队，任中队长，后编入重兴游击队。

1940 年 9 月林伯熙所部接受改编，被编为琼崖抗日独立总队第 1 大队第 1 中队，林伯熙任中队长。从此，在中国共产党的关怀和培养下，林伯熙迅速成长。1941 年，任第 1 支队副支队长，并被选为琼崖东北区抗日民主政府委员。1941 年 3 月，林伯熙率领所属部队参加琼山县（今琼山区）罗蓬坡战斗，消灭国民党保 7 团第 8 连 50 余人，缴获机关枪二挺、步枪 30 多支。

1941 年 7 月，日军进占琼文中心地区的文昌县大昌乡美德村并建立据点。为了打退进占美德村据点的日军，琼崖独立总队第 1 支队和第 2 支队紧密配合，在打退国民党保 6、保 7 团和琼山、文昌反动游击队多次进攻的同时，在运动中不断地歼灭日军。7 月 4 日，琼崖独立总队第 1、第 2 支队在琼山县大致坡与文昌县大昌乡美德村和潭牛墟三个日军据点之间伏击日军。林伯熙带领两个中队埋伏于美德村附近，负责歼灭美德村据点出援之敌。战斗首先在第 2 支队伏击的潭牛墟方向打响，不久，美德据点的日军出来救援，被林伯熙带领的两个中队歼灭。这次战斗，歼灭敌人 60 余人，缴获一批武器弹药。不久，日军被迫撤出美德据点。

1942 年 1 月，在大水战斗中，林伯熙负责指挥部队打击援敌。他机智勇敢，沉着果断地指挥部队有力地打击越来越多的敌援军，一连两天击退了前来救援的顽军，后因缺少子弹，主动撤出。这是琼崖地区抗日战争时期最大的一次反顽战斗，共歼顽军数百人。林伯熙在战斗中立下战功，充分表现了他的军事才能。

1942 年初，中共琼崖特委吸收林伯熙加入中国共产党，并提升他为第 3 支队支队长。不久，林伯熙在金鸡岭伏击日军的战斗中不幸中弹牺牲，时年 33 岁。

（资料整理：陈立功）

范子侠

范子侠（1908—1942）

范子侠，1908 年生于江苏省丰县。1931 年九一八事变后，所部被调往江西攻打中国工农红军，范子侠连续上书提出抗日主张，不得应许。他愤然辞去军职，在安徽蚌埠市当公安局局长。1933 年，听说冯玉祥、吉鸿昌等人组织察哈尔抗日同盟军，当即辞职北上参加抗日同盟军，在对日军作战中屡立战功。1934 年，范子侠率官兵冲入盟伪李守信部金宪章旅旅部，强迫金宪章及全旅通电反正抗日，将日军大佐等 20 余人全部处死，并将驻大庙的穆克登伪军全部消灭。此次行动，对抗日军民收复百灵庙、取得红格尔图战役的胜利，起了重大推动作用。中共中央曾致贺电：百灵庙大捷是中国人民抗日的先声。红格尔图大捷后，国民党当局却以思想"左倾"、另有图谋之名将范子侠抓捕入狱。

1937 年七七事变后，范子侠出狱，任国民革命军第 29 军团副，带领部分官兵组织抗日义勇军，所部迅速发展至几千人。1938 年，击毙山原大佐，打垮敌军。1939 年，率部转战于华北战场，所部改编为平汉抗日游击纵队。同年，接受中国共产党领导，所部改编为八路军太行军区独立第 10 旅，任旅长兼第六军分区司令员，并加入中国共产党。

1940 年 2 月，范子侠率部转移至山西武乡八路军总部附近。5 月上旬，指挥部队参加白晋铁路破击战。不久，任八路军第 129 师新编第 10 旅旅长兼太行军区第六军分区司令员。

　　1940 年 8 月，第 10 旅参加了朱德、彭德怀指挥的百团大战，担任第 129 师右翼队。10 月，百团大战进入第二阶段。一天，范子侠率领一个半团的兵力，在榆辽公路寒王镇到弓家岭一带打了一场痛快的伏击战，焚毁日军运输汽车 36 辆。10 天后，第 10 旅参加了关家垴歼灭战，奋战两天两夜，歼灭日军冈崎大队 400 余人。

　　1942 年 2 月，日寇对第六军分区腹地进行"扫荡"。时任第 129 师政委兼晋冀鲁豫军区政委的邓小平正在第六军分区视察工作。范子侠不顾劝说，主动担当起掩护分区首脑机关和群众安全转移的重任。从 10 日晚上开始，范子侠率部，在册井、魏庄等地阻击日军。12 日午后，敌人到柴关村扑了空，只得盲目地向西北方向搜索。当日下午 3 时，一股日军增援骑兵队返回"清剿"柴关村。范子侠立即率领战士们冲出去，抄近路直奔村东南的山冈。范子侠边还击，边提醒战士注意隐蔽。王德纯原本在范子侠右边走，所处地势较高，范子侠赶紧拽他到左边。就在这一瞬间，敌人机枪射出的子弹打中了范子侠的左肩大动脉。范子侠带伤坚持在前线指挥战斗。打退敌军后，战士们赶紧将范子侠转移到一个隐蔽的山洞，但因伤势严重，范子侠仍血流不止。当天下午 6 时，范子侠永远闭上了双眼，时年 34 岁。

（资料整理：陈立功）

郑文道

　　郑文道，1914 年出生于广东香山。1933 年入上海同济大学附设高级工业职业学校。

　　1937 年夏，日军侵华步步紧逼，接连发生七七事变和八一三事变。在中华民族处于生死存亡的危急关头，郑文道毅然返回青岛，同山东大学、礼贤中学的进步学生一起，参加了由中共青岛秘密组织领导的抗日游击队，对青岛的码头仓库和铁路大桥进行爆破，沉重打击了日

郑文道（1914—1942）

军。但没多久，日军加大了盘查力度，游击队在一次袭击小股日军时被打散，郑文道与游击队失去了联系。

1938年1月，郑文道从青岛秘密到达上海，参加了"华东人民武装抗日会"（简称"武抗"）。7月，加入中国共产党。

由于郑文道作战沉着、勇敢，组织上决定让他转入上海隐蔽战线工作。1938年9月，经党组织安排，他被日本"满铁上海事务所"（简称"满铁"）录取，这个机构实际是日军设的情报机关，下设"时事研究室"和"特别调查班"两个附属机构，专门负责调查中国各地的地质状况、兵力布局、经济情报等。郑文道接受的任务是及时将日籍中共党员中西功搜集的日军各个战区部队的分布、武器配备、负责人等情报传递出去。

他们先后转送延安的情报有："满铁上海事务所"向日本政府上报的情报；汪精卫秘密访日的消息；日本方面收买丁默邨的内幕；日本政府对南京汪伪政权的照会文件；日本政府对华"兴亚院"工作的指示；华中日军分布、华北日军改编、"满洲"关东军兵力、华中日军特务部等情报，乃至日本天皇御前会议和日本侵华大本营会议内容……这些重要情报，为党中央和八路军总部制定战略决策提供了重要依据，对打击日本侵略军，保卫敌后抗日根据地，发挥了重要作用。

郑文道在"满铁"工作的同时，还负责接收和转送中共南京情报组织从汪伪政府的日军华中最高指挥部获取的上层重要情报。在近三年的时间里，经他亲手接收和转送的重要情报百余件，从未发生过丝毫的差错。

屡次军事泄密引起了日方的警惕。1941年10月，日本当局决定对驻国内外的情报机构进行一次全面审查。中西功得到消息后，立即告知郑文道，但郑文道为了保护同志，保全这条重要的情报渠道，下定决心，即使天塌下来也由他一人顶着。不久，中西功等人被捕。

1942年7月29日，郑文道被捕。在被押往日军宪兵司令部的路上，郑文道突然纵身跳出车厢，头部撞地，顿时血流如注昏死过去。一个星期后，郑文道从昏迷中醒来，日本特务天天逼他招供，还将他带到审讯室用酷刑。但郑文道一言不发。敌人无计可施，只好先押他回病房，准备改日再审。就在郑文道被押回四楼病房时，他抓住敌人疏忽的瞬间，从窗口跳楼而壮烈牺牲，郑文道牺牲时，年仅28岁。

（资料整理：陈立功）

姚显微

姚显微，原名姚名达，字达人，乳名侠生，号显微，出生于江西兴国县。

姚显微于 1923 年从江西省立赣县中学毕业，1924 年 9 月考入上海南洋公学攻读国学专修科，1925 年 9 月考入清华大学国学研究院，师从梁启超，治史学和史学史。1926 年 6 月毕业后留校研修，1929 年 3 月离校赴上海商务印书馆受聘任编辑兼特约撰述，参与《万有文库》编辑。1931 年 9 月起，兼任上海复旦大学、暨南大学教授。1933 年 3 月至 1937 年 7 月，创办《女子月刊》，

姚显微（1905—1942）

倡导妇女解放，宣传抗日救国。在复旦大学任职期间，讲授《中国近百年史》和《60 年来日本侵略中国史》等课程，主张坚决抗日，发表抗日言论甚多，并襄助校方组织复旦大学支前运输工作队向法租界各界人士募捐。1940 年 10 月，国立中正大学在江西创办，校长胡先骕聘请他为研究部教授。

1942 年 5 月、6 月间，日军发动浙赣会战，企图打通浙赣线，侧击粤汉线。在国家民族危难之际，桑梓遍遭敌蹄蹂躏之际，他挺身而出，组织国立中正大学"战地服务团"，并当选为团长，编印《战地服务特刊》，发表《战地服务团宣言》，率全团奔赴抗日前线。1942 年 7 月 7 日，姚显微率领十几名团员，准备从石口渡过赣江。到石口时天色已晚，在村里祠堂休息时遭到日军第 6 师团第 6 步兵联队竹原支队小股部队的包围，他赤手空拳与强敌搏斗，毙敌一人并夺枪一支，后中弹身亡，时年 37 岁，成为抗日战争中第一位壮烈殉国的大学教授。

1987 年，中华人民共和国民政部正式追认姚显微为革命烈士。

国立中正大学是抗战期间创办的唯一的大学，也是唯一组织了战地服务团上前线的大学，服务团团长姚显微是抗战期间唯一与日军搏斗而牺牲的教授。2002 年，百岁老人雷洁琼亲笔题词纪念，称他是"抗战捐躯教授第一人"。"为国难而牺牲，为文化而努力"是姚显微一生最生动的概括。

（资料整理：张丽）

柯棣华

柯棣华（1910—1942）

柯棣华，印度人，原名德瓦卡纳思·桑塔拉姆·柯棣尼斯，医生，国际主义战士。1938年随同印度援华医疗队到中国协助抗日，先后在延安和华北抗日根据地服务，任八路军医院外科主治医生、八路军晋察冀军区白求恩国际和平医院院长。

1937年7月7日，卢沟桥事变爆发，中国军民拿起武器，奋起反抗日本侵略者的入侵。印度国大党领袖尼赫鲁应中国红军总司令朱德的请求，派一支由五人组成的小型医疗队到中国进行援助。1938年6月29日，柯棣华申请加入赴华医疗队。医疗队经长沙辗转来到汉口，被中国红十字会编为第15救护队，先后在汉口、宜昌、重庆等地工作。在重庆，中印文化协会主席谭云山为他起了中文名字柯棣华，以表达援华抗日的决心。柯棣华与他的印度医疗队先后到达晋东南、冀西、冀南、冀中、平西和晋察冀敌后抗日根据地。百团大战第二阶段，奉军区司令部命令，负责阵地救护工作。在13天的战斗中，柯棣华所在的医疗队接收了800余名伤病员，实施手术达558人。在最紧张的时刻，他三天三夜不休息，抢救伤员，被伤病员和群众亲切地称为"黑妈妈"。

1941年1月，柯棣华参加了八路军，被任命为八路军晋察冀军区白求恩国际和平医院院长，兼任白求恩卫生学校教员。在晋察冀两年多时间里，他始终以白求恩为榜样，不仅从事医疗工作，还从事教学训练、编写讲义，担负行政和政治工作。1942年7月，柯棣华光荣地加入了中国共产党。长期艰苦紧张的战斗和工作，不断损害着柯棣华的健康，他的癫痫病不时发作。1942年12月9日清晨6时15分，柯棣华癫痫病再次发作，因抢救无效在河北唐县葛公村停止了呼吸，年仅32岁。

1942年12月30日上午，延安各界举行追悼柯棣华大会，毛泽东对柯棣华寄托哀思，亲笔书写挽词："印度友人柯棣华大夫远道来华，援助抗日，在延安华北工作五年之久，医治伤员，积劳病逝，全军失一臂助，民族失一友人。柯棣华大夫的国际主义精神，是我们永远不应该忘记的。"朱德总司令发表《纪念柯棣华大夫》的文章，高度赞扬他的国际主义献身精神。柯棣华逝世后，遗体被安葬在河北省唐县晋察冀烈士陵园白求恩墓侧，朱德亲笔为柯棣华陵墓题词："生长在恒河之滨，斗争在晋察冀，国际主义医士之光，辉耀着中印两大民族。"1953年，柯棣华的遗骸同白求恩的遗骸一道迁葬石家庄的华北军区烈士陵园。

（资料整理：张丽）

赵尚志

赵尚志，朝阳市嗽嘛沟（今属辽宁省）人，1908年10月26日生。东北抗日联军创建者和领导人之一，东北抗日联军第2路军副总指挥兼第3军军长。

赵尚志1925年夏加入中国共产党，是东北地区最早的共产党员之一。同年冬，受党组织派遣南下广州考入黄埔军校第五期学习。1926年中山舰事件之后回东北从事革命活动，先后在哈尔滨领导组织学生运动，在双城从事建党工作，在长春市开辟党的工作。期间曾多次被捕入狱，在狱中严守党的秘密，坚贞不屈。

赵尚志（1908—1942）

九一八事变后，经党中央和满洲省委营救出狱。1932年初，被中共满洲省委任命为省委军委书记，后秘密前往巴彦县到张甲洲领导的巴彦游击队工作。1932年11月，根据满洲省委指示，巴彦游击队被编为中国工农红军第36军江北独立师，赵尚志任政治部主任。

1933年10月，赵尚志参与领导创建北满珠河反日游击队，任队长。1934年6月，珠河反日游击队扩编为"东北反日游击队哈东支队"，赵尚志被任命为总司令，与李兆麟等领导创建了珠河抗日游击根据地。1936年1月，赵尚志任北满抗日联军总司令部总司令，同年8月，任东北抗日联军第3军军长，率部打破了日伪军一次又一次的重兵"讨伐"和"清剿"。1938年12月末，为寻求苏联军事援助，被当时的北满省委派往苏联。1940年夏，赵尚志被当时的北满省委以反王明、康生为由错误地开除党籍，他忍辱负重，仍然率小分队坚持抗日斗争。1942年2月12日，在率部袭击梧桐伪警察所的战斗中被内奸打伤，昏迷后被日军逮捕杀害，时年34岁。他死后，敌人将他的头颅割下运到长春庆功，并将他的躯体扔进了松花江的冰窟中。40年后，中共黑龙江省委作出了《关于恢复赵尚志同志党籍的决定》，恢复了他的党籍。

赵尚志在抗战时期指挥抗日联军与日军周旋在林海雪原，驰骋在松花江两岸，创造了东北战争史上的奇迹，被东北老乡称为"北国雄狮"。毛泽东赞誉赵尚志等抗联将领是"有名的义勇军领袖"。胡锦涛在纪念抗战胜利60周年大会上，称赞杨靖宇、赵尚志、左权、彭雪枫等八位抗日将领是"中国人民不畏强暴、英勇抗争的杰出代表"。新中国成立后，黑龙江省珠河县第一届工农代表大会通过决议，把珠河县改名为尚志县（今尚志市），把赵尚志的牺牲地改名为"尚志村"，把哈尔滨的一条主要街道命名为"尚志大街"，以表示对他的怀念。2009年，赵尚志被列入"100位为新中国成立作出突出贡献的英雄模范人物"。

（资料整理：张丽）

钟效培

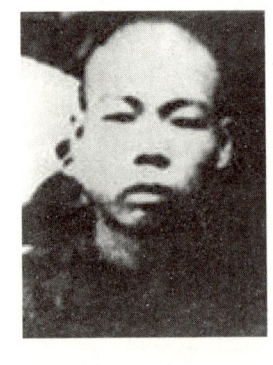

钟效培（1914—1942）

钟效培，又名钟爱华，江西兴国县埠头乡人。中共中央山东分局青年运动委员会书记，山东青年工作者先驱。

钟效培1928年参加革命，在家乡组织儿童团，带领青少年站岗放哨，协助农民打土豪，分田地。1930年加入中国共产主义青年团，曾任龙沙、杰村、均村共青团区委书记。1931年5月加入中国共产党，在中央苏区曾任中共均村区委书记，兴国县委常委、团县委书记、县委组织部部长。1932年10月，钟效培调往宁都（当时中共江西省委机关所在地），任共青团江西省委宣传部和组织部部长。1933年3月在苏区参加扩大红军运动，同年 8 月，任杨殷县团委书记。1934 年 4 月任江西省委常委、团省委书记。同年 10 月中央红军北上抗日，钟效培留在中央苏区坚持游击战争。1935 年 5 月，在永丰县南源村随江西军区第 2 团突围时被捕。

1937 年七七事变后，国共两党实现第二次合作，抗日民族统一战线形成，钟效培被强行从狱中押送到国民党军第 58 师当兵。1938 年 4 月，伺机逃出来到八路军驻武汉办事处。经中共中央长江局组织部长博古（即秦邦宪）介绍，钟效培到中共长江局东南分局工作。5 月钟效培正式恢复了党的组织关系。先后担任了吉安中心县委书记、赣西特委书记、江西省委常委兼青年部长等职。1939 年春，钟效培入中共中央党校学习，毕业后分配到中央青委组织部担任副部长。1941 年 2 月，钟效培任山东省青委书记、青联主任、毛泽东青年干部学校山东分校副校长等职。1942 年 10 月，钟效培带领青年工作团部分同志进入鲁中开展工作，同年 11 月 12 日，在驻扎地莱芜抬头区榆林前村遭到日军突袭，身负重伤，由警卫员护送住进了驻茶叶区法山村的军分区医院。12 月 13 日凌晨，钟效培因伤势过重，不幸牺牲，时年 28 岁。

钟效培牺牲后，中共山东分局书记朱瑞以《一个未竟的任务》为题发表文章，纪念这位党的优秀青年工作干部。文章指出："……效培同志已尽他斗争的最后贡献，贡献了他的血肉和生命，这一个'未竟的任务'便沉重地落在我们身上——一切党与群众的工作者、青年工作者的身上。我们还得继续努力。"

（资料整理：张丽）

夏云超

夏云超（1917—1942）

夏云超，1917 年生，山东省荣成县桥头镇观里西村（今属威海市环翠区）人，八路军胶东军区卫生部部长。

夏云超先后就读于荣成风鸣（现荣成埠柳镇）高级小学、威海育华中学、北京宏达中学高中部。1935 年，在北平宏达高级中学毕业后，以优异的成绩考入北京大学医学院。1935 年参加北平数千名学生的抗日救国游行示威活动，后又参加了中共领导的"学生联合会"，与反动分子组成的"新学联"展开针锋相对的斗争。

1937 年七七事变爆发后，学校南迁。他回到故乡，从事小学教育工作，并很快与当地的中共党组织负责人取得了联系，秘密传递信件，掩护党的地下工作者。1938 年 4 月，加入中国共产党，同年 7 月，加入山东人民抗日救国军第 3 军第 3 路，任卫生处主任。后历任胶东八路军后方医院院长、第 5 旅卫生处处长兼政委、胶东军区卫生部政治委员等职。在艰苦的环境中，他团结医务人员，完成了许多艰巨任务，被群众称为"八路军五支队里的华佗"。战斗中，他总是同卫生员一样，冒着敌人的枪林弹雨到火线上抢救伤员。1938 年 10 月，部队在平度城北大青杨遭到日军的突然袭击，伤亡很重，领导干部相继牺牲。夏云超一面指挥战斗，一面组织人员把伤病员一批批抢救出来，及时包扎转移。他用"驮篓"背着伤病员急行了十多里路。

1942 年冬，日军大"扫荡"，夏云超带着警卫员到海阳、牟平、乳山一带，检查疏散在地方上的伤病员情况，不幸在马石山后落入敌人的包围圈。11 月 24 日，在突围时，夏云超和警卫员先后负伤。紧急情况下，他将重要文件塞给警卫员，掩护警卫员突围成功，自己却被日军包围，在连续打倒两个敌人后，饮弹殉国，牺牲时年仅 25 岁。

夏云超牺牲后，安葬于威海乳山市马石山抗日烈士陵园。

（资料整理：张丽）

徐宝珊

徐宝珊，1908 年生，山东省博平县徐河口村人（今属山东茌平县）。

徐宝珊（1908—1942）

1937 年七七事变后，徐宝珊发动徐家河口附近 28 个村子的群众组织成立了"联庄会"，当选"联庄会"大乡长，组织群众保家防匪。同年 10 月，接受共产党领导，徐宝珊组建了一支二三百人的抗日武装，这是博平城北一带在共产党影响下成立的第一支农民抗日武装，后发展到上千人，被编入国民党山东省第六区专员范筑先将军领导下的第 32 支队第 2 团第 3 营，徐宝珊任营长。1938 年春，徐宝珊加入中国共产党。1939 年 1 月，中共鲁西区党委以范筑先将军的名字为番号，在冠县馆陶建立八路军筑先纵队，第 3 营扩编为筑先纵队第 7 团，徐宝珊任团长，活动在博平、茌平、高唐、清平一带。第 7 团和其他部队配合，在博平县双营伏击几百名装备精良的日军，歼灭其一部，缴获大批军用品。第 7 团不断壮大，发展成为鲁西地区抗日斗争的坚强壁垒。

1940 年 6 月，筑先纵队第 7 团被编入八路军第 129 师新编第 8 旅第 24 团，徐宝珊任团长，部队整编后开赴冀南地区。1940 年 8 月 20 日，按照冀南地区统一部署，徐宝珊率部投入华北八路军发起的百团大战，执行破击平汉路邢台至沙河段的战斗任务，配合总的战役行动。因在百团大战中战功卓著，第 24 团被授予"模范战斗团"称号。1941 年 7 月，徐宝珊作为第 129 师新 8 旅的代表出席了在山西辽县桐峪镇隆重召开的晋冀鲁豫边区临时会议第一次会议，会后徐宝珊留在北方局党校学习。1942 年 5 月中旬，日军为了消灭活动在太行区的八路军总部和第 129 师领导机关，对太行根据地实行"铁壁合围"。25 日，在山西辽县麻田地区反合围战斗中，徐宝珊不幸壮烈牺牲，时年 34 岁。徐宝珊五弟徐宝珍、三弟徐宝璧也先后牺牲在抗日战场上。

1947 年春，博平县为徐宝珊举行追悼会。会上的一副挽联寄托了对徐宝珊及其弟兄的缅怀之情："一门三烈士，兄前赴，弟后继，抗战救国，堪同杨门媲美；七子尽英豪，屋俱焚，财充饷，毁家纾难，可与子文齐芳。"

（资料整理：张丽）

郭陆顺

郭陆顺（1914—1942），幼名顺子，又名郭六顺，湖南省浏阳县（今浏阳市）永安镇永和村（原北盛区丰裕乡）人。

1926 年秋，郭陆顺在家乡加入农民协会。不久，参加中国共产主义青年团。1927 年 5 月，参加浏阳农民攻打长沙的战斗。同年加入中国共产党，并担任浏阳县第二十区少共书记。1929 年参加浏阳红军第 1 支队，后随部队先后编入红军湘东独立师、湘东南独立师、湘赣军区独立第 1 师、红 5 军团、红 6 军团、红 2 军团，六年内历任司号员、通讯员、班长、排长、连指导员、营政委等职。1934 年 10 月，参加长征。在红军中，曾参加大小战斗上百次，负伤 11 次。

1937 年抗日战争全面爆发后，郭陆顺任八路军第 120 师第 359 旅团政治处主任。9 月初，郭陆顺奔赴华北战场，参加晋西北根据地的创建工作。1938 年底，郭陆顺随第 120 师挺进冀中。到达后，与冀中部队相互配合，连续粉碎了敌人的多次围攻和"扫荡"。1939 年 9 月，郭陆顺调任八路军冀中军区第 3 纵队回民支队政委，与司令员马本斋率领部队在河北无极、藁城、新乐县（今新乐市）一带开辟抗日根据地。在他的努力下，回民支队面貌焕然一新，成为一支能征善战的劲旅。1940 年初，为了粉碎敌人对冀中地区的"扫荡""分割""蚕食"，回民支队奉命到深（县）南衡（水）地区坚持斗争。郭陆顺与马本斋率部采取"麻雀战术"，先后在南花盆、康庄、榆科等十几个村镇连续作战 30 余次，攻克敌据点两处，毙伤日伪军 500 余人，打开了深南地区的抗日局面，回民支队因此获冀中军区授予"攻无不克、无坚不摧，打不烂、拖不垮"的锦旗。1942 年 4 月 27 日拂晓，驻交河、泊镇的日伪军 1000 余人袭击正在陈庄宿营的回民支队，郭陆顺亲自到前线指挥战斗，在观察敌情时被敌人流弹击中，光荣牺牲，时年 28 岁。

第 3 纵队兼冀中军区司令员吕正操曾经这样评价："回民支队不仅是党团结回民抗日的旗帜，也是回汉团结抗日的旗帜，郭陆顺是模范政治委员。"马本斋也曾动情地说："陆顺同志是我们的好政委，他为回民支队立下了汗马功劳！"新中国成立后，郭陆顺的遗体迁葬至石家庄的华北军区烈士陵园。

（资料整理：张明）

郭国言

郭国言（1913—1942），湖北黄陂人，八路军第 129 师决死第 3 纵队副司令员兼太行军区第三军分区司令员。

1930 年，郭国言参加中国工农红军，编入红 1 军第 1 师第 3 团第 3 营第 9 连，开始了他的革命生涯。1931 年加入中国共产党。在国民党反动派"围剿"红色根据地的白色恐怖下，他出生入死，经历了第五次反"围剿"的失败，随部队走过二万五千里长征，历任连长、指导员、营长等职，逐渐成长为一名优秀的指挥员。1937 年 2 月，进入中国人民抗日军政大学第二期学习。全面抗战爆发后，郭国言于 1937 年 9 月随八路军总部、第 129 师开赴华北抗日前线，在第 129 师第 386 旅第 772 团任营长。1938 年 3 月，任第 772 团第 2 营营长，9 月，任第 772 团副团长。1939 年 7 月，升任第 772 团团长，1941 年调任太行军区第三军分区司令员兼山西青年抗敌决死队第 3 纵队副司令员。每次战斗，郭国言必亲临前线指挥作战。他曾指挥过数百次战斗，歼灭了无数敌人。战斗中，多次负伤，先后七次有弹片侵入他的身体，致使右腿残疾。作为指挥员，他能在夜间战斗中，辨别战士的声音，叫出他们的名字，这在战士们中传为佳话，也使他在部队里具有很高的威望。

1942 年 2 月 29 日黎明，纠集在武乡县蟠龙一带的 4000 多日伪军疯狂地向大有镇猛扑过来。在敌强我弱的情形下，时任八路军第 129 师决死第 3 纵队副司令员兼太行军区第三军分区司令员的郭国言率领全体指战员分三路进行阻击，他亲自指挥一路在大有村西岗头设伏，战斗中在起身侦察敌情时被敌人炮弹击中，壮烈殉国，时年 29 岁。

郭国言牺牲后，太行第三军分区、太行第三专署及武乡县抗日政府在横岭寺召开了公祭大会，八路军第 129 师师长刘伯承、政委邓小平称赞他为"模范的布尔什维克，最忠于中华民族解放事业的战士"。他是为民族解放、为保卫边区而牺牲的，"为国尽忠牺牲奋斗是中华民族无上的美德"。

1950 年，郭国言的遗骨被移入晋冀鲁豫烈士陵园。

（资料整理：张丽）

崔曙光

崔曙光（1911—1942）

崔曙光，原名崔世荣，幼名天怀，参加革命后化名铁匠，1911 年生于陕西省榆林市绥德县铁茄坪村。

崔曙光 1926 年秋考入清涧县立第三高小（校址店则沟），被党组织作为重点培养对象。1927 年 4 月，加入中国共产党。大革命失败后，辍学返乡，与崔田民等在周围农村宣传革命，发展中共党员，组成直属中共绥德县委的铁茄坪党支部，任书记，培养了一批革命骨干。1928 年冬，奉组织派遣，到清涧县以小学教员、校长职业作掩护，进行地下革命活动，组建中共基层组织，后组建中共绥德县第一个区委会，统一领导绥德东南方向广大地带党的组织和革命斗争。

1934 年 2 月，与马佩勋、马万里率陕北红军游击队第 2、第 4 支队，围歼国民党店则沟民团，大获全胜，对推动当地革命武装斗争的发展起了很大作用。后参与组建陕北红 5 支队。4 月起，先后任共青团绥德县委书记，中共绥德县委秘书长、组织部长、军事部长等职。他跑遍绥德各地，大力开辟红色村庄，组建红色武装。1935 年，先后任中共陕北特委巡视员、西北工作委员会巡视员、陕北第三分区区委书记等职。同年冬，被任命为中共延安县委书记。1936 年 8 月，调任中共陕北省委秘书长。1937 年 10 月，任中共陕甘宁边区党委秘书长。

他工作勤恳认真，成绩显著。

　　1939 年春，崔曙光入中共中央党校和中央马列学院学习。他积极响应毛泽东主席"到敌人后方去"的号召，坚决要求到抗日前线去。1940 年初，组织同意崔曙光的请求，派他到中共山东分局工作。1941 年 10 月，担任临时党支部书记的崔曙光带领近三十位同志从延安起程，奔赴中共中央北方局党委和八路军总部所在地——晋东南。1942 年 5 月，途中辗转过程中，遇上日军"五一大'扫荡'"，在河北武安、涉县一带被日军包围。在他的指挥下，干部、战士与日军浴血奋战，打退敌人多次进攻。在突围中，崔曙光壮烈牺牲，时年 31 岁。

　　　　　　　　　　　　　　　　　　（资料整理：张丽）

常德善

　　常德善，又名常保胜，山东省峄县（今江苏省邳州市）古邵乡虎里埠村人。

　　常德善家境贫寒，没有上过学，少年时给地主扛活，因不堪忍受压迫，16 岁时到西北军冯玉祥部队当兵，不久升任班长。1929 年率西北军的一个班参加中国工农红军。1932 年加入中国共产党，先后任排长、连长、营长、参谋长等职，在创建湘鄂西、湘鄂川黔革命根据地斗争中战功卓著。抢渡金沙江时，他率领第 17 团与敌昼夜血战，掩护主力胜利渡

常德善（1910—1942）

江，立下战功。红军到达陕北后，常德善被党组织安排到中国人民抗日军政大学学习，期间担任第一分队队长。

　　1937 年 7 月抗日战争全面爆发后，红军主力改编为八路军。常德善担任第 120 师挺进支队队长，并于 1937 年 9 月初向华北抗日前线挺进。1938 年冬，常德善率部随第 120 师师长贺龙挺进冀中地区，执行巩固冀中、帮助八路军第 3 纵队和扩大自己的任务。1939 年秋，任冀中军区第三军分区司令员。1940 年 6 月，晋察冀军区所属各分区统一编序，第三军分区改为第八军分区，常德

善任第八军分区司令员。在冀中抗日根据地，常德善先后参加了大曹村阻击战、曹家庄伏击战、邢家庄截击战、河间齐会战斗。

1942年春季，日军集中五万多兵力对冀中抗日根据地发动"五一大'扫荡'"，实行所谓"铁壁合围""拉网扫荡""梳篦清剿"等战术，常德善与军分区政委王远音率领军民进行反"扫荡"斗争，巧妙地与敌人周旋，牵制了日军对根据地的"扫荡"行动。6月8日拂晓，当部队转移到河北省肃宁县薛村，刚刚宿营，即陷入日军的合围。战斗中为了掩护同志们突围，常德善身中20多颗子弹，壮烈牺牲，时年32岁。

常德善遗体先是葬在肃宁县薛村，1952年，人民政府移其遗骨于石家庄华北军区烈士陵园安葬。贺龙元帅亲自写了碑文，赞誉"常德善同志是中国共产党的优秀党员，人民军队的坚强干部"，"功勋卓著，业绩永存"。

（资料整理：张丽）

谢翰文

谢翰文（1904—1942），又名谢汉文，号鸿锡，湖南省耒阳县城关西门槐树下谢家村人。

谢翰文青少年时期受五四运动新思想影响，追求革命与进步。中学毕业回乡，即参加革命活动，是耒阳共青团组织首批发展的团员之一。1925年五卅惨案发生后，谢翰文积极组织宣传队，声援上海工人的反帝斗争。1926年加入中国共产党。1927年长沙发生马日事变，谢翰文奉命只身潜入衡（阳）耒（阳）边界的桐子山地区，秘密从事革命活动。1928年2月，朱德、陈毅率工农革命军攻占耒阳县城，他任县苏维埃特派员，负责领导桐子山地区的农民武装，后随朱德部上了井冈山。不久，调到红4军第28团任书记官。1930年6月，谢翰文建议创办《红军日报》。同年7月，《红军日报》正式问世。1934年10月，谢翰文随军长征，为红军编写了许多行军快板，以短小精悍、节奏明快、铿锵有力、激越豪迈而见长，战士们边行边听，边走边唱，对鼓舞部队士气起到了很大的作用。他编写的《冲锋歌》很受欢迎，一直被红军战士唱到陕北。

1935年9月，红一方面军胜利到达哈达铺，改编为陕甘支队后，谢翰文被调到西北红军大学（即红军教导师）任校务处长，实际上负责全部工作。1937年1月，西北红军大学改名为中国人民抗日军政大学，学校由保安迁至延安，他被任命为学员第十三纵队队长，后又调校部任政治宣传科科长。1941年初，谢翰文调任八路军总后勤部政治部主任。1942年5月，日军对冀中、太行、太岳、冀西北等抗日根据地进行野蛮的拉网大"扫荡"，八路军总部决定实行战略转移。5月23日，他率总后政治部转移到山西省辽县（今左权县）一个小山村时，不幸被日军包围，被俘后押至太原。谢翰文和妻子王振东与敌人进行了不屈的斗争，1942年夏末秋初，谢翰文和妻子王振东被日寇杀害于太原市郊，谢翰文当时38岁。

"深刻研究马列主义原则，不断创造新的宣传方式与方法，把自己锻炼成为党的宣传家。"这一临别赠言是谢翰文在中国人民抗日军政大学工作时最真实的写照。

（资料整理：张丽）

窦来庚

窦来庚，字峰山，1900年生，山东省临朐县人，著名武术家，武当太乙门派掌门人。

窦来庚1917年7月考入济南武术传习所习武，结业后参加全国武术考试，获得第一名。1926年起先后在济南第一中学、济南高级中学任国术教员。1931年任济南市立民众体育场场长。1932年任山东省国术馆副馆长、教授，并兼任齐鲁大学国术教授。1937年七七事变后，任山东省政府主席韩复榘警卫队队长。1938年初回到临朐组织抗日国民军义勇队。

窦来庚（1900—1942）

1938年1月25日，日寇占领临朐城，横行肆虐，无恶不作。4月12日，窦来庚率领刚刚组建的义勇队与日军交战，夺取了临朐县城。5 月 24 日拂晓，日伪军近 4000 人卷土重来，窦来庚率部抗击，从凌晨一直战斗到下午 3 时，共打死日军 70 多人。继临朐激战之后，义勇队在 1938 年先后进行了打击日寇的"烟冢铺战斗""黑山阻击战""岩头战斗"。义勇队的抗日行为，得到了临朐人民的拥护，他们纷纷加入义勇队。1938 年秋，窦来庚的义勇队接受国民党山东省主席沈鸿烈改编，组成"山东省保安第 17 旅"，窦来庚为少将旅长，后扩大为三个团，3000 多人。保安第 17 旅一面扩充队伍，一面不断出击敌人，同时还拆毁铁轨 2000 多米，使胶济铁路一度中断、瘫痪。

1942 年 8 月 29 日，日寇调集日伪军 3000 多人，分三路急速进兵，包围了第 17 旅防地，企图将其消灭。在敌我力量对比悬殊的情况下，窦来庚力排众议，决定与日寇血战到底。日伪军经过一天部署，在第 17 旅防区四面形成了一个严密包围圈，于 30 日凌晨，发起全线进攻。日寇动用了所有的重型武器，向第 17 旅阵地发射。经过一个多小时的激战，第 17 旅西线前沿阵地被敌突破，部队被迫撤到八步顶、福山一带阻击敌人。窦来庚率部阻击东面进犯之敌。随后西线部队又被迫后撤，东线战场情况吃紧，第 17 旅官兵伤亡惨重，仅剩百余人，腹背受敌。奋战到最后，第 17 旅仅剩五十来人。日伪军喊着要活捉窦来庚。此时窦来庚下令只要活着一个人，也要抵抗到底，决不投降。但终因寡不敌众，第 17 旅部队伤亡殆尽，窦来庚也中弹负伤，在弹尽无援、誓死不当俘虏的情况下，举枪自戕，时年 42 岁。

抗战胜利后，国民政府感其忠烈，追晋其为陆军中将。1988 年，山东省人民政府追认窦来庚为革命烈士。同年 9 月 30 日，中华人民共和国民政部为窦来庚的家属颁发了革命烈士证书，同时将其遗骸安葬在朐山烈士陵园。

（资料整理：吕奇志）

戴安澜

戴安澜，原名戴炳阳，字衍功，自号海鸥，1904
年11月21日出生于安徽省无为县风和村。

戴安澜（1904—1942）

戴安澜1924年加入广东革命军，为二等兵，
1925年入黄埔军校第三期，1926年参加北伐。1933
年春，日军协同伪满军全面进攻热河，危及平津，长
城抗战爆发。当时，戴安澜在第17军第25师关麟征
部任团长，参加了长城抗战，因功获得三等云麾勋章
一枚，之后累升至旅长。七七事变后，在1938年的
鲁南会战中，曾率部在中艾山与日军激战四昼夜，因
战功卓著，升任第89师副师长。台儿庄战役前后，戴安澜为表明抗战决心，
取名"铁汉"，并刻"铁汉"印章一枚随身携带。同年8月参加武汉会战。35
岁时升任当时中国唯一的机械化师——第5军第200师师长。1939年12月，
第200师在广西昆仑关与日军第5师团鏖战，戴安澜指挥有方，重伤不下火线，
率部击毙日军少将旅团长中村正雄，赢得著名的昆仑关大捷。

1942年3月，戴安澜率第200师西出云南，远征缅甸。他不惜冒孤军深
入的危险，开进同古（亦作东瓜），逐次接替了英军的防务。为了掩护英军安
全撤退，充分作好迎战准备，戴安澜率部日夜抢修工事，布下三道防线，阻击
迟滞敌军前进。他在致夫人王荷馨的信中写道："余此次奉命固守同古，因上
面大计未定，后方联络过远，敌人行动又快，现在孤军奋斗，决心全部牺牲，
以报国家养育。为国战死，事极光荣。"他带头立下遗嘱：只要还有一兵一卒，
亦需坚守到底。如本师长战死，以副师长代之，副师长战死以参谋长代之。参
谋长战死，以某某团长代之。全师各级指挥官纷纷效仿，誓与同古共存亡，由
是士气高涨。此役，第200师挡住了数倍于己的日军精锐师团的疯狂进攻，取
得了同古保卫战的胜利，赢得了中外抗战人士的赞赏。同古保卫战历时12天，
第200师以高昂的斗志与敌鏖战，打退了日军20多次冲锋，歼灭敌军5000多
人，重创日军。同年4月，戴安澜率部收复棠吉。因盟军协调不当，远征军不
得不撤回中国。5月16日，戴安澜于指挥所部撤退途中，遭日军埋伏袭击，
中弹负伤，在担架上指挥突围。由于缅北复杂的地形和连绵的阴雨，戴安澜终

因缺乏药物医治，伤口化脓溃烂，至 5 月 26 日，因伤口感染严重，他自知来日无多，命左右卫士将其扶起，面北高呼"反攻！反攻！祖国万岁！"随后于缅甸茅邦殉国，时年 38 岁。

戴安澜将军殉国后，国民政府为其举行了盛大国葬，蒋介石以黄埔军校校长身份赠挽联："虎头食肉负雄姿，看万里长征，与敌周旋欣不忝。马革裹尸酬壮志，惜大勋未成，虚予期望痛何如？"毛泽东为其赋诗《五律·挽戴安澜将军》："外侮需人御，将军赋采薇。师称机械化，勇夺虎罴威。浴血东瓜守，驱倭棠吉归。沙场竟殒命，壮志也无违。"美国国会授权总统罗斯福向其追发懋绩勋章一枚，他是第一个受此殊荣的中国军人。2009 年，戴安澜被列入"100 位为新中国成立作出突出贡献的英雄模范人物"。

（资料整理：张栓中）

李永安

李永安（1912—1943）

李永安，字国瑞，1912 年生，河北省宁津县杜集乡李麻庄人，曾就读于宁津师范学校。1931 年，李永安加入中国共产党。1933 年，因从事抗日爱国宣传等革命活动被学校开除，回乡务农。1935 年，任中共宁津东区区委副书记。

1937 年 7 月抗日战争全面爆发后，在关系国家生死存亡的关头，李永安毅然参加了张策平等人组织的武装起义，后在抗日救国军中任指导员。1938 年春，调到抗日救国军第 22 路任政治部主任，在宁津、南皮县境内动员人民群众积极开展抗日游击战争；而对于那些不抗日的地方民团武装则坚决打击，收缴他们的枪支弹药。1942 年，李永安任阳信县抗日民主政府县长。同年，调任冀鲁边军区第三军分区副司令员，率部继续开展游击战争，不断地给周边的日伪军以沉重的打击。

1943 年初，日军集结济南、天津、惠民、沧州、德州等地的日伪军两万余人，对冀鲁边军区第三军分区的根据地——乐陵铁营洼进行大"扫荡"。2月3日，李永安率领的第三军分区直属第5小队等约400人，被敌人重重包围。在强敌面前，他指挥若定，当即组织军民分散转移，率领手枪班沉着应战。子弹打光了，从敌人尸体上搜寻武器再战，战斗从拂晓持续至中午，为部队和群众的突围赢得了宝贵时间。经过一天的激战，终因敌我力量相差悬殊，近300名干部、战士壮烈牺牲。李永安在空寂的壕沟里，看着蜂拥而上的日军，把最后一颗子弹留给了自己，殉国时年仅31岁。

1948年秋经朱德总司令提议，为了纪念牺牲在华北大地上的革命烈士，华北军区烈士陵园建成。1952年，李永安烈士迁葬于石家庄华北革命烈士陵园，供后人凭吊、瞻仰。

（资料整理：陈立功）

马定夫

马定夫，又名马镇西，号马丁，1915年出生于山西省榆社县东江村一个农民家庭。马定夫年少时就积极追求进步，探索革命真理，曾写下"愿将浩气弥天地，不让金钱累子孙"的豪言壮语。1933年，他考入山西省立第一中学，因屡次发动同学参加爱国学生运动，被开除学籍。后来，他考入太谷铭贤中学，又以同样原因遭开除。1935年，马定夫考入北平镜湖中学。在校读书期间，他加入共产党的外围组织"反帝大同盟"，开始了自己的革命斗争生涯。1936年春，马定夫加入中国共产党。

马定夫（1915—1943）

1937年抗日战争全面爆发后，马定夫受党组织派遣回到家乡，参加山西牺牲救国同盟会，与中共榆社县委同志一起，运用巧妙的斗争策略，撵走了顽固反动的国民党县长，由共产党的同志担任县长，迅速在全县掀起了抗日救国高潮。1937年10月当地抗日游击队正式成立，马定夫出任榆社县抗日游击队第3大队指导员兼队长。1939年后，历任中共榆社县委宣传部部长、组织部部长、太行第二分区政治部主任、八路军第 129 师新编第 10 旅第 30 团政委等职，在第 30 团任职期间，因与团长一起严格治军而出名。

1943 年 6 月，马定夫奉命到晋中地区的太谷县执行上级交给的"抢收小麦、保卫夏收"的战斗任务。他率部多次对到根据地收麦区进行抢掠、偷袭的日伪军予以迎头痛击，采用阻击、伏击战法击毙敌人 30 余人，粉碎了驻太谷县日伪军的偷袭，群众在第 30 团指战员的保护下顺利完成麦收任务。夏收结束，根据地的人民在太谷县枫子岭召开军民联欢会庆祝胜利。日伪军获悉后，于 7 月 23 日向枫子岭发动袭击。敌人的这一偷袭行动，直接威胁着千余名群众的生命安全，马定夫在冷静分析敌情后，果断部署，迅速组织部队抗击敌人，并对指战员说："有我们就有群众，我们绝不能让群众受到鬼子的伤害！"他身先士卒，与敌人展开血战，抢占山头，掩护了千余名干部和群众安全转移。在战斗中，马定夫不幸腹部中弹，英勇牺牲，时年 28 岁。

得知马定夫为保卫根据地群众和干部壮烈牺牲的消息，当地群众万分悲痛，为他召开了隆重的追悼大会。他的故乡榆社县则立即组织了有 120 人参加的"马定夫复仇连"，在太行山上打击来犯之敌。太行第二分区民主政府为了纪念他，把第 30 团第 3 连命名为"马定夫爱民连"（该连现为解放军某部第 7 连，至今传承其精神，仍然是一支模范部队）。1946 年，太谷县将枫子岭村更名为"马定夫村"，并建造马定夫烈士纪念馆，永远纪念这位抗日英雄。

（资料整理：张栓中）

王　璞

王璞（1929—1943），也作王朴，幼名兰贵，1929 年出生于河北省完县（今顺平县）野场村。

王璞从小跟随父母参加抗日工作，11 岁时被选为抗日儿童团的团长。作为团长，他经常带领小伙伴们拿着红缨枪，站岗放哨查路条，给八路军送信带路，开展拥军优属等活动。王璞工作认真，学习也很刻苦。他对自己要求很严格，每学一篇新课文，都要做到会认、会写、会讲、会用。当时，为了对付日伪军"扫荡",民兵大搞地雷战,王璞不仅学会了布雷,还学会了造雷。据说有一次,他用自制的地雷炸死了一个汉奸,还协助民兵抓住了两个日本兵。

1943 年春天,因日军对唐河两岸进行大"扫荡",王璞和乡亲们躲进了山里。而王璞的家乡——完县野场村,作为八路军冀中军区后勤供应处,就成了日军的重点进攻目标。5 月 7 日,因汉奸告密,日军突然包围了躲藏着 200 多群众的后石沟,并在山坡上架起了机枪,威逼群众说出八路军的枪支、弹药、粮食与服装的埋藏地点。日伪拿着汉奸提供的名单,让村干部、干部家属和军烈属站出来,王璞和他的母亲张竹子挺胸昂首站在最前面。鬼子把刀架在王璞的脖子上,威逼他说出八路军兵工厂的枪支和弹药藏在哪里。王璞勇敢地推开鬼子的刺刀,带领在场的 20 多名儿童团员高呼:"我们不能忘记'五不誓约',我们至死不当汉奸。"残暴的日本鬼子向在场的群众开了枪,制造了又一起杀人惨案——野场惨案。118 名无辜群众倒在了血泊之中,其中就包括 14 岁的王璞以及王璞的母亲、弟弟和奶奶。

为了纪念牺牲的群众,晋察冀边区政府召开了追悼大会,授予王璞"抗日民族小英雄"荣誉称号,并立了纪念碑。新中国成立后,王璞被共青团中央授予"全国十大少年英雄"称号。

(资料整理:张栓中)

邓振询

邓振询,曾用名邓仲铭、邓重民,1904 年生于江西省兴国县。

邓振询 1928 年加入中国共产主义青年团,1929 年 2 月加入中国共产党,曾任中华苏维埃共和国中央政府执行委员兼劳动部部长,长征途中担任红 5 军团政治部地方工作部部长。1935 年 10 月到达陕北后,邓振询担任中华苏维埃共和国中央政府西北办事处劳动部部长。1936 年 9 月,他被任命为陕甘宁边区政府

邓振询(1904—1943)

民政厅长兼工农厅长，致力发展边区生产和经济建设，废除苛捐杂税，为调动边区人民抗日积极性作出了贡献。

全面抗战爆发后，南方红军、游击队改编为新四军，邓振询受党组织派遣，离开延安到南方工作。自1938年1月起，他先后任中共江西省委副书记兼组织部部长、中共苏皖区委书记、中共江南区委副书记等职，奔走于赣南闽西、湘鄂赣、湘赣、苏皖等地，恢复和发展党的各级地方组织，协助邓子恢、张鼎丞、谭震林等完成新四军第2支队的组建任务。在这期间，他组织有关方面草拟并正式颁布了《为坚持江南敌后抗战之纲领》，提出了"坚持江南抗日战争，驱除日寇出江南，驱除日寇出中国"、"实行敌后抗日民主政权"、"发展抗战经济，改善民生，破坏敌伪一切经济"等项主张，号召"全江南人民本此方针，团结一致共同奋斗"。这个纲领对于发展和巩固苏南抗日根据地，具有重大指导作用。

面对日伪顽的夹击，邓振询毫不畏惧，坚定地指出："目前的困难只是暂时的。只要我们坚持斗争，讲究策略，依靠群众，团结多数，胜利就一定属于我们。"他还及时召集了区党委会议，对形势作了认真的分析，确定了"坚持团结抗战，反对投降分裂危机，争取利用顽伪，打击敌人，坚持巩固原有地区工作，开辟新地区，打通南北联系，充实主力，充实地方武装，巩固党，深入民众斗争"的方针，极大地鼓舞了广大军民的斗志。在频繁的战斗生活中，邓振询身先士卒，和广大军民同甘苦、共患难，粉碎了日伪军的夹击，渡过了难关，根据地状况逐步好转。1943年3月，邓振询主持召开了苏南各县县长联席会议，通过了"苏南施政纲领"，成立了苏南行政公署，并出任苏南行政公署副主任，巩固和发展了苏南抗日民主根据地，使其成为新四军挺进苏北的桥梁。

1943年8月3日，邓振询在江苏江宁布置检查工作时，随部队宿营于江宁县冯潭村，后与敌人遭遇，部队连夜转移。就在渡秦淮河时，邓振询不幸于高桥渡口遇难，年仅39岁。

邓振询遇难后，江宁县军民在周岗圩绿杨头村举行追悼会，各界代表纷纷前往吊唁。1944年8月3日，苏皖区党委、苏南行署在宜兴又一次隆重举行追悼邓振询烈士大会，江渭清代表苏皖区党委致悼词说："邓副主任为中国共产党高级干部之一，尽瘁中国革命十年有余，领导苏南斗争时逾三载，而其对党与革命无限忠诚，学习积极、刻苦，沉着果断，诲人不倦，实为全国人民及全体共产党之模范，因此邓副主任牺牲，不独为苏南党及苏南斗争之重大损失，而且为全党及中华民族之重大损失。"1958 年 3 月，邓振询烈士遗骸迁葬南京雨花台。1983 年 8 月，江宁县东山镇建立"仲铭亭"，以志纪念。

（资料整理：张栓中）

田守尧

田守尧，1915 年出生于安徽六安。新四军第 3 师第 8 旅旅长，抗战中新四军牺牲的高级干部。

田守尧 1931 年参加工农红军，同年加入共青团，1932 年转为中国共产党党员。1934 年任红 25 军营长，参加长征，后任红 15 军团第 78 师团长、师长。抗战时先后任八路军第 115 师第 344 旅团长、旅长，新四军第 3 师第 8 旅旅长兼苏北第二军分区司令员。

田守尧作战一贯英勇顽强，曾先后受到徐海东、彭德怀和朱德的赞赏和嘉奖。在平型关战斗中，时任

田守尧（1915—1943）

第 344 旅第 687 团副团长的田守尧奋不顾身血战日寇，虽身负重伤仍躺在担架上继续指挥，战后八路军总部副参谋长左权专门来电予以表彰。1938 年春，他伤愈归队后升任第 687 团团长，参加了晋东南反"九路围攻"，在张店阻击战中，指挥部队勇猛作战，出色地完成了阻击任务。1939 年起先后任第 344 旅副旅长、八路军第 2 纵队新编第 2 旅旅长、第 5 纵队第 2 支队司令员。

1940 年 5 月，田守尧奉命率部南下华中支援新四军，创建苏北抗日根据地。皖南事变后，出任新四军第 3 师第 8 旅旅长，率部在盐阜地区开展游击战争，多次进行打击海盗、土匪、伪军和封建会道门的战斗，成功地指挥了郑潭口和响水口战斗，表现出一个高级指挥员的优良素质。在艰苦的斗争环境中，他善于团结干部和密切联系群众，重视开展思想政治工作。第 8 旅政治委员吴信泉和参谋长李雪三称赞，这是"军事干部很突出的一点"。

1943 年，田守尧与第 3 师参谋长彭雄率干部队 50 余人由海路出发赴延安

学习，而此时日军纠集一万余人开始对苏北抗日根据地进行重点"扫荡"，并迅速封锁盐河。为突出"扫荡"地区，彭雄和田守尧等通过湖西秘密交通线，改乘第8旅第24团缴获的一条帆船，计划经五垛到山东柘汪由水路北上。

3月16日，他们化装成商船从盐河口出发，次日晨行至连云港外赣榆县九里乡小沙东黄海海面时与日军巡逻艇遭遇。激战中，田守尧和夫人陈洛莲不慎踩入深水漕里，一起陷没。此次海上遭遇战共牺牲彭雄、田守尧、吴毅、张友来、曹云、陈洛莲、张明、张铎、张鹤英等16位烈士。田守尧牺牲时年仅28岁。罗荣桓对他们的牺牲十分痛心，亲自主持了公祭和追悼会，烈士们的遗体被安葬在赣榆县马鞍山烈士陵园。

黄克诚在1943年9月20日追念彭雄、田守尧烈士的悼文中写道："（彭、田）两同志，均为我军优秀的青年高级指挥员，对党忠实，作战坚决勇敢，战争与工作经验均极丰富。此次于海上遇敌，奋勇指挥作战，壮烈牺牲，真是重大损失。……而彭、田及遇难指战员英勇果敢、顽强作战的精神，永垂青史，作后死者之模范。"张爱萍的题词是："追悼彭、田同志，就要学习彭雄同志作战的勇猛精神！就要学习田守尧同志为革命斗争十余年的坚决精神！"

（资料整理：张栓中）

石嘉植

石嘉植（1918—1943）

石嘉植，原名嘉直，1918年出生于陕西富平薛镇乡盘石村。

1935年秋，石嘉植考入西安省立一中。第二年3月，石嘉植作为发起人之一，和同学们共捐献38块银圆，创办杂志《心声》。在4月1日出版的创刊号上，发表了他的一篇题为《战争与和平》的文章，愤怒地抨击"攘外必先安内"的卖国政策。西安事变后，国民党顽固派依然对抗日学生运动实施镇压，于是石嘉植决定放弃学业，前往真正抗日的地方。1937 年 3 月初，经过长途跋涉，他来到了向往已久的延安，进入中国人民抗日军政大学学习。学习期间，他加入了中国共产党。

1937 年 8 月下旬，石嘉植从抗大毕业，被分配到八路军第 129 师第 386 旅任文化宣传干部。9 月 30 日，第 129 师全体官兵抱着"坚持华北抗战，八路军与华北人民共存亡"的决心，东渡黄河，挺进华北，开辟抗日根据地。从 1937 年 10 月下旬到 1938 年 2 月，第 129 师在正太路南侧多次伏击日军，进行了长生口、神头岭、响堂铺等歼灭战，在晋东南站稳了脚跟。在战斗中，石嘉植初露锋芒，被军区授予"威震敌胆英雄"称号。

石拐会议后，石嘉植跟随陈再道、刘志坚率领的东进纵队前往冀南平原组织游击战争，担任了冀南军区敌工部行动科科长，主要担负对日军、伪军、汉奸的策反工作，铲除罪大恶极的铁杆汉奸，并管理教育日军战俘。在石嘉植的努力下，被冀南军区俘虏的日军士兵有不少参加了"觉醒同盟"和"反战同盟"，成为中国人民共同抗日的战友。

1940 年冬，冀南军区为了冲破敌军封锁，打通和冀中的通道，分化瓦解日伪军并及时掌握敌军动态，决定成立一支以从德州到石家庄铁路沿线为活动重点的地下武装，命名为"德石敌工队"，任命石嘉植为队长。两年多时间里，石嘉植领着敌工队员，在景县、衡水、枣强、德州一带，进行了大小几十次活动和战斗，杀鬼子、除汉奸、窃情报、烧军火，扰得日伪军坐卧不宁。通过抗日进步人士帮助，石嘉植在德州控制了由伪军办的"满洲国"《大北报》分销社，拿到了报社记者兼外务主任的委任状。他以此为掩护，出入日伪驻德州的大小机关，掌握了不少有价值的情报，还乘机处决了一个日军班长和一个国民党特务。1942 年早春的一个夜晚，石嘉植带领五名敌工队队员，从暖气沟道进入日军驻德州的山口旅团长的办公室，找出日军"扫荡"计划和各据点兵力部署资料，送往军区情报站。

1943 年 3 月，石嘉植因叛徒出卖而在景县境内龙华镇附近遭日军宪兵逮捕。在狱中他受尽折磨，坚贞不屈。不久，与几个难友被捆绑在龙华镇南街的一根木桩上处死，时年 25 岁。

（资料整理：张栓中）

孙明瑾

孙明瑾（1905—1943）

孙明瑾，号玉轩，1905 年生，江苏宿迁宿城区人。

孙明瑾受孙中山思想影响，1926 年考入黄埔军校六期。毕业后，参加北伐，历任第 87 师排长、连长、营长、副团长等职，后参加一·二八淞沪抗战。1935 年冬考入陆军大学。

1937 年 8 月 13 日，日军进攻上海，淞沪会战爆发。正读陆军大学三年级的孙明瑾，奉命赴上海前线，英勇抗击日寇。战斗结束，重返陆军大学，毕业后因成绩优异，留校任教，兼入陆军大学研究院深造。

随战事日紧，孙明瑾请缨杀敌，被调任第三战区第一科科长、高级参谋等职，参加南昌会战等战役，屡建战功。1940 年春，孙明瑾任第 10 预备师少将参谋长。同年秋，第 10 预备师编入第 10 军序列，调往沅陵，孙明瑾升任副师长兼参谋长。

1941 年 9 月，孙明瑾同师长方先觉率部参加第二次长沙会战，与三个半师团的强大日军遭遇，第 10 预备师英勇阻敌，同日寇血战一昼夜，有效地破坏日军进攻长沙的企图，受到蒋介石的嘉奖。太平洋战争爆发后，日军第三次猛攻长沙。12 月 31 日，日军得知，守备长沙南大门的是第 10 预备师，误以为该师为"预备师"，战斗力不强，便将作战计划定为以"长沙南门为重点攻击目标"。次日拂晓，日军以步兵、骑兵、炮兵与飞机联合出动，向第 10 预备师发起猛烈的进攻。第 10 预备师在南门与日军血战四昼夜，使日军久攻不下，不得不改变原主攻目标，转而向长沙其余各门的守军进攻，因而兵力大大分散，战局转而更有利于我军。1942 年 1 月 4 日夜，我军全面反攻，日军仓皇溃退，我军在围追堵截中歼灭了大量日军。因孙明瑾率部坚守长沙，战功卓著，升任第 10 军第 10 预备师师长。

1943 年 11 月，日军 15 万余人进攻常德。危急关头，孙明瑾率部随第 10 军火速救援，经过七天的强行军，于 25 日准时到达常德以南的马迹塘。从 11 月 26 日至 12 月 1 日，孙明瑾率部与日军数个精锐师团连续展开激战，第 10 预备师先后在驴岭、齐公嘴、益家冲、赵家桥血战日寇，双方反复冲杀，均伤亡惨重。

12月1日晨，日军在猛烈炮火轰击后，以步兵主力直扑第10预备师的战斗指挥所。孙明瑾亲自持枪督队冲杀。战至傍晚，第10预备师侧翼又突遭强攻。此时，部下请求掩护孙师长突围，他予以拒绝并奋身投入激战。孙明瑾在率部冲锋时，端着机枪向日军猛射，机枪弹打完，又用手枪、步枪，最后用刺刀与日军搏斗，刺刀也折断。日军见是我军高级将领，乃集火猛射。孙明瑾颈部、胸部、腰部和手臂多处中弹，血如泉涌。卫士上前救护，要抬他突围，孙明瑾，手扶卫士，目瞪部属，忍痛疾呼："中华儿女要壮烈，不畏死，不贪生，牺牲生命救国救民，努力杀敌！努力杀敌！"终因流血过多，伤势极重，壮烈殉国，时年38岁。临终前，孙明瑾仍频令部属向前猛进："贯彻命令，达成任务！"

孙明瑾殉国后，国民政府追晋陆军中将，入忠烈祠。1956年，中华人民共和国中央人民政府追认孙明瑾为革命烈士，由上海市人民政府向烈士家属颁发毛泽东主席署名的《革命牺牲军人家属光荣纪念证》。

（资料整理：张栓中）

朱　程

朱程，字公行，1910年生，浙江平阳县人。

朱程早年就读于温州商业学校，1929年毕业于黄埔军校六期。因参加反蒋抗日活动，曾被当局逮捕。出狱后回南京在津浦路警察行政督察总署任科员，后被津浦铁路局派往日本东京铁道学院留学，专攻铁道管理学。他很注意日本的政治经济动向，把《日本政治机构与军部制霸之基础》译成中文，在上海出版，以期引起国人对日本军国主义的警惕。因发现日本侵华步骤加紧，遂中断学业，于1937年5月回国，赴华北抗战重地太原，任山西军官学校教导团教官。

朱　程（1910—1943）

卢沟桥事变后，教导团扩编为河北民军，朱程先后任大队长、团长。他率部深入太行南部敌占区，与八路军游击支队配合行动，给敌以沉重打击。后在共产党帮助下，挫败顽固派企图吞并、消灭河北民军的阴谋，将部队拉回人民的怀抱，受到八路军总司令朱德的嘉勉。1939 年 9 月，经朱德、闻允志介绍加入中国共产党，不久任华北抗日民军司令员。

1939 年 10 月，朱程率部在狮子山伏击日军，歼敌百余人，缴获大量步枪、弹药和物资。11 月下旬，奉八路军总部命令率部到豫北地区开辟太行南区抗日根据地，行军途中智取平城县，一弹未发即生俘日伪军 100 余人，缴获大批枪支弹药。1940 年初，在辉县九峰山战斗中，毙伤和俘获日伪军近千人，解放辉县地区，打开从山西陵川经辉县到平原的通道。不久，朱程被任命为冀鲁豫军区第一军分区司令员。同年 5 月至 12 月，指挥大小战斗 50 余次，毙伤、俘获日伪军 1000 余人。1941 年，率部粉碎日伪军"四一二"大合围，毙伤、俘获日伪军 700 余人。1942 年，指挥部队频繁作战，歼灭伪军第 1 路军李英所部，并击毙伪旅长唐海廷。

1943 年 6 月，朱程调任冀鲁豫军区第五（鲁西南）军分区司令员、中共鲁西南地委委员，开创了曹（县）东南抗日根据地。9 月 21 日，日军集中三个师团、一个旅团及伪军万余人，分十路对湖西、鲁西南地区进行大规模"扫荡"。28 日，敌将鲁西南专署和军分区机关合围于曹县西南的王厂村。朱程率部英勇抗击敌人，掩护群众和机关、部队突围。他臂部负伤，仍坚持指挥战斗，击退敌人一次又一次冲锋。在危急关头，他指挥战士砸毁电台、摔坏枪支，与敌人拼杀血战，最后与敌同归于尽，年仅 33 岁。

1943 年 12 月 28 日，冀鲁豫区党委、军区和鲁西南人民隆重举行追悼大会，沉重悼念朱程司令员和同时牺牲的袁复荣专员等烈士。冀鲁豫军区司令员杨得志在献给朱程的挽联上写道："处华北敌后出生入死壮哉战斗意志，以身殉战场卫国卫民信矣党军模范。"1945 年，为纪念在这场战斗中牺牲的袁复荣和朱程，在曹县东南青固集设立"复程县"，取"复""程"二字。1990 年，杨得志再次亲笔为朱程烈士写下"向朱程同志学习，做国家的铁军将才"的题词。

（资料整理：张栓中）

许国璋

许国璋，字宪廷，1898 出生于四川成都。

许国璋出身于贫民家庭，自幼便受革命风潮的
影响，决心效法前辈，立志救国救民。1917 年，
他目睹国势衰败，决定弃文从武，入川军第 2 师服
役。因屡建功绩，颇得长官赏识，被提升为军佐，
入该师合川军官传习所学习深造, 以优异成绩毕业。
1929 年，投奔刘湘第 21 军，后被保送至第 21 军 "军
官研究班" 深造。九一八事变后，许国璋坚决主张
抗战救国、反对内战。1935 年，晋升为该军第 9 旅
第 25 团团长。

许国璋（1898—1943）

全面抗战爆发后，他多次请缨杀敌，1938 年 4 月，任第 67 军第 161 师第
483 旅少将旅长，随第 29 集团军出川抗日。武汉会战中，为保卫田家镇要塞，
他奉令进攻黄梅以南及大金铺日军，与敌相持一个月之久，使敌遭受惨重损失。
9 月 29 日，日军攻占田家镇要塞，鄂东上巴河战役展开，许国璋所部担当掩
护第五战区转移任务。由于他指挥得当，打败日军，支援了友军防御。

1939 年许国璋率部奉命驻守襄河石牌一带，多次击退进犯日军，同年秋
进驻钟祥，守卫大洪山，三年中于周边地区多次击退日军，屡建功勋。1939
年 5 月，该部以步兵武器击落敌机一架。1941 年 7 月，许国璋因战功升为第
150 师副师长，1942 年 7 月，升任该师师长。1943 年 3 月，他率部守备湖南
华容和湖北石首、公安等县，与日军激战 20 余日，歼敌千余人。此后，参加
鄂西会战，固守津市、澧县，作战中勉励部属："为国捐躯，军人分也，今当
决一死战，敢有退者，必手刃之。"全军士气昂扬，为鄂西大捷作出了重大贡
献。之后继续率部在茅草街、杨家厂、甘家厂一带与日军相持数月之久。

1943 年 10 月，日军集中兵力 15 万余人，进攻常德。许国璋奉令退至太
浮山，与驻太阳山第 162 师一道，袭击日军侧背，不料却被日军切断去路。为
吸引日军主力，减轻友邻军队的压力，许国璋将日军引至常德门户陬市，于此
固守。

11 月，日军挟十万兵力攻陷石门、慈利，至澧水南岸，许国璋所部各团

在连月的战斗下已伤亡过半，战力难以为继。日军见机以骑兵万余人配合空军支援向第 150 师袭来，许国璋指挥所属第 448、第 450 团于太浮山与之激战，到 11 月 20 日晨日军全力向位于排头岗的师指挥所攻击，当时许国璋身边部队仅剩不满两个营的兵力，但仍全力与日军血战一日至晚，死伤惨重。许国璋召集全军说："服从命令为军人之天职，今若南走，何面目见我主官。"遂决议北上与日军决战，命副师长、参谋长、政治部主任等百余人兵分两队乘夜突围。激战至天明时陷入日军包围。许国璋亲临前线，鼓励将士抗敌到底，激战中他身中两弹，在战场上数次昏迷。醒后得知日军占领该市，遂举枪自戕，壮烈殉国，时年 45 岁。

许国璋殉国后，遗体被送回原籍公祭，国民政府追晋其为陆军中将。

（资料整理：张栓中）

李 忠

李 忠（1915—1943）

李忠，原名郑树筠，1915 年出生于河北省冀县（今冀州市）垒头村。

1933 年李忠入河北省立第六师范学校学习，1934 年受本县共产党员李力的影响，秘密从事党的地下工作，并加入中国共产党。他先后在学生中组织了进步团体"野草社"和"前进社"，积极宣传马列主义，发展党组织，是冀县学生运动的主要组织者和领导者，团结了一大批进步青年进行爱国活动。1935 年秋，按照上级党的指示，他和几位学生领袖，发动进步学生深入民工中去，引导他们消极怠工，拖延时间，破坏国民党政府强迫民工修筑京大公路的计划，支援了直南农民暴动。同年冬，李忠回到农村，奔赴冀县、新河、宁晋和束鹿等县交界的村庄，向农民群众宣传党的抗日主张和土地政策，在农村撒下了抗日的种子。

1936 年 5 月，李忠和张润生（后改名张海峰）、王鸿鹄等一起，响应平津学生抗日救亡号召，计划开展纪念五卅运动 11 周年活动，并约定各校学生 5 月 30 日在南宫中学大操场集合，进行罢课、游行。不料，因个别学生走漏消息，29 日夜，反动校长引来冀县、南宫两县警察及当地国民党驻军白凤翔部，将学校团团围住，各校之间的联系也被切断。第二天，第六师范学校的学生全部集中到大礼堂，李忠宣布罢课。这时，训育主任出面阻拦，李忠挺身登上讲台，当众揭露日本帝国主义鲸吞中国的阴谋及国民党妥协退让的祸国殃民政策，痛斥训育主任等一伙人是"法西斯的走狗"。愤怒的学生将训育主任赶下台，轰出礼堂。事发后，李忠遭到国民党当局通缉。李忠乘夜逃往北平，在中共北平市委安排下，以小商贩身份作掩护，一面为当时的《大公报》写稿，一面秘密从事工人运动。

1937 年抗日战争全面爆发后，中共北平市委安排他任平西特委、宛平县委宣传部长等，领导平西游击战。1939 年初，李忠受组织派遣回到冀南抗日根据地工作，先后任中共南宫县委书记、中共冀南四地委宣传部部长。1941 年春任中共冀南二地委书记兼八路军冀南军区第二军分区政治委员。1942 年以后在反"清剿"、反"扫荡"中，他领导第二军分区的广大军民和敌人展开了英勇顽强的斗争，取得了很大胜利。在他的积极领导下，冀南军民开展抗日游击战争，巩固敌后抗日根据地。

1943 年 3 月 14 日，李忠带领武工队到滏阳河西检查工作，布置新的工作任务。他带领武工队，从南宫水牛屯出发，穿过密布的敌人据点，越过道道封锁沟，夜行百里，于 15 日拂晓赶到隆平县北阎庄。由于叛徒告密，被敌人包围。李忠沉着冷静，指挥参会人员有序突围，让 20 余名武工队员保护突围的队伍。李忠亲自带领 10 余名队员负责阻击敌人，从凌晨一直战斗到上午 10 时多，李忠身中数弹，壮烈牺牲，时年 28 岁。

（资料整理：张栓中）

萧永智

萧永智（1915—1943）

萧永智，1915年出生于湖北省红安县萧湾村。1926年入箭厂河高等小学，在校参加儿童团。1930年2月，任县苏维埃的通讯员，不久，参加红军，任通讯员。1931年1月，萧永智被调到红四方面军第10师任少共书记。次年5月，加入了中国共产党。1933年6月，萧永智被编入红四方面军第31军，任军宣传队队长。不久，被任命为第31军第91师宣传科科长。1935年5月，他随部队长征，到达陕北后入中共中央党校学习。

1937年9月，萧永智被任命为八路军第129师第386旅第772团政训处副主任，10月任团政治委员。他率部转战于太行山区，先后参与组织长生口、神头岭、响堂铺和潞王庄等战斗，打击了日军的嚣张气焰，使第772团成为一支英雄部队。

1939年秋，萧永智任第129师先遣纵队政治委员，与司令员李聚奎、政治部主任王幼平率部到达鲁西北地区。12月底，萧永智率第129师骑兵团途经东阿，获悉一小队日军将经过此地，便立即布置埋伏，全歼敌人。1940年6月，先遣纵队和范筑先抗日游击纵队合编为第129师新编第8旅，萧永智任旅政治委员。8月起，萧永智指挥两个团参加了百团大战，掩护群众破毁了邯郸至广平的公路，显示了优秀的军事才能。

1941年5月4日至9日，萧永智指挥新8旅两个团和部分地方武装，对威县至清河王官庄、馆陶至邱县公路实施大破击，沉重打击了日伪军对抗日根据地的分割、封锁和"蚕食"。此后，他到中共中央北方局党校学习。同年秋，他回到冀南，带领部队反击日伪军的"治安强化运动"，坚持平太路西的抗日战争。为在莘县、冠县、朝城、阳谷、寿张一带开展工作，萧永智率部队深入卫河以东，一个晚上拔掉莘县第二区的四个据点。

1942年6月，新8旅与冀南军区第三军分区合并，萧永智任第三军分区地委书记兼军分区政治委员。他领导第三军分区实行精兵简政，加强政治思想工作，组织小部队分散游击敌人，深入开展瓦解敌伪军工作，粉碎日伪军的

"扫荡",逐步扭转了困难局面。1943 年 7 月,冀鲁豫军区第三军分区的六个县划为冀南军区第七军分区,萧永智任军分区政治委员兼第七军分区地委书记。为了打开第七军分区新的抗日局面,萧永智和军分区司令员赵健民率领以第 22 团为主力的军分区武装,接连在燕店、铁佛寺等地打了几个胜仗。

1943 年,日军集中兵力实行"机动扫荡"。为了粉碎敌人新的进攻,冀南军区决定对敌出击,组织了卫东战役,此时组织已决定派萧永智赴人行学习,但他坚持打完这仗再动身。萧永智带领分区的第 22 团、基干团向清平进发,于 9 月 22 日到达陈官营后,即派出第 22 团在清平境内活动,基干团留驻陈官营。23 日上午 8 时,聊城、临清的日军广濑旅团几千人突然合围陈官营。萧永智率基干团奋勇迎战。战斗一直持续到下午,敌人不断增兵,形势十分危急。萧永智冷静地观察了日军的进攻情况,为保存有生力量,果断地下令向西突围。突围中,萧永智不幸中弹牺牲,年仅 28 岁。

萧永智是当时八路军优秀的青年干部之一,刘伯承、邓小平等多次对他的牺牲表示惋惜。为纪念他,冀南区设"永智县"(该县于 1945 年撤销)。1946 年至 1949 年,清平县一度改称"永智县"。1956 年,萧永智的遗骸迁葬至邯郸晋冀鲁豫烈士陵园。

(资料整理:张栓中)

陈飞龙

陈飞龙,字绍平,1908 年出生于湖南岳阳。1926 年入黄埔军校炮科学习,1929 年毕业后历任连长、营长、团长等职,后任国民革命军第 10 军预备第 10 师上校参谋主任。

预备第 10 师是一支由福建子弟组成的部队,先后多次参加对日作战,特别是 1940 年方先觉任师长之后,对部队进行改组、严训,使之成为一支能打善战的劲旅,后被编入第 10 军作战序列。在第二次长沙会战、

陈飞龙(1908—1943)

第三次长沙会战期间，多次顽强阻击日军。预备第10师成为第10军的第一王牌部队，也是国民政府第九战区的精锐部队之一，师长由抗战名将孙明瑾接任。陈飞龙在此期间，协助方先觉、孙明瑾等出谋划策、治军训练，随军参加对日作战。

1943年11月，日军15万余人进攻战略要地常德，常德会战爆发。危急关头，陈飞龙协助师长孙明瑾奉命率部随第10军火速驰援常德驻军第57师，经过七天的强行军，于25日准时到达常德以南的马迹塘。第九战区急电预备第10师，严令其"攻占德山，打通常德，克服困难，完成任务"。从11月26日至12月1日，在陈飞龙、孙明瑾等率领下第10预备师与堵截的日军数个精锐师团连续展开激战，先后在驴岭、齐公嘴、益家冲、赵家桥血战日寇，双方反复冲杀，均伤亡惨重。

12月1日晨，日军在猛烈炮火轰击后，以步兵主力直扑第10预备师的战斗指挥所。战至傍晚，第10预备师侧翼又突遭强攻。此时，孙明瑾师长与陈飞龙商量后决定亲自率队突击，奋身投入激战。孙师长在率部冲锋时，遭日军集火猛射。孙明瑾颈部、胸部、腰部和手臂多处中弹，壮烈殉国。

之后，陈飞龙带领预第10师继续奋战，而此时突击已变为突围，就在陈飞龙手持指挥刀指挥冲锋时，一颗子弹穿过了他的右手，他随即用左手持刀，继续指挥冲锋，奋死拼杀，后在肉搏战中被刺身亡，时年35岁。

陈飞龙殉国后，其灵柩与在常德会战中殉国的暂编第5师师长彭士量的灵柩被一同运抵长沙中山堂，国民政府举行盛大公祭，追晋其为陆军少将。

（资料整理：王珏玲）

周 复

周复，字旭人，1901年出生于江西省临川县。
1924年，考入黄埔军校第三期。1929年任军校政
治部秘书。1931年当选为国民党南京市党部常务
监察委员。随后留学日本，入日本陆军士官学校就
读，后转入明治大学法科。

周 复（1901—1943）

1932年一·二八淞沪抗战爆发，周复罢读回国。
同年3月，周复等人受到蒋介石召见，在其官邸集
会十余次，同月在南京成立"三民主义力行社"（即
中华民族复兴社，又称"蓝衣社"的核心组织）总
部，蒋介石亲任社长，周复任检查会常务检查，成为蒋介石的亲信之一。1935
年，周复调任国民党南京市党部特派员。

全面抗战爆发后，周复积极投入抗日御侮的行列，任第一战区政治部中
将主任，转战于中原一带。1939年初，鲁苏战区成立，原东北军爱国将领于
学忠任总司令，周复任鲁苏战区政治部中将主任兼战区国民党特别党部执行委
员会书记长等职。从1939年到1943年，他协助于学忠指挥部队在鲁苏战区坚
持了四年的抗日游击战争。他自兼社长创办了鲁苏战区《阵中日报》，修筑"中
山堂"并同于学忠每周在此作精神讲话，组织官兵收听抗战广播，演出抗战戏
剧，教唱抗日救亡歌曲，通过这些来对身处敌后的官兵进行爱国教育，号召抗
日救亡，鼓舞官兵士气。

1941年11月，日伪军共五万余人对沂蒙山区实行"铁壁合围"，企图消
灭该区八路军和鲁苏战区部队。周复协助于学忠指挥鲁苏战区部队和八路军共
同对敌，坚持战斗50多天，歼敌数千，粉碎了日伪"扫荡"。1942年8月，
周复协助于学忠指挥第113师与日军激战两昼夜，突出日军重围。

鲁苏战区新编第4师师长吴化文于1943年1月18日率新编第4师及第1
师投敌，山东战局突趋危急。2月17日，日军驻青岛、潍县、济南等地的独
立混成第5、第6旅团及独立混成第7旅团一部，共两万余人再次对鲁苏战区
的胶东抗日游击根据地指挥部、第113师驻地城顶山一带发动大规模"扫荡"，
企图寻歼鲁苏战区主力。于学忠组织战区各部分头迎击，以迂回包围断敌退路，

非战斗人员则分头疏散。周复率政治部人员疏散到安丘西南书院山一带。2月20日午后，日军迫近书院山，周复率800余人于黄昏后向东突围。21日黎明时分在安丘第六区同峰乡被日军包围。仓促间，周复率部抢占了在张家溜西南的城顶山，据险死守，奋力抗敌。日军不断增兵，将周复部层层包围。激战中，所部伤亡过半。周复以粮弹不继，不可死守，下令集中火力突围，并亲率敢死队员数十人冲杀于第一线。行至半山腰，他胸部不幸被流弹击中，血流如注。他强忍剧痛，继续指挥突围，最后力竭殉国。

1995年8月22日，山东省人民政府追认周复为革命烈士，其墓迁入安丘市革命烈士陵园。

（资料整理：张栓中）

孟昭煜

孟昭煜（1918—1943）

孟昭煜，字曦光，1918年生，山东滕州市羊庄镇土城村人。7岁入本村私塾，1934年初考入羊庄小学，在校接触共产党员教师，受到熏陶。1937年5月，经张开文、王右池老师介绍加入中国共产党。

1937年全面抗战爆发后，孟昭煜参加了滕县党组织在善崮创办的农民抗日训练班。1938年春，滕县沦陷，党组织在农民训练班的基础上成立了"农民抗日救国军"，孟昭煜被任命为班长。4月，他第一次参加了岗头山伏击日军的战斗。不久，"农民抗日救国军"改编为苏鲁人民抗日义勇总队。同年9月，抗日义勇总队改编为直辖第4团，他出任第2营教导员。随后他入中共山东省委党校学习，年底毕业回原部队任政治处组织股长兼团总支组织委员。1939年10月，部队改编为八路军第115师苏鲁支队，他任支队政治处组织科长。1940年冬，苏鲁支队改编为教导第2旅第5团，他任团政治处副主任。这支部队从一支游击队伍成长为主力兵团，他所做的党建工作起到了巨大作用。1942年春，孟昭煜任鲁南军区沂河支队副政治委员。几年间，他随部队参加了十余次战斗，总是身先士卒，冲锋在前。

1942 年 12 月，鲁南区党委根据上级指示，将铁道大队、微湖大队、滕沛大队及峄县大队合编为鲁南独立支队，孟昭煜被任命为支队政委，张新华为代理支队长。独立支队编成后，仍然分散活动在微山湖、津浦铁路东西两侧及临枣铁路南北两侧。孟昭煜经常不顾艰险，只带两三名随从人员来往于敌占区各个部队之间，协调部队的军事行动，进行思想、政治整顿，部队的军事素质和政治素质均有提高。

1943 年 5 月，孟昭煜带队深入到邹坞一带开展工作时与敌遭遇，不幸落入伪军驻邹坞据点大队长兼邹坞"剿共"司令朱玉相之手。孟昭煜在敌人软硬兼施、威逼利诱面前正气凛然，不为所动。敌人无计可施，遂于当晚将其枪杀于张范乡杨峪山下，孟昭煜牺牲时年仅 25 岁。

孟昭煜牺牲后，被当地百姓安葬于大香城西村。

（资料整理：张栓中）

易良品

易良品，1912 年出生于湖北省麻城县（今麻城市）顺河乡易家畈。易良品小时候在本村读私塾，高小毕业后，考入长沙市第三师范。1928 年参加红军，曾任排长、连长、通讯队长。1931 年加入中国共产党，并被任命为红四方面军第 31 军第 92 师第 274 团政委，后因功提升为第 93 师副师长。1934 年 10 月参加长征，途中身负重伤。

易良品（1912—1943）

全面抗战爆发后，易良品任八路军第 129 师第 386 旅第 772 团团长，随后参加粉碎日军"九路围攻"的长乐村战斗。

随着抗日武装的迅速增加，提高部队干部的政治军事素质成为紧迫的问题，为此，第 129 师师长刘伯承与政委邓小平决定组建随营学校，并任命易良品为校长。在他的领导下，两年时间里随营学校培养了数以万计的军事和政治干部。后由于延安中国人民抗日军政大学的迁来和战争形势的变化，随营学校停办。

1940年5月，易良品调任冀南军区新7旅旅长。百团大战中，冀南军区于8月30日发起了针对王高路的大规模破击战。易良品率全旅负责全线攻击，数万群众参加破路。在他的指挥下，所部激战三昼夜，不仅掩护群众将王高路彻底破坏，而且攻克敌碉堡16座，全歼伪治安军两个团，共计毙、伤日伪军500余名，俘日伪军450余名，缴步枪500多支、轻机枪27挺、子弹数万发。9月22日，易良品又率部攻打武城县刘官屯的敌人，炸死日军23人、伪军19人，俘房日伪军60多人，缴获据点大量武器弹药。这两次战斗成果辉煌，受到刘伯承和邓小平的好评，被八路军总部通报表彰，延安、太行、太岳、冀南等根据地的报刊，都以显著的版面予以报道。

1941年2月，冀南军区新组建了第六军分区，易良品兼任分区司令员。1942年日军对冀南抗日根据地的"扫荡""合围"达737次，第四、第六分区又是敌人"合围"的重点地区，易良品率部同敌人进行了殊死搏斗，打了许多胜仗，经受住了严酷的考验。同年6月，新7旅与第6军分区合并，他任冀南军区第六军分区司令员。

1943年3月15日，第六军分区在驻地冀县（今冀州市）刘庄召开政工会议，为了避免遭敌袭击，又转移到枣强县杨庄宿营。次日，被敌军包围。易良品果断地指挥与会人员和警卫部队分路突围。突围途中，他自己却不幸被敌人的一颗子弹击中了腹部，伤势严重。在警卫排的掩护下，易良品被抬到底阁村掩藏起来。由于当时没有条件做手术，缺医少药，且敌人已获悉易司令员负伤，正在严密搜捕，因而无法送医院治疗。25日，易良品终因伤势恶化而牺牲，时年31岁。

易良品牺牲的噩耗传到第六军分区，军政领导、部队官兵和民众无不感到万分痛惜。4月12日的《新华日报》（华北版）向全边区人民报道了易良品牺牲的不幸消息。1949年11月1日，易良品烈士的忠骨被移葬至晋冀鲁豫烈士陵园。

（资料整理：张栓中）

郑行福

郑行福（1908—1943），1908 年出生于湖北省红安县檀树岗清水塘。1929 年参加革命。1931 年参加红军，曾任班长、排长、营长。同年加入中国共产党。郑行福曾参加鄂豫皖革命根据地的反"围剿"作战。1932 年 10 月随红四方面军主力转移进入四川。1935 年郑行福任红四方面军第 31 军第 93 师第 271 团政治委员，率部参加了川陕革命根据地的反"三路围攻"和反"六路围攻"战斗。1935 年 5 月参加长征。1936 年 7 月任红四方面军第 31 军供给部部长。1937 年，红军主力改编为八路军，郑行福随第 129 师东进抗日。

根据国共两党协议，由中国共产党领导的南方 8 个省 14 个地区的红军、游击队改编为国民革命军陆军新编第四军，在中国共产党的领导下对日作战。为加强新四军的领导，先后从延安等地及八路军中选调大量优秀干部到新四军中任职。1938 年 3 月，郑行福从延安调到新四军工作。1938 年 4 月，新四军第 4 支队挺进皖中后，派出张学文、林英坚等协助皖中、皖西地方党李世农、桂莲、曹云路等发展地方武装，秋天组建了戴季英领导的一支游击队，辖第 1、第 2 两个大队共 1000 余人。1938 年 11 月，新四军参谋长张云逸率军部特务营由皖南渡江抵达无为地区。通过与国民党安徽省政府主席、第 21 集团军总司令廖磊谈判，商定将新四军第 4 支队第 2 游击纵队改称为新四军江北游击纵队。纵队成立后，郑行福出任政治部副主任，后改任主任。期间，多次随部队参加对日伪顽作战，纵队也在地方党组织配合下创建了多个抗日政权。

1941 年 1 月，皖南事变爆发，中共中央迅速作出指示重建新四军军部，此时留在皖中地区的部队等改编为新四军第 7 师，郑行福任供给部部长。第 7 师成立后，迅速发展壮大，创建了多个抗日根据地，每年数百次对日伪顽作战。郑行福率供给部想尽办法保障第 7 师作战后勤之需，他们开设工厂、修械所，严格财务制度，严禁乱用公款公粮，并以财政问题开展整风，为抗战胜利作出了巨大贡献。

1943 年 3 月 17 日，侵华日军第 116 师团和第 15 师团各一部及伪军共 6000 多人，分八路向皖江抗日根据地巢县、无为中心区大举"扫荡"。郑行福在反"扫荡"战斗中不幸被俘，被押解到安庆后遭日军杀害，年仅 35 岁。

（资料整理：张栓中）

赵义京

赵义京（1914—1943）

赵义京，1914 年出生于湖北省黄安县（今红安县）赵家店一个贫苦农民家庭。1930 年参加中国工农红军。1931 年加入共青团，1933 年加入中国共产党。1934 年参加长征。到达陕北后入中国人民抗日军政大学学习。

抗大毕业后，赵义京随八路军第 129 师东渡黄河，抗击日寇。之后随部队开赴太行，开展游击战争，初任师部通讯队长，后任师部作战参谋、作战科科长。1938 年 8 月，第 129 师开辟晋冀豫抗日根据地与冀南抗日根据地后，又在衡水、武邑、枣强一带，收编了以华北人民抗日联军三个支队为骨干的杂色武装，建立了冀南军区第五军分区。为了尽快将这支队伍改造成真正能打仗的人民军队，9 月，第 129 师调赵义京任该军分区参谋长，后任副司令员、司令员。他凭借过硬的政治工作能力，逐步完成部队的改造任务。同时，赵义京着手建设地方和群众抗日武装。在地方党组织的配合下，他奔波于第五军分区的各县、区之间，组建起了县大队、区小队、村游击小组，扩大了抗日武装力量。1939 年夏，率部在麦收之时伏击敌军，一举打开第五军分区抗战局面。

1940 年 7 月 25 日夜，即百团大战前夕，赵义京率部伏击"扫荡"的日军，仅用九分钟时间便结束战斗，缴获战马九匹、野炮一门、机枪两挺。这次战斗被 129 师评价为"创造了在平原地区迅速、干净消灭敌人的伏击战的范例"，并受到八路军总部通令嘉奖。

日军为"蚕食"抗日根据地、扑灭平原游击战争的火焰，在华北进行了三次"治安强化运动"，1942 年更是对冀南抗日根据地实施"铁壁合围"和"囚笼战术"。在严重的局势面前，赵义京坚决贯彻党中央和冀南军区开展反"蚕食"斗争的指示，派若干小分队深入敌后展开政治攻势，对敌伪人员采取岗楼训话，记黑、红点的办法进行分化、瓦解；对死心塌地为侵略者卖命、干尽坏事的汉奸坚决予以镇压；还拔掉敌人的薄弱据点，到处袭扰日军，给敌人造成很大的震动。

1943 年，冀南的抗日斗争形势更为严峻。遵照上级指示，第五军分区的主力部队暂时撤到太行山区。赵义京和副司令员陈耀元带领少数部队留下来，继续坚持敌后斗争。8月30日，冀南第五军分区在枣强县小白庄开完全区大队长以上干部会议后，突然在大江官村被2000多日伪军层层包围。赵义京临危不惧，指挥部队突围。战斗中，消灭了伪军一个中队，生擒了伪中队长。经过艰苦拼杀，终于突围成功。突出重围的赵义京发现有些同志没有跟上来，于是立即带警卫员、通讯员等六名同志返回去接应，副司令员陈耀元不放心，也返了回去。他们再次陷入敌人的包围之中，随后与敌展开残酷的肉搏战，赵义京不幸身中数弹，壮烈牺牲，时年29岁。随后，陈耀元也壮烈牺牲。

为纪念两位烈士，枣北县改名为"赵陈县"（抗战胜利后复名）。1984年3月，共青团枣强县委在其牺牲地枣强县西江官村修建了赵陈烈士纪念碑。

（资料整理：张栓中）

唐克威

唐克威（1913—1943），原名徐德乾，号延明，1913年出生于湖北省枣阳县（今枣阳市）。唐克威1927年3月加入共青团。1932年考入北京大学法商系，1934年加入中国共产党。1935年在"一二·九"学生运动中遭逮捕，后被营救获释。

抗日战争全面爆发后，唐克威入延安中国人民抗日军政大学学习，毕业后分配到中共中央组织部工作。1938年9月，任中共冀南区党委党校校长。1939年，任冀鲁豫边区中共豫北特委宣传部部长兼边区八路军办事处主任。1942年后，历任中共冀鲁豫五地委书记兼军分区政委、冀鲁豫八地委书记兼军分区政委、冀鲁豫军区水东军分区政委、水东地委书记兼水东独立团政委等职。在极其艰难险恶的环境中，唐克威积极领导各阶层人民采取灵活的斗争方法，粉碎了日军一次又一次的"扫荡"，还曾率部奔袭数百里，抢在日军之前占领并控制陇海铁路，打开水东地区抗日工作局面，被誉为勇于和善于开辟新区的"开荒干部"。

1943年1月9日，唐克威抵达杞县南部谷熟岗，召开水东地委扩大会议。

在会议即将结束时，传来日伪重兵"扫荡"水东根据地中心区的消息。会议决定大家分散到杞南、杞北、杞通边活动。唐克威带领八路军战士在前沿阵地监视敌人，团机关留在杞县南部。1 月 27 日凌晨，唐克威率部到达杞县东南边缘的常营村。有侦察员报告，在板木一带发现日军汽车队向常营方向驶来，部队准备转移。上午 10 时，敌军武装汽车抵达常营西门，战斗打响。敌伪数百人乘坐 20 多辆汽车，而我军只有百余人。唐克威立即下令突围。当时他脚伤未愈，行动不便，只得骑马指挥。唐克威带领部分人员将敌人阻击在秦椒坟、小温河，以掩护大部队撤退。中午 12 时左右，唐克威将敌人引至铁底河畔，想以河流来阻挡敌军汽车队的前进。然而当跃马过河时，唐克威不幸坠马落入河中，而警卫人员又被冲散。在敌人叫嚣"活捉"声中，他一边朝敌人射击，掩护战友撤退，一边撕毁文件，当剩下最后一颗子弹时，他饮弹自尽，宁死不当俘虏，年仅 30 岁。

1944 年 8 月，中共有关部门曾将水东地区杞县北部和开封、民权、兰考、睢县、宁陵等县的部分地区划立为"克威县"，以示纪念。唐克威烈士牺牲后，最初埋葬在太康县北部铁底河畔。1987 年 9 月 3 日，在纪念中国人民抗日战争胜利 42 周年之际，他的遗骸被迁入新的烈士陵园。

（资料整理：张栓中）

柴意新

柴意新（1898—1943）

柴意新，原名柴永茂，字泽高，号若愚，1898 年出生于四川省南部县建兴镇。柴意新早年在合川中学求学，受革命思想影响，立志救国救民。1925 年考入黄埔军官学校学习，其时共产党员李鸣珂也在黄埔学习，二人因同乡而交往密切，在其影响下，柴意新进步很快，不久就加入了中国共产党。

柴意新从黄埔军校毕业后参加北伐。抗战全面爆发后参加淞沪会战等战役，转战各地，战功卓著，历任排连营长、团附、参谋大队长、上校参谋主任、司令部上校附员等职。1940年，柴意新入陆军大学将官班学习。1943年任国民革命军第74军副参谋长，深得军长王耀武赏识，后调任第74军第57师任师部参谋主任，负责训练、作战等业务。鄂西会战中，柴意新运筹帷幄，根据敌我双方情况，制订作战方案，赢得辉煌战果。常德会战前柴意新任第74军第57师第169团少将团长。

1943年11月，日军集中兵力进犯常德。柴意新奉命坚守常德，他率团在常德城外德山、芷湾一带修筑了几道工事，严阵以待。11月18日，日军向德山疯狂进攻。柴意新率部奋勇作战，数度击退数倍于己的日军。11月19日，敌人增兵至七八万人且有坦克、步兵协同冲锋。我方防御工事全被摧毁，柴意新只得退守芷湾。芷湾的战斗更为激烈，柴意新鼓励全团官兵："人在城在，为国尽忠，血战到底！"敌人屡攻不下，又连续增兵7000余人，调来数十门大炮和数十架飞机，轮番向芷湾发起攻击。在大量飞机、坦克配合下，大批日军向我军阵地逼近。柴意新指挥战士作战，阵地前面，尸横遍野。

激烈的战斗进行了八天，常德东门城墙被日机炸开缺口，日军蜂拥而入。柴意新率部与敌人开展白刃格斗。战至30日，我军一线战士伤亡殆尽，柴意新将文职人员及勤杂人员都编入战斗队，并鼓励战士们："只要还有一个人，还剩一口气，都要与敌人继续战斗！"12月1日，柴意新率领伤残人员，退守城西南一角。此时，我援军赶到，已迫近城南，敌人见此情形，集中大批兵力向柴意新阵地实行集团冲锋。柴意新亲自带头抗击敌人，一天之内打退敌人数次强攻。2日下午，面对蚂蚁般密匝匝的敌人，柴意新全团仅剩下的十数个人毫无惧色，各据要点，顽强战斗。为策应师长余程万等突围，柴意新固守华晶玻璃厂，多次打退敌人波式冲锋。3日黎明时，柴意新率部突进到府坪街，在春申墓前作最后冲锋时，不幸中弹，壮烈殉国，时年45岁。

柴意新殉国后，国民政府追晋其为陆军中将。1985年，中华人民共和国民政部追认柴意新为革命烈士。

（资料整理：张栓中）

郭好礼

郭好礼（1904—1943）

郭好礼，原名郭富堂，1904 年生于河北省临漳县郭小屯村。8 岁入小学，考入大名县华美中学，毕业后到大名县黄金堤村任教。后投笔从戎，参加冯玉祥部国民联军，任连长。1930 年中原大战冯玉祥战败，郭好礼回到家乡，在地方组织自卫武装，任保安中队长。

1937 年抗日战争全面爆发后，郭好礼积极呼吁"枪不离人，人不离土，抗战到底"，组织抗日民军，任河北民军第 1 路军副司令员兼第 5 支队司令员。1938 年秋，率部转移到鲁西北，同八路军东进纵队协同作战，并收复东阿。1939 年夏，任临漳县县长。同年底，第 5 支队改编为八路军第 33 支队，郭好礼任支队长。

1940 年初，第 33 支队改编为八路军第 129 师第 386 旅第 774 团，郭好礼任副团长。8 月，参加了百团大战。9 月，他从前线调到冀南军区轮训队任副队长，进一步加强政治学习；1941 年 9 月返回冀南第一分区，任分区参谋长并组织抗日武装——临安支队。1942 年经宋任穷批准加入中国共产党。后历任第一军分区副司令员兼参谋长、八路军路南支队司令员，率游击队活动于广平至大名公路以南地区，坚持抗日游击战争。

在抗日战争的艰苦岁月里，郭好礼率部一次又一次地粉碎了日军的"封锁"和"扫荡"，当时由于日军对抗日根据地进行疯狂军事进攻和残酷的经济封锁，根据地由于极大的困难。百姓中流传着这样的歌谣："郭好礼的兵不好当，破鞋破袜破军装，夜晚常走坷垃地，白天住的树林行。"尽管如此，他带领的部队士气旺盛，屡打胜仗。敌人恼羞成怒，扣押了他的妻子和女儿，并威胁他说，如不投降日本人，就将母女三人统统杀掉，但遭到郭好礼的断然拒绝。

1943 年，郭好礼带领路南支队接连拔除敌人多处据点。2 月 4 日晚，又一举攻克了魏县城，消灭了一批日伪军。敌人穷凶极恶，调集九路日伪军，向魏县以东的抗日根据地和游击区进行大规模的"铁壁合围"。2 月 27 日，八路军路南支队被日军包围在魏县屯礼村。激战中，郭好礼带着警卫人员冲出了村庄，然而当他发现部队的主力还没有突围时，立即停下来接应，并派警卫员返回村子传达命令，他在村边掩护。但终因寡不敌众，被敌人包围，头部中弹，壮烈牺牲，时年 39 岁。

八路军第 129 师师长刘伯承、政委邓小平称赞："好礼同志一生为中国人民解放事业而奋斗，艰苦卓绝英勇牺牲之精神，足为三军楷模。"八路军冀南军区也在郭好礼牺牲后发给其父的电报中指出："不幸好礼同志于战斗中光荣殉国，噩耗传来，悲愤交加。五年来，好礼同志为着民族解放事业转战南北，迭愤顽敌，功绩卓著，但此抗战胜利之际，好礼同志竟在与敌搏斗中，流尽了最后一滴血，实为全军模范。"

（资料整理：张栓中）

高捷成

高捷成，生于 1909 年，福建龙溪人，是晋冀鲁豫抗日根据地金融事业的奠基人。

1926 年，17 岁的高捷成参加国民革命军，在第 1 军任宣传员。同年 11 月随北伐军回到漳州，参与组织农民协会，开展农民运动。大革命失败后，离开国民党军队。1928 年考入厦门大学攻读经济学，期间协助其叔父的百川银庄理财，曾暗中抽取资金资助共产党领导的闽南赤卫军。1932 年 4 月在漳州参加中国工农红军，同年 5 月加入中国共产党，在中央苏区从事财

高捷成（1909—1943）

经管理工作。1934 年 10 月参加长征，随中央红军到达陕北。随后进入红军大学第一期学习，并首创红军会计工作制度。

全面抗战爆发后，高捷成跟随八路军第 129 师挺进太行山，开辟晋冀鲁豫敌后抗日根据地，被任命为冀南区首任税务局长、晋冀鲁豫财政经济处处长等职，为根据地的经济建设做了大量基础工作。由于日伪在军事上对根据地进行疯狂"扫荡"，在经济上进行残酷掠夺与封锁，随着抗日队伍的扩大，筹粮

筹款遇到很大困难。此时金融市场又动荡不定，货币混乱，币值不一，给工作带来很多不利。在党中央领导的指导下，高捷成带领一批干部同志开始创办银行、印制钞票，克服了印刷机、印纸、技术等种种困难，陆续设计和印制出了符合要求的冀南钞票。1939 年 10 月，冀南银行在山西省黎城县小寨村成立，经邓小平举荐，高捷成任首任行长，不久兼政委。

百团大战后，日伪军更加紧对根据地经济、货币实施封锁、打击。华北敌后环境更趋艰苦。高捷成采取了种种办法应对，在他和同志们的努力下，货币斗争取得了显著成效。从 1941 年起，冀钞信誉上升，阵地扩大，币值增高，有效地抑制了其他各种钞票的流通。连敌伪军中的士兵都乐意保存，有的甚至还将它作为投降八路军的通行证。冀南银行也逐渐发展壮大，由最初的一间农家四合院、50 多人发展到三个印钞所、三个厂部、工人 1000 余人。冀钞的使用面逐步扩大到了太行、冀鲁豫及黄河以南等地区，近 200 个县市 4000 多万人口用上了冀钞，成为抗日根据地使用最广泛的一种货币，有力地支持了抗日战争。

1943 年 5 月，日寇疯狂"扫荡"太行山抗日根据地。高捷成率银行干部奔走于各地，部署维护货币、反"扫荡"的斗争任务。5 月 14 日在河北内丘县白鹿角村与敌人遭遇，他不顾个人安危，坚持让随行人员带重要文件先行撤退，自己则组织力量进行掩护。在战斗中他不幸身负重伤，英勇牺牲在敌人的刺刀之下，时年 34 岁。

6 月 27 日、29 日的《新华日报》（华北版）报道了高捷成殉国的噩耗。冀南银行写了一篇祭文，高度评价高捷成，指出他"为敌后银行建设货币工作奠定了磐石之基，在对敌经济斗争，发展根据地生产事业，抚育经济工作干部上更有极大之贡献"。1950 年，高捷成烈士的忠骨移葬河北邯郸晋冀鲁豫烈士陵园。

（资料整理：张栓中）

乾云清

乾云清（1906—1943），湖南人。青年时参加了中国工农红军。1934年随军长征，到达陕北。抗日战争全面爆发后，随八路军第120师转战晋西北抗日战场，任特务团连长。不久，调冀中警备旅，任营长、作战股副股长。1938年，八路军第3纵队成立，同时冀中军区成立，归晋察冀军区所辖，第3纵队机关兼军区机关，下辖四个分区。1942年晋察冀军区实行精简整编后，乾云清在冀中军区任第31区队队长。

1942年春，日伪军出动大规模兵力对冀中抗日根据地实行残酷的"五一大扫荡"，实施野蛮的"三光"政策（即杀光、抢光、烧光）。乾云清率领第31区队在深县（今深州市）、束鹿、赵县、晋县等地不断打击、牵制日军。在深县东王庄，乾云清率一个连，往来出没在县城至护驾池村日军控制的封锁线的沟、堡之间，曾伏击全歼日军一小队，缴获步枪13支，轻机枪一挺，掷弹筒一个，创造了冀中第六军分区突袭敌军的模范战例，受到冀中军区通令嘉奖。7月，乾云清带一个大队在宁晋县小营隐蔽宿营，不意暴露了目标，遭日伪军800余人合围。乾云清在已经负伤的情况下出其不意指挥突围，予敌重创。

1943年5月，乾云清任第40区队队长，他率一个连在深县东南部地区坚持打游击战。5月至8月间，乾云清亲自指挥了大里寺、西泽北、和庄、黄龙等20多次战斗，共缴获敌军步枪160支、手枪15支、轻机枪一挺、掷弹筒三个，活捉伪军100多人。日军指挥官也不得不连声称赞"八路军的战术高明，乾部队真是厉害！"这一带的父老乡亲，非常热爱乾云清部队，亲切地称他们为"老乾的队伍"。部队住宿时，只要说一声"俺们是老乾的人"，乡亲们就像迎接亲人一样，把战士让进自己的住房。

战士们十分爱戴自己的首长，因为乾云清不仅智勇双全，作战时冲锋在前，平时也非常关心爱护战士，他经常和战士谈笑风生，问寒问暖。他告诉战士们，作战要"杀敌致果，每战必胜"！每到一地宿营，他常常让战士抓紧时间休息，自己却去查岗放哨。战士们信任他，佩服他，常说："跟着乾区队长总打胜仗！"

1943年8月，我军在深南北黄龙与日军激战。乾云清奋勇当先，缴获了一挺轻机枪、一个掷弹筒。战斗接近尾声时，他身中敌人流弹，不幸壮烈牺牲，时年 37 岁。他牺牲后，冀中军区追认其为"战斗英雄"。

（资料整理：张栓中）

抗战英烈谱

符竹庭

符竹庭（1912—1943）

符竹庭，1912 年生，江西广昌人。1927 年加入中国共产主义青年团。1928 年转入中国共产党，同年参加中国工农红军。历任大队政治委员、团政治委员、师政治部主任等职，参加了中央苏区历次反"围剿"和长征。到陕北后，任红一方面军政治部巡视团主任。1936 年 6 月入红军大学学习。

抗日战争全面爆发后，任八路军第 115 师第 343 旅第 686 团政治处主任，参加了著名的平型关战斗。为了打好这一仗，他在全团大会上作了令人鼓舞的战斗动员："国家兴亡，人人有责。人民的子弟兵，要有中国人的骨气。要消灭日本法西斯，打出八路军的威风，为中华民族雪耻，为受苦受难的同胞报仇！"从而激发了指战员高昂的战斗热情，为夺取作战胜利奠定了坚实的思想基础。随后他同杨勇等到晋东南扩军近 3000 人，成立第 343 旅补充团，任政治委员。

1938 年 10 月，符竹庭任八路军东进抗日挺进纵队政治部主任，参加开辟冀鲁边抗日根据地的斗争。根据当时敌强我弱的情况，部队分散开展活动。他率政治部和部分武装活动在阳信、惠民、商河一带，广泛发动群众，开展机动灵活的游击战争。期间领导创办了《挺进报》《挺进月刊》，指导边区党委创办了《烽火报》。1939 年底起任鲁西军区政治部主任兼第 115 师独立旅政治部主任、教导第 2 旅政治委员。1941 年率部进入滨海地区，3 月下旬参与指挥青口战斗，歼灭日伪军千余人，拔除敌据点十余处，收复沿海大片地区。同时组织根据地军民开展生产运动，为解决根据地的经济困难发挥了重要作用。1943 年 1 月，为配合苏鲁边区反"扫荡"，符竹庭同旅长曾国华指挥教导第 2 旅及地方武装采取"翻边战术"，袭击敌伪据点郯城，在我军猛烈打击下，日伪军千余人缴械投降，日军指挥官多田幸雄被生俘。同年3月，中共滨海区党委和滨海军区成立，符竹庭任党委书记兼军区政委。他与军区司令员陈士榘发展壮大了滨海根据地，将滨海、滨中、滨北连成一大片，面积近两万平方公里，人口约500万。参加指挥赣榆战斗，生俘伪旅长以下2000余人。日伪军在赣榆城惨败后，于11月26日晨纠合新浦、青口之兵600余人，偷袭滨海军区机关驻地——赣榆县西北的黑林乡马旦头村。符竹庭在带领警卫员检查下属部队工作时与日军援兵遭遇，不幸身负重伤牺牲，年仅31岁。

罗荣桓赞扬符竹庭是一名军事上、政治上都比较强，有能力的优秀干部。为纪念和缅怀这位为国捐躯的八路军优秀将领，1945年至1950年山东省人民政府曾将赣榆县改名为"竹庭县"，赣榆人民创作了题为《纪念符竹庭》的颂歌。1983年11月，赣榆、广昌两县人民隆重举行纪念符竹庭牺牲40周年大会，修建了符竹庭烈士纪念亭。其生前战友、中国人民解放军原总参谋长杨得志曾赋诗悼念："赣南闽西初相识，长征路上风雨同；君赴敌后驱日寇，血洒赣榆留英名。"

（资料整理：张栓中）

黄　骅

黄骅，原名黄金山，1911年出生于湖北省阳新县良上村。在他15岁时，家乡革命运动兴起，相继建立了许多革命组织，良上村成立了儿童团，黄骅被推选为联村儿童团团长。1928年，17岁的黄骅参加了阳新县赤卫队，1929年黄骅光荣地加入了中国共产党。1934年参加长征。到达陕北后，入红军大学学习。毕业后，留红军大学工作，任干部第2团政治委员。

黄　骅（1911—1943）

1937年9月，黄骅被派到晋西南去创建抗日根据地，任晋西南游击支队队长。1938年8月，调到晋西南边区党委工作，任军事部长兼八路军第115师晋西独立支队（又名晋西青年抗敌决死队）副支队长，为创建晋西南敌后抗日根据地作出了重要贡献。1940年4月，任鲁西军区副司令员兼第三军分区司令员。1941年4月，到冀鲁边军区任副司令员兼第115师教导第6旅副旅长。当时，冀鲁边军区是对敌斗争环境最艰苦的地区之一，在敌强我弱的情况下，他灵活运用"集中优势兵力，打其一点"的方针，频频出击，不断取得反"扫荡"斗争的胜利。

1942年，对敌斗争形势极其严峻，第115师教导第6旅旅长兼冀鲁边军区司令员邢仁甫产生消极情绪。黄骅对他进行了严肃耐心的劝导。邢仁甫却由此产生了严重的对立情绪。1943年6月30日，冀鲁边军区司令部在新青县大赵村召开侦察会议。下午6时，军区手枪队队长冯冠奎奉邢仁甫密令带领一队人闯入会场，凶狠地开枪射击，黄骅、陆成道、陈云彪等八人当场遇难，黄骅牺牲时年仅32岁。

黄骅牺牲后，1943年8月，山东军区在利津县镇海庙召开干部大会，将新海县命名为黄骅县（今黄骅市）以资纪念，沿用至今。1953年3月，他的遗骸移葬山东省济南市四里山（英雄山）革命烈士陵园。

（资料整理：张栓中）

彭 雄

彭 雄（1915—1943）

彭雄，原名彭文灿，1915年出生于江西省永新县。1929年参加红军，1932年加入中国共产党，曾任红3军团第2师通信员、通信班班长、通信排排长、师司令部作战参谋、连长、营长，第6师第16团参谋长等职，参加了中央苏区历次反"围剿"斗争。1934年随中央红军长征。到达陕北后任红3军团第13团参谋长。1937年初任红4军参谋长。

抗日战争全面爆发后，红军主力改编为八路军。1938年6月，彭雄被任命为八路军路东支队司令员，率部入山东，开辟鲁南、鲁西、鲁西南敌后抗日根据地。刚进入山东不久，遇

1000 余名日军追击国民党第 3 集团军司令于学忠部，为团结抗日，彭雄率部激战日军，使于学忠部安全脱险。1939 年春，日伪军"扫荡"黑山，彭雄以小股兵力伏击敌先头部队，以主力奔袭敌尾，予敌重大杀伤。1939 年 3 月，陈光、罗荣桓率部挺进山东，彭雄任独立团参谋长，与团长杨勇共同领导鲁西抗日，此后率部开辟费北抗日根据地。同年 6 月，日伪军从兖州、泗水、费县据点纠集数千名兵力，两次进犯费西、仲村一带根据地，均被彭雄率领东进支队主力和地方抗日武装击退。同年 8 月，彭雄率部打垮了破坏抗日根据地的反动会道门"无极道""红枪会"武装势力。10 月，又把制造摩擦的顽固派张里元部驱逐至上冶以东地区，巩固和扩大了费南、费北抗日根据地。当时，费县、平邑一带流传着这样的民谣："涝怕阴，旱怕晴，鬼子汉奸怕彭雄。听到彭雄来，鬼子汉奸跑掉鞋。听到彭雄到，鬼子汉奸不敢笑。"1940 年 10 月，彭雄调任鲁西军区副司令员兼黄河支队支队长。皖南事变后，中央指示重建新四军军部。1941 年 2 月，彭雄调任新四军第 3 师参谋长兼苏北军区参谋长，与师长兼政治委员黄克诚一起，领导部队转战于江苏北部淮海、盐阜和皖东北地区。

1943 年春，新四军第 3 师党委选送彭雄等干部赴延安学习，彭雄任队长，搭船取海路北上山东再转赴延安。3 月 17 日凌晨，途经赣榆县小沙东黄海海面时，与日军巡逻艇遭遇。彭雄沉着应战，待日军小队长及翻译登船"检查"时将其推入海中，又将几束手榴弹扔上敌艇，炸死炸伤十余名敌兵。敌艇忙掉头逃跑，在离开木船后稍作喘息，便利用装甲优势，又冲了过来，彭雄指挥大家坚决还击。激战中，彭雄腿部中弹，前舱同志大都牺牲。他号召大家："哪怕只剩一个人，也还要打下去！"血战持续一天，敌船被迫败退。彭雄却因多处中弹，壮烈牺牲，年仅 28 岁。

彭雄等人牺牲后，八路军第 115 师和新四军第 3 师分别举行了隆重的追悼大会。烈士们的遗体安葬在江苏省赣榆抗日山烈士陵园。

（资料整理：张栓中）

彭士量

彭士量（1904—1943）

彭士量，号秋湖，1904 年生，湖南省浏阳人。1924 年考入湖北明德大学。因受孙中山革命思想的影响，1926 年考入黄埔军校第四期，毕业后参加北伐，历任排长、连长、营长、副团长、团长等职。1927 年参加南昌起义。1932 年，彭士量入陆军大学学习。1935 年底任国民党军第 83 师上校参谋处长。

全面抗战爆发后，彭士量请缨参战，率部参加了上海、台儿庄、武汉、长沙等战役，并历任第五补训处上校团长，及预备第 4 师少将参谋长、副师长等职。1941 年，调任第六战区长官部高级参谋兼干训团教育处长。1942 年调任第 73 军暂编第 5 师副师长。1943 年任暂编第 5 师代理师长，11 月任该师师长。同年夏，日军集中优势兵力侵犯洞庭湖区，彭士量将军率部转战华容城郊与敌相持数月，屡挫日寇威风，打退侵犯之敌。11 月，日军再度集结 10 余万重兵，在海空军的配合下进犯常德，试图歼灭湘西我军主力部队，夺取常德战略要地，向常德、桃源一线我方阵地发动进攻，常德会战爆发。彭士量率领暂编第 5 师奉令固守石门县城，双方展开激战。

石门是常德的前哨，易攻难守，日军对石门意在必得，动用数万兵力分三路合围。11 月 6 日，日军进攻开始，先以大批飞机、重炮猛烈轰炸暂编第 5 师阵地，妄图将其围歼。彭士量率部浴血奋战，英勇杀敌，与日军相持八个昼夜之久。日军多次猛扑均未得逞，竟施放毒气，致使红土坡的加强营全体官兵壮烈牺牲。后北面防线被突破，彭士量率兵巷战，将窜入之敌全部歼灭。此时天色已晚，石门被敌人重重包围，敌人数次冲锋，又以云梯攻城，局势危急，彭士量亲自到西城巡查，并增筑工事，谕官兵死守，并电呈上峰：决与石门共存亡。

此时，国民政府军委会下令第 73 军后撤，放弃石门，但该军正与日军全线激战，根本无法脱离接触。为了挽救整个第 73 军，彭士量挺身而出，自告奋勇接下掩护全军撤退的重任。14 日夜间，暂编第 5 师在彭士量的指挥下死守石门，掩护全军南撤。15 日晨，敌军几度攻城均被击退。暂编第 5 师在万难之中，已连续苦战三昼夜，虽部队伤亡过半，石门屹立不倒。下午 3 时许，敌军以数倍兵力三面进攻，助以飞机大炮集中轰炸，几处城垣忽被突破，暂编第 5 师全体官兵继续在城内与敌展开残酷的肉搏战。彭士量身先士卒，街、巷、民房皆成死守据点。掩护第 73 军撤退任务完成后，暂编第 5 师于 15 日黄昏奉命撤出石门，但在渡河时遭遇日军的攻击，彭士量亲自指挥部队奋力突围，不幸在南岩门口被敌机机枪击中要害，身受重伤还喊杀不止，忠勇之气感动得在场的官兵个个哭声不绝。临终之前，他拼力高呼："大丈夫为国家尽忠，为民族尽孝，死何憾焉！"时年 39 岁。

彭士量牺牲后，1944 年国民政府特追晋其为陆军中将。1985 年，四川省人民政府追认彭士量为革命烈士。

（资料整理：张栓中）

曾仁文

曾仁文，1906 年生，江西省吉安县人。1927 年加入共青团。1929 年参加农民起义。1931 年参加红军。第二次反"围剿"中身任连长的曾仁文率全连猛打猛冲，抓了不少俘虏，还缴获了国民党军第 49 师师长王金钰的"百宝箱"（有电台用的密码本和金条）。战斗结束后，毛泽东表扬他作战勇敢，说："你打得不错嘛，是个好样的青年。"经毛泽东介绍，1932 年曾仁文加入了中国共产党。后曾任共青团吉水县支部书记、区委书记、县委书记、组织部部长，独立第 13 团政治委员、游击

曾仁文（1906—1943）

总队政治委员、团长等职。1934 年 10 月参加长征，任军委纵队收容队政治委员，后任红一方面军保卫局侦察科长、野战军后勤部特派员及援西军保卫部长等职。

全面抗日战争爆发后，为了加强兵站的保卫工作，曾仁文任总兵站站长

兼政委，领导从河南渑池至晋陕边境壶关八个兵站。500里长的地下交通线，是内地连接延安最重要的一条秘密通路，担负着护送过往的中央领导人、八路军干部，去延安的伤员、大学生，转送军用物资，包括枪械弹药，以及向延安转运黄金白银等任务。经过曾仁文的艰苦努力，形成了由兵站、地方党组织和基本群众形成的秘密护送网，护送过刘少奇等领导，运送了大量金银、枪支弹药，还协助周文龙运回八路军大量军饷。

晋中支队（即同蒲兵站）成立后，党中央派曾仁文去担任支队长兼政委。他把兵站人员培养成一支能打善战又会做群众工作的特殊队伍，多次掩护刘少奇、陈毅、彭德怀等领导同志过往。在桃家岭战斗中，他指挥队伍，掩护卫生队带领伤员安全转移，而自己险些陷入重围。在西沟战斗中，他指挥不足百人的队伍，牵制住数倍于己的敌人。1942年春，曾仁文调任八路军总部后勤部参谋主任，在艰难环境中，为八路军筹措了大量后勤物资。

1943年，日伪军调集重兵对太行山区进行"大扫荡"，采取"铁壁合围"，目标直指八路军总部。八路军总部兵分数路与敌周旋。后勤部机关在山西和顺县北地墩一带用电台发电报时，被日军发现踪迹。数千日伪军误认为找到了总部指挥机关的踪影，对他们发动猛攻。曾仁文挺身而出，坚持自己带警卫连留下阻击敌人，掩护杨立三和后勤机关转移。曾仁文率部打退日伪军数次冲锋，但日伪军的包围圈也缩得越来越小。

后勤机关安全转移后，曾仁文几次派战斗小组突围都未成功。次日晨，在日军集中炮火和飞机对山头狂轰滥炸后，面对黑压压地扑上来的上千名敌人，曾仁文率战士们英勇抗击。子弹打完了，就把枪砸碎，把零件扔到山沟里，用石头砸，赤手空拳和敌人搏斗。最后，撤退到一个山头上跳崖，壮烈牺牲，时年37岁。

（资料整理：张栓中）

韩增丰

韩增丰,字光宇,1916 年出生,河北省平山县人。15 岁时考入正定县河北省立第七中学。九一八事变后,他在同学中组织了地下党领导的进步组织苦干社,创办了宣传抗日主张的《晓报》,以立夫、咨登等笔名发表宣传抗日的文章,揭露国民党当局的不抵抗政策。1935 年,他投笔从戎,考入太原军官学校,毕业后在阎锡山部任排长。

韩增丰 (1916—1943)

全面抗战爆发后,1937 年 10 月,韩增丰率部参加茹越口战斗,因作战勇敢被提拔为连长。后因不满国民党军的节节败退,他返回家乡,组织地方保卫团抗日。晋察冀军区第四军分区成立后,韩增丰率部集体参加八路军,被编为晋察冀军区第四军分区冀西游击队第 2 大队,被任命为大队长,后部队再次改编为第四军分区第八大队第 3 中队,韩增丰仍任队长。1938 年,韩增丰加入中国共产党。

1938 年春,被经济封锁的晋察冀边区根据地的老百姓缺少盐、煤油、火柴等物资,韩增丰侦察到于底镇有盐库,便率一个连的兵力及民兵,消灭了镇上的伪军,缴步枪 30 多支,食盐 1 万多斤。1939 年冬,韩增丰率队于平山县洪子店附近伏击日军,歼敌数十名。继而又拔掉上庄村据点,毙伪军 12 名,俘伪军 3 名,缴枪 18 支。后,韩增丰率部直插由日军重兵把守的石家庄市郊飞机场,炸毁敌运输机 2 架,缴获 10 余部电话机,俘敌 30 余名,并夺取日军准备运往日本的大批棉花,解决了八路军和游击队的冬装问题,创造了八路军陈锡联第 679 团奇袭阳明堡敌机场后的又一奇迹,曾获八路军副总司令彭德怀的嘉奖。

1941 年 2 月,军区调韩增丰到晋东北广灵县抗日,协助第二军分区开辟根据地。他率部多次对日伪作战,迅速打开了广灵县抗战的局面。1941 年秋,韩增丰在井陉县赵家岭一带对日伪作战,毙敌数百,缴获大量枪支。连日本军官也称之为"韩猛子""战术高明的中国英雄"。之后,他被调回第四军分区任第 8 区队队长。

1943 年秋,日伪军以数万重兵对北岳区连续进行残酷"扫荡"。韩增丰所率第 8 区队于行唐县宋营遭日伪军包围，他率部分人员突出重围。在已负伤的情况下，为掩护未突出重围者转移，他再度冲进敌人包围圈内，指挥战士与敌拼杀。后发现还有地方干部和老百姓被困敌阵，又率部进行营救。于激战中牺牲，时年 27 岁。

1944 年春，晋察冀第四军分区在平山县洪子店召开了万人追悼大会，晋察冀军区追授韩增丰"战斗英雄"称号。1951 年，韩增丰的遗骸迁移至石家庄市的华北军区烈士陵园安葬。

（资料整理：张栓中）

鲁宝琪

鲁宝琪（1913—1943）

鲁宝琪，化名鲁自嘉，1913 年生，山东省泰安县升平街（今属泰安市泰山区）人。

1931 年，鲁宝琪在济南省立高中读书期间加入中国共产党。6 月，任中共济南市委委员。夏初，根据市委的指示，他回泰安与失掉关系的共产党员鲁宝瑛取得联系，并恢复发展了部分党员，建立了中共泰安特别支部，由鲁宝瑛任书记，归中共济南市委领导。之后又分别建立了中共莱芜和曲阜特支。

九一八事变后，鲁宝琪参加了济南学生赴南京请愿斗争，要求蒋介石出兵抗日。1932 年 7 月，受中共山东省委的委派，到海阳开展工作，建立了中共牟海县委，任海阳县委宣传员。后因中共山东省委发生变故遭破坏与党失去联系，返回泰安隐蔽。冯玉祥在泰山时创办了泰山武训小学，经著名爱国人士范明枢介绍，1934 年鲁宝琪在该校任教，兼任秘书、会计。

全面抗日战争爆发后，国共两党合作抗日。鲁宝琪到达济南与中共山东省委书记黎玉取得联系，并受省委委派回泰安联系党员，成立了中共泰安临时县委，他任中共泰安临时县委书记，联络爱国志士组织泰安县人民抗敌自卫团。10 月，任山东人民抗敌自卫团政治部主任和中共泰安县委组织部长。1938 年

1月，率部60余人参加徂徕山抗日武装起义，打响了山东抗战的第一枪。起义武装组成八路军山东抗日游击第4支队，他任第4支队第1中队指导员。1938年2月，受中共山东省委派遣，到泰安夏村、笆子店、归县等村，发动群众，组建了泰安独立营，并任独立营教导员。至同年4月，山东抗日游击第4支队发展到4000余人，期间多次对日伪展开作战，予敌重创。

1939年，鲁宝琪调八路军山东纵队政治部任除奸科长，1942年任鲁中军区泰安情报交通工作负责人，建立了严密的情报组织系统，在搜集情报、护送过往领导人、惩治汉奸等工作中作出突出成绩。9月与廖容标司令员率30多人在泰山顶巧袭日伪军，活捉伪山东省电报局长简本。

1943年秋，日军蚕食徂徕山区，鲁宝琪奉命到泰安整顿"联络网"，使秘密交通联络工作畅通。同年10月的一天，他在泰安城东检查工作，因敌特告密被包围。突围时他多处受伤，后被捕。面对敌人的审讯和酷刑，鲁宝琪坚贞不屈，并绝食、绝药斗争，坚持八天后，惨遭杀害，年仅30岁。

新中国成立后，鲁宝琪的遗骨移葬至泰山烈士陵园。

（资料整理：张栓中）

解蕴山

解蕴山，又名解瑨，1905年生于河北省大名县谢儿寨村。1923年考入大名县第七师范学校，在校期间受到共产党员教师进步思想影响，1927年春加入中国共产党。同年返回家乡，在谢儿寨发展党员，成立了秘密农会。1929年成为中共大名县委领导人之一，任县委书记、委员等职。同年冬，国民党军队为搜捕共产党员包围"七师"五昼夜，他临危不惧，坚定沉着地与敌斗争。

解蕴山（1905—1943）

1937年11月，大名县城沦陷。民族危难之际，解蕴山积极宣传群众，组织抗日救亡团体，引起强烈反响。同年冬，大（大名）、广（广平）、馆（馆陶）边区抗日救国会组建，解蕴山任救国会主任。救国会利用各种形式教育群众不当亡国奴，联合起来，抗战到底。在其领导下，1938年3月大名县第四区抗日自卫大队组建，同年夏，第四区区委组建，解蕴山任书记。1938年春，解蕴山任大名抗日政府民训科长，1939年调任大名抗日政府第一行署主任。期间，营救出被捕的冀鲁豫根据地主要负责人晁哲甫，并与顽固派展开坚决斗争。

1940年3月，八路军在冀南对不断制造"摩擦"事件的国民党军石友三部予以致命打击。大名一带成为抗日根据地，冀南行署委任解蕴山为大名县长。不久，以第四区抗日大队为骨干，吸收第三区抗日大队和第五区抗日大队组成冀南军区抗日游击第2支队，解蕴山任政治委员，该部队后参加了百团大战，在德石路的破击战中立下汗马功劳。1940年秋，冀南第一专署组建，解蕴山调任魏县县长，领导抗日军民，同敌人展开了艰苦的斗争。1941年初，解蕴山被免除县长职务，调到20余人的游击队当队长，同年秋领导队伍以少胜多取得岸上战斗胜利，保卫了当地群众。1942年初，解蕴山调任第一专署专员，率部日夜与日伪周旋，开展反"扫荡"斗争，参与当年的秋季攻势，拔除许多日伪据点。

1943年5月，日伪调重兵开展大"扫荡"，实施"铁壁合围"，目标直指我领导机关和主力部队。正在魏县南部的郝村部署工作的解蕴山和冀南第一军分区的领导同志遭日军围困。在作战中，解蕴山身先士卒，奋勇作战，不幸壮烈牺牲，时年38岁。

解蕴山牺牲后，广大群众十分悲痛，冀南第一专署在1944年3月8日召开大会悼念他，并制"文穆殉国"匾额一块高高悬挂。1981年3月，解蕴山烈士的遗像被送入晋冀鲁豫烈士陵园安放。

（资料整理：张栓中）

雷 烨

雷烨，原名项金土，学名项俊文，入伍后改名
雷烨，曾用名雷雨、雷华、朱靖。1917 年出生于浙
江金华孝顺镇后村。雷烨年少时父母双亡，他便挑
起了养家、抚育弟妹的重担。1938 年，典卖家产后
奔赴延安。到达延安后改名雷烨，入中国人民抗日
军政大学第四期学习，因擅长文学创作和摄影，兼
任各报刊特约记者和通信员，并加入共产党。所写
介绍抗大学习生活的文章和所拍照片，曾在 1938 年
武汉《新华日报》发表。

雷 烨（1917—1943）

1938 年 8 月，雷烨从延安抗大第四期结业。八路军总政治部为加强敌后
新闻报道，特从抗大学员中选拔了一批政治素质和写作水平兼优的共产党员，
组成八路军总政治部前线记者团。雷烨入选并被任命为记者团第一组（晋察冀
组）组长。同年 12 月，到达晋察冀边区。1939 年 5 月前后，雷烨主动要求随
军挺进冀东抗日最前线，深入到冀热边境长城内外，在极端困难和险恶的环境
中，从事新闻采访报道工作。在此期间，撰写了大量有关抗战的报道。

1941 年，雷烨先后任军区政治部宣传科长、组织科长。在完成繁忙的日
常工作的同时，积极进行新闻采访，成为冀东从事摄影采访最早、报道成绩最
突出的前线记者。他随军转战在长城内外、滦河两岸及热南伪满边境，拍摄了
很多战地珍贵照片，真实地反映了冀东军民英勇抗击侵略者的英雄事迹，记录
了日寇烧杀掳掠、无恶不作的累累罪行。他记录了日寇血洗潘家峪、烧死杀死
我无辜同胞 1000 多名的"潘家峪大惨案"。他拍摄的"熊熊的篝火"，以及"战
斗在喜峰口"等作品，被认为是抗战时期的摄影佳作。

1942 年冬，雷烨被选为晋察冀边区第一届参议会参议员，他带着照相机
和所拍摄的材料，来到冀西抗日根据地。参加参议会后，即到晋察冀画报社，
将自己在冀东所拍的全部底片送交画报社长期保存、使用。社长沙飞看后大为
赞赏，当即决定在《晋察冀画报》第三期出版专辑，并请雷烨留下协助选定照
片，编写说明，并撰写一篇长篇纪实文章，对冀东抗日战争进行全面报道，配
合照片一同发表。

1943 年 4 月 20 日，雷烨在河北平山县曹家庄撰写照片说明时，遭遇日军包围。在紧急情况下，他用手枪掩护警卫员突围，终因寡不敌众，身负重伤，他从容地砸碎了照相机和自来水笔，用最后一颗子弹自尽，壮烈牺牲，时年仅 26 岁。

雷烨牺牲后，画报社全体人员与当地群众召开追悼会，将他安葬在其牺牲处对面山脚下，将一棵杏树命名为"雷烨树"，以示纪念。5 月 10 日，《晋察冀画报》第三期作为纪念雷烨专辑出版，发表了雷烨拍摄的 51 幅照片，刊登了冀东军区政委李楚离《悼雷烨同志》一文。5 月 18 日《晋察冀日报》刊登纪念雷烨专页，刊登了总编肖斯（邓拓）的《恸雷烨》，副总编舒予（张致祥）的《悼烨同志》，5 月 20 日发表《新华社晋察冀廿日电》："冀东军分区组织科长雷烨同志抗敌殉国。"

（资料整理：张栓中）

丁振军

丁振军（1913—1944）

丁振军，原名丁凯，化名刘伯祥、赵钧、周坦。1913 年出生，河北滦县坨子头人，1921 年入小学读书，1928 年考入汇文中学，后辍学回乡，先后在坨子头、田庄子小学任教。1934 年加入中国共产党。他受党组织委派在家乡附近宣传革命，发展党员 20 多名，建立了大门庄党支部。1936 年，他被吸收为中共滦县县委委员，分管滦县西南区委的工作。1937 年任中共京东特委委员，以安机寨小学教师身份为掩护，建立中共稻地（今属丰南）党支部。

1937 年，华北人民武装自卫委员会冀东分会建立，同年 12 月在多余屯（今属滦南）召开冀东 10 县抗日人民代表会议，丁振军被推举为滦县抗日人民代表。1938 年 6 月，冀热边特委邀请各界人士在丰润田家湾子召开会议，决定发动冀东抗日大暴动，丁振军任冀东抗日联军第 4 纵队政治部主任。暴动队伍西撤时，丁振军任第 1 梯队政治部主任。西撤受挫，丁振军返回丰滦边区，集结原武装暴动人员 1400 多人重建总队，与八路军留下的三个支队配合开展游击战。1939 年 3 月，中共冀热边特委改组为冀东地委，丁振军为路南地区负责人。后因部队和地方干部赴平西整训，将抗联部队统编为八路军所属的三个团。在滦县坚持斗争的抗联部队编为冀东军区第 28 团，丁振军为团长。后根据上级决定丁振军率百余人返回丰滦迁地区坚持斗争。

1939 年 10 月，冀东第一个抗日民主政权——丰滦迁联合县抗日民主政府成立，丁振军深入各村镇开展区村政权试点。1940 年 1 月，冀东最早的抗日政权领导机构——晋察冀边区行政委员会冀东办事处建立，丁振军为主任，代表专署领导东部地区政权建设工作。1941 年，他冒着生命危险，带一支武装，在路南区进行大范围调研，考察了敌据点部署、我群众基础及干部队伍素质等，向李运昌作全面汇报，为冀东地委第一次扩大会议和以后制定各项政策提供了资料和依据。1942 年 6 月，冀东地委决定收复被日伪"蚕食"的地区，同时开辟滦东和路南等新区，成立路南工委和路南工作团，丁振军任工委书记兼工作团主任，领导开展这里的工作。同年 9 月，又以此为基础，组建了晋察冀军区第十三军分区第 1 区队，丁振军任政治委员。10 月，又在曾家湾以北、张各庄以南地区建立群众性抗日组织齐心会，负责锄奸、站岗、放哨，团结各界群众参加抗日斗争。同时，他还组织培训班、创办报刊，宣传革命、抗日思想。

1943 年，乐亭沿海发生严重春荒，丁振军深入群众，指导救灾和反挖壕斗争。同年 7 月，根据中共中央北方局指示，撤销冀东地委与专署建制，成立冀热边特委、行署，丁振军任第四地委书记兼专员。1944 年 10 月中旬，丁振军参加冀热边特委在丰润皈依寨召开的扩大会议。会议结束后，他率第 1 区队第 4 连进驻丰润杨家铺西村李夏庄子，突遭日伪军 3000 余人包围合击，在突围中，丁振军不幸牺牲，时年 31 岁。

（资料整理：许维国）

卜荣久

卜荣久（1908—1944）

卜荣久，原名卜汝宣，化名卜庸、张依文，1908 年出生，河南省蓟县板桥村人。长城抗战后，在通县（今北京市通州区）师范上学的卜荣久参加了共产党领导的反帝大同盟组织，投身抗日运动。1935 年，在中国大学学习的他被推选为学校青年抗日先锋队大队长，组织学生参加一二·九运动，1936 年初，卜荣久加入中国共产党。

1936 年春，卜荣久受党组织委派，回乡组织抗日救亡运动。为了利于开展革命活动，1937 年 2 月，他与王少奇在自家西厢房合伙开设一个诊所，以给人看病为掩护，开展抗日救亡活动，迅速团结了广大劳苦群众，半年多的时间在板桥周围 20 余个村庄普遍建立了抗日救国会组织。

七七事变后不久，蓟县即被日军占领。1937 年 10 月 12 日，卜荣久和王少奇参加了中共蓟县县委在翠屏山召开的秘密会议，为发动蓟县抗日武装暴动作准备。会后他奔走于蓟县城、乡和各村，秘密开展抗日宣传和组织工作。1938 年 4 月 4 日，中共蓟县县委在盘山千像寺召开县委扩大会议，积极为抗日武装暴动作准备，会议宣布成立蓟县抗日救国会总会，卜荣久任总会主任。千像寺会议后，他带头说服家人，卖掉四亩稻地，购买枪支弹药，为武装暴动准备武器。在他带动下，许多士绅和知名人士纷纷表示要以民族大义为重，有钱出钱，有枪出枪，有的还动员自己的亲友参加抗日，革命形势越来越好。

1938 年 6 月宋时轮、邓华率领的八路军第 4 纵队挺进冀东，一路夺关杀敌，声威大振。中共冀热边特委决定利用这个时机，在八路军配合下于 7 月中旬发起冀东抗日大暴动。为落实特委指示，中共蓟县县委于 7 月 5 日在塔院栗树沟召开了紧急会议，确定 7 月 16 日为冀东抗日大暴动统一行动的时间。会议结束后卜荣久和王少奇夜以继日地投入了这项准备工作，迅速完成了任务。1939 年 8 月，他出任昌（平）延（庆）怀（来）联合抗日县县长。1943 年 6 月随军转战冀东，任蓟（县）遵（化）兴（隆）联合抗日县县长。1944 年 4 月又调任中共冀热边区行政专员公署秘书长。同年 9 月 15 日，日、伪军发动秋季"扫荡"，敌军集结了六万兵力，实行奔袭合击，野蛮抢粮。按照蓟遵兴联合抗日县政府发出的在全县范围内开展破坏敌人交通要道、阻止敌人"扫荡"活动的指示，在极其艰苦的条件下，卜荣久带领该县军民开展反"扫荡"作战，给敌人以沉重打击。

1944年10月16日，中共冀热边区特委、行署领导机关在丰润县（今丰润区）杨家铺遭敌袭击，卜荣久在突围战斗中壮烈牺牲，时年36岁。

（资料整理：许维国）

马本斋

马本斋，原名马守清，回族，1902年出生于河北献县一个贫苦农民家庭。马本斋10岁入私塾读书，后因家贫辍学，随父外出做工、放马。1921年入奉军当兵，1922年入东北讲武堂学习，毕业后历任连长、营长、团长。1931年九一八事变后，面对国土沦丧，报国无门，因不满对日不抵抗政策，毅然弃官卸甲，回到了故乡河北省献县东辛庄。

马本斋（1902—1944）

1937年7月，全面抗战爆发后，日军迅速入侵其家乡献县一带，马本斋在家乡组织回民抗日义勇队，奋起抵抗日本侵略军。1938年4月率队参加八路军，所部改编为冀中军区回民教导总队，任总队长。1939年，回民教导总队改编为八路军第3纵队回民支队，任司令员。1942年8月，回民支队奉命到达冀鲁豫抗日根据地，马本斋被任命为冀鲁豫军区第三军分区司令员兼回民支队司令员。马本斋作战勇猛，身先士卒，在回民支队和广大群众中享有很高威望。改编后的回民支队在马本斋的率领下，战斗力不断提高，队伍发展到2000多人，成为一支能征善战的抗日劲旅。从1937年至1944年，马本斋率领回民支队，不惧牺牲，浴血作战，奋勇杀敌，经历大小战斗870余次，歼灭日伪军3.6万余人，在广阔的冀中平原和冀鲁豫大地上，所向披靡，屡建战功，打得日本侵略军闻风丧胆。

在党组织帮助下，在人民军队的大熔炉和抗日战争烽火硝烟的考验中，马本斋的政治觉悟迅速提高，他深深地感受到中国共产党的伟大，决心入党，为党的事业，为打败日本侵略军，为祖国和民族的解放而奋斗。他在入党申请书中写道："我甘心情愿把我的一切献给伟大的中国共产党，献给为回族解放和整个中华民族的解放而奋斗的伟业。"1938年10月，马本斋光荣地加入了中国共产党。

1943年底，马本斋在率部参加冀鲁豫抗日根据地反"蚕食"战斗中，颈后长了毒疮。由于战事繁忙，加之缺医少药，未能及时治疗，不久病情加重。1944年1月底，回民支队奉命开赴延安。出发前，他抱病为部队作了最后一次动员，叮嘱同志们"要跟着党，跟着毛主席，抗战到底！"同年2月7日，马本斋在山东莘县不幸病逝，时年42岁。

马本斋病逝后，冀南、延安等地分别举行纪念追悼大会。毛泽东、朱德、周恩来曾分别为他题挽词："马本斋同志不死！""壮志难移，汉回各族模范；大节不死，母子两代英雄。""民族英雄，吾党战士。"为了纪念马本斋，1944年冬，冀中第八军分区行政公署将马本斋诞生地命名为本斋村；1952年12月，献县人民政府设立本斋乡；1954年马本斋灵柩迁至石家庄华北军区烈士陵园安葬；1984年2月，献县人民政府将本斋人民公社改为"本斋回族乡"。

2009年，马本斋被列入"100位为新中国成立作出突出贡献的英雄模范人物"。

（资料整理：张栓中）

马晓云

马晓云（1906—1944）

马晓云，原名马方杲，1906年出生于山东省长山县三区北旺庄，著名抗战英烈马耀南的二弟，马天民之兄。马晓云资质聪慧，性情豪放，习过武术，高小毕业。1924年，马晓云加入东北军，屡建战功。

1931年九一八事变后，马晓云目睹了日本侵略者的种种暴行，离开部队回到家乡，为抗日奔走。他除了发动乡亲声援东北人民抗日外，还筹集枪支，在乡里组织联庄会，一方面看村护院，另一方面准备在形势有变时，抗日报国。

全面抗战爆发后，马晓云在家乡策划、组织抗日队伍。同年年底，他获悉中国共产党举行黑铁山起义成立了山东人民抗日救国军第5军后，便把筹集到的三支手枪和几百银圆全部献给起义部队。1938年1月，在家乡被日军逮捕，后经保释出狱。4月，他组织一支500余人的队伍投奔起义军，被编为山东人民抗日救国军第5军第7支队，任支队长。7月，第7支队与第2支队合编为第7团，马晓云任团长。马晓云率部在胶济铁路沿线打伏击、搞情报、摸碉堡、抢敌人的物资、惩罚汉奸，队伍一天天发展壮大，战斗力不断增强。

1939年夏，马晓云奉命率领部队插入敌后，开展对敌斗争。在此期间，他亲自带领战士拔掉敌人的据点，炸毁日军的火药库，破坏铁路使日军的军用列车出轨等，牵制了敌人对抗日根据地的"扫荡"。7月22日，其兄马耀南牺牲，更激起他报国复仇的决心。同年他加入了中国共产党。1940年初，马晓云被派到延安中国人民抗日军政大学学习。1942年初夏，学习期满后，马晓云回到山东，被分配到清西军分区任副司令员。在此期间，日寇疯狂推行"强化治安运动"，对抗日根据地反复进行"铁壁合围"，实行野蛮的"三光"政策。马晓云率队与日军展开针锋相对的斗争，他们处决叛徒，击毙汉奸，消灭匪特，狠狠地灭了日伪特的嚣张气焰，开创了清西抗日斗争的新局面。

1944年，敌后战场向日伪军普遍发起了局部反攻。根据山东分局和山东军区的指示，原清西军分区改为渤海军区第六军分区，马晓云任副司令员兼专署专员。为了更沉重地打击敌人，军分区兵分两路对敌反攻。马晓云率六个主力连、青城县大队及地方武工队共800余人，去拔除青城县王家庄据点。8月10日，在战斗中，敌人一枚炮弹落在了准备爆破敌据点的炸药包上引发爆炸，正在检查炸药包的马晓云壮烈牺牲，时年38岁。

新中国成立后，马晓云烈士的墓地与其兄马耀南、其弟马天民一起静卧在山东淄博烈士陵园内的苍松翠柏之中。

（资料整理：张栓中）

王少奇

王少奇（1912—1944）

王少奇，原名王玉昆，字季如，曾化名王英、黄忠、李广。1912年生于河北省香河县，1927年通县（今北京市通州区）师范毕业，1933年考入北平医学院，1935年参加一二·九运动，1936年3月加入中国共产党，历任蓟县人民救国会宣传部长、宣汤怀联合县救国会主任、蓟遵兴游击队政委、蓟平密联合县县长、蓟宝三联合县县长、冀东军分区卫生部长兼政委，在群众中有较高的威望，被誉为"八路军的好县长"。

九一八事变后，王少奇先后到香县渠口、刘宋、大河各庄进行抗日宣传，号召群众团结抗日。一二·九运动中，他参加中华民族解放先锋队，任干事，南下请愿抗日。

1936年夏，王少奇受党组织派遣赴蓟县开展抗日救亡工作。为了便于进行革命活动，他与进步同学卜荣久在蓟县板桥镇开设了一家诊所。他们以医生职业为掩护，每天背着药箱深入附近农村，一边给群众看病，一边进行抗日救亡宣传。经过半年多的努力，发展了大批抗日救国会会员，在板桥镇周围20多个村庄建立了抗日救国会组织。1938年4月，任蓟县抗日救国会宣传部部长，配合挺进冀东的八路军宋时轮、邓华纵队，组织和发动蓟县抗日武装大暴动，一举攻克蓟县县城。1940年10月，王少奇任蓟（蓟县）宝（宝坻）三（三河）联合县县长，率领蓟宝三联合县的民兵配合活动在盘山地区的八路军第13团，机智灵活地打击敌人，多次粉碎日、伪军对蓟宝三联合县和盘山地区的"扫荡"和"围剿"。

1940年冬，王少奇在盘山根据地开展建设工作，成立了"村政委员会"。为保卫根据地，提高战斗素质，王少奇经常进行军事政治教育，讲解游击战术，著名的盘山联合村民兵班（后称盘山班）就是他在这时期亲手培养组建的。日伪"扫荡"时，他就组织群众一起藏山洞、睡山沟，他常教育民兵说："搞革命就不能怕死、怕吃苦，不管遇到什么情况，都要坚持到底……到任何时候都不能泄露党的秘密。"1943年年底王少奇调任冀东军区卫生部长兼政委。

1944年10月17日，王少奇在丰润县（今丰润区）杨家铺参加区党委扩大会议时，遭数路日伪军包围。在万分紧急的情况下，他一面观察敌情，一面组织身边的同志边打边撤。战斗中，敌人的一颗子弹射穿了他的胸膛。为了保守党的机密，他艰难地撑起身体烧毁了身上携带的文件。然后，又继续向敌人射击，掩护同志们安全撤退。在剩下最后一颗子弹时，他从容地举起手枪，把这颗子弹射向了自己的头部，与卜荣久夫妇等一起壮烈牺牲，时年32岁。王少奇的遗骨葬于蓟县盘山烈士陵园。

（资料整理：张玉平）

王甲本

王甲本，字立基，1901年生于云南省富源县中安镇一军人世家，其父王国栋曾就读于云南讲武堂，参加过1911年的云南重九起义和讨伐袁世凯等活动，担任过滇南副镇守使。1918年，王甲本考入云南陆军讲武堂第14期炮兵科，毕业后，在滇军第1军顾品珍部入伍，因作战勇敢，深得器重，擢升排长、连长。1921年，王甲本投奔范石生部第16军，在第47师先后任营长、第301团团长，并参加了讨伐陈炯明、沈鸿英等战斗，后参加北伐转战各地，战功卓著。1928年，给南昌起义军朱德送去密信，使他们脱离险境。

王甲本（1901—1944）

1929年，范石生第16军被改编为第51师，王甲本任第51师第151旅少将旅长。1935年，被陈诚派往南京陆军大学学习，并进入陆军大学甲级将官班深造，毕业后任国民革命军陆军第98师副师长。

淞沪会战开始后，王甲本率部开赴上海前线投入战斗。战斗中，他身先士卒，亲上火线，亲率一线官兵与敌浴血奋战，战功显赫，以勇猛著称全军。淞沪会战后，王甲本升任第98师师长。1938年，奉命率部转战皖南，期间赠新四军罗炳辉部子弹20万发，并与新四军配合，攻下孙家铺等车站，占领宣城。1939年3月至5月率部参加南昌会战，后移驻湖南湘潭。同年秋，率部参加第一次长沙会战，战后因功升任第79军中将副军长兼第98师师长。

1941年秋，第二次长沙会战中王甲本任长沙外围作战总指挥。捞刀河战役，率第98师重创日军精锐，第98师伤亡上千人，题"是为国殇"以纪念。战后因功受奖，被誉为"硬战将军王甲本"载入军事会议手册。1941年10月后，擢升为第79军中将军长兼第98师师长。

1942年，第三次长沙会战期间，密切配合友军坚守长沙。1942年1月5日，王甲本率第98师于浏阳河毙敌第3师团第18联队土屋镜次及部下上千人，并集尸葬之，立"倭寇万人冢"石碑，"甲本葬敌"在日本一直传为佳话。

1943年10月，率第79军参加常德会战，屡出奇兵，战功赫赫。1943年5月，指挥第79军参加鄂西会战。率暂编第6师、第98师和第194师机动歼敌，重创日军，打了几场漂亮仗，被授予二等云麾勋章，第79军获赠"我武维扬"旌旗。

1944年6月，王甲本奉令千里驰援衡阳。7月在衡阳外围同敌作战，由于日军防范严密，无法扩展战果。8月8日，衡阳守军方先觉第10军弹尽粮绝而投降，遂奉命撤往冷水滩布防阻击日军。

1944年9月7日，日军数千人化装成友军和农民，袭击王甲本军部。危急关头，王将军亲率手枪排掩护军部转移，与数十倍于己的敌人血战，最后和敌人拼起了刺刀，惨死于敌人的刺刀之下，时年43岁，是中国抗战史上牺牲在白刃刺刀战中的最高级别将领。

（资料整理：张玉平）

王克山

王克山（1919—1944），1919年出生于山东省寿光县（今寿光市）八里庄村。

在寿光县八里庄村度过童年后，王克山随父母逃荒到东营。1940年，21岁的王克山参加了八路军，终于实现了上战场打击日本侵略者的愿望。同年10月，他随部队调往胶东，编入八路军胶东军区第5旅第13团第2营第4连第2班，由于表现积极、作战勇敢，来到胶东不久，他就被提拔为副班长，并加入了中国共产党。

入伍三年间，王克山历经 50 多次战斗，每次战斗都猛打猛冲，曾五次负伤，全身留下九处伤疤。1941 年 3 月 16 日，王克山所在的第 13 团参加奇袭栖霞牙山的战斗，他主动请战，担任爆破手，用炸药包炸毁敌人一个坚固工事，为部队清除进攻道路上的主要障碍。这次战斗，全团共歼灭伪军一个营。

1943 年，在掖县（今莱州市辖区）驿道战斗中，他只身一人追敌三里多路，击毙伪军一人，俘虏伪军一人，缴获机枪一挺，成为整个胶东地区口口相传的传奇式英雄人物。

1944 年春，胶东军区开展春季战役攻势，准备拔除伪军赵保原部设在莱阳河源西沟的据点。驻守据点的敌人有近 2000 人，筑有九座长方形大碉堡。2 月 18 日，战斗打响，王克山所在的第 4 连仅用 15 分钟，就突破敌人两道壕沟、两道围墙，并率先将村北的一座大碉堡爆破。他头部虽负伤，但仍然坚持战斗，连续炸毁敌人三个大碉堡，全连共炸掉敌人五个大碉堡。王克山用他的神勇和智慧，为第 13 团创造白天连续爆破成功的战例。河源西沟攻坚战的胜利，得到胶东军区和山东军区首长高度评价，第 13 团受通令嘉奖，第 4 连获得"河源西沟第一连"的称号，王克山被评为胶东军区"爆炸大王"。

1944 年 4 月，王克山所在第 4 连驻防地王家夼突遭日伪军袭击，王克山率第 2 班勇猛出击，将敌人截为两段，吸引敌人兵力，为主力迂回敌后赢得时间，最终将偷袭敌人击溃。战斗中，王克山中弹牺牲，年仅 25 岁。1944 年 7 月，胶东军区召开首届战斗英雄代表大会，追认他为"胶东军区战斗英雄"。

（资料整理：张玉平）

王克山、任常伦、王彩春烈士合葬墓——英雄墓

王剑岳

王剑岳（1906—1944）

王剑岳，原名王师，1906年生，湖南澧县人。王剑岳自幼勤勉好学，熟读史书，愤于军阀专横，列强侵略，渐生立志救国救民之愿，当他得知孙中山先生筹办军官学校的消息，遂下决心，辗转周折，来到广州，考入黄埔军校第五期。

王剑岳在学校期间，努力学习，民主革命信念更加坚定，他对兵法战术的研究颇有造诣。1927年秋，以优异成绩毕业，离校之时，他对同学们说："吾受革命之洗礼，三民主义之熏陶……不达报国凤愿，誓死不归。"不久，王剑岳被分配到国民革命军第1军第22师胡宗南部见习，三个月后被提升为少尉区队长，以后又升为中尉。1930年春，第22师改编为第1师，王剑岳升任第1师第2旅第4团第9连上尉连长，后任副营长、营长等职。

1937年，全民族抗日战争爆发，王剑岳率部参加了著名的淞沪会战，在残酷的战斗中，他身先士卒，奋勇杀敌，身负重伤。1938年，王剑岳升任第1军野战补充团上校团长，历任第191师补充第1团团长、中央军校第七分校大队长、副总队长，第28师第82团团长等职，在陕西一带从事军事教育，训练部队。1944年5月，王剑岳又升任第57军第8师少将副师长。

1944年春，日军为打通大陆交通线，做最后的挣扎，集中主力发动了豫湘桂战役，突破黄河天险防线，一部主力直指西北门户潼关，妄图染指西北大后方。当时，王剑岳奉命代师长率第8师于5月11日出潼关，扼守豫西陕县、灵宝之间，他亲临前线指挥，官兵士气大振，屡挫敌人锋芒。6月9日，王剑岳亲自督战于虢灵线之毕家砦，与第97师互为犄角，与敌展开激烈战斗。日军拼命争夺该部南侧高崖制高点，他指挥部队奋勇作战，宁死不退，日军死伤累累，终不能占领高地。

10日晨2时，友军阵地被日军突破，大批日兵涌入防线，扩大突破口，我方因伤亡过大，无力逆袭封闭缺口，双方展开激烈的白刃肉搏，终因敌众我寡，战局逐渐对我不利。王剑岳目睹危局，愤恨万分，他执枪率领剩余将士，大吼一声："正大丈夫报国杀敌时也，宜奋勇直追！"在他的率领下，将士们像猛虎一般杀入敌阵，双方展开了惨烈的混战。这时一块手榴弹片飞来把王剑岳左肩炸伤，他仍执枪作战。不久，日军大批增援部队到达，众寡悬殊，我将士伤亡殆尽，王将军奋勇冲杀，不幸连中两弹，血流不止。他对将士们连呼："杀敌！杀敌！"即气绝身亡，壮烈殉国。时年 38 岁。

王剑岳殉国后，部队将士发起猛烈反攻，收复失地，在毕家砦泥坑中寻得其遗体。在王剑岳将军灵柩运输途中，潼关、西安等地政要、民众为其送行，并召开隆重追悼大会。1944 年 10 月 20 日，国民政府追晋其为陆军少将。

（资料整理：张玉平）

卢广伟

卢广伟（1903—1944）

卢广伟，字济吾，满族人，1903 年 8 月 3 日出生于辽宁省凤城县（今凤城市）通远堡乡二道坊村。卢广伟 7 岁入读私塾，9 岁就读于通远堡乡完全小学，14 岁升入凤城县凤凰中学，两年后回本乡通远堡小学任教。

第一次直奉战争结束后，卢广伟报名参加了张学良创办的东三省陆军军士教导队，成为第一期学员。此后，他先后担任第 3 方面军炮兵第 3 团中校团副、炮兵第 3 团上校团长、东北边防军司令长官公署卫队骑兵队上校队副、陆军第 49 军第 105 师第 315 旅上校副旅长等职。

1944 年春，日军为了打通平汉线进军西南，从郑州沿平汉线向南发动了侵华战争以来最大的一次攻势——豫湘桂战役。日军四个师团并五个旅团共 14.8 万之众，在敌酋冈村宁次指挥下，向豫中进攻，豫中诸县相继沦陷。4 月 24 日，蚌埠田家庵的日军第 65 师团为配合豫中攻势，出动空军、步兵、骑兵、炮兵共计 5000 余人，沿颍河进犯阜阳，首先攻破杨湖镇，正阳关、徐克、颍上等地也相继沦陷，形势十分危急。

同年 4 月 27 日，时任骑兵第 8 师少将副师长兼政治部主任的卢广伟接到阻击敌人的命令后，即率两个骑兵团火速赶往颍上御敌，在颍上境内的十八里铺附近与日军骑兵前哨部队遭遇。按照日本骑兵下马作战的惯例，卢广伟当即决定趁敌人下马尚未集结之机发起冲击。骑兵第 8 师的战士训练有素，马术精湛，每人配一骑、一枪、一刀，官兵性格强悍，勇猛无比。战士们手挥马刀，旋风般冲向敌阵，居高临下，马踏刀劈，日军骑兵来不及还击就成了刀下之鬼。一战毙敌 200 多人，死里逃生者仅 20 余骑。骑兵第 8 师将士无一伤亡，大获全胜。

5 月 2 日，日军组织步骑兵 1500 余人，飞机一架，大举进攻骑兵第 8 师阵地，激战两个多小时，骑兵第 8 师被迫放弃阵地后撤。5 月 4 日，千余敌人在飞机大炮的掩护下，分两路强攻骑兵第 8 师阵地。在卢广伟的指挥下，骑兵第 8 师沉着应战，一天内打退敌人 10 余次进攻，给敌人以重创，使其未能前进一步。

5 月 5 日，日军集结了 2500 余人，兵分多路推进，激战数小时，双方伤亡惨重。日军派出三架飞机，在骑兵第 8 师阵地上空低空盘旋扫射、投弹，当日 10 时许，骑兵第 8 师指挥部被日军空投炸弹击中，卢广伟以身殉国，时年 41 岁。

为追念其功勋，国民政府明令予以褒扬，以彰忠烈。1990 年，中华人民共和国民政部追认卢广伟为革命烈士。

（资料整理：齐轩）

任常伦

任常伦（1921—1944）

任常伦，1921 年出生于山东省黄县（今龙口市）孙胡庄（今常伦庄）一个贫苦农民家庭。

1938 年冬，17 岁的任常伦参加了胶东抗日自卫团，1940 年参加八路军，被编进第 14 团第 2 营第 5 连。在战斗频繁、激烈的胶东抗日战场，任常伦表现突出，每次战斗，他都冲锋在前，英勇善战，不怕牺牲。

一日，在攻打敌人一个外围据点后，任常伦和两个新战士在部队撤退时，走在了最后面，日军尾随而至，情况十分危急。任常伦让两位新战士先走，自己选择了一个隐蔽伏击点，击毙一个敌人，吸引日军，掩护两位新战士安全撤离。

有一次，任常伦随部队追击伪军，战斗中与二三百名伪军混在了一起。战斗正酣之时，任常伦突然看见一个战友被四五个敌人包围住了，他怒不可遏，勇敢地冲上去，大喊一声，当场打死两个，又刺倒一个，使被围攻的战友转危为安。

1941 年 6 月，任常伦光荣地加入了中国共产党。同年冬季，任常伦随连队在攻打日军小栾家村据点时，由于敌情有了新的变化，连队奉命撤出战斗。在清点人数时，发现少了三班长史德明。旧伤在身的任常伦请求同一排长、二班长一起去营救史德明。由于一排长和二班长在前往营救的途中受了伤，任常伦主动提出让他们掩护，自己只身一人去搜寻战友。任常伦找到身受重伤的史德明后，解下绑带，一头系在史德明身上，自己紧抓一头，拖着他走。当经过一个封锁点时，敌人向他密集射击，任常伦用身子挡住史德明，史德明得救了，而自己却受了伤。在战友们的掩护下，任常伦搀扶着史德明胜利返回营地。

1944 年 7 月，任常伦被评为"战斗英雄"。翌月，他出席了山东军区战斗英雄代表大会，被选为主席团成员，并荣获"军区一等战斗英雄"称号。会后，已任副排长的任常伦得知敌情紧急，日夜兼程 700 里，赶回胶东。那时，任常伦身上已经负过八次伤，肩膀还留着敌人的弹片，体力还没有完全恢复，但是他坚决请求参加战斗。

战斗打响后，任常伦和全排 32 名战士奉命抢占制高点。他带领战士发起冲锋，成功抢在日军之前占领了制高点。随后，他又带领一个班的战士，成功夺取了制高点旁边被日军占据的小高地。在坚守小高地的战斗中，战士们的手榴弹用完了，子弹打光了，增援部队还没有赶到。任常伦带头冲向日军，与敌人展开激烈的白刃战，他一人连续刺死五名日军，终于带领战友们守住了阵地。当天傍晚，日军对小高地进行反扑，战友们在任常伦精神的鼓励下，斗志更坚，终于打得日军落荒而逃，任常伦却不幸被子弹击中，献出了自己 23 岁的年轻生命。

任常伦牺牲后，胶东国防剧团创作了歌曲《战斗英雄任常伦》。任常伦生前所在的第 5 旅第 14 团第 1 营第 5 连被命名为"常伦连"，并以任常伦的牺牲日（11 月 17 日）为建连纪念日。1945 年 2 月，黄县人民政府决定，将任常伦的家乡孙胡庄改名为"常伦庄"。2009 年，任常伦被列入"100 位为新中国成立作出突出贡献的英雄模范人物"。

（资料整理：陈峰）

吕公良

吕公良（1903—1944）

吕公良，原名吕周，1903 年出生于浙江开化一个以开榨油作坊为生的小商人家庭，因崇拜孙中山先生，后以其题词"天下为公"改名吕公良。吕公良自幼聪颖好学，古文功底扎实，写得一手好字，平时喜爱去茶馆听评书，尤其喜欢听岳飞、文天祥等民族英雄的故事。

1920 年，吕公良考入衢州省立第八师范学校（1923 年该校并入衢州省立第八中学），至 1925 年毕业。

1926 年，吕公良考入黄埔军校第六期，毕业后被分配到国民革命军第 13 军第 89 师任见习排长，因踏实能干、办事认真，深受上级器重，累迁第 89 师参谋处长、参谋长，第 13 军参谋长，第 31 集团军高参，华中抗日总队第 5 纵队司令，安徽界首警备司令，河南因江警备司令等职，先后参加了晋中太谷战役、鲁南大会战、台儿庄战斗和鄂北会战等重大战役，作战骁勇，屡立战功。

周口是后方通向敌占区的咽喉要道，每天过往的人中总是混有日伪特务和毒品贩子。吕公良任因江地区警备司令期间，每天都会亲自巡查部队驻地和哨卡，亲自听审每一个被捕的罪犯，当众销毁查获的毒品。吕公良还筹资为当地群众修建了大礼堂，并题写了堂名，深受当地军民的好评。

1942 年底，吕公良奉命组建了新编第 29 师，并担任中将师长。1943 年 11 月，新编第 29 师归属第 28 集团军暂编第 15 军建制。在吕公良任师长期间，河南大旱成灾，吕公良号召全体官兵每天节粮一两捐给灾民，还配合当地群众扑打蝗虫，深受百姓爱戴。吕公良治军严明，主张官兵同甘共苦，营以下军官不设小灶，困难时官兵同穿草鞋。吕公良还事必躬亲，如军训计划的拟订、作战命令的起草下达等，他都要亲自修改过问，作风严谨，一丝不苟。

1944 年初，日寇集结重兵，发起中原大战，企图打通平汉线，直指华南，向重庆国民党当局施加压力，妄图达到迫降的目的。第一战区奉蒋介石手令，派新编第 29 师固守许昌城。部队进驻许昌后，吕公良"日不能食，夜不能寐"，带领全体官兵紧张备战。他向全体官兵提出"头脑好，人人一心为国；身体好，上战场能打能拼；武器保养好，打起仗来不出故障"的"三好"要求，经过紧张整训，部队战斗力有所增强。

1944 年 4 月，日军第 37 师团、第 62 师团、骑兵第 4 旅团、坦克第 3 师团强渡黄河，混成旅团穿插于西南，开始全面围攻许昌。吕公良奉令，死守许昌，牵制日寇。他亲率将士奋勇杀敌，坚守五日，许昌城南防线崩溃，吕公良在突围时，身骑高马指挥，目标显眼，日军数门火炮向他齐射，吕公良身中数弹，壮烈牺牲，时年 41 岁。

1944 年 10 月，国民政府追赠吕公良陆军上将军衔。1986 年，经浙江人民政府批准，授予其"革命烈士"称号。2004 年，吕公良烈士陵园正式落成。

（资料整理：陈峰）

吕旃蒙

吕旃蒙，1905 年出生于湖南零陵县（现属冷水滩市）普利桥乡八井塘村一户殷实家庭，祖父和父亲以武艺高超著称乡里。吕旃蒙幼年时，在祖父和父亲的培养下，识文尚武。少年吕旃蒙先后就读于零陵县属崇文国民小学和永州频洲中学。毕业后，面对军阀混战的国内局面，他毅然投笔从戎，考取黄埔军校第五期，后加入国民革命军陆军，历任排长、连长、团长、师政治部主任等职。1935 年又进入中央陆军大学第十三期深造。1938 年任中央军校副总队长。

吕旃蒙（1905—1944）

抗日战争全面爆发后，吕旃蒙始终谨记"天下兴亡，匹夫有责"，请战赴前方抗击日寇，于 1939 年任第 2 预备师参谋长，1941 年调任第四战区司令长官部少将高级参谋，不久又任第 31 军少将参谋长，率部驻防广西靖西、龙州、凭祥一带，先后参加了宾阳、昆仑关等战役，多次荣立战功。

1944 年 9 月，日军向广西发动攻势，11 月初日军攻占永福。为保卫广西东北交通枢纽，吕旃蒙明知敌众我寡，难以长期固守桂林，仍主动请缨，率领第 31 军第 131 师，协同第 46 军第 170 师特种部队及其他特种部队共同肩负起坚守桂林三个月的战略任务。此时，第四战区司令长官张发奎拟调他赴独山大后方上任，吕旃蒙以保家卫国为己任，婉言谢绝。

吕旃蒙将家人疏散到三江少数民族地区避难，并向妻子谎称将往桂林送军火，让家人放心。送走亲人后，吕旃蒙旋即奔赴桂林指挥强化城防工事。10 月底，侵华日军集主力军团及炮兵部队约 10 万人兵分三路猛攻桂林，桂林守军利用工事和溶洞地形奋起抵抗，历经数天激战，守军岿然不动。

11 月初，日军全面围攻桂林，迅速攻占七星岩高地，用山炮及燃烧弹把象鼻山、叠彩山阵地轰成焦土。残暴的日军向退守七星岩口阵地的我守军施用毒气弹、燃烧弹和火焰喷射器，被迫退入洞内的第 131 师第 391 团官兵及伤病员、后勤人员约 800 人在洞内壮烈牺牲。强渡漓江之敌在强大火力掩护下突入城内，守军与日军肉搏、厮杀，宁死不屈，无一投降。吕旃蒙奉命突围，拼死冲杀，与日军激战三昼夜，终因久战无援，寡不敌众，身中数弹，壮烈殉国，年仅 39 岁。同役殉城者，还有校尉官数百人，士兵数千人，战斗之惨烈，为抗战 14 年城市防守战中所罕见。

抗战胜利后，桂林人民把为保卫桂林而殉国的吕旃蒙等三位将军及七星岩里宁死不投降的 800 壮士的遗骸合葬在桂林普陀山。这就是"三将军烈士与八百壮士墓"。1947 年，国民政府为吕旃蒙颁发了荣哀状，并追晋他为陆军中将，给予国葬和优抚，立碑构亭以作纪念。1984 年 4 月，经中华人民共和国民政部批准，吕旃蒙被追认为革命烈士。

（资料整理：张书方）

何万祥

何万祥，1915年出生在甘肃宁县的一个贫苦农民家庭，本姓朱，参军后改名为何万祥。1931年，何万祥参加了中国工农红军第25军，他行动敏捷，头脑机灵，打起仗来总是冲在最前头。1936年，何万祥加入中国共产党。

何万祥（1915—1944）

1939年夏，何万祥到八路军第115师任副连长，同年随部队抵达鲁南。在攻打郯城（今山东省临沂市郯城县）时，何万祥奉命阻击日军增援，他带领53名战士坚守一个多小时，连续击退了日军300多人四次轮番冲锋，成功掩护了大部队和群众安全转移。

1941年1月，何万祥又随部队进驻苏北一带。正值滨海军区打响歼灭汉奸匪首朱信斋的战斗，朱信斋所带的三个中队400多人据守在一个地势险要而又坚固的工事里，部队进攻数次难以攻克。何万祥接受任务后，冒着连天炮火，用驳壳枪加手榴弹，轰开了敌人第一个地堡，接着又带领一个班顺势占领了一个地堡和一座炮楼，将朱信斋部从东南角逼入西北角，最后用"烟攻"使其束手就擒，为滨海人民除了一大害。战斗结束后，何万祥到部队干部轮训队学习数月，结业后任第115师教导第2旅第6团第2连连长。同年，山东军区授予他"战斗英雄"称号。

1943年11月19日夜，何万祥化装成群众，利用敌军中的内线，巧妙地打开赣榆城门，埋伏在附近的兄弟部队迅速进城，将1600多名日伪军全部俘虏。

1944年春，鲁中军区集结万余兵力，以鲁山（位于河南省中西部）为中心，在周围300里的战线上，发动了第三次讨伐"铁杆汉奸"吴化文的战役。3月25日夜，何万祥率领战士到达大泉庄虎山东侧，截断敌团部与虎山守敌的电话线，又带领战士勇猛地冲到土围子跟前，察看清地形后，他指挥第2连一名机枪手和第3连部分战士迂回到土围子后面牵制敌人，自己率领第2连、第3连全部战士突入围墙内，经过十多分钟激战，占领了各地堡及壕沟，俘敌20余名，缴枪数十支。这时，敌人炮楼内重机枪又开始疯狂射击，第3连第2排排长高英忠中弹牺牲。何万祥率领战士箭一般地冲进炮楼，敌人已退到炮楼最上层。何万祥随身摸出两颗手榴弹，顺着阶梯带头往上冲，到第二层时，头部中弹，壮烈牺牲，年仅29岁。

1944年7月7日，山东军区在抗日战争七周年纪念大会上，将何万祥生前所在的连队命名为"何万祥连"，山东军区文工团编写了歌曲《我们的连长何万祥》。当地政府将何万祥牺牲地大泉山改名为"万祥山"，将山下公路命名为"万祥路"，并在山顶立了一座石碑纪念他。1983年，甘肃宁县人民政府将烈士遗骨迁至县城烈士陵园安葬。1985年，在纪念抗日战争胜利40周年时，山东电视台摄制了电视专题片《我们的连长何万祥》。

（资料整理：陈峰）

余子武

余子武（1901—1944）

余子武，1901年生，广东台山人，曾先后肄业于北京大学法学院和东京政法大学，后入日本陆军士官学校第20期骑科攻读。1929年毕业回国后，余子武毅然投笔从戎。抗日战争初期曾参加淞沪会战。1943年晋升为国民革命军陆军第62军第151师少将副师长，同年赴印度参加美国陆军部举办的高级将领训练班。

1944年6月，余子武结束集训从印度回国后，正值日军相继攻占武汉和长沙，南下向衡阳进犯，形势十分危急。国民党军主力决定在衡阳与日寇展开一场气吞山河的衡阳大会战。余子武率领的第151师行动迅捷，浴血奋战，重庆统帅部特给第151师记大功一次。7月5日，第151师在狮子岭、五里牌一带与占领白鹤铺镇之敌发生激烈战斗，歼敌600余人。7月9日，第151师奉命与第157师向"围剿"衡阳之敌进行攻击，在衡阳西站与敌展开激战，反复冲杀，血战数昼夜，毙敌军联队长尔和少将以下数千人。

1944 年 7 月 21 日拂晓，设在郑家冲的第 151 师指挥所突然受到敌人袭击，余子武率领精悍的特务连冲向敌阵。血战中，余子武的战马身中数弹，惨叫而死，他的左手也被流弹击中，血流如注，但他仍如石雕般屹立，紧握指挥刀，举手发令，目光如电，与日军展开肉搏，后背及腹部连遭重创，壮烈殉国，时年 43 岁。由于余子武所在部队英勇作战，有效拖延了日军疯狂西进的步伐。

噩耗传来，第 62 军军长黄涛失声痛哭，他组织敢死队前去抢回余子武的遗体。于是七名精选出来的敢死队勇士趁夜幕深入敌阵，在炮火焚毁、铁蹄践踏的草丛焦土里寻回烈士尸首，此时余子武仍紧执指挥刀。

国民政府给予余子武国葬礼遇，其忠骸经由桂林运返粤北，当时国民革命军副总参谋长白崇禧、广西省政府主席黄旭初等率众公祭于车站。沿途所经各地，国人自发路祭者络绎不绝。灵柩抵达韶关时，第七战区司令长官余汉谋亲自为余子武治丧，并撰写墓表，将其厚葬于曲江县（今广东省韶关市曲江区）马坝南郊白芒山麓，极尽哀荣。当时的《中山日报》《中央日报》均以大量篇幅给予详细报道，对余子武将军的事迹给予很高评价，称其为"民族英雄"。

余子武殉国后，余将军的结发妻子、七旬老母及六个孩子在余汉谋将军的帮助下，赴美国定居。新中国成立后，余将军的后人为报效祖国，纷纷回归。1992 年，中华人民共和国民政部追认余子武为革命烈士。

（资料整理：陈峰）

吴其芳

吴其芳（？—1944），本名段永干，河南叶县人，中国共产党党员。

抗日战争全面爆发后，吴其芳于 1938 年被中共叶县党组织送到确山县竹沟青年干部训练班学习。

1939 年 1 月，中共豫南省委根据中共中央和中原局的指示，抽调新四军第 4 支队第 8 团队留守处一个连的武装和 60 余名干部，组成新四军独立游击大队，李先念任司令员，吴其芳随李先念挺进豫鄂边区敌后，汇合该地区抗日武装，以信阳四望山为立足点，开展广泛的游击战争，歼灭了一批日伪、游杂武装。6 月上旬，竹沟留守处一个中队、信阳挺进队两个中队和 50 多名干部南下与李先念部会合，成立了新四军豫鄂独立游击大队，独立游击大队发动群众打击日伪，纵横驰骋于江淮河汉广大地区，取得了杨柳河、朱堂店一系列战斗的胜利。到 1940 年底，豫鄂边区扩大到 19 个县的范围，建立了 9 个抗日民主县政权，全区部队发展到 1.5 万余人，民兵发展到约 10 万人。根据地的财经工作、生产建设和文化教育事业也有很大发展，豫鄂边抗日根据地初步形成。

1941 年 1 月，中共中央统一整编新四军时，将在豫鄂边界地区坚持抗战的豫鄂挺进纵队，改编为新四军第 5 师，由李先念任师长兼政治委员，刘少卿任参谋长，任质斌任政治部主任，下辖第 13、第 14、第 15 旅和第 1、第 2、第 3 纵队及豫鄂边区保安司令部，全师共 1.4 万余人，吴其芳任军需处处长。1943 年，吴其芳任新四军第 5 师供给部部长。

1944 年 11 月，吴其芳在湖北孝感地区与日伪军作战中壮烈牺牲。

（资料整理：陈峰）

张文彬

张文彬（1910—1944）

张文彬，男，原名张纯清，1910 年 5 月生于湖南省平江县梓江东港一个贫苦农民家庭。张文彬少年时曾入教会学校就读，1923 年入长沙中学，求学期间积极投身学生运动。1925 年加入中国共产主义青年团。

1927 年春，张文彬到武昌中央农民运动讲习所学习，同年加入中国共产党，自 1928 年起，历任红 5 军第 4 纵队党代表、红 5 军党代表、红 3 军团第 5 军政治委员、红 7 军政治委员、红 3 军团政治保卫局局长等重要职务。1934 年 10 月，张文彬参加了红军长征。

1936 年，张文彬在红军大学学习后，调任毛泽东秘书。同年 8 月，受中共中央派遣，张文彬进入西安，领导中共西北特别支部，对杨虎城、杜斌丞进行统战工作。西安事变后，他参加了同蒋介石代表的谈判，协助周恩来、博古（秦邦宪）、叶剑英做了大量工作。斯诺夫人在《续西行漫记》中称张文彬为"保卫井冈山的独胆英雄""中共第一流青年政治家"。

洛川会议后，张文彬奉命到广东组织人民抗日斗争，在香港主持召开党的会议，成立中共南方工作委员会并任书记。

1938年4月，张文彬奉命组建广东省委并担任书记，他积极恢复和发展党的组织，建立和扩大游击武装，开展抗日救亡运动。他亲自主持对广东游击第2支队的军政训练，将第2支队改造成了我党直接领导的抗日武装。广东省委还创造了在基层以党内知识分子、积极分子为桥梁建立党支部的成功经验。在张文彬的领导下，至1939年底，广东建立党支部800多个，还成立了三个特委组织。张文彬还领导广东省委积极发展进步力量，用"青年抗日先锋队"的名义将进步青年组织起来，使这支力量成为当时广东省委领导下的一个坚强的、富有战斗力的广大青年抗日民族统一战线组织。

1940年10月，中央指示成立中共南方工作委员会，张文彬调任副书记兼组织部长。他曾在东江游击队住了三个多月，具体指导部队的思想政治工作。广东人民抗日游击总队建立后，张文彬代表中共南委"住队"，亲自给部队讲政治课，并参与部队的军事行动。

在中共南委的正确领导下，广东各地的抗日武装发展到10万余人，打退了日伪顽的联合进攻。自此，以广东为中心区域的华南敌后战场，与东北敌后战场、华北敌后战场和华中敌后战场一起，成为中国敌后的四大战场之一。

1941年底香港沦陷后，张文彬和廖承志一道，千方百计把何香凝、邹韬奋、茅盾等800余名民主人士和重要文化人从香港日军的严密控制下解救出来，安全地护送到大后方，受到中共中央的通电表扬。

1942年6月，中共南方工委机关因叛徒告密被破坏，张文彬在广东大埔高陂镇被捕，关押在江西泰和监狱。在狱中，张文彬痛斥劝降的无耻叛徒，坚强不屈。1944年8月，由于遭受敌人折磨，染上肺病，又得不到医治，张文彬在狱中病逝，年仅34岁。

（资料整理：陈峰）

李汉卿

李汉卿（1903—1944），1903 年出生于湖北新洲。新四军第 5 师赣北指挥部指挥长。

李汉卿 1927 年参加了中国共产党领导的农民运动，并光荣地加入了中国共产党。1929 年，他当选为中国共产党黄冈县（今黄冈市）委常委，领导党的工作。1935 年，李汉卿被国民党军队抓壮丁入伍。1938 年 9 月，他逃离国民党军队，不久便加入了由中国共产党领导的国民革命军第 21 集团军独立游击第 5 大队（后为新四军第 5 大队），历任战士、班长、排长、连长。

1940 年 7 月，李汉卿率领连队参加蕲春彭思桥战斗。此次作战之后，他奉命率部在蕲（春）广（济）地区开辟抗日根据地。同年 9 月，李汉卿任蕲广边区县县委委员、武装部部长。1941 年 1 月，国民党顽固派悍然制造了震惊中外的皖南事变，并宣布取消新四军的番号。1 月 20 日，中共中央坚持又联合又斗争的原则，发布重建新四军军部的命令，任命陈毅为代军长，刘少奇为政治委员，并统一组编华中部队为七个师和一个独立旅，继续对日作战。同年 3 月，根据党组织安排，李汉卿调任新四军第 5 师独立第 1 团第 2 营营长。到任后不久，日伪军 80 余人对蕲广边区军政联合办事处驻地黄土岭进行"扫荡"。李汉卿指挥第 2 营巧妙周旋，伺机反击，率部击毙日军指挥人员，取得反"扫荡"作战胜利。1941 年 10 月，李汉卿任新四军第 5 师独立第 1 团参谋长。1942 年 2 月，他调任蕲（春）太（湖）英（山）边区独立第 4 团团长，4 月，他率部粉碎了国民党顽固派对这一地区的"清剿"。同年 8 月，他调任新四军第 4 军分区独立第 17 团团长。1943 年，他又被调任新四军第 5 师赣北指挥部指挥长，率部活动在江西瑞昌与湖北阳新一带，开辟赣北抗日根据地。期间，多次率部对日伪顽作战，逐步巩固了抗日根据地。

1944 年 11 月，李汉卿率部攻打广济杨家桥张家湾日伪据点时，亲临第一线指挥作战，不幸壮烈牺牲，时年 41 岁。

（资料整理：张栓中）

李家钰

李家钰，1890年出生在四川省浦江县大兴乡窗子坝村一户殷实农民的家庭。李家钰幼年在本乡读私塾，13岁考入蒲江县高等小学堂。1909年考入四川陆军小学堂第四期，1911年毕业后，又先后在四川陆军军官学堂第一期、南京陆军军官预备学校学习。

1937年7月，卢沟桥事变爆发后，日军大举入侵，国势垂危。李家钰出于民族义愤，致电国民政府请缨杀敌，并作诗一首：“男儿仗剑出四川，不灭倭寇誓不还；埋骨何须桑梓地，人间到处是青山。”

李家钰（1890—1944）

1937年8月，蒋介石命令李家钰等部出川抗日。李家钰接电令后于9月初率第47军编入邓锡侯将军的第22集团军序列，从西昌出发，部队单衣草鞋，行程4000余公里，12月抵达晋东南抗日前线，布防于太行山区之长治、长子、黎城、潞城一带。

1938年2月，日军第104旅团一万多兵力在飞机、坦克及优势炮火的掩护下，经邯郸、武安、涉县进攻东阳关，企图一举驱逐驻守长治的第47军，进而扫平在山西抗战的中国军队。李家钰部第104师第312旅第624团据城死守两昼夜，在日军飞机、大炮轮番轰击下，北门陷落，官兵奋勇对敌展开肉搏巷战，毙伤敌1000余人。李家钰部对日军初战，虽挫敌凶焰，然官兵伤亡亦逾千人。后黎城县政府在东阳关建“川军抗日死难纪念碑”，以抚慰忠魂。

1939年冬，李家钰积功升任第36集团军总司令，统辖陈铁的第14军、高桂滋的第17军、第47军共三个军七个师的兵力。

1940年4月，李家钰指挥第47军及抗日游击第3支队，在晋城以南天井关一线，予进犯日伪军以重大杀伤，毙伤敌1000多人，所部第104师曾一度克复陵川县城。

1941年夏，第36集团军奉命南渡黄河，驻扎在洛阳以西的新安县，担负守卫天险黄河、拱卫中原的任务。期间，四川省各界抗战前线慰劳团来灵宝县（今灵宝市）李部驻地劳军，李家钰亲书字幅“男儿欲报国恩重，死到沙场是善终"14 个字，以明报国之心志。

1944 年 4 月 18 日拂晓，日军内山英太郎第 12 军第 37 师团在位于郑州与开封之间的中牟一带渡过黄河，向此处的中国军队发起猛攻，被日军称为"河南会战"、中国称为"豫中会战"的春季战事打响。日军渡河后仅两天，即在 4 月 20 日占领郑州。5 月 18 日早晨各路大军皆向西行之后，李家钰的部队主动担负起了掩护友军撤退的任务。5 月 21 日，集团军总部在陕县秦家坡高地遭日军伏击，李家钰身中数弹，当即殉国，时年 54 岁。此役，多位中国将星在此陨落，是抗战期间中国将领牺牲最多的战役之一。

经过浴血奋战，李家钰的部下夺回将军的遗体，并将其运回老家四川，安葬在成都市南郊红牌楼广福桥的"李上将墓园"里。1944 年 6 月 22 日，国民政府追晋李家钰为陆军上将，准入祀忠烈祠，并举行国葬。1984 年 5 月，李家钰被中华人民共和国民政部追认为革命烈士。

（资料整理：郝建方）

杨大章

杨大章（1909—1944）

杨大章，原名杨世瑛，又名章棣，1909 年生于天津。杨大章 1923 年考入南开中学，在校学习期间接受进步思想影响。毕业后，考入天津北宁铁路车僮（列车服务员）训练班。结业后被分配任天津站行李房管理员，不久又调到辽宁绥中县作站务工作。

九一八事变后，因不满国民政府的不抵抗政策，愤然弃职，返回天津后仍任行李房管理员，并利用自己在铁路工作的优势宣传抗日。1931 年，加入中国共产党。1936 年，被调到山海关—天津—郑州段做铁路联系工作，在此期间，他从事党的地下工作，在天津、唐山等北宁铁路沿线车站秘密组织抗日救国团体。

抗日战争全面爆发之后，为组织和领导北宁铁路职工抗日斗争，1938 年初中共北宁铁路党委成立，杨大章任党委书记兼组织委员，在铁路职工中大力发展抗日救国会的组织，亲自主编《铁救》小报，秘密开展抗日救国宣传，团结了一大批爱国志士。他还获取了大量日军军用物资、兵力运输及部署、铁路沿线关卡设置等情报，提供给抗日根据地以便对敌实施精确打击。此外，他还担负为根据地采购运送物资、转发文件和经费、护送根据地干部安全过铁路等任务，为此多次受到根据地领导的表扬。

1939年4月，中共冀热察区党委决定调他到平西根据地工作。他到根据地后化名杨大章，先入冀热察区党委党校学习，后任平西专署民政科长，曾在洪水中救出大量灾民。1940年，杨大章又兼任平西专署秘书主任，不久调任昌宛县长。他率全县军民多次粉碎日伪"扫荡"，保障抗日部队的物资供给，被评为"模范县长"。1943年他出任冀热边行署第1地区专署专员，出色地完成了整个地区改造和建设村政权的任务。

1944年5月，为了整顿蓟遵兴联合县的党组织，杨大章率中共蓟遵兴联合县县委、县政府机关干部，各区主要负责人及专署警卫连到团子山开会，在窜岭庙遭敌人重兵包围。他果断地命令警卫连向敌人主动出击，掩护一部分干部冲出重围，安全转移。当突破口被敌人火力封锁后，他带领干部、战士与敌人展开殊死搏斗，最后与几十名同志一起壮烈牺牲，年仅35岁。

他牺牲后，当地干部和群众秘密将杨大章等烈士的遗体收殓起来，埋葬在窜岭庙西南山坡上。新中国成立后，蓟县人民政府在该地建立了窜岭庙烈士陵园，将烈士们的遗骨移葬在陵园内，供后人凭吊和缅怀。

（资料整理：张栓中）

杨小根

杨小根（1922—1944），八路军冀中军区第六军分区第44区队第2小队副队长。

1922年，杨小根出生在河北省博野县南小王村一户农民家庭。1940年3月，他在博野县参加八路军。两个月后，随部队穿过平汉铁路开赴太行山，后奉调到晋察冀军区警备旅第 2 团第 3 营第 9 连第 9 班当战士。同年 6 月，部队奉命开进到正太路南侧，承担切断敌人交通线的任务。一天，杨小根和一名战士在山上放哨，发现 20 多名日本兵，为掩护队友报信，杨小根独自与日军周旋战斗了 20 多分钟，直至援军赶来。此后的 8 月份，杨小根随部队返回冀中平原，参加了闻名中外的百团大战。在连续的行军作战中，他患上了严重的疟疾，但始终坚持战斗，并冲锋在前。在宁晋县田庄战斗中，他撑着瘦弱的身体把受伤的副班长背下火线；在野庄战斗中他缴获一支枪、一架望远镜和 80 多发子弹。1941 年，杨小根两次被警备旅评为"模范战士"，被任命为第 9 班班长。同年底，他光荣地加入了中国共产党。1942 年，杨小根再次被评为"模范战士"，《子弟兵报》专门刊登了他的事迹。

1942 年秋，杨小根被派到冀中第六军分区第 44 区队第 1 大队第 2 小队第 6 班当班长。1943 年 5 月 18 日，第 2 小队在赵县单独执行任务时，被 200 多名日伪军包围，他主动要求担任突击队长，带队冲出重围，安全地转移到赵县南部。1944 年 3 月，杨小根被任命为第 2 小队副队长。同年 7 月，参加河渠埋伏战时，一个伪军小队长和三名伪军守着一挺机关枪向我军疯狂射击，英勇的杨小根利用炮火的掩护，冲到机关枪跟前一把提起了发烫的机枪，他成了名闻冀中大地的缴枪英雄。就这样，每次战斗中，他都冲锋在前、不怕牺牲，五年间亲手俘虏伪军六名，缴获步枪六支、机枪三挺和大量战利品，成为第 6 军分区战士们学习的榜样。1944 年 8 月初，冀中第六军分区通令嘉奖，表彰杨小根为"战斗英雄"。

1944 年 8 月 9 日，日伪军到赵县大西章村"扫荡"，杨小根带领区小队参加反击日伪军"扫荡"的战斗，在追击逃窜的敌军时，不幸被冷枪击中，光荣牺牲，时年仅 22 岁。

（资料整理：张栓中）

杨学诚

杨学诚，1915 年出生于湖北黄陂县（今黄陂区）研子岗杨保益湾一个贫苦农民家庭，幼时入私塾，后入汉口新民小学。1930 年考入湖北省立高中，因经济困难，白天读书，晚上做工。1934 年，他考入清华大学物理系，一二·九运动后，转入哲学系学习。

杨学诚（1915—1944）

随着日本侵华日益加深，杨学城开始积极关注时局，1935 年参加一二·九运动，后加入平津学生南下扩大宣传团、中华民族解放先锋队，宣传抗日救亡。1936 年 5 月，杨学诚加入中国共产党。同年秋，担任中共清华大学地下党支部书记。1937 年 5 月，他与黄敬、李昌等人赴延安参加了党的全国代表会议，发言汇报北平学生运动情况。回北平后，杨学诚任中共北平市委学委书记、西城区委书记。

1937 年 7 月 29 日，北平沦陷。受中共北平市委委托，杨学诚等人留下来负责筹划和组织北平学生党员的撤退工作，他先后建立和领导了济南、南京的平津同学会。9 月，杨学诚率平津流亡学生来到当时的抗战中心武汉，并担任了中共长江局青委委员、湖北省工委青委书记。在此期间，他又创建和领导了湖北青年救国团，把大批爱国青年聚集在抗日救亡的旗帜下。1938 年杨学诚与陶铸一起到鄂中后，在应城汤池办起了合作事业训练班和临时学校，培训抗日干部。1938 年 8 月，杨学诚任中共鄂中特委书记，1939 年初，代理鄂中区党委书记，领导创建抗日武装，开辟鄂中抗日民主根据地。1939 年 6 月，李先念率新四军南下部队来到京山县养马畈，应城抗日武装编入新四军主力。同年 11 月，杨学诚任中共豫鄂边区党委组织部长，后又兼社会部长。

1940 年 4 月，遵照中央军委命令，鄂豫边区新四军的主力东进，留守后方的部队成立路西指挥部，由陶铸任指挥长，杨学诚任政委，统一指挥京山、安陆、应山、天门等地的新四军第 4、第 5、第 6 团及地方武装，坚持斗争。8 月，边区党委决定开辟天西地区为根据地，刘少卿任指挥长、杨学诚任政委，率部与日伪顽斗争。1942 年，奉命率部南渡长江，开辟以大幕山为中心的鄂南根据地。初战告捷后，因敌情恶化，主力被迫撤回江北，杨学诚率领两个营的兵力，坚持鄂南敌后斗争，8月任新四军第5师鄂皖兵团指挥部政治委员。

杨学诚由鄂南返回边区后，积劳成疾，患了结核性肋膜炎。战争环境中，因得不到很好的休息和疗养，病情日益严重，终致卧床不起。1944年3月6日，平汉线各据点日军出扰大悟山根据地。次日，组织上将杨学诚转移至大悟山以北。不久，杨学诚病逝于高家洼，时年29岁，践行了自己"我这支蜡烛，不要求点得时间长，只要求点得亮"的诺言。

杨学诚逝世后，边区军民举行了隆重的追悼大会，郑位三、许子威等代表边区党和政府在会上先后讲话。杨学诚的遗体安葬在黄陂县木兰山南边的七峰山下。新中国成立后，县人民政府为烈士竖碑并撰写了碑文。刘少奇曾说："杨学诚同志在鄂中是受了很好的锻炼，他虽年轻，但处理问题却能深思熟虑，冷静沉着，不再有一般青年人的火气。"

（资料整理：张栓中）

萧孝泽

肖孝泽（1902—1944）

萧孝泽，号海梁，1902年出生，四川富顺县琵琶乡岩湾村玉劝庄人（今琵琶镇农场村第九组）。幼年随父母到成都生活，先后就读成都南城小学、成属联合共立中学（后石室中学）。九一八事变后，萧孝泽痛感国家危在旦夕，愤然辍学，投笔从戎，在宜宾考入云南国民革命军第39军军事学校。毕业后，到第28军邓锡侯部先后任排长、连长、副营长。1935年入中央军校特别训练班学员队受训，结业后调任河南安阳县军训教官。1937年，调任河南保安司令部，先后任中队长、大队长。

全面抗战爆发后，萧孝泽积极组织抗战、抵抗侵略。1938年初，调任河南禹县自卫团司令，两年中，他发动民众、组织自卫团，尽心竭力于抗日工作。后调任豫西（师管区）第4补充兵团副团长、许昌国民兵团团长。1942年元月，到成都中央军校高等教育班深造，毕业后，被授予陆军少将军衔。1943年2月，萧孝泽调任第36集团军司令部（司令李家钰）高级参谋兼参谋处长。

1944年，日军在太平洋战场节节失利，为挽救南洋日军，发动了大规模的豫湘桂战役，妄图做最后的挣扎。萧孝泽协助李家钰指挥第36集团军的四个步兵团，在云梦山、陕县一带抗击日军，掩护友军西撤。后第36集团军司令部在撤退途中遭遇日军猛烈炮火袭击，转而西进。5月21日，萧孝泽等总部人员护卫着司令李家钰至陕县秦家坡时，遭遇伪装埋伏在两侧山顶的大量日兵。日军冲下山来疯狂扫射，萧孝泽、总司令李家钰以及步兵指挥官陈绍堂等相继中弹殉国。

萧孝泽回乡之时与一代名士、爱国人士邓笠塘结为莫逆，两人来往书信中都表达着忧国忧民之情。年仅42岁的萧孝泽殉国的消息传回家乡后，邓笠塘写下《哭萧孝泽少将诗》四首，代表家乡百姓表达悲悼之情。其第四首诗为：

虚怀若谷气轩昂，别后经年报阵亡。

马革未归千里骨，龙泉空耀九州镇。

如曾入梦来宵黑，莫为无儿怨彼苍。

年少似君真恨少，健忘如我忘难忘。

1985年4月15日，四川省人民政府批准萧孝泽为革命烈士。

（资料整理：张栓中）

邹韬奋

邹韬奋，原名恩润，乳名荫书，祖籍江西余江，1895年生于福建永安，中国现代著名新闻记者、出版家。

1912年，进入上海南洋公学（即今上海交通大学的前身）下院读书。1919年，考入圣约翰大学读文科，1921年7月毕业，9月，开始职业生涯，做英文秘书，兼做英文教员。1926年10月，接任《生活》周刊主编，从此开始了新闻出版工作生涯。1933年1月，参加中国民权保障同盟，当选为执行委员。1938年任第一届国民

邹韬奋（1895—1944）

参政会参议员。

1931 年 9 月 18 日，日本关东军在沈阳制造了震惊中外的九一八事变。国民党当局下令不抵抗，邹韬奋在《生活》周刊上发表了《谁都没有责备请愿学生的资格》《国难与学潮》《动静两个方面》等时论，痛批国民党当局的妥协退让政策。1932 年 1 月 1 日，日军对锦州发起总攻，邹韬奋看到东北军"逃失锦州"的相关报道，发表《痛告全市同胞》《几个紧急建议》等文章，希望能够唤起民众，共赴国难。从九一八事变到一·二八淞沪抗战期间，邹韬奋主编的《生活》周刊以团结抗敌御侮为宗旨，成为当时国内新闻出版界抗日救国的一面旗帜。1932 年 7 月，邹韬奋成立生活书店，并自任总经理。生活书店成立后，团结了一大批思想进步的作者，几年内，在全国各地的分店扩展到 56 家，先后出版发行数十种进步刊物和包括马克思主义译著在内的 1000 余种图书。1933 年 1 月，邹韬奋参加中国民权保障同盟，并当选为执行委员。7 月，赴苏、美等国进行社会调查。1935 年 8 月回国后，邹韬奋积极参加抗日救亡运动，在上海、香港等地主编《大众生活》周刊、《生活日报》和《生活星期刊》，并担任上海各界救国联合会和全国各界救国联合会的领导工作。1936 年 11 月，与沈钧儒等七人因积极宣传抗日被国民党当局逮捕，时称"七君子事件"。全民族抗战爆发后，邹韬奋获释，在上海创办《抗战》三日刊。上海沦陷后，转至武汉，继续主编《抗战》。武汉沦陷后，到重庆创办和主编《全民抗战》。1941 年皖南事变后，生活书店分店接连遭受摧残，邹韬奋辞去第二届国民参政会参政员一职，先后到香港、广东东江游击区和苏北敌后抗日根据地继续宣传抗日。

邹韬奋的爱国民主言行，引起了国民党当局的仇视和忌恨，1933 年 7 月 14 日，邹韬奋开始了他的第一次流亡生活。之后的日子里，他一直辗转奔波，但仍然坚持不懈地进行爱国活动。太平洋战争爆发之后，邹韬奋再度流亡。不久，邹韬奋不幸患了耳癌。1944 年 7 月 24 日，邹韬奋带着对祖国、对人民的无限眷恋和深情，离开了亲人，离开了他心爱的新闻出版工作，离开了他毕生致力从事的伟大的爱国民主事业，享年 49 岁。

邹韬奋逝世的噩耗传来，毛泽东亲题挽词："热爱人民，真诚地为人民服务，鞠躬尽瘁，死而后已，这就是邹韬奋先生的精神，这就是他之所以感动人的地方。"周恩来在邹韬奋追悼会筹备会上称赞"邹韬奋为宣传中国共产党的抗日救亡政策，指引无数青年走上革命道路，立下了不可磨灭的历史功绩。"

陈毅在《纪念邹韬奋先生》一文中指出，邹韬奋"是以一个民主主义者走入战场，伟大的革命实践推动他向前迈步，直至于（与）共产主义相结合，最后以他的为国家为民族为人民服务的品质和事业说，置诸共产主义者前列，可说毫无愧色。因此邹先生的道路是彻底的革命民主主义者和共产主义最终结合的道路。"1944 年 9 月 28 日，中共中央追认邹韬奋为中共正式党员。

2009 年，邹韬奋被列入"100 位为新中国成立作出突出贡献的英雄模范人物"。

（资料整理：郭艳华）

陈宝风

陈宝风（1925—1944），1925 年出生于山东省高青县寨子乡丁家村。1941 年冬参加革命，1943 年加入中国共产党。曾任丁家村民兵飞行爆炸组组长。

1941 年，八路军山东纵队第 3 支队第 2 团进驻陈宝风家乡一带，建立广北至邹（平）长（山）的交通线，同时在这一地区组织民兵联防。在八路军、共产党的感召下，年仅 16 岁的陈宝风参加民兵，被选派到第 3 支队第 2 团去学习。他在鲁南，在胶东，学习各种地雷的特点、埋法，地形、地物的利用，就连各种不同地雷的重量，他都记得烂熟。学习回乡后任飞行爆炸组组长。同年底，陈宝风等在高苑通往魏家堡的公路上埋设地雷，炸死日军四名，炸毁汽车一辆。

1942 年春，陈宝风得知在魏家堡修据点的敌人经常到村东北角一个坟地里烤火，便在火灰附近布下地雷，炸死敌人四名。1943 年夏，陈宝风掐断魏家堡据点的电话线，把敌人诱骗出据点，在敌人经过的一棵大树下埋下"连环雷"，将在大树下乘凉的十几名日伪军全部炸死。同年 11 月 12 日，日伪军对高苑抗日根据地进行"扫荡"，陈宝风在交通要道埋下地雷，将下车探路的驾驶员炸死，迫使日伪军不得不派出排雷工兵排雷，继而陈宝风又琢磨制造出"二起雷"，炸死炸伤多名排雷工兵，有力地阻击了日伪军对高苑抗日根据地的"扫荡"。1944 年初,陈宝凤每天要埋设三至五处地雷,近一个月共埋设地雷 90多处,爆炸成功 60 余处,使日伪军遭受重大伤亡。

1944 年 2 月,陈宝凤不顾战友的劝阻带病参加作战,在通往高苑县城的公路上埋设地雷,天寒地冻而又不能让敌人察觉,埋雷极其吃力。就在地雷埋设成功后,重病的他突然一阵眩晕,歪倒在地,不慎引爆地雷,壮烈牺牲,年仅 19 岁。

陈宝凤牺牲后,1945 年被八路军渤海军区授予"民兵英雄""特等爆炸大王"称号,他所领导的爆炸队则被命名为"大安子爆炸队",以纪念这位民族英雄。

(资料整理:张栓中)

陈绍堂

陈绍堂(1897–1944),1897 年生于四川省邻水县王家乡鼎子寨(今王家镇白鹤村)。陈绍堂早年家贫,流落街头,后在李家钰部入伍当兵。军阀混战时期,随李家钰历次征战,作战勇猛顽强、身先士卒,且指挥独特有方,历任排长、连长、营长、团长、旅长等职。1935 年 7 月,进入军官训练团接受军政训练。驻防四川清溪县(今汉源县)大树堡期间,他曾带领官兵为当地群众修筑了一条用于灌溉农田的水渠,被称为"兵工堰"。1936 年 2 月,被授予陆军少将军衔。

全面抗日战争爆发后,四川军队奉令出川抗战,陈绍堂被编为第七战区第 22 集团军第 47 军(军长李家钰)第 104 师第 310 旅,任旅长。9 月,率部随第 47 军开赴山西,从西昌徒步行军几千里抵达陕西宝鸡换乘火车,直驶西安。未得休整,也无任何补充即受命匆匆赶往山西潞城、黎城、长子、长治一带与日军交战。此时,八路军第 129 师师长刘伯承途经该部防区,受李家钰所邀讲课。陈绍堂亲自带领所属军官一起听刘伯承讲授抗日游击战术(后又多次被派往八路军游击训练班学习),对其开展抗日游击战获益匪浅。

1938 年 1 月,陈绍堂自率两团北上,运用所学八路军的游击战术,屡次对所在区域的日军进行袭扰歼灭,不仅给盘踞于太原的日军造成了极大威胁,同时也起到了牵制太原日军，防备其由太原南下的作用。不久又开赴晋南一带协同八路军继续游击日军。2月，陈绍堂带领部队据城死守长治两天两夜，在日军飞机大炮的轮番轰炸下，长治被敌军炸毁，遂率部与敌逐街逐屋战斗，终因伤亡过大，全旅撤出。后来，陈绍堂部奉命到中条山布防，与中国共产党领导的游击队配合，收复平陆县城以及张村等多处失地，在"六六战役"中歼灭大量日军。1939年，陈绍堂任第104师副师长兼集团军步兵指挥官，虽孤军在山西作战，但与中国共产党领导的军队联防，深得朱德和刘伯承的启迪和帮助，粉碎了日军的多次"扫荡"。1940年4月，陈绍堂受命自晋南南渡黄河布防河南渑池以西地区。1941年冬又移防黄河以南小浪底水库东段，期间曾多次组织小股部队北渡黄河"摸夜螺丝"，偷袭日军三蒲中次郎的第69旅团，搅得日方惶恐不安。

1944年4月18日夜，日军在中牟强渡黄河，攻占郑州、进逼洛阳。5月9日，日军两个旅团在渑池渡河，导致驻守洛阳一带的中国军队三面受敌。危急时刻，李家钰奉蒋介石令，率部殿后掩护友军撤退。5月21日，在撤退途中，受敌炮火阻碍，于是折转西进，在秦家坡遭遇在山顶伪装埋伏的日军，日军冲下山来疯狂扫射，时任步兵指挥官的陈绍堂在战斗中身中数弹，壮烈殉国，时年47岁。

（资料整理：张栓中）

陈济桓

陈济桓，字玉承，号昆山，1893年生于广西岑溪县（今岑溪市）筋竹乡圹面村。幼年入私塾，17岁入广西学兵营，在校期间加入同盟会，参加辛亥革命，历任排、连、营长，在北伐战争中任国民革命军第7军独立第1团（兼指挥第2团）上校团长，北伐后升陆军少将并兼任汉口禁烟局局长，后入中央军校高级班深造，毕业后晋升为陆军中将。

全面抗战爆发后，陈济桓任第5路军中将参

陈济桓（1893—1944）

军，后兼任广西绥靖公署第二金矿主任，为广西财政及出征将士提供了后勤保障。

1944年，日军发动了大规模的豫湘桂战役，妄图做最后的挣扎。桂林战役前夕，陈济桓主动请缨参战，随即被委任为桂林防守司令部参谋长，到任后制订作战计划，严密布防。同年10月下旬，日军以重兵围困桂林，大战于10月28日打响。北门、东江东岸战斗异常激烈，日军动用了飞机和坦克向守军阵地猛烈进攻，守军顽强抵抗，不论正规军或是准军事武装均严守各战斗岗位，给敌以重创。守军伤亡巨大，装备损失严重，一些阵地由于伤亡殆尽而相继落入敌手。日军还使用毒气毒杀了驻守七星岩洞的守军。惨烈的巷战在桂林市区激烈进行。

11月6日深夜，桂林防守司令部在分析战局形势后，决定由司令韦云淞亲赴第四战区求援（后未突出重围）。次日陈济桓接替指挥并任防守司令部副司令兼参谋长。此后几天，陈济桓率部与敌浴血奋战，伤亡惨重，第131师师长阚维雍、第31军参谋长吕旃蒙先后为国捐躯。9日夜，在援军无望、阵地失陷的情况下，陈济桓奉命率残部进行突围。10日凌晨，在刚刚摆脱部分日军阻击后，又陷入日军已先期占据的两制高点的中心，突围队伍陷入绝境。几次冲锋后，陈济桓身受重伤。在自知以重伤之躯突围无望的情况下，陈济桓强忍伤痛从口袋中掏出一张自己的名片，正面写着"广西绥靖公署第二金矿主任陆军中将陈济桓"，他在背面写道："职口臂受伤不能脱离阵地，决定自杀成仁，以免受辱。"签名后用手指蘸鲜血盖在名字下面。之后，他将遗书及李宗仁送他的怀表、白崇禧送他的派克笔一并交给警卫，让他呈交上级。之后，下达最后一道命令：组织剩余可行动人员天亮前突围。他吃力地要求身边军官代他向上级述职，报告失利原因、战斗经过，随后举枪自戕，时年51岁。

1946年3月29日，广西省政府隆重召开"抗日阵亡将士万人公祭大会"，沉痛悼念陈济桓、阚维雍、吕旃蒙三位将军以及为保卫桂林而牺牲的英烈。同年6月28日，国民政府追晋陈济桓为陆军上将。1984年10月23日广西壮族自治区人民政府追认他为抗日战争革命烈士，同年中华人民共和国民政部向烈士家属颁发了革命烈士证书。

（资料整理：张栓中）

威廉·瑞德

威廉·瑞德（？—1944），美国援华飞行员，曾任中美空军混合团第3大队第7中队队长、第3大队大队长，多次率部与日军战机展开作战，1944年在对日作战中牺牲。

1942年7月，中国空军美国志愿援华航空队（即飞虎队）解散后，为加强中美合作，扩大对日战果，陈纳德将军建议成立中美空军混合

威廉·瑞德（左）与中国战友在一起

团。1943年7月，中美空军混合团在印度半岛马里尔军营正式成立。所属第3大队第7及第8中队的飞行基干及地勤人员，从成都搭乘美军C-46运输机飞越驼峰航线抵达印度丁江基地，改乘火车抵达喀拉蚩，10月底进驻马里尔军营，开始受训，威廉·瑞德少校任第7中队队长。训练中，因其"仪表好，嘴巴甜，很得人缘"，深受训练教官、中美飞行员的喜爱。结训后，第7中队接收全新的P-40战斗机12架，在威廉·瑞德带领下于1944年2月到达驻防地桂林二塘机场。

1944年3月4日，瑞德奉命率领第7及第8中队飞机16架，联合美军航空队B-25轰炸机6架等，在接近目标前以超低空海上航行，奇袭海南岛海口机场，此役中美空军共摧毁地面日军零式飞机18架、轰炸机2架，空中击落零式10架、轰炸机1架，取得31：0的辉煌战果。同年日军发动"一号作战"等大规模作战，第7中队移驻梁山。威廉·瑞德率第7中队展开对日作战，执行防空任务并攻击日军铁路、公路及水面交通线、补给站，为抗战地面部队提供火力支援。在其率领下，中美飞行人员均取得不菲战果，击落、击毁日军战斗机、轰炸机40余架。

1944年10月，威廉·瑞德升任中校，后曾亲率16架战机对汉口至蒲新段铁路沿线进行攻击，回航至荆门机场发现大编队敌机正在降落，又立即发动攻势，当烟雾尽散后，日军5架零式三型机及11架零式机被击落，地面击毁零式三型机4架。之后，威廉·瑞德升任第3大队大队长。12月3日，率31架战机击落敌机12架，完成任务后，率部属降落老河口。12月19日分批飞

回原防地，他率大队作战官透纳少校及第 8 中队穆德少尉最后飞回梁山。此时天已黄昏，梁山正遭空袭，日机在空中盘旋，不能打开跑道灯降落，于是转飞白市驿机场，同样因天气恶劣而折返，三人等汽油耗尽后跳伞，穆德安全着地，透纳折了脚踝，威廉·瑞德则于跳伞时头部撞及飞机而殉职，为中国人民的抗日战争暨世界反法西斯战争的胜利奉献了自己的生命。

（资料整理：张栓中）

高小安

高小安（1916—1944）

高小安，原名高瑞泉，1916 年出生于河北滦县安各庄。高小安 10 岁时入私塾学习。后因家境不支辍学，1932 年加入中国共产党。长城抗战后，高小安走家串户，宣传中国共产党的抗日主张，组织了路南游击小队并任队长。

全面抗战爆发后，党组织确定高小安为丰（润）滦（县）南部领导人，他积极发动群众，开展游击战争。处于秘密活动时期的党组织，活动经费非常困难，筹措资金购买枪支弹药就更难了。为了革命，高小安慷慨地卖掉了家中 12 亩地，充作党的经费。1938 年 6 月下旬，中共冀热边特委在丰润田家湾子召开军事会议，决定发动冀东抗日大暴动。7 月初，暴动开始后，高小安率部奇袭曾家湾、爽坨、司各庄各伪警察所，缴获长短枪 60 余支、弹药一批，壮大武装了自己。高小安领导的曾家湾以北起义队伍很快达到 1000多人，他带领队伍北上，在茨榆坨与第 5 总队会合，扩编为抗联第 13 总队，高小安为总队长。随后在攻打乐亭城时，高小安任城西总指挥。攻克乐亭后，指挥部队先后取曾家湾，克小集，攻越支，夺宣庄，连战连捷。10 月初，在八路军主力和抗联西撤时，该部奉命留在冀东南部坚持抗日游击战争，孤悬敌后，依靠人民群众的有力支持，转战在敌人的心脏。1939 年初，高小安等人按照中共冀东特委指示，组建"路南办事处"，联络抗联旧部，发展游击武装。1940

年8月，中共冀察热区党委冀东分委决定，加快开辟路南沿海，建成稳固的革命根据地，高小安奉命率部与敌周旋，牵制敌军，也给路南群众以希望。

1941年，高小安入中国人民抗日军事政治大学第二分校学习。1942年结业后回到冀东，任路南工作团主任，一面协助地方政权开辟地区，一面组织力量，筹建人民武装。在半年内，开辟出100余个村庄，建立了迁滦卢联合县第五总区，高小安任总区长。同年9月，他出任八路军晋察冀军区第十三军分区第1区队区队长，先后协助迁（安）滦（县）卢（龙）、丰（润）滦（县）昌（黎）乐（亭）、滦（县）卢（龙）、丰滦、昌乐等县级政府组织抗日农会、妇救会、儿童团、民兵等群众组织，配合部队开展游击活动。他灵活运用游击战术，创造了许多克敌制胜的战例。从1942年底到1944年春，他亲自指挥或参与指挥戟门、大庄河、南北堡、北圈、学旺庄、魏各庄、焦庄等著名战斗，杀伤日伪大批有生力量，受到晋察冀军区通令嘉奖。

1944年2月2日，高小安率第1区队战士，在乐亭县焦庄战斗中，身先士卒，与拥有坦克的日军进行殊死搏斗。他腿部受伤，在紧急关头，为了减少部队的伤亡及安全转移，他把敌人的火力引向自己，并大声命令："快往村里撤！不要上来，谁上来我就打死谁！"不幸身中数弹，壮烈牺牲，年仅28岁。他牺牲后，遗体被移至华北烈士陵园安葬，供后人纪念。

（资料整理：张栓中）

黄永淮

黄永淮（1902—1944），号泗光，别名黄石夫，1902年出生于四川省内江市安岳县龙台乡。曾任国民革命军陆军第31集团军高级参谋兼新编第29师副师长。1944年，在许昌抗日保卫战中壮烈牺牲。

黄永淮1926年在族人黄爵高等人的资助下，考入黄埔军校第五期。1928年，以优异的成绩从黄埔军校毕业，被分配到南京国民政府警卫团任见习排长。1929年，警卫团扩编为警卫第1旅，升任连长。1930年随部队到河南参加了中原大战。1931年12月，警卫第2师改编为第88师，任连长。

1933 年，升任第 88 师第 262 旅第 524 团第 3 营营长。1934 年他被提拔为第 524 团团附。1935 年，国民政府重新评定军衔，黄永淮被授予中校军衔。1937 年 8 月 13 日，淞沪会战爆发，黄永淮在一线指挥作战时被一粒子弹从左眼角斜穿射入，顿时血流如注，被送入德国人开办的宝隆医院进行抢救，其职由第 262 旅中校参谋主任谢晋元继任。黄永淮伤愈后，任中央训练团兵役干部训练班教育长、第 31 集团军高级参谋等职。1942 年，调任新编第 29 师副师长。

黄永淮患有咯血症，由于劳累过度，旧病复发，曾一度回家乡休养。1943 年 4 月，病愈归队，恰逢日军进攻豫湘桂。豫中会战前，他主动请缨抗战，回到部队协助吕公良师长练兵备战。1944 年 3 月，第一战区长官司令部奉命令，派第 28 集团军暂编第 15 军新编第 29 师死守许昌。1944 年 4 月 29 日，侵华日军长野师团从北、南、西三面夹攻许昌，秋山旅团由东南向据守许昌城外围的新编第 29 师发起进攻，黄永淮等率部奋勇抵抗。4 月 30 日，在日军飞机、大炮近一个小时的狂轰滥炸下，许昌城墙上工事尽毁，我军陷入苦战之中。下午 6 时，日军破城而入，黄永淮与师长吕公良分头组织与敌展开激烈的白刃战，这时，日军又攻入城内，守城部队只得退到城西南角。5 月 1 日拂晓，黄永淮与师长吕公良率数百人突围，行至城东南外六公里的小于庄附近，被日军工兵联队包围。在与敌激战中，师长吕公良不幸阵亡，黄永淮下肢被子弹击中，仍率部突围，终因寡不敌众，未能冲出敌军的包围圈，数百人全部战死疆场。突围中，黄永淮不幸被俘。日军将他押至于庄时，他乘机用手枪击毙一名日军，自己也为国捐躯。黄永淮牺牲后，被于庄村民埋在于庄袁家祖坟旁，并立一块木板，上写黄永淮之墓。

1944 年 10 月 20 日，国民政府发布命令，追晋赠已故副师长黄永淮为陆军少将军衔。

1945 年抗战胜利后，黄永淮亲属将其忠骨运回安岳龙台安葬，安岳县数千人到龙台夹道迎接英雄骸骨，举行了七天的悼唁活动，安岳县政府组织了隆重的追悼会。1986 年中华人民共和国民政部批准追认黄永淮为革命烈士。

（资料整理：杨艳喆）

黄　魂

黄魂（1903—1944），原名符权重，1903年出生于广东琼山石桥乡一个家境殷实的家庭。

黄魂1922年考进琼山中学读书后，受革命思想熏陶，更加活跃，是学生领袖之一，经常组织学生走上街头贴标语、发传单和作演讲，大力宣传革命，揭露反动军阀互相勾结、瓜分琼崖的阴谋和罪行。1926年3月，在琼山中学加入中国共产党，成为该校的第一批共产党员之一。此后他还到家乡石桥和周边地区成立农会，发展党员，建立支部。1930年4月任中共定安县委书记，1932年调琼文县委工作，7月任中共琼东县委书记。1933年4月，冯白驹等25人从母瑞山回到琼山，黄魂主动寻找特委，接上关系。1935年春任特委委员，后任琼澄工委书记。1936年5月任中共琼崖特委常委兼宣传部长。1941年任中共琼崖特委常委兼统战部长、琼山县长。1942年9月任琼山抗日游击司令部总指挥。1943年冬任南区军政委员会主任。1944年4月2日任独立总队政治部主任。

黄魂在担任琼山县（今琼山区）抗日民主政府县长期间，极其重视财经纪律，容不得半点贪赃劣迹。他到家乡所在地二区检查时，听到群众反映区员吴某有贪污行为，查实吴某侵吞10个大洋，便将他枪毙正法。他还通过细致的观察和不动声色的监视，抓获了一名女奸细，通过耐心、巧妙的审讯，破获了多个奸细组织。

1944年5月2日，黄魂与战友陈克文等10余人从昌江县返回独立总队时，路过四荣乡（今东方四更镇）上荣村时，当晚在该村后面生长着酸梅树和竹林的园地歇息。

次日早上，黄魂接到情报，有一队日军骑兵要到四荣乡一带"扫荡"，并已快到上荣村了。黄魂等人便在村边的荆棘丛中分开躲藏起来。日军进村搜查时见村民吉进平家备有多人食用的米饭而看出破绽，便分头向村外搜索。有三名日军骑兵接近黄魂藏身之处时，发现了他，双方几乎是同时开火，黄魂眼快枪准，与战友抢先撂倒三名日兵，致其二死一伤。此时，黄魂左腹也已中弹，倒地后，他不忘把已经换成金戒指的党费，忍痛塞入腹中。

趁日军大队人马闻枪声赶来之前，黄魂命令其他同志赶快撤离，并从左腹中掏出党费，交给他们带走。不久，日军闯进上荣村，强迫村民将黄魂抬到村前水井旁，待黄魂稍稍苏醒，便审问他："从哪里来？来干什么？"黄魂答道："是从对面山那边来偷牛的。"日军不再追问，便将他和村里的两位青年一起杀害。日军离去后，村民吉进平等人才回到村中，将黄魂尸体安葬在上荣村东北角的赤坎坡。

1957年，海南区人民政府将黄魂遗骸迁葬于海口市金牛岭革命烈士公墓。

（资料整理：杨艳喆）

彭雪枫

彭雪枫（1907—1944）

彭雪枫，学名修道，1907年9月9日出生于河南省镇平县七里庄。

1925年，彭雪枫在爱国进步教师的影响下，阅读进步书刊。"五卅惨案"发生后，组织同学同校方进行斗争，取得胜利，建立了育德中学学生自治会，被选为会长。6月下旬，经介绍，在育德中学参加共产主义青年团。1929年6月，被派到烟台刘珍年部第21师做兵运工作，12月，奉派往福山做农运工作。1933年5月，调任红3军团第4师政委。1935年2月，部队在扎西地区缩编为第13团，任团长。1939年11月，奉新四军军部命令，游击支队改番号为新四军第6支队，任司令员兼政委。豫皖苏边区党政军委员会成立后，任主任。1940年8月，八路军第334旅、新2旅与新四军第6支队合编为八路军第4纵队，彭雪枫任司令员。1941年1月，皖南事变发生后，八路军第4纵队奉命改编为新四军第4师，任师长兼政委。1942年至1943年，彭雪枫与邓子恢、张震、吴芝圃等在洪泽湖地区坚持敌后抗日战争，纵横驰骋，浴血奋战，取得了著名的33天反"扫荡"斗争的胜利。

1944年，日军发动中原战役，大举向河南腹地进攻，侵占了郑州、洛阳、许昌、郾城等38座城池，中共中央决定向河南敌后进军，收复失地，彭雪枫奉命西征。1938年至1944年，彭雪枫麾下的新四军第4师进行了大小战斗

3760 次，累计歼敌 4.8 万余人，取得了敌我伤亡比例 5 ∶ 1 的辉煌胜利。9 月 11 日，在河南夏邑东八里庄围歼土顽李光明的战斗中，彭雪枫亲自指挥战斗，正当战斗胜利结束时，不幸被流弹击中，英勇殉国，时年 37 岁。

1945 年 2 月 7 日，中共中央在延安、中共淮北区党委在洪泽湖边大王庄（现江苏省泗洪县），分别为彭雪枫将军隆重举行追悼大会。中共中央的挽词是："为民族为群众二十年奋斗出生入死功垂祖国，打日本打汉奸千百万同胞自由平等泽被长淮。"毛泽东、朱德、彭德怀、陈毅的共同挽词是："二十年艰难事业，即将彻底完成，忍看功绩辉煌，英名永在，一世忠贞，是共产党人好榜样；千万里山河破碎，正待从头收拾，孰料血花飞溅，为国牺牲，满腔悲愤，为中华民族悼英雄。"

新中国成立后，在彭雪枫的家乡河南南阳镇平县，专门修建了彭雪枫纪念馆。1994 年在诺曼底登陆 50 周年之际，英国女王批准将威尔克圣宝剑转赠给彭雪枫陵园，以纪念彭雪枫在世界反法西斯战争中为民族解放作出的卓越贡献。

2009 年，彭雪枫被列入"100 位为新中国成立作出突出贡献的英雄模范人物"。

（资料整理：杨艳喆）

程仲一

程仲一（1916—1944），原名重远，后改名为仲一，字必达，1916 年 12 月 16 日生于山西省五寨县梁家坪。

程仲一从小天资聪颖，他幼年随父在河曲读完初小、高小，以优异成绩考入太原省立第一中学。初中毕业后，考入北京大学附属高中，后就读于中国大学。1934 年冬，由于经济困难，程仲一转山西大学就读。在北平读书期间，程仲一深受反帝反封建思想的熏陶，并开始接触和研究马列主义。回太原读书后，积极参加抗日救亡运动，并主动靠拢党组织。1937 年 4 月，程仲一加入中国共产党。8 月，到八路军驻太原办事处秘密党训班学习。同年 10 月返县，任县战地动员委员会副主任、主任。

抗战英烈谱

1938年1月，中共五寨县委成立，任宣传部长。同年3月，日军侵占晋西北七县，五寨县城亦被占领，程仲一率全体战地总动员委员会干部和自卫队配合八路军第120师部佯装攻城，火烧西门，袭扰敌人交通线，使守城日军风声鹤唳，惊慌失措，不得不落荒而逃。1939年秋，任绥东专署专员。1940年，调任绥中专署专员。程仲一认真执行党的抗日民族统一战线政策，坚持党性原则，走群众路线；在战场上临危不惧，身先士卒；在平时生活中与群众战士打成一片，从不以专员身份自居。他常以典故、笑话、顺口溜来宣传、教育战士和群众。当地的青年人纷纷慕名而来，专署骑兵游击队由40余人逐渐发展到100多人。战士们都说："跟着程专员打日本，战死也痛快。"1943年秋，调任绥南专署专员。他带领武工队活动于崞县窑子、三道沟、公鸡咀一带，不时神出鬼没地打击敌人，并配合黄厚领导的骑兵团打了多次漂亮的歼灭战，大大地鼓舞了当地的抗日军民。

1944年2月9日晚，程仲一带领专署武工队夜宿凉城郭木匠沟，不料被当地的一个汉奸告密。10日凌晨，崞县窑子据点的日伪军悄悄地包围了武工队的驻地。程仲一在突围中壮烈牺牲，时年28岁。

在程仲一的老家五寨县的《五寨赋》中写道："程仲一为革命，弃女抛儿，披肝沥胆，壮烈牺牲凉城县。"

（资料整理：杨艳喆）

阚维雍

阚维雍（1900—1944）

阚维雍，原名庆福，号伯涵，祖籍安徽合肥，1900年8月29日出生于广西柳州。

阚维雍先后毕业于广州医科学校、广西陆军讲武堂工兵科和中央陆军大学将官班第一期。1924年任绥靖督办机要参谋，1926年春，中央军事政治学校第一分校（简称南宁军校）在南宁成立，阚维雍调到该校工作，先后担任队副、区队长、教官、工兵队队长等职。1929年，调任第7军第15师参谋处上校处长。次年7月，又升任

第7军司令部参谋处少将处长，8月任第7军第19师少将参谋长。1932年11月，他被选送到南京陆军工兵专科学校第一期深造。1933年毕业后，奉命担任第15军工兵营营长。1939年，考入中央陆军大学乙级将官班深造。1939年底，日军入侵桂南时，任国民革命军陆军第31军少将参谋长，率部与日军作战。1940年4月，率部参加了桂南昆仑关之战。1942年，调任第31军第131师少将师长，率部担负桂西南防务。

1944年，日军发动豫湘桂战役。同年9月阚维雍率部抵桂林，与友军执行坚守桂林的任务。从10月底始，战况日紧。他指挥所部与敌苦战，杀敌甚多。11月8日，日军使用毒气攻打七星岩，致所部守军第391团800余名官兵全部牺牲。11月9日，大批日寇渡过漓江，向桂林城内发动全面进攻，阚维雍指挥退入城内的官兵顽强抵抗。下午，他获悉，北门守军全部牺牲，伏波山至中正桥头的数连守军亦几乎伤亡殆尽，但他仍然毫不畏惧，继续沉着指挥部队坚守。

当晚7时许，阚维雍决心自杀殉职，以践报国誓言。于是，他当即召集师直各处室主任、各直属连长和有关人员布置突围，随后写下绝笔诗一首："千万头颅共一心，岂肯苟全惜此身；人死留名豹留皮，断头不做降将军。"9日晚，在师指挥所自杀殉职，时年44岁。

国民政府于1945年10月追晋阚维雍为陆军中将师长，并于1946年3月29日为其举行国葬，陵墓设于桂林市七星岩霸王坪，墓侧建有纪念亭，并于东镇路阚宅基地修建纪念塔。

中华人民共和国成立后，柳州市军管会按照政务院文件规定，承认阚维雍为抗日阵亡将士，追认其为烈士，给其亲属颁发了"烈士家属"光荣匾。1984年11月3日，广西壮族自治区人民政府决定追认阚维雍将军为革命烈士。同年11月26日，中华人民共和国民政部为其亲属颁发了革命烈士证明书，其中明确写道："阚维雍同志在抗日战争中壮烈牺牲，经批准为革命烈士，特发此证，以资褒扬。"

（资料整理：杨艳喆）

才 山

才 山（1911—1945）

才山，原名才治安，又名才维诚、维诚，1911年出生于辽宁省黑山县。

才山曾在哈尔滨工业大学求学，东北沦陷后，转入东北政法学院学习，从此，开始了抗日活动。1935年作为流亡学生来到绥远西部桃子铺垦区开荒，继而参加了抗日根据地的创建工作。1937年正式参军，同年参加了中国共产党。1939年任抗日联军总队大队长，后任第10团参谋长。到冀东后，曾任冀东军分区副参谋长及冀、热、辽军区副参谋长等职。1940年春，所部改编为八路军晋察冀军区步兵第10团，白乙化任团长，才山任团参谋长。奉命挺进平北，开辟丰（宁）、滦（平）、密（云）敌后抗日游击根据地。第10团进入丰滦密以后，改编了袁水和王荣两支绿林队伍，成立了丰滦密联合县政府，又在丰、滦、密西部成立了滦（平）昌（平）怀（柔）联合办事处。1943年冬，才山由平北调来冀东工作，任晋察冀军区第十三军分区副参谋长。由于冀东地区环境残酷，战斗频繁，所需弹药日增。为了解决部队武器弹药供应不足问题，1944年，第十三军分区成立了军工处，李运昌司令员指定才山兼管军工处工作。

1945年，冀热辽军区尖兵剧社和第十五军分区长城剧社联合公演歌剧《地狱与人间》。奉军区首长之命，他们赶赴军区驻地进行纪念演出。7月3日早晨，才山率尖兵剧社和长城剧社的60多名文艺战士，由遵化县（今遵化市）支队长耿兆江带一个加强连护送，从第十五军分区腹地滦河东崖出发，奔赴军区机关驻地玉田县。

晚上9点多钟，行至离原定宿营地鲁家峪尚有15华里的时候，由于女同志和小同志精疲力竭，掉队落伍的越来越多，行进速度越来越慢，为此，才山决定夜宿杨家峪。就在这天夜里，日伪军1700多人把仅有100余户的杨家峪重重包围起来。4日拂晓，敌人偷偷接近村子。杨家峪武装班长杨喜发觉后，急速返村报告，突然两声枪响，接着机枪吼声和手榴弹爆炸声响成一片。剧社同志除干部的几条短枪和勤杂人员的几支步枪外，其余人每人只有两颗手榴弹。才山和黄天等十几个人，为掩护队伍突围，被围在西山脚下的一片葡萄园里。所有持枪的同志，只剩下最后的子弹了。仰卧在葡萄架下的才山，逐个看了看周围的每个人，举起手枪，将最后一发子弹射进了自己的身体，壮烈牺牲。

战斗结束后，杨家峪的人们按照当地的风俗，举行了最隆重的安葬仪式，在一片痛哭声中安葬了烈士。为了纪念才山等 40 多名烈士，教育子孙后代，党和政府在杨家峪建立了纪念碑。

（资料整理：杨艳喆）

马立训

马立训，1920 年出生于山东淄川（今淄博市淄川区），1944 年 5 月，加入中国共产党。曾任八路军鲁南军区第一军分区第 3 团第 1 营第 1 连第 2 排排长。

马立训从小失去父母，家境贫寒，12 岁就到煤窑当小苦工。1940 年 4 月参加八路军并被编入山东纵队第 4 支队第 12 连。同年 10 月，马立训随队到沂蒙山区作战，并第一个报名参加反"扫荡"战斗。在拔除青驼寺据点战斗中，他手提浇上油点燃的公鸡烧毁敌军据点。1941 年春，马立训协助战友炸毁莱芜吴家洼据点，

马立训（1920—1945）

炸死汉奸 30 余人。同年 5 月，在沂水县朱宝庄战斗中，马立训立了大功，战后被提升为机枪班班长。同年 7 月，部队到达蒙山，在岳家庄战斗中，他用自制的炸药包连续三次炸开鹿砦、围墙、碉堡，为部队扫清了障碍。1942 年春，部队奉命开辟鲁南根据地。在攻克南大顶、孙徐、石家楼等据点与歼灭惯匪刘黑七的战斗中，马立训手提炸药包冲在最前面，运用"偷爆"等技术摧毁敌人的数道鹿砦和碉堡，连破敌阵，被誉为"开路先锋"、鲁南三团的一门"神炮"。1943 年 11 月，在攻打鲁南柱子村战斗中，执行偷袭爆破任务，当接近日伪军炮楼时被敌发现，他隐蔽在壕沟内，用军帽吸引敌机枪火力，而后迂回接近敌

人据点，炸塌守军圩墙和炮楼，为部队开辟了进攻通路。此役共歼敌 1200 余人，缴获大批武器和物资。1944 年 5 月，在攻打山东平邑县庞庄日军据点战斗中，他炸开第一道障碍后，利用有利地形，又主动炸开据点门楼，部队得以迅速通过突破口向纵深发展。当年 7 月，他出席山东军区英雄模范大会，受到军区司令员罗荣桓、政治部主任萧华的接见，并被授予"特等战斗英雄""山东爆破大王"的光荣称号。山东军区还发出向马立训学习的号召。

1945 年 8 月 3 日，在山东滕县阎村战斗中，马立训带领突击班执行爆破任务，他首先炸掉敌人两道外壕中间的警戒碉堡，在越壕冲击时不幸被敌弹射中胸部，英勇牺牲，年仅 25 岁。同年 9 月，八路军鲁南军区命名马立训生前所在排为"马立训排"，滕县阎村为"立训村"，并在部队开展了"马立训式的爆破运动"。

2006 年 5 月，杨小春曾作诗称赞马立训："灭寇消仇乐逞豪，胸怀炸药智能烧。随机应变寻新路，胜利歌声捣敌巢。"

2009 年 9 月 14 日，马立训被评为"100 位为新中国成立作出突出贡献的英雄模范人物"。

（资料整理：杨艳喆）

马应元

马应元（1921—1945），1921 年出生在山西武乡马家庄。

1940 年 6 月 7 日，中共中央北方局和第 129 师决定成立太行军区，隶属于第 129 师。由第 129 师师部兼太行军区领导机关，刘伯承兼军区司令员，邓小平兼军区政治委员，王树声为副司令员，李达为参谋长，蔡树藩为政治部主任，下设六个军分区和一个旅（新编第 11 旅）。军区司令部驻地常乐村，同年 12 月底，随第 129 师司令部迁往赤岸村。马应元于 1940 年参加抗日游击小组，秋季加入民兵组织，配合八路军打游击。他枪法娴熟，曾一枪致敌二命，击毙敌战马一匹，成为闻名全县的民兵射击手。1942 年，马应元加入中国共产党，任马家庄民兵指导员，隶属第三军分区。

1943 年 1 月 25 日，中共太行分局在河南省涉县温村召开高级干部会议，邓小平在会上作了《五年来对敌斗争的概略总结与今后对敌斗争的方针》的报告。30日，冀南军区发出《关于反清剿斗争的作战指示》，要求各部队配合政治攻势结合民兵进行一元化的对敌斗争，广泛开展游击战争，坚持各个格子网内的斗争。在反"清剿"、反"蚕食"斗争中，马应元带领马家庄民兵队搞侦察、探敌情、除汉奸、捉舌头、埋地雷、打伏击、缴武器、截物资，曾多次夺回日军抢去的耕畜羊群和日伪种的蔬菜等。

1943年敌占蟠龙后，马应元仕蟠武线飞行射击爆炸组组长。在漳河两岸，运用"麻雀"战术歼敌小股部队，配合八路军夜袭段村敌据点，又用"地雷加冷枪"等游击战术，打了许多胜仗。5月反"扫荡"中，一次布雷13处，炸死炸伤日军90余人，缴获步枪11支、子弹500多发。1944年11月，马应元出席了晋冀鲁豫边区群英大会，获"日夜出击蟠武线，飞行爆炸显神威"锦旗一面，被誉为民兵杀敌英雄。

1945年元月，马应元在本村突围战斗中落入敌手，最后敌人抓来他的母亲和妻子劝他投降，均被他拒绝，最终被敌人秘密杀害，年仅24岁。1946年12月太行区第二届群英大会上，特追认马应元为到会英雄，并在英雄台广场特设灵位，隆重公祭。

（资料整理：杨艳喆）

王先臣

王先臣，原名王顺成，1914年11月15日出生于江西省吉安县水阳镇江南里陂村。

王先臣15岁时，经本村苏维埃主席王启明介绍，加入了中国共产主义青年团。1931年参加中国工农红军。1932年加入中国共产党。1934年10月随军长征，到达陕北后，入红军大学学习。1937年抗日战争爆发后，任八路军第120师营教导员，随军赴山西抗日前线。1938年，该师组建特务团挺进冀中，任团政委。后所

王先臣（1914—1945）

部与冀中民军合编为民众抗日自卫军，任该军第1纵队政委。同年7月，率第1纵队在武强县包围日伪军200余人，歼敌大半。10月，击溃三个县日伪军的再次围攻。同年年底，第1纵队改编为冀中警备旅第1团，任团政委。

1940年8月，在百团大战中，他率部参加破袭石（家庄）德（州）铁路的战斗。战前，他将部队组织成若干战斗小组，反复进行卸钢轨夹板、螺帽、道钉等技术训练，并准备了大批扳子、手榴弹、土炸药等武器。战斗中，他身先士卒，或亲率爆破组、拔钉队行动，或指挥机枪手掩护同志们破路桥和炸毁涵洞。破坏敌人铁路26公里，粉碎了日军11月份通车的计划。与此同时，在敌"模范区"赵县豆腐庄歼敌300余人，缴枪200余支，获八路军总司令朱德和副总司令彭德怀表扬。1942年9月，任冀中第六军分区司令员。根据敌军大"扫荡"后的严酷形势，将部队化整为零，坚持平原游击战。

1945年7月1日，前大章据点内的敌人告急，赵县守敌不得不沿公路出动增援。上午11时左右，增援前大章之敌行至大吕村时，特务连在截断的公路上突然猛烈开火。敌人惊慌失措，企图回逃。这时，埋伏在公路附近北何家庄、小吕村的打援部队趁敌人乱作一团，出其不意地从侧翼和后尾勇猛出击，一下子把敌人打得晕头转向，四处逃窜，将携带的迫击炮等重武器都扔在附近村庄的井里。而在大吕村附近的五六十名伪军，在后退无路、前进无望的情况下，绕过我正面阻击部队，顺着一条自然道沟，溜进了大吕村我阵地北沿，占领了村落的一所高房，隐伏在院落里。这时，王先臣一面紧急抽调打援部队，一面组织侦察、监视敌人。为摸清敌情，及时围歼这股残敌，王先臣亲自带几名战士，到一所院落侦察，不幸被潜伏之敌击中胸部，英勇牺牲，时年31岁。

在抗日战争即将取得伟大胜利的前夕，王先臣为民族解放事业流尽了最后一滴血。冀中第六军分区党政军民一万余人为其举行追悼大会。1946年，冀中第六军分区和辛集市政府在辛集市之南、石德铁路之北修建了辛集市烈士陵园，内有第六军分区司令员王先臣烈士墓、烈士亭。

（资料整理：杨艳喆）

张洪仪

张洪仪，又名张鸿仪，回族。1912 年出生，山东郯城县马头镇人。

张洪仪 7 岁时在马头镇皇甫小学读书，从小就受到了良好的熏陶。他在枣庄职业中学工科班学习时，不仅学习成绩优异，而且待人和气，办事稳重老练，大家都很尊重他。1935 年 12 月，北京爆发了"一二·九"学生爱国运动。张洪仪和同学们一起，投入到枣庄的学生爱国运动中去，宣传抗日，反对投降卖国。由于他在学生中有威信，很快成为青年学生的组织者和领导者。同时，他在这些活动中

张洪仪（1912—1945）

逐步同枣庄的中共地下党组织发生了联系。1936 年 8 月，经中共枣庄中心部书记李微冬介绍，他加入了中国共产党，成为枣庄职业中学第一个党员，在党内负责宣传工作。1938 年，日军大举南侵，3 月，枣庄地区被日军占领。5 月，张洪仪响应党的号召，组织了 90 多名进步学生，奔赴抗日前线，加入了鲁南人民抗日义勇总队，他任第 1 大队中队教导员。10 月，抗日义勇总队第 1 大队被正式改编为八路军第 115 师苏鲁支队，他任第 3 营教导员。

1942 年 3 月，张洪仪被任命为鲁南军区第一军分区政治部主任。1943 年 11 月，升任鲁南独立支队政委。为加强铁道游击队的工作，上级决定让张洪仪兼任铁道游击队政委。当时游击队活动在敌占区，不能像根据地那样动员青年参军。为此，他提出"走一个村，带一个兵"的口号。铁道游击队活动不到半年，便扩大到近 300 人。

1945 年夏初，张洪仪政委、刘金山大队长奉命率部进山作短期整训后重新出山，先到达滕县一带宿营。第二天拂晓，忽然传来零星枪声，张洪仪立即叫起同志们。霎时，枪声大作，张洪仪判定是敌人包围了第一军区政府，遂一面命令一连前往河西阻击，一面和刘大队长组织部队突围。不料，敌人一遇我军阻击，竟疯狂发起进攻。张洪仪和刘金山立即指挥全体人员顶住了数倍于己之敌的进攻，掩护区政府冲出尚未合拢的包围圈。

当铁道游击队撤到青山头时，发现四周都有敌人运动。原来，日伪军数千人从临城（今薛城）、官桥、枣庄等据点同时出动，分兵合击，企图围歼我

区政府和抗日武装。战斗中，敌军一颗子弹穿进了张洪仪的右胸，他倒在了地上，后因伤势过重，不幸牺牲，时年33岁。

1945年9月，鲁南根据地2000名军民在滕县为张洪仪烈士举行了隆重的追悼大会。张洪仪烈士的遗体被安葬在临沂市费县烈士陵园。

（资料整理：杨艳喆）

沈国栋

沈国栋（1912—1945），湖北省石首市焦山河乡人。

沈国栋1931年春在石首桃花山参加红军，编入红3军第8师某部当战士，在历次作战中他表现英勇，1932年5月，加入中国共产党。抗日战争全面爆发后，沈国栋在八路军第120师工作，参加了艰苦的抗日斗争，为保卫陕甘宁边区和创建敌后抗日根据地作出了贡献。1944年10月，党中央组织干部赴鄂豫边区和新四军第5师工作，沈国栋奉调到干部大队，在王震、王首道和廖汉生的率领下，到达湘鄂豫边区的大悟山，同李先念领导的新四军第5师胜利会师，在鄂豫边区坚持抗日斗争。

1945年4月，中共江南中心县委和新四军江南指挥部在石首桃花山成立。中心县委成立不久，新四军江南指挥部指挥长张鸣卿调洪湖工作，由沈国栋接任其职务。在江南中心县委的领导下，沈国栋担负起开辟和创建以洞庭湖为中心的湘北鄂西根据地的重任。在沈国栋的指挥下，抗日军民向日伪军所驻的薄弱据点发起多次进攻。1945年4月至8月，沈国栋和杨震东、郑怀远率领石首县江南挺进支队，先后在岳阳县的柿树岭、华容县三封寺、石首县（今石首市）的焦山河等地，主动出击，打击和歼灭向根据地"扫荡"的日伪军，共歼灭日伪军220余人，缴获长短枪220余支。

1945年8月14日，沈国栋根据中共江南中心县委"关于铲除在根据地内的日伪据点"的决议，亲自带领三名侦察员到刘家桥了解敌情，途中遇上了日军特警班前来"扫荡"。这时，政委梁诚已率部队到达刘家桥的上津湖畔，为了歼灭前来"扫荡"的日军，沈国栋带领三名侦察员在刘家桥旁的堤坡下对敌人进行射击，我大部队在湖畔鸣枪助战，敌军不知虚实便狼狈逃窜。沈国栋率领侦察员奋勇追击，敌军见沈国栋兵力很少，便反扑过来，疯狂扫射，在敌我力量悬殊的情况下，沈国栋率侦察员往湖边撤退，以便诱敌深入，待大部队到后，一举全歼。但因大部队隔湖绕道太远，未能及时到达，沈国栋率侦察员下湖泅水诱敌，不幸中弹牺牲，时年33岁。

（资料整理：杨艳喆）

周礼平

周礼平，出生于 1915 年，广东澄海人。

周礼平出身于汕头市澄海区樟林乡一个农民家庭，少年时代就开始接触新思想，是宣传发动抗日救国的学生运动带头人，在中国共产党的领导和培养下，一步步成长为潮汕沦陷区抗日武装力量的领导者之一。17 岁那年，周礼平在樟林萃英小学高小毕业后，进入汕头市大中中学读初中。在进步教师和同学的影响和帮助下，周礼平阅读了不少马列著作和进步文艺作品，思想日趋成熟，在当地抗日救亡运动中开始崭

周礼平（1915—1945）

露头角。1936 年 10 月在汕头读中学时，他参加了潮汕人民抗日义勇军，并在学校建立义勇军小组，任组长。1937 年 3 月，周礼平加入中国共产党。同时入党的还有市立一中的曾定石、大中中学的郑克临，三人组成了中共汕头市学生支部，周礼平被任命为支部书记。从此，汕头市的学生抗日救亡运动，就直接在党的领导下更加蓬勃地开展起来。七七事变后，周礼平发起建立汕头青年救亡同志会，历任中共区委书记、县工委委员、县委书记等职。

1942 年 6 月，"南委事件"[①]发生，中共中央南方局决定潮梅地下党暂时

---

① 1942 年 5 月，中共南方工作委员会（简称"南委"）组织部长郭潜被捕叛变，南委机关及所辖江西、粤北省委，广西省工委和几个主要交通站相继遭受严重破坏。史称"南委事件"。这是国民党继皖南事变之后在华南地区制造的又一起严重反共事件。

停止组织活动，实行"隐蔽精干，长期埋伏，积蓄力量，以待时机"的方针。由于周礼平对地方情况十分熟悉，上级同意沦陷区党组织继续活动和开展以筹款、收集武器、保卫组织为内容的对敌武装斗争，在经济上供养闽西南特委和潮梅特委留守人员。周礼平受命于危难之际，领导队伍活跃在敌后。每次行动周礼平事先都要到现场观察，回来后又发扬军事民主让大家讨论，制订周密的行动计划。因此凡他亲自布置的行动，多数没有失手。

1945 年夏，周礼平被任命为广东人民抗日游击队韩江纵队第 1 支队政委。8 月，周礼平率队驻潮揭丰边的居西溜。敌人调挺进队和洪之政、吴大柴等地方反动军队千余人，对抗日游击队进行围攻。8 月 17 日凌晨，敌人围袭开始，在力量悬殊、万分危急的情况下，周礼平指挥队伍及时转移，并亲自率机枪班迎击敌人。激战中，几个机枪手先后中弹牺牲，周礼平鼓励战士们说："人民的战士是不怕牺牲的！为革命牺牲是光荣的！"最后，周礼平在弹雨中献出了自己的生命，年仅 30 岁。

（资料整理：杨艳喆）

郁达夫

郁达夫（1896—1945）

郁达夫，名文，字达夫，原名郁文，1896 年出生于浙江省富阳市满洲弄（今达夫弄）。

郁达夫出生于知识分子家庭，早年留学日本，回国后曾在北京大学等高校任教，1926 年开始主持创造社出版工作。1934 年，郁达夫任浙江省政府参议。1936 年 2 月 4 日应当时福建省主席陈仪之邀到福州担任省政府参议。1937 年 7 月 7 日卢沟桥事变爆发，在民族危亡时刻，他以自己的一支笔，号召民众抗战。他首先改革公报社的出版物，在《公余》半月刊提倡抗战文学，宣传抗日救亡运动。

1938 年，郁达夫赴武汉担任政治部设计委员，参加军委会政治部第三厅的抗日宣传工作，并在中华全国文艺界抗敌协会成立大会上当选为常务理事，担任协会研究部主任和会刊《抗战文艺》编委。1938 年 9 月，郁达夫接到陈仪的电报，要他重回福州，共商抗日大计，他便毫不犹豫地奔赴抗日战争的最前线。到福州不久，又获新加坡《星洲日报》社长胡昌耀邀请他去海外宣传抗日救亡，郁达夫毅然决定出国。

1938 年 12 月 28 日早晨，郁达夫乘邮轮抵达新加坡。他在新加坡三年多，主编《星洲日报·晨星》等三个文艺副刊， 度代理《星洲日报》主笔，写了许多宣传抗日救国的文章。1941 年底，陈嘉庚组织了新加坡华侨抗敌委员会，郁达夫被选为执行委员，兼任该会文艺股主任，还于 1942 年初担任新加坡文化界抗日联合会的主席。

新加坡沦陷后，郁达夫于 1942 年 6 月初，流亡至苏门答腊西部市镇巴爷公务，化名赵廉，在当地人协助下开设酒厂谋生。因其早年留学日本，精通日语，被附近地区的日本宪兵队得悉，宪兵队请他当了翻译。郁达夫充当日军翻译一事，曾引起当地人的诸多误解和不满，但事实上，郁达夫在任职期间利用职务之便，暗中救助、保护了大量文化界流亡难友、爱国侨领和当地居民。

1945 年 8 月 29 日，也就是在日本宣布无条件投降后的两周，郁达夫没有迎来凯旋的欢呼，却迎来了他的噩运。当晚 8 时许，郁达夫正在家中与几位朋友聊天，忽然有一个当地土著青年把郁达夫叫出去讲了几句话，郁达夫随即回到客厅，与朋友打个招呼就出去了，从此便再也没有回来。1985 年 9 月 27 日，中国官方新华社报道：中国现代著名作家郁达夫被日本宪兵杀害之事已从日本学者铃木正夫收集的第一手资料中得到证实。

著名的文学家胡愈之曾说过，在中国文学史上，将永远铭刻着郁达夫的名字，在中国人民反法西斯战争的纪念碑上，也将永远铭刻着郁达夫烈士的名字。

1952 年，中华人民共和国中央人民政府追认郁达夫为革命烈士。1983 年 6 月 20 日，中华人民共和国民政部授予其革命烈士证书。

（资料整理：杨艳喆）

宫川英男

宫川英男（1918—1945）

宫川英男，1918 年出生，日本籍，中学文化程度。1941 年 7 月被八路军俘虏，经过教育改造以后，加入共产党从事反战宣传工作，任日本人民解放同盟冀鲁豫边区协议会副委员长兼冀鲁豫边区参议员。

1939 年，21 岁的宫川英男被日军强征入伍，成为一名侵华日军。1941 年 7 月他被八路军俘虏，经过八路军敌工人员的教育，再经过鲁西南地区的"反战醒觉联盟支部"教育，宫川英男思想产生了极大的变化，开始倾向于反战，继而与中国抵抗者同心协力抗击日本，最终成为一名反法西斯战士。

宫川英男投身抗日队伍后，表现了极高的觉悟。1943 年，宫川英男被派到山东省长清县（今长清区）从事反战工作，隶属于"津浦铁路对日军工作队"，主要进行对日军的教育工作，负责编写印刷日文宣传品。作为一名前日军士兵，宫川英男对日军的心理把握极好，他制作的传单很有针对性，还绘有精致的插图。宫川英男会在传单上写上"对士兵不许打耳光""士兵不是牛马"等宣传口号。另外还会写一些动摇日军军心的话语，比如"家里老少盼望你回去""请千万保重身体"等内容。除了准备反战宣传品外，宫川英男还去日军据点喊话，喊话一般都在夜里进行。宫川英男的喊话内容，主要是以一个曾经的日本侵略军的身份告诫碉堡里的日军：这是非正义的战争，请放下手中的武器，回到自己亲人身边。

在反法西斯战争末期，宫川英男从事的反战工作收效明显。济南万德车站日本警备队里，有个名叫阪田的伍长，他得到反战同盟的宣传品后，不但不上缴，反而经常拿出来给别人看，结果被关禁闭。1944 年樱花节那天，他从禁闭室里逃出来，带着反战同盟会印的宣传品向八路军敌工队投诚。

由于宫川英男的出色工作，引起了日军的极大恐慌。1945 年 6 月 9 日夜晚，工作队在万德西官庄执行任务时，被日军发现并派重兵包围，宫川英男沉着地埋好文件投入战斗，因敌众我寡，无法突出重围，为了不当俘虏，他毅然举枪自尽，时年仅 27 岁。

宫川英男牺牲后，日军把他的遗体抢走，我津浦铁路对日军工作队的同志在区武工队的配合下，冒着倾盆大雨，冲破敌人的封锁，把他的遗体抢了回来，安葬在根据地孙家土村附近。1980 年清明节前夕，迁移到石麟山革命烈士公墓，并竖立了烈士墓碑。2006 年，宫川英男的骨灰被移送回国。

（资料整理：李雪丽）

桂干生

桂干生，原名桂本宏，1911 年出生，河南罗山县人。曾任八路军第 129 师新编第 9 旅旅长，兼任冀南军区第四军分区司令员。他是八路军一名优秀的高级指挥员，中共"七大"候补代表，后被追认为革命烈士。

桂干生 1929 年 9 月加入中国共产党。1930 年参加桂店农民暴动，任赤卫队中队长。后遭国民党军疯狂镇压，其父、兄、弟惨遭杀害，他率领 30 多名赤卫队员突出重围，参加中国工农红军，在第四方面军先后任排长、连长、营长、营政治委员、团政治委员。

桂干生（1911—1945）

他参加了鄂豫皖苏区历次反"围剿"和川陕苏区反"三路围攻"。1934 年 8 月任红军第 31 军第 93 师第 274 团政治委员时，在川陕苏区反"六路围攻"中指挥夜袭青龙观战斗，击溃敌人两个旅，歼敌千余人，该团被第四方面军授予"夜袭常胜军"称号，他也被同志们称为"夜老虎"。1935 年任红军第 31 军第 91 师政治委员，参加了长征，所部担任全军后卫，经常饿着肚子作战和行军。1937 年 2 月入中国人民抗日军政大学学习。

抗日战争爆发后，桂干生随八路军第 129 师主力开赴华北抗日前线。1938 年 2 月后任第 129 师游击支队支队长、晋冀豫军区第二军分区司令员、独立支队支队长，参加开辟晋冀豫边区抗日根据地的斗争。他带领部队机动灵活地与敌人作斗争，破击铁路、袭击据点、伏击敌人运输车队等，不断给敌以沉重打击。1940年起，任八路军第129师新编第9旅旅长，冀南军区第四、第一军分区司令员，率部参加了百团大战和冀南地区反"扫荡"作战。他坚决执行党的统战政策，重视对敌伪军的分化瓦解工作，成功地争取了伪军李成华部接受八路军的领导，有力地改变了冀南地区的斗争形势。

桂干生作战勇敢，身先士卒，曾八次负重伤。1945年6月，根据党中央的战略部署，桂干生任新四军第5师干部队副队长，从延安出发，重返他战斗过的大别山区。他拖着病体，告别临产的妻子，毅然踏上了征程。7月7日过同蒲路时遭山西平遥县城之敌炮击负重伤，9日凌晨壮烈牺牲，年仅34岁。

（资料整理：李雪丽）

曹世范

曹世范（1924—1945）

曹世范，1924年出生，山东寿光人。

抗战爆发后，他积极参加抗日工作。1940年，原鲁东游击队第8支队司令员马保三回寿光牛头镇一带扩充兵员，曹世范和一些积极抗日的青年农民一起参了军。在参加大柏山战斗中，他英勇冲锋，一人击毙3名日军，缴获三支步枪，被称作"单手英雄"。在攻打北阴村战斗中，曹世范冲锋在前，左手被一颗子弹击穿，造成残废，但他绝不离开连队，经过刻苦锻炼，练就了一只手打枪的本领，成了一名出色的侦察兵并被八路军山东军区授予"单手战斗英雄"称号。

1944年夏天，曹世范带领战士张成利到昌乐南部于家岭村执行任务，被敌人一个连的兵力包围，他充分利用村庄地形，声东击西，与敌人周旋一天，击毙12个敌人，带领受伤的张成利顺利返回部队。鲁中《大众报》专题报道了他的战绩，称之为"以少胜多的战斗范例"。1945年3月，曹世范与另一名侦察兵一起化装进蒙阴城，将西城门炸塌。当天部队即攻克蒙阴城，全歼日伪军 1700 多人。1945 年 5 月，在昌乐县杏山讨伐张天佐的战斗中，曹世范担任侦察排副排长。经过一场激烈的战斗，敌人纷纷溃退。曹世范眼看敌人就要跑掉，便把自己的枪交给一班长，空手冲入溃退的敌群，夺下迫击炮一门。杏山据点的敌伪势力极为顽固，曹世范带领突击队伍经多次强攻突入据点后，与敌人展开肉搏战，曹世范不幸负了重伤，虽经抢救，终因伤势过重，于 6 月 23 日下午 3 时光荣牺牲。

鲁中军区司令部、政治部发出讣告沉痛悼念，为曹世范召开了追悼大会，并发出通令将杏山命名为世范山，以示纪念。1965 年，寿光县（今寿光市）人民委员会将烈士遗骨迁葬于寿光县烈士陵园，中共寿光县委和寿光县人民委员会又为其建立纪念碑，上刻"壮烈可嘉"四个大字，以表彰这位威震敌胆的战斗英雄。

（资料整理：李雪丽）

谢晋元等八百壮士

1937 年 8 月 13 日，日本侵略军在上海向中国军队发起进攻。国民政府先后在上海及周围地区投入重兵奋起抵抗，战役历时三个多月，史称"淞沪会战"。9 月，闸北宝山路阵地陷落；10 月，日军突破大场防线。奋战在闸北、江湾一带的中国军队处于腹背受敌的境地。

为避免全军覆没，中国最高军事当局决定将主力撤至苏州河以南阵

谢晋元（中间坐者）抗战期间留影

地。为掩护大军撤退，第 88 师奉命留下一个团，死守闸北，牵制日军。师长孙元良在团以上军官会上，问谁愿意挑这副重担，第 524 团中校团副谢晋元当即表示愿意留下。于是，决定以该团第 1 营为基干，组成加强营。全营共有三

个步兵连、一个机枪连、一个迫击炮连，共 420 余人，对外仍用团番号，号称 800 人，由副团长谢晋元、第 1 营营长杨瑞符少校等率领，以四行仓库为固守据点，实施掩护任务。

谢晋元率部进入四行仓库后，迅速加强了四周防御工事，并在四行仓库内部署兵力，构筑强固工事。27 日中午，日军开始从西面的交通银行方向向四行仓库逼近，当即遭外围阵地守军顽强抗击，日军扔下数具尸体，抱头回窜。随后，日军纠集兵力再次扑向外围阵地，外围守军进行英勇抵抗后，退入仓库。日军占领外围阵地后，立即猛攻仓库大门。日军兵力几倍于守军，但八百壮士沉着应战，全楼火力一齐射击。是日，日军遗尸 80 余具，四行仓库丝毫无损。

随后两日，日军动用飞机、坦克，连续向四行仓库发动猛烈进攻。八百壮士凭借坚固工事，顽强抵抗。谢晋元亲手毙敌一名。日军屡遭重创，毫无进展。四行仓库巍然屹立。

30 日，日军向仓库发起总攻。战斗从上午 7 时开始，一直持续到午夜。日军虽有飞机，但不敢投弹；虽有大炮，却不敢轰击。因为仓库附近就是公共租界，若流弹落入租界地区，就会引起国际争端，他们只好望楼兴叹。八百壮士在四行仓库与日军血战四昼夜，歼敌 200 余名，自己仅伤亡 20 余人，胜利完成任务。

接到撤退命令后，他们冲出重围，退入英租界。1941 年，谢晋元被汪伪特务暗杀。同年 12 月，日军突入英租界，将困守在此的手无寸铁的"八百壮士"余部俘获押走。部分人被遣送至巴布亚新几内亚的日军集中营。

（资料整理：李雪丽）

冷云等八名女战士

1938 年 10 月，东北抗日联军的八名女战士，面对日军的进攻，在弹尽粮绝的情况下，投入牡丹江的支流乌斯浑河壮烈牺牲，史称"八女投江"。这八名女战士分别是：领头人冷云（原名郑致民），1915 年生，黑龙江省桦川县人，

1934年加入中国共产党，1936年加入东北抗联第5军任第1师妇女团政治指导员。杨贵珍，1919年生，黑龙江省林口县人，1936年加入妇女团并任班长，翌年加入中国共产党。胡秀芝，1917年出生，任班长。安顺福（原名张福顺），1915年生，原抗联第4军被服厂厂长，中共党员。李凤善，1918年出生，朝鲜族，黑龙江省林口县人。郭桂琴，1920年生。黄桂清，1918年生。王惠民，1925年生。

1938年8月，随抗联第5军第1师西征的妇女团，由原有30余人减员只剩指导员冷云等八名同志。10月下旬的一天夜里，队伍露宿刁翎县（今林口县）境内乌斯浑河西岸，准备过河寻找军部。此时，日伪军千余人向露营地扑来。第二天拂晓，冷云她们正要下河，突然枪声大作。为了掩护大队突围，冷云命令战友们向敌人射击，以吸引敌人火力。"是！让大队冲出去，我们牺牲也值得！"八名女战士异口同声地回答。她们连续击退了敌人的几次进攻，子弹打光了，手榴弹也只剩下两颗，还有人负了伤。前面是凶恶的敌人，背后是汹涌的大河，八个人都不会泅水。摆在她们面前的只有两条路：被俘或战死。冷云对大家说："宁死不做俘虏！现在只有蹚水过河。能过，就找到军部继续抗日；过不去，就跟乌斯浑河水永生吧！""对！过河！"同志们齐声回答。这时，敌人不住地号叫着："捉活的！捉活的！""下河！"冷云一面下达命令，一面和杨贵珍把最后两颗手榴弹扔向冲上来的敌人。战友们互相搀扶着下到河里，大家手挽着手，高唱《国际歌》，向河心走去。水深浪急，寒流刺骨，悲壮的歌声回荡在大河上空。日军的子弹呼啸着从女战士们的头上飞过，她们忽而倒在水里，忽而又挣扎起来。这时敌人的一颗迫击炮弹在她们身边爆炸，掀起一股巨浪，水面上再也看不见女英雄们的身影，再也听不到悲壮的歌声。

1982年，中共林口县委、县政府在乌斯浑河东岸的小关门嘴子山坡上，建立起雄伟的烈士纪念碑，上面镌刻着抗联老战士陈雷的亲笔题词："八女英魂，光照千秋。"1986年，牡丹江市建立起一座巨型"八女投江纪念碑"，全国政协副主席、全国妇联主席康克清亲笔题词："八女英灵，永垂不朽！"2009年，这八位烈士被列入"100位为新中国成立作出突出贡献的英雄模范人物"。

抗战 **英烈谱**

《八女投江》油画

（资料整理：李雪丽）

狼牙山五壮士

宋学义（左）和葛振林（右）

狼牙山五壮士为马宝玉、胡福才、胡德林、葛振林、宋学义。马宝玉（1920—1941），出生于河北省蔚县，1937年参加八路军，1939年加入中国共产党。胡福才（1913—1941），出生于河北省容城县，1938年参加八路军，1941年火线中加入中国共产党。胡德林（1922—1941），出生于河北省容城县，

1938年参加八路军，1941年加入中国共产党。葛振林（1917—2005），出生于河北省曲阳县，1937年参加革命，1940年加入中国共产党。宋学义（1918—1971），出生于河南省沁阳县（今沁阳市），1940年参加八路军，1941年加入中国共产党。

1941 年 9 月 24 日，侵华日军大举进攻河北省易县西南部的狼牙山，八路军晋察冀军区第一军分区第 1 团第 7 连接受了掩护部队主力和地方党政机关及乡亲们突围的任务。第 7 连在山上顽强地阻击敌人，打退了敌人多次冲锋。25 日天亮后，连队向老君堂方向突围转移，留下第 6 班掩护连队转移。这时，只剩下班长马宝玉，副班长葛振林，战士胡福才、胡德林、宋学义五位同志。马宝玉决定，宁可牺牲自己，也要把敌人引向绝路！毅然带领全班朝老君堂相反方向的棋盘坨攀去。棋盘坨陡峭险峻，两面悬崖绝壁，只有一条崎岖的小路。他们爬上峰顶，发现手榴弹和子弹已剩不多，就搬石头当备用武器。不一会儿，六七十个鬼子和伪军就哇哇地叫着扑了上来。一场恶战，打退了敌人的第一次进攻。当敌人再次进攻时，马宝玉他们都没子弹了，只有胡福才找到了一枚手榴弹，他刚要扔出去，马宝玉一把夺了过来，别在腰里，沉着地说：“用石头砸！”只见石块顺着山势越滚越快，逼得敌人暂时放慢了进攻的步伐。石头用光了，敌人步步逼近，五壮士毫无惧色。马宝玉对大家说：“我们已经完成了党交给的任务，革命战士宁死不投降！把武器砸了，不能留给敌人。”五个战士砸了枪后，马宝玉从口袋里掏出一个本子，放在膝盖上匆匆写着。写好后，庄严地向胡福才、胡德林、宋学义宣布：“这次战斗证明，你们三个都具备了共产党员的条件，我和葛振林是党员，愿作你们的入党介绍人。以后同志们如能找到我的尸体，就会在我的衣袋里发现介绍信。”说完，大步向悬崖走去。其余四人也昂首挺胸，紧跟在他的后面。敌人爬上来了，他们见五壮士无路可走，便端起刺刀喊着：“抓活的！抓活的！”马宝玉从腰里取下唯一的一颗手榴弹，拉响后向敌群扔去，然后大喊一声：“同志们，跟我来！”第一个纵身跳下深谷。胡德林、胡福才、葛振林、宋学义也相继跳了下去。巍巍狼牙山谷中回荡着他们气壮山河的声音：“打倒日本帝国主义！”

敌人费了一天的时间跟踪追击，付出了伤亡百余人的代价，终于占领了棋盘坨，但看到的只是五名八路军战士舍身跳崖的壮举。五壮士跳崖后，马宝玉、胡德林、胡福才壮烈牺牲，葛振林、宋学义被山腰崖畔的松树托住，身负重伤，被老乡们救起。

晋察冀军区为表彰五壮士的英雄事迹，决定在烈士牺牲的地点建立纪念碑，命名为“狼牙山三烈士碑”，聂荣臻司令员为纪念碑题词：“视死如归，本革命军人应有精神；宁死不屈，乃燕赵英雄光荣传统。”授予马宝玉、胡德林、胡福才三烈士为第 1 团模范连荣誉战士；通令嘉奖葛振林、宋学义，各赠

"模范青年"奖章一枚。1959 年，党和政府在狼牙山棋盘坨重建了纪念塔，聂荣臻元帅提名"狼牙山五勇士纪念塔"。2009 年，狼牙山五壮士被列入"100 位为新中国成立作出突出贡献的英雄模范人物"。

（资料整理：李雪丽）

马石山十勇士

马石山十勇士是一个英雄群体，指的是胶东军区第 13 团英雄班长王殿元等十勇士。他们在 1942 年冬天分三次返回日军包围圈，解救出围困在马石山的千余名群众，最后全部壮烈牺牲。十勇士誓死保护群众的壮举被群众口碑相传，十勇士的精神更被革命老区弘扬和传承。

1942 年 11 月，侵华日军对山东胶东抗日根据地展开了惨无人道的"拉网扫荡"，企图吞噬驻扎在胶东的八路军主力。11 月 23 日，侵华日军华北方面军司令官冈村宁次率二万日军向马石山方向围拢。胶东八路军的领导机关和主力部队成功转移，敌人将上千名群众围困在网内。被围困的群众大多是老人、妇女和孩子，面对残暴日军，他们在惊恐中互相搀扶着退往马石山寻找藏身之处。正当人们走投无路时，胶东军区第 5 旅第 13 团第 7 连第 2 排第 6 班的十位八路军战士出现了。他们眼见这么多群众被围困，决定留下来带领乡亲们突围。班长王殿元经过侦查判断，认为当天晚上是最后的突围时机。趁着天黑，他和战友们研究了带领群众突围的方案。

11 月 24 日凌晨，趁着敌人睡着之际，王殿元带领三名战士迅速干掉几处哨兵，在包围圈上撕开几个口子。然后，他带领群众分别从这几个突围口有序地撤离，将群众转移到安全地带。在战士们准备返回的路上，正好遇上 100 多名群众，王殿元把全班分成三组，两组继续搜救在围困中走散的群众，自己和两名战士带着 100 多名群众向刚刚打开的突破口方向撤离。群众成功突围后，王殿元带着战士第二次返回包围圈。凌晨 4 点左右，敌人发现了正在撤离的群众。战士们一起阻挡着敌人的火力，掩护群众撤离。经过近半个小时战斗，天亮前搜寻到的群众都已安全撤退。一名战士英勇牺牲，多名战士负伤。正当王殿元准备带着战士们撤离的时候，听到一个小女孩说西南山沟里还有好多人，王殿元带着八名战士第三次返回包围圈。此时，日军发现了他们，为了牵引敌人的兵力，使被围困的群众有更多机会冲出虎口，王殿元和五名战士与敌人相持了一个上午，其间不断有战士受伤牺牲。在敌人冲上山顶的最后时刻，王殿元和坚持到最后的两名战士一起拉响了最后一颗手榴弹，与日军同归于尽。

马石山十勇士的英雄事迹一直被革命老区人民称颂。军区司令员许世友指示文工团编排了剧目《马石山上》，向部队指战员、医院伤病员及各村群众巡回演出30多场。乡亲们把十勇士安葬在山顶，并为他们和所有在马石山牺牲的烈士竖起了纪念塔。

马石山革命烈士纪念塔

马石山

（资料整理：李雪丽）

刘老庄连八十二烈士

1943年3月18日，新四军第3师第7旅第19团第4连，在江苏淮阴刘老庄与日军展开了一场殊死搏斗，全连82名战士全部壮烈牺牲。连长白思才，中共党员，江西人，16岁参加红军，曾参加过平型关战斗。指导员李云鹏，1920年出生，江苏沭县人，1939年加入中国共产党，同年参加八路军苏鲁豫支队。副连长石学富，排长尉庆忠、刘登甫都有着丰富的斗争经验。连队的战士大都是 1939 年入伍的，党员、团员占三分之一以上。

3月18日凌晨，日军师团长川岛纠集三个步兵大队、一个骑兵大队共3000 余人，并配有平射炮、野炮，疯狂向我淮海区党委和军分区机关进发，力图围歼。正好处在敌人进军路线上的刘老庄的第4连，为了使得领导机关安全转移，毅然决定就地阻击敌人。很快敌人扑了过来，战斗立即打响。第4连虽然被敌人"四壁合围"在庄后的一条百米长的交通沟里，但仍然顽强地阻击着敌人一次次的进攻。敌指挥官山直恼羞成怒，命令集中火炮和机枪猛攻。第4连阵地上燃起大火，滚起浓烟，泥土、弹片、血肉横飞。激战持续到午后，敌人暂时停止了进攻。第4连党支部抓住战斗间隙召开支委会，决定继续拖住敌人，坚持到天黑，再组织突围。李云鹏指导员在炮火纷飞的战壕里写出战斗报告，和白思才连长共同签名，希望能送到营、团领导手中，为党尽到最后一份职责。到黄昏时分，战士一个个倒下，不成为连，就编成排；不成为排，就编成班。弹药耗尽，而兄弟部队又被敌人层层阻隔不能赶来增援，已到了山穷水尽的地步。白思才当即命令把轻重机枪、步枪全部拆毁，只留下步枪枪身，按上刺刀和敌人最后决斗。李云鹏号召大家，绝不做俘虏，迎击敌人最后一次冲锋。当敌人借着夜幕掩护汹涌而来时，失去右手的白思才猛地跃出战壕，大喊一声："同志们，杀！"多处负伤、已成"血人"的李云鹏边冲边喊："和敌人拼啦！"在一片壮烈的喊杀声中，战士们与敌人展开白刃格斗，终因敌我力量悬殊，全部壮烈牺牲。蜂拥而来的敌人提心吊胆地走进第4连战壕，不但没有抓到一个俘虏，而且连一支完整的枪也找不到。川岛这时发现，与他的3000 精兵殊死搏斗了一天的仅是新四军的一个连队。而就是这个连队，打退了日军五次冲锋，顶住了六个小时的炮轰，死死拖住他们 12 个小时，打死打伤日军近 600 人。敌人撤退后，淮阴县（今淮阴区）张集区区长周文科和联防大队长周文忠，带领地方武装赶到刘老庄。他们发现一位战士还有呼吸，便急忙用担架送去抢救。当他苏醒后，断断续续讲述了战斗经过，由于伤势太重，抢救无效，这位年仅 24 岁的姓田的战士于第三天早晨永远地闭上了眼睛。

战后三天内，淮阴人民收殓烈士忠骸，建起公墓，举行公葬，安息英灵。后来在刘老庄田野上兴建了宏伟庄严的"八十二烈士陵园"，当时的淮海区领导人李一氓作挽联："由陕西到苏北敌后英名传八路；从拂晓达黄昏全连苦战殉刘庄。"并从地方武装挑选 82 名优秀青年补入第4连，改名为"刘老庄连"。朱德在《八路军新四军的英雄主义》一文中称："全连八十二人全部殉国的淮北刘老庄战斗……是我军指战员的英雄主义的最高表现。"2009年，刘老庄八十二烈士被列入"100位为新中国成立作出突出贡献的英雄模范人物"。

《刘老庄八十二烈士》油画

（资料整理：李雪丽）

抗战英烈谱